KSIĄDZ PARADOKS

BIOGRAFIA JANA TWARDOWSKIEGO

MAGDALENA
GRZEBAŁKOWSKA

KSIĄDZ PARADOKS

BIOGRAFIA JANA TWARDOWSKIEGO

Wydawnictwo Znak
Kraków 2015

Projekt okładki według koncepcji Krzysztofa Rychtera
Izabela Marcinowska

Fotografia na okładce
Czesław Czapliński/FOTONOVA

Opieka redakcyjna
Elżbieta Kot
Dominika Kozłowska

Adiustacja
Małgorzata Biernacka

Korekta
Urszula Horecka
Katarzyna Onderka

Indeks
Urszula Horecka

Opracowanie typograficzne
Irena Jagocha

Łamanie
Agnieszka Szatkowska

ISBN 978-83-240-3867-1

znak

Książki z dobrej strony: www.znak.com.pl
Społeczny Instytut Wydawniczy Znak, 30-105 Kraków, ul. Kościuszki 37
Dział sprzedaży: tel. (12) 61 99 569, e-mail: czytelnicy@znak.com.pl
Wydanie II, Kraków 2015. Printed in EU

Tosi i Robertowi

List

[13.11.2009]

Szanowna Pani. Szukając, jaki naprawdę był ks. T., nie zdaje sobie Pani sprawy ze stopnia trudności zagadnienia. Jest to praca porównywalna do dochodzeń Sherlocka Holmesa.

Ksiądz T. był bardzo skomplikowanym człowiekiem i myślę, że do końca On sam nie wiedział, jaki był. Miał różne okresy w swoim życiu, lepsze i gorsze.

Ze względu na pamięć ks. Jana, który już nie może się bronić od jakichkolwiek zarzutów, wątpię, że ktoś Pani opowie o tym gorszym okresie. Osobiście nie lubię plotkować, a jeszcze mniej publicznie.

Z poważaniem

Rok ostatni

Próba generalna przed pogrzebem

Na początku 2005 roku Jan Twardowski miał kolejny zawał. Trafił na oddział kardiologii w warszawskim szpitalu przy ulicy Banacha.

Ksiądz Roman Trzciński, dawny student poety, wspomina: „Też wtedy leżałem w tym szpitalu. Dowiedziałem się, że jest ksiądz Jan, więc poszedłem. Był podłączony do rurek. Jak mnie zobaczył, zaczął się podnosić, kazał sobie poduszki podkładać pod plecy, bo to niepoważnie tak rozmawiać na leżąco. Pamiętam, że cała nasza rozmowa była poezją. To znaczy on nie mówił wierszem, ale chodzi mi o rytm, rodzaj skojarzeń, układ zdania. Rozmawialiśmy o Żbikowie, proboszczu Dyżewskim, początkach księdza Twardowskiego. To była moja ostatnia z nim rozmowa".

W czerwcu ksiądz Jan wziął udział w uroczystych obchodach swoich urodzin.

„Czy ksiądz się z tego cieszy?" – pytali dziennikarze.

„*Nie, ale będę udawał*" – odpowiadał.

W prałackiej sutannie z amarantowymi obszyciami i birecie z amarantowym pomponem siedział w wózku i przyjmował hołdy od przyjaciół, znajomych, wiernych i czytelników. Była uroczysta msza święta w jego intencji. Przyjechały poczty sztandarowe szkół imienia Jana Twardowskiego.

Jubilat skwitował uroczystości: „*To była próba generalna przed moim pogrzebem. Czy udała się?*".

Szpital

Waldemar Smaszcz, historyk literatury, przyjaciel księdza, mówi: „29 listopada 2005 roku ksiądz Jan odprawił po raz ostatni mszę w swoim mieszkaniu, a następnego dnia trafił do szpitala na Banacha".

Wyszedł na krótko, ale szybko wrócił na oddział. Wciąż go przenoszono. Z sali wieloosobowej do pojedynczej. Z jedynki do trójki. Trafił nawet do pokoju żeńskiego, przyjaciele żartowali: „W końcu leżysz z kobietami". Ale zaraz znów przeniesiono księdza do mężczyzn, pod koniec leżał już sam.

Brat Marian, który opiekował się księdzem: „Czuwałem przy ojcu Janie na zmianę z braćmi bonifratrami".

Było jak w domu. Anna Hozakowska, sekretarka księdza, dyżurowała w szpitalu. Pielęgniarz dyżurny dostał od niej listę osób, które wolno wpuszczać. Ale jej nie respektował. Ksiądz zachęcał do odwiedzin: *„Przyjdźcie, tylko jak nie będzie moich pań"*.

Ludzie pamiętają, że zdarzały się jednak szarpaniny w drzwiach między tymi, którzy chcieli wejść do księdza, i tymi, którzy go pilnowali. Ksiądz w takich momentach zamykał oczy.

Do łóżka księdza pielgrzymowali przyjaciele i krewni. Z szopką krakowską i nalewką przyjechała z Krakowa Anna Dymna. Przychodzili czytelnicy po autografy; wydawcy, żeby prosić o ostatnią zgodę na publikację; wpadali z wizytą pacjenci z innych oddziałów.

O piętnastej ludzie zgromadzeni wokół księdza odmawiali wspólnie koronkę.

Aleksandra Iwanowska, nazywana przez księdza Oleńką, jego edytorka, prawna opiekunka i spadkobierczyni, starała się nie opuszczać go ani na chwilę. Wracała do Sopotu, gdzie mieszka, i zaraz przyjeżdżała do Warszawy. Nocowała na łóżku obok, nie wypuszczała z ręki notesików i długopisu. Od dawna już zapisywała każde słowo poety.

Krystyna Gucewicz, poetka, przyjaciółka księdza, mówi: „Były momenty, że Robaczek wyraźnie odchodził. A potem wracał do zdrowia, jego stan się polepszał".

Bliska krewna wspomina: „Gubił się czasem. Brał mnie nieraz za moją mamę, choć mojego ojca zawsze pamiętał".

Żeby się nie nudził, przyjaciele zorganizowali dla księdza kabaret. W głównych rolach wystąpili śpiewaczka operowa Barbara Stefańska, dotychczasowa opiekunka Jana Twardowskiego i ratownik medyczny Artur Zając, przebrany w spódnicę i czepek pielęgniarki. Śpiewali *Wielka sława to żart* i *Głęboką studzienkę*. Siostra oddziałowa nakrzyczała na aktorów, że hałasują w szpitalu. Śmiali się z księdzem.

Krystyna Gucewicz wspomina: „Grymasił jak dziecko. Ponieważ był smakoszem, to ciągle mu się wydawało, że ma na coś ochotę. A to na jajko, a to na rybę, a to na ogórki kiszone lub pasztet. Nawet najcierpliwszy pod słońcem brat Marian ironizował na ten temat. Pytałam: »Co byśmy dzisiaj zjedli, Robaczku?«. Mówił: »*Szpinak, jak w dzieciństwie*«. To chociaż wiadomo było, że tego nie zje, biegłam do restauracji La Bohème, robili tam danie, zawijali w folię i przynosiłam. Ledwie skubnął i odstawiał. Mówił: »*Nie mam smaku, czy to minie?*«".

Listę potraw, które ksiądz zamówił, Krystyna Gucewicz zanotowała, a potem opisała w wierszu *Na śmierć księdza Jana Twardowskiego*. Były to: jajecznica z pięciu jaj, woda z bąbelkami, cytryny, szprotki wędzone, kajzerka, nalewka, pasztet, figi, smalec domowy z jabłkiem i cebulką, maślaki, fasolka Jaś, dwa jajka na miękko.

Przyjaciele zastanawiali się, co będzie z księdzem, gdy wyjdzie ze szpitala. W grę wchodziło mieszkanie u Wizytek z dodatkową opieką, mały szpitalik w Laskach, opłacenie dodatkowej opieki w szpitalu na Banacha. Ostateczna decyzja miała zapaść 18 stycznia.

Kołysanka

Dzień przed śmiercią księdza Aleksandry Iwanowskiej nie było w szpitalu, pojechała na chwilę do Sopotu.

Poetę odwiedził wtedy wezwany przez niego Waldemar Smaszcz: „Nazajutrz miała się ukazać antologia poezji *Bóg czyta wiersze*, nad którą pracowaliśmy wspólnie w czasie wakacji w 2004 roku w domu pani Aldony Kraus, przyjaciółki księdza. Przywiozłem mu stronę tytułową i niektóre wydrukowane już strony. Bardzo się ucieszył. Potem wpisywał autografy w książkach dla moich dzieci. Spędziliśmy razem dwie godziny".

Przyszła także Helena Zaworska, dziennikarka, przyjaciółka: „Przyszłam rano, najczęściej tak przychodziłam, nie było wtedy odwiedzających. Zakonnik, który opiekował się księdzem minionej nocy, był bardzo zmęczony. Miał tam fotel i kurtkę, otulił się nią i usnął. Usiadłam na niskim stołeczku i oparłam się łokciem o łóżko. Ksiądz jęczał. Niepewnie poprosiłam: »Spróbuj usnąć, zaśpiewam ci kołysankę, jak śpiewałam mojej córce«. I tak jak umiałam, i jak nie umiałam, śpiewałam bardzo cicho. Trwa to, jest mi niewygodnie, repertuar mi się skończył, zamilkłam więc. Słyszę stanowczy szept księdza: »*Dalej!*«, więc coś powtarzam, a ksiądz: »*To nie to!*«. Zaczęłam śpiewać automatycznie. Jakie wyrazy przychodziły mi do głowy, to je wyśpiewywałam. Sensu to nie miało, ale jak przerywałam, to Janek powtarzał półprzytomnie: »*Dalej*«. Potem wystarczało mu samo mruczando, sam szept. Wstałam, gdy ktoś przyszedł. Spojrzałam na twarz księdza. Tego ranka była zmieniona. Patrzyłam przerażona, uklękłam. Z trudem podniósł rękę i pobłogosławił mnie. Wtedy widziałam Janka ostatni raz. Na drugi dzień umarł".

„Wiem, że umieram"

Brat Marian był przy księdzu w nocy z 17 na 18 stycznia. Twierdzi, że pół godziny po północy ksiądz Jan zaczął się modlić. Wymieniał imiona i nazwiska ludzi, których w życiu poznał. Każdego z osobna. W końcu powtarzał już tylko: *„Jezu, ufam Tobie"*. Bez przerwy, setki razy. Mówił też: *„Wiem, że umieram"*.

Brat Marian: „Punktualnie o czwartej nad ranem udało mi się zawiadomić lekarza, że ksiądz umiera. Przez te kilka godzin nie byłem w stanie sięgnąć do dzwonka, żeby powiadomić lekarza, ponieważ ksiądz Jan tak mocno mnie objął. Wziął mnie w ramiona, tak się bał, żebym go nie zostawił".

Akcja ratunkowa trwała pół godziny. Ksiądz się ocknął. *„Zadzwoń do Oleńki"* – poprosił brata.

Brat Marian wspomina: „Wyszedłem na korytarz i skorzystałem z telefonu, który tam był. Zadzwoniłem też od razu do Lasek, do sióstr, z prośbą o modlitwę".

Wrócił do pokoju. Była czwarta trzydzieści. Ksiądz poprosił o łyk wody i powiedział: *„Weź teraz zeszyt, zapisuj wszystko, co będę mówił. Będziesz jedynym depozytariuszem tego, co powiem. A potem już całość spróbuję przepisać własną ręką, żeby był dowód, że to moje, że to ja pisałem"*.

O piątej trzydzieści rano ksiądz poprosił, żeby brat Marian zadzwonił po Barbarę Wyszkowską, zaprzyjaźnioną bizneswoman. Wkrótce przyszła. Reporterce „Polityki"

Ostatni wiersz księdza Twardowskiego

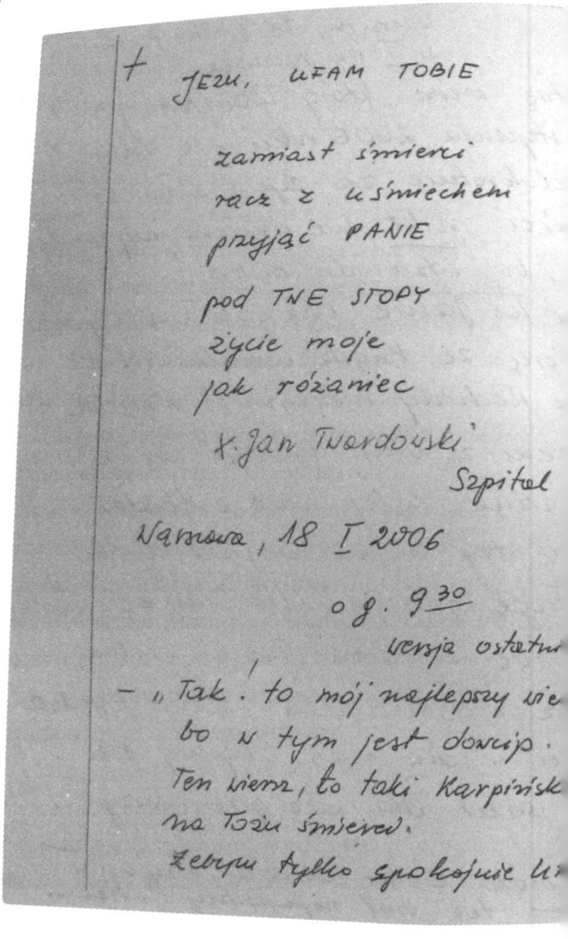
+ JEZU, UFAM TOBIE

zamiast śmierci
racz z uśmiechem
przyjąć PANIE
pod TWE STOPY
życie moje
jak różaniec

x. Jan Twardowski

Szpital
Warszawa, 18 I 2006
o g. 9.30
wersja ostatn
– „Tak! to mój najlepszy wie
bo w tym jest dowcip.
Ten wiersz, to taki Karpińsk
na Bożą śmierć.
Żebym tylko spokojnie u

powiedziała rok po śmierci księdza: „Mówił: »*Wiesz, umieram. Piszę teraz wiersz dla Jezusa, tylko strasznie się męczę*«”[1].

Ksiądz dyktował swój ostatni wiersz do dziewiątej trzydzieści rano. Przepisał go na kartkę niewyraźnym, osuwającym się w dół pismem.

„Jezu, ufam Tobie. Zamiast śmierci / racz z uśmiechem / przyjąć Panie / pod Twe stopy / życie moje / jak różaniec”.

Brat Marian dopisał na kartce: „Warszawa 18.01.2006, wersja ostatnia 9.30”. I słowa księdza: „*Tak, to mój najlepszy wiersz, bo w tym jest dowcip. Ten wiersz to taki Karpiński na łożu śmierci. Żebym tylko spokojnie umarł*”.

Brat Marian mówi, że ksiądz w trakcie dyktowania zmieniał wersje wiersza. W jednej brzmiał: „*pod Twe stopy / życie moje / jak powstanie*”.

Barbara Wyszkowska: „Pytał: »*Czy ty widzisz ten mój dowcip? Poznajesz, że to mój wiersz?*« Jakby się czegoś bał”.

Pokój sto sześć

W środę 18 stycznia od rana padał śnieg. Był lekki mróz, ale synoptycy zapowiadali, że kilka dni później temperatura spadnie poniżej dwudziestu stopni.

„Gazeta Wyborcza” donosiła, że przyłapano polskich studentów handlujących notatkami. Cena od 20 do 150 złotych. W Kielcach trwały obchody IX Dnia Judaizmu w Polsce. Liga Polskich Rodzin domagała się, żeby do średniej na świadectwie wliczano ocenę z religii. W Teatrze Ateneum w Warszawie wystawiano *Pokojówki* Jeana Geneta. Dolar według kursu NBP kosztował 3,15 złotego, euro – 3,80.

[1] Edyta Gietka, *Bliscy i najbliższa*, „Polityka”, 20 listopada 2007.

W pokoju sto sześć oddziału kardiologii szpitala przy ulicy Banacha w Warszawie panował spokój. Ludzie dopiero się schodzili.

Aleksandra Iwanowska przyjechała w południe. Zajęła stanowisko przy łóżku księdza, z boku. Otworzyła notes, wyjęła długopis. Ksiądz prosił o picie, zanotowała godzinę i słowo „pić". Mówił, że chce jeść, wpisała słowo „jeść". Drugą ręką trzymała dłoń poety.

W nogach łóżka siedział brat Marian.

Ksiądz Twardowski miał ochotę na kotlet. Ktoś pobiegł szukać. Ksiądz Aleksander Seniuk, pomocnik księdza Jana u Wizytek, potem jego następca, rozpoczął modlitwy przy sakramencie chorych. Ktoś wrócił z tym kotletem. Ksiądz Seniuk spytał: „Kotlet czy dalej się modlimy?". Jan Twardowski roześmiał się z żartu. Przyłożyli mu mięso do ust: „*Ble*". Zapytali: „To co, modlić się?". Przytaknął.

Bliska znajoma: „Jakaś siła mnie pchnęła, poszłam do szpitala. Spotkałam na korytarzu księdza Seniuka. »Jak to dobrze, że pani przyszła, bo on umiera«".

Krótko po godzinie piętnastej, w godzinę miłosierdzia, rozpoczęła się msza święta, którą celebrował ksiądz Aleksander Seniuk. Ołtarzem było ciało Jana Twardowskiego. Poeta, ubrany w stułę, powtarzał słowa modlitwy. Przyjął komunię. To był jego wiatyk.

W pokoju zaczynało się robić duszno, ale nikt nie chciał wyjść. Doszło do utarczek.

Krystyna Gucewicz pamięta, że wokół łóżka księdza stało w pewnym momencie już kilkanaście osób. Zapamiętała: Annę Hozakowską, Aleksandrę Iwanowską, brata Mariana, dwóch braci bonifratrów, jedną z krewnych księdza, Barbarę Stefańską, Barbarę Wyszkowską, księdza Aleksandra Seniuka i jakichś przypadkowych pacjentów, którzy zajrzeli do sali.

Ksiądz odchodził długo, ludzi zaczynały boleć nogi. W ruch poszły krzesła i ławeczki z korytarza. Widownia usiadła w kilku rzędach.

Krystyna Gucewicz widziała to tak: „Potworne misterium śmierci. Siedzieli i czekali na jego zgon, ciekawi, jak to będzie wyglądało. Nie mogłam na to patrzeć, wyszłam na korytarz".

Niedługo potem Aleksandra Iwanowska zapisała ostatnie słowa księdza.

18 stycznia 2006 roku, o godzinie 19.24 zmarł Jan Twardowski. Kardiolog odłączył aparaturę o 19.45.

Mówi osoba obecna przy śmierci poety: „Przez moment wszyscy w sali poczuliśmy się bliscy sobie. Niektórym przypomniały się słowa księdza, że śmierć to tylko przystanek, po którym trzeba iść dalej".

Następnego dnia wszystko wróciło do normy.

Co powiedział na końcu?

Ostatnie słowa księdza Jana Twardowskiego. Według różnych źródeł:
„Jezu, ufam Tobie".
„Odchodzę czysty".
„Ojcze nasz, któryś jest w niebie".
„Jestem gotowy, jestem czysty na ciele i duszy. Ja nigdy nie miałem kontaktu z kobietą". (Tu źródło czuje się w obowiązku udzielić komentarza: „Słowa o kobiecie wynikały z formacji tego pokolenia księży. Lękał się, że jego fascynacja kobietą może być źle zrozumiana. Zgorszenie innych było czymś, czego bardzo się bał. Czuwał nad tym do końca").

Chłopiec

Można tylko przypuszczać, że urodził się zdrowy

Doprawdy należałoby oczekiwać lepszej pogody pod koniec wiosny. Tymczasem według spostrzeżeń Stacji Centralnej Meteorologicznej przy Muzeum Przemysłu i Rolnictwa 1 czerwca 1915 roku w Warszawie był pochmurny, temperatura wynosiła niecałe dziewięć stopni Celsjusza. Na szczęście nie padało.

Tego dnia o drugiej po południu Aniela Twardowska urodziła Jana, swoje trzecie dziecko.

Chłopca tak nieśmiałego, że z wiekiem zacznie mówić coraz ciszej, aż dojdzie prawie do szeptu.

Chłopca, który będzie uważał się za tak brzydkiego, że gdy tylko zacznie łysieć, przyklei sobie do głowy tupecik.

Chłopca tak samotnego, że przyjaciół będzie umawiał w poszczególne dni tygodnia, żeby zawsze ktoś przy nim był.

Chłopca, który przeżyje prawie dziewięćdziesiąt jeden lat, zostawi po sobie godziny nagranych na taśmy kazań, mowy pogrzebowe, opowiadania dla dzieci i tysiąc sto dwadzieścia trzy wiersze. Jedne będą bardzo dobre, drugich mógłby nie pisać.

Jego listy do innych będą przeważnie banalne. Listy otrzymane podrze.

Nigdy nie napisze wspomnień. Dziennikarzom i przyjaciołom podyktuje do książek niemal identyczne zdania o swoim życiu, z których trudno się będzie dowiedzieć, jaki był naprawdę.

Ludziom, którzy z nim przegadają godziny, nie powie o sobie nic osobistego.

Na strażnika pamięci wyznaczy człowieka, który po śmierci ukryje jego prywatność.

Los będzie mu sprzyjał w zacieraniu śladów. Po dworze w Druchowie, gdzie spędzał przed wojną wakacje, zostanie tylko żeliwna wanna i niebieski kafel z łazienki. Z domu rodzinnego przy ulicy Elektoralnej w Warszawie uratuje ołowianego żołnierzyka. Będzie uchodził za anioła na ziemi, ale po jego śmierci wielu odmówi rozmowy o nim.

Przeżyje wszystkich, którzy mogliby pamiętać, czy Aniela Twardowska miała lekki poród. Czy jego ojciec czekał w sąsiednim pokoju? Czy ten, kto odbierał poród, zwiesił go do góry nogami i dał klapsa, jak to było w zwyczaju?

Można tylko przypuszczać, że urodził się zdrowy. Gdyby było inaczej, zostałby od razu ochrzczony z wody. Takie rzeczy odnotowywano potem w parafialnych księgach chrztów.

Księga, do której on został wpisany, przetrwała do dzisiaj. Nie ma w niej informacji na ten temat.

„Działo się w Warszawie"

Czarny atrament, cieniutka stalówka, cyrylica równo chyli się na prawo. Kleksów brak. Pismo pracownika parafii pw. Świętego Aleksandra w Warszawie łudzi, że akt chrztu Jana Jakuba Twardowskiego będzie łatwo przeczytać. Ale tekst jakby był zaczarowany. Znam przecież litery, rozumiem nawet poszczególne wyrazy, a sensu brak. Zaprzyjaźniona rusycystka tłumaczy mi, że spisano go w ortografii przedrewolucyjnej, w której stosowano nieużywane dziś twarde znaki na końcu wyrazów i literę *jat'*. Stąd trudności. Rusycystka też nie rozumie tekstu.

Muszę go przetłumaczyć, upieram się. Ciężka, wielka jak stolnica księga chrztów jest, być może, ostatnim dokumentem, gdzie zapisano adres Twardowskich z 1915 roku. Nikt go już nie pamięta.

W tłumaczeniu pomaga mi doktor habilitowana Ludmiła Jankowska z Zakładu Literatury Rosyjskiej Uniwersytetu Gdańskiego.

„Działo się w Warszawie, w kancelarii parafii pw. Świętego Aleksandra. Dwudziestego pierwszego czerwca (czwartego lipca)[2] tysiąc dziewięćset piętnastego roku o godzinie szóstej wieczorem pojawił się Jan Twardowski, urzędnik kolejowy, lat trzydzieści trzy, zamieszkały w Warszawie przy ulicy Koszykowej pięćdziesiąt siedem pięćdziesiąt, w obecności Feliksa Twardowskiego, maszynisty, i Stanisława Konderskiego, ucznia, pełnoletnich, zamieszkałych w Warszawie, zgłosił nam dzieciątko płci męskiej, ogłaszając, że ono urodziło się w domu jego zamieszkania

[2] Urzędnik jako pierwszą wpisał datę według kalendarza juliańskiego, stosowanego w Rosji i zaborze rosyjskim, jako drugą – datę według kalendarza gregoriańskiego.

dziewiętnastego maja (pierwszego czerwca) tegoż roku o drugiej po południu, od jego ślubnej żony Anieli Maryi (dwojga imion) z domu Konderskiej w wieku dwudziestu pięciu lat. Dzieciątku temu podczas chrztu świętego uczynionego tegoż roku, nadano dwa imiona Jan Jakób, a chrzestnymi byli Feliks Twardowski i Aleksandra Twardowska. Urodziny dziecka zgłoszono z opóźnieniem z braku czasu. Akt ten po przeczytaniu przez ojca dziecka i świadków podpisano”[3].

Z *Książki Informacyjno-Adresowej. Cała Warszawa 1930* wynika, że pod numerem hipotecznym pięćdziesiąt siedem pięćdziesiąt (5750) stała kamienica przy ulicy Koszykowej 20.

Dom ocalał. Stoi kilkadziesiąt kroków od skrzyżowania z ulicą Mokotowską. Trzy piętra i czarna od brudu fasada, bez ozdób. Nad spokojem mieszkańców czuwa Matka Boska Częstochowska w ścianie podwórkowej kapliczki, oświetlona kinkietem, opatulona w koronkową firankę.

Zatrzymuję ludzi na podwórku.

Człowieka w swetrze, bez przednich zębów: „Szanowna pani, nie znam żadnych Twardowskich. Ja tu mieszkam od trzynastu lat, bo ja, szanowna pani, z Pragi jestem”.

Listonosza: „Pracuję w tym rejonie dopiero trzy lata. Nie słyszałem”.

Kobieta z parteru, skryta za zasłoną, woła przez lufcik: „Tu nie ma nikogo, kto mógłby pamiętać cokolwiek sprzed wojny. Proszę już stąd iść!”.

Przeszłość kamienicy przy Koszykowej 20 ukryła się w bramie. Tylko tutaj zachowały się neorenesansowe zdobienia, które skuto z fasady po drugiej wojnie. Tylko ona jest taka sama jak wtedy, gdy Twardowscy nieśli dziecko do chrztu.

Dziewięć miesięcy bez większych strat

Wojna nigdy nie jest dobrym czasem na rodzenie dzieci. Janek urodził się w najmniej odpowiednim momencie.

Aniela Twardowska była w drugim miesiącu ciąży, gdy w październiku 1914 roku nad Warszawę nadleciały majestatyczne, powolne i białe zeppeliny. Zrzuciły na miasto bomby, obyło się bez większych strat.

Jej brzuch był już widoczny, gdy armia rosyjska zaczęła opuszczać Królestwo Polskie. Żołnierze palili za sobą wsie, a ludzi zmuszali do wycofywania się z bydłem i dobytkiem. Sunęli wiosną przez Warszawę zmęczeni mundurowi, a z nimi krowy

---

[3] Księga chrztów parafii pw. Świętego Aleksandra w Warszawie, ul. Książęca 21, rok 1915, wpis 396.

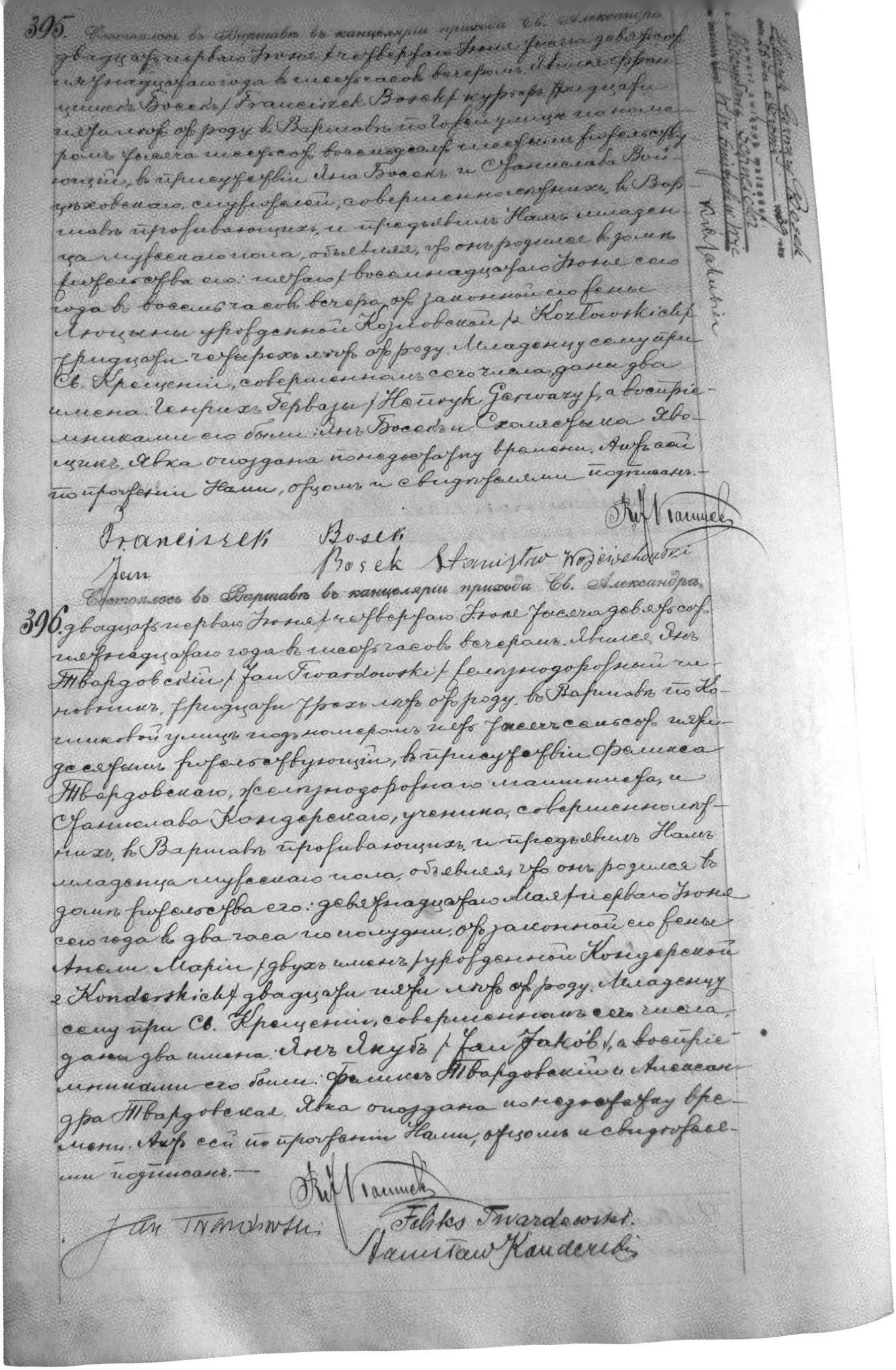

395. Состоялось въ Варшавѣ въ канцелярiи прихода Св. Александра
двадцать перваго Iюня / третьяго Iюля тысяча девятьсотъ
шестьдесятъ шестого года въ шесть часовъ вечеромъ. Явился Фран-
цишекъ Босекъ / Franciszek Bosek / курьеръ, тридцати
девяти лѣтъ отъ роду, въ Варшавѣ по Новой улицѣ подъ номе-
ромъ тысяча шестьсотъ восемьдесятъ шестымъ жительствую-
щiй, въ присутствiи Яна Босека и Станислава Вой-
цеховскаго, служителей, совершеннолѣтнихъ, въ Вар-
шавѣ проживающихъ, и предъявилъ Намъ младен-
ца мужескаго пола, объявляя, что онъ родился въ домѣ
жительства его: шестаго / восемнадцатаго Iюня сего
года въ восемь часовъ вечера, отъ законной его жены
Люцыаны урожденной Козловской / z Kozłowskich /
тридцати четырехъ лѣтъ отъ роду. Младенцу сему при
Св. Крещенiи, совершенномъ сего числа, даны два
имена: Генрихъ Гервазiй / Henryk Gerwazy /, а воспрiе-
мниками его были: Янъ Босекъ и Схоластыка Яво-
[illegible]. Явка опоздана по недостатку времени. Актъ сей
по прочтенiи Нами, отцомъ и свидѣтелями подписанъ.—

Franciszek Bosek
Jan Bosek Stanisław Wojciechowski
[illegible]

Состоялось въ Варшавѣ въ канцелярiи прихода Св. Александра,
396. двадцать перваго Iюня / четвертаго Iюля тысяча девятьсотъ
шестьдесятъ шестого года въ шесть часовъ вечеромъ. Явился Янъ
Твардовскiй / Jan Twardowski / желѣзнодорожный чи-
новникъ, тридцати трехъ лѣтъ отъ роду, въ Варшавѣ по Ко-
шиковой улицѣ подъ номеромъ шесть тысячъ семьсотъ пят-
десятымъ жительствующiй, въ присутствiи Феликса
Твардовскаго, желѣзнодорожнаго машиниста, и
Станислава Кондерскаго, ученика, совершеннолѣт-
нихъ, въ Варшавѣ проживающихъ, и предъявилъ Намъ
младенца мужескаго пола, объявляя, что онъ родился въ
домѣ жительства его: девятнадцатаго Мая / перваго Iюня
сего года въ два часа пополудни, отъ законной его жены
Анны Марiи / двухъ именъ / урожденной Кондерской
z Konderskich / двадцати пяти лѣтъ отъ роду. Младенцу
сему при Св. Крещенiи, совершенномъ сего числа,
даны два имени: Янъ Якубъ / Jan Jakób /, а воспрiе-
мниками его были: Феликсъ Твардовскiй и Алексан-
дра Твардовская. Явка опоздана по недостатку вре-
мени. Актъ сей по прочтенiи Нами, отцомъ и свидѣтеля-
ми подписанъ.—

[illegible]

Jan Twardowski
Feliks Twardowski
Stanisław Konderski

Akt chrztu Jana Twardowskiego

ślizgające się na warszawskim bruku, wiejskie dzieci wtulone w matki i ojcowie na wozach drabiniastych.

Miesiąc przed porodem Anieli władze carskie rozpoczęły ewakuację na wschód urzędów, przemysłu, personelu technicznego i stałych załóg fabrycznych.

Tydzień przed rozwiązaniem, w Radomiu, z latawca nieprzyjacielskiego została zrzucona bomba, która zabiła troje dzieci i zraniła matkę staruszkę, siostrę i szwagra pewnej wdowy Nowakowej.

W dniu porodu w „Gazecie Warszawskiej" napisano, że na froncie zakaukaskim toczą się walki. Urządzenie zespołów sekcyi gier ruchowych koła sportowego w parku Agrykola w Warszawie odbyło się o godzinie czwartej piętnaście. Teatr Rozmaitości na otwarcie sezonu letniego w Ogrodzie Saskim wystawił sztukę *Miód kasztelański* Kraszewskiego. W Teatrze dla Wszystkich szły *Swaty*, *Bzy kwitną*, *Dziecko rezerwisty*, sztuki i wodewile.

Ośmioklasowy średni zakład naukowy M. Kreczmara (Kaliksta 8) przyjmował na egzaminy wstępne.

Biedna panienka piętnastoletnia prosiła serdecznie o pomoc na gorset kuracyjny, za co obiecywała dozgonną wdzięczność.

Dla uczczenia pamięci Bolesława Prusa zapiszcie się na członków Towarzystwa Higieny Praktycznej, choćby ze składką rubla rocznie!

Ksiądz arcybiskup metropolita warszawski Aleksander Kakowski odwołał procesje Bożego Ciała z 3 czerwca i zezwolił na procesje wewnątrz murów kościelnych.

Zmarła Maryja z Miczurinów Woronicz-Jelec, wdowa po inżynierze, lat 88, i Regina Zerębska, była uczennica gimnazjum w Łowiczu, lat 12.

Akuszerka Łukasiak, Złota 25, tel. 67-28, przyjmowała panie.

Gazeta nie miała zwyczaju podawać, kto przyszedł na świat.

Wyjazd

Cztery dni spóźnili się z chrztem syna. Urzędnik parafialny musiał to odnotować. Prawo i tradycja nakazywały, żeby dziecko ochrzcić w pierwszym miesiącu po urodzeniu.

Jednak Twardowscy byli zajęci. Kiedy Jan senior wziął na ręce juniora po raz pierwszy, wiedział już pewnie, że najdalej za miesiąc będzie musiał wyjechać z miasta.

Rosjanie chcieli zostawić za sobą pustkę w Warszawie. Rozpoczęli demontowanie i rozbieranie fabryk aż do fundamentów i wywóz sprzętu. To, czego nie dało się wywieźć, mieli spalić lub wysadzić w powietrze. Planowali też zniszczyć wodociągi, kanalizację i gazownię warszawską. Razem z ewakuowaną spółką Droga Żelazna Warszawsko-Wiedeńska obowiązkowi wyjazdu podlegał jej pracownik Jan Twardowski. Był specjalistą od naprawy parowozów. Dla Rosjan elementem wyposażenia firmy, kimś między lokomotywą, wagonem a młotkiem do opukiwania kół i węglem do palenia w kotłach, przedmiotem użytkowym, trybem.

Car okazał łaskę. Ewakuowani pracownicy mogli zabrać w podróż rodziny. Ale Twardowscy zdecydowali, że Aniela zostanie w Warszawie, a na wschód wyjedzie tylko Jan.

W lipcu 1915 roku wśród Rosjan wybuchła panika. Pewne już było, że wkrótce do Warszawy wkroczą Niemcy. Rosyjskim rodzinom urzędników nakazano opuścić miasto. Wolno im było wywieźć sto dwadzieścia funtów bagażu (około pięćdziesięciu kilogramów). Czego nie mogli zabrać, sprzedawali. „Z powodu musowego wyjazdu wyprzedaję różne obuwie i urządzenia sklepowe za bezcen. Hoża 9 m. 25" – ogłaszali się w gazetach.

Polak, warszawski urzędnik bankowy Mieczysław Łętowski, zapisywał na gorąco wydarzenia z lipca 1915 roku: „Wtorek, 20 lipca. Są wiadomości pewne, że wywieziona została Biblioteka Główna (ostatnio nazywana Uniwersytecką). Zabrano i katalogi. Łazienki, Zamek Królewski, Belwederski pałac i inne opróżniono zupełnie. Ryby ze stawów łazienkowskich kupili Żydzi, a sprzedaż odbywała się nocą"[4].

W pamięci rodziny Twardowskich zachował się obraz Jana seniora wyjeżdżającego na wschód dopiero jesienią, a nawet zimą 1915 roku. Jednak Rosjan w tym czasie nie było już w mieście, jaki więc byłby sens słuchać ich nakazów? Ojciec dwumiesięcznego Jana juniora zapewne więc wyjechał na wschód jeszcze w lipcu 1915 roku[5]. Wraz z nim ewakuowano też jego brata Feliksa, maszynistę na kolei, ojca chrzestnego Jana juniora.

Możliwe, że nie było ich już w mieście 26 lipca, gdy Mieczysław Łętowski zanotował: „Poniedziałek. Wyjazd Moskali prawie że się skończył. Dworzec Wiedeński zamknięty. Zegar wieżowy zabrali. W mieście spokojnie".

Krótko po wyjeździe męża Aniela Twardowska opuściła mieszkanie przy ulicy Koszykowej i przeniosła się do matki. Prawdopodobnie na Wolę, na ulicę Chłodną 7, do kamienicy o dwóch piętrach, stojącej tuż przy kościele pod wezwaniem Świętego Karola Boromeusza. Tam, gdzie mieszkała przed zamążpójściem.

---

[4] Zapiski Mieczysława Łętowskiego znajdują się w zbiorach Fundacji Warszawa.1939.pl, www.biblioteka.warszawa1939.pl, dostęp: 7 maja 2010.

[5] Krzysztof Dunin-Wąsowicz pisze, że już 5 sierpnia 1915 roku w Warszawie nie było ani władzy, ani wojsk rosyjskich. Nie wiadomo, ilu ludzi dokładnie Rosjanie ewakuowali na wschód, jasne jest jednak, że wszyscy opuścili miasto przed wkroczeniem wojsk niemieckich. Zob. Krzysztof Dunin-Wąsowicz, *Warszawa 1914–1918*, Warszawa 1989, s. 23, 89.

Fotografia

Twardowscy nie są ładni. Z fotografii spoglądają ludzie o grubych rysach, dużych nosach i krępych sylwetkach. Zawsze jednak śmiało patrzą w obiektyw, nieruchomiejąc na krótki moment. Podbródki zadzierają przy tym lekko do góry. Urodę do rodziny wnoszą żony i mężowie.

Są za to długowieczni i wielodzietni. Nestor rodu Stanisław Twardowski, dziadek Jana juniora, przeżyje osiemdziesiąt sześć lat, zanim umrze w 1929 roku. Jego żona Franciszka będzie miała siedemdziesiąt siedem lat, gdy odejdzie kilka miesięcy po nim.

Na zdjęciu zrobionym w listopadzie 1928 roku z okazji pięćdziesiątej piątej rocznicy ich ślubu oboje wyglądają na bardzo już zmęczonych.

On patrzy w obiektyw z dumą starca, łysy, chudy, w drucianych okularach, z sumiastym, siwym wąsem. Był powstańcem styczniowym, niezamożnym szlachcicem herbu Ogończyk, z niedużym majątkiem pod Piasecznem, który utracił po powstaniu. Trafił do armii carskiej. Po wyjściu z wojska pojechał prosto do Warszawy. Nic nie posiadał, niczego konkretnego nie umiał. Zatrudnił się więc jako pomocnik maszynisty na kolei. Sypanie szuflą węgla do pieca parowozu wymaga jedynie siły.

Ona, jakby już nie z tego świata, gładko uczesana, utkwiła wzrok nad głową fotografa, a usta ułożyły się jej w podkówkę charakterystyczną dla ludzi, którzy zapomnieli włożyć sztuczną szczękę. Pochodziła z rodziny Nalewczyńskich, z mazowieckiej wsi Jastrząb. Urodziła i wychowała dziewięcioro dzieci[6].

---

[6] Stefan Stanisław urodził się w 1874, Aleksandra w 1879, Jan w 1881, Ignacy w 1889, Maria w 1892, Zofia w 1898, Feliks, Helena, Stanisław. Podaję tylko te daty urodzin, które

Rodzina Twardowskich

Zegar nad drzwiami pokazywał godzinę piętnastą trzydzieści, gdy Twardowscy zebrali się w dużym, pustym pokoju. Fotograf zaczął komponować grupę dwudziestu trzech osób. Jubilatów Franciszkę i Stanisława posadził pośrodku na krzesłach, miejsce u ich stóp zajęło pięcioro wnucząt. Tuż przed dziadkiem usiadł Jan junior, dwunastoletni gimnazjalista w krótkich spodenkach. Skrzyżował ręce, zamyślił się. Miał krótką, gęstą czuprynę, odstające uszy i biały kołnierzyk wyłożony na wierzch. Osiemnaścioro córek, synów, synowych i zięciów fotograf upozował w dwóch rzędach.

Stefan, najstarszy syn Franciszki i Stanisława, usiadł po prawicy matki. Gładko zaczesany do tyłu, z krótko przystrzyżonym wąsem, leciutko się uśmiechnął. Miał powody do zadowolenia. Był podporą rodziny, bogatym właścicielem fabryki pomp dla cukrowni i wodociągów na Grochowie[7]. Jako dziecko potrafił zapamiętać

udało mi się ustalić, nie znam też kolejności narodzin Feliksa, Heleny i Stanisława. Ostatnia z rodzeństwa była Zofia.

[7] Po powrocie do Polski, tuż przed wybuchem Wielkiej Wojny, przystępuje do spółki Towarzystwo Komandytowe Zakładów Brandel, Witoszyński i S-ka, która produkuje pompy dla

długie fragmenty Trylogii Sienkiewicza. Tak jak ojciec związał się z koleją. Skończył Szkołę Techniczną Drogi Żelaznej Warszawsko-Wiedeńskiej i odbywał praktyki na parowozach, ale marzył o studiach. Tuż przed wybuchem wojny światowej, w 1913 roku, zdobył dyplom inżyniera mechanika na Uniwersytecie w Nancy. Nie był już młody, dobiegał wtedy czterdziestki, miał żonę i czworo dzieci.

To w salonie jego domu na Grochowie albo w opróżnionym na ten dzień biurze jego fabryki rodzina ustawiła się do zdjęcia.

Jan Twardowski senior, syn Stanisława i Franciszki, ojciec Jana juniora, usiadł po lewej stronie ojca. Między nimi krzesło zajęła jego żona Aniela.

Stefan, fabrykant, wspomni przed śmiercią: „24 października 1881 roku urodził się Jasio, mój brat. Pamiętam, jak ojciec, wziąwszy kalendarz do ręki, zaraz po urodzeniu brata nadał mu imię Jan. Powiększył się też w pewnym stopniu mój obowiązek opiekowania się dziećmi. W 1882 roku na wiosnę (marzec) Jasio dostał ospy. Ospa miała bardzo poważny przebieg. Jasio wyszedł z tej choroby szczęśliwie, ale ze śladami na buzi”[8]. Jan chciał być taki jak Stefan. Skończył tę samą szkołę kolejową i też został specjalistą od budowy parowozów, rachmistrzem i mechanikiem. Miał zdolności manualne, ładny charakter pisma, potrafił kreślić projekty. Nie zrobił jednak matury i zamiast na studia w 1905 roku ruszył jako rekrut na toczącą się właśnie wojnę rosyjsko-japońską. Nie wziął udziału w walkach, bo wojna się skończyła. Do domu przywiózł na pamiątkę dwa trzewiczki japońskiej dziewczynki.

W kwietniu 1910 roku, w kościele Wszystkich Świętych w Warszawie, Jan Twardowski poślubił dwudziestoletnią Anielę Konderską. Rok później na świat przyszła ich pierwsza córka Halina, druga, Lucyna, urodziła się w roku 1912. Na syna mieli czekać jeszcze trzy lata.

Na jubileuszowej fotografii z 1928 roku nie ma wszystkich członków rodziny.

Maszynista Feliks Twardowski, ojciec chrzestny Jana juniora, ewakuowany z Janem seniorem do Rosji zaginął bez wieści.

Ignacy Twardowski, kolejny syn Franciszki i Stanisława, zmarł na gruźlicę w 1924 roku.

Na zdjęciu nie ma też Ireny Domańskiej, córki Stefana, właściciela fabryki pomp. W 1925 roku wyjechała z mężem Mieczysławem Domańskim „Dubois” do Francji. Oboje byli komunistami, za poglądy groził im w Polsce areszt. W Paryżu studiowali medycynę, naukę finansował ojciec Ireny.

---

cukrowni i wodociągów. Rok po wojnie jest już jej jedynym właścicielem i przenosi produkcję na Grochów.

[8] Stefan Twardowski, „Najstarsze wspomnienia”, mps, s. 8. Kopia sporządzona przez Małgorzatę Truszkowską, cyt. za: Jan Twardowski, *Autobiografia. Myśli nie tylko o sobie*, red. Aleksandra Iwanowska, t. 1: *Smak dzieciństwa 1915–1959*, Kraków 2006, s. 18, 19.

Rodzina

Stefan Kruś miał dwa lata, gdy fotograf zdejmował rodzinę z okazji rocznicy ślubu dziadków. Rodzice ubrali go w biały fartuszek, zaczesali blond włosy i posadzili u stóp babki, tuż obok kuzyna Janka juniora. Jest synem Stanisława Krusia i Marii, córki Franciszki i Stanisława Twardowskich. Kiedy dorósł, ożenił się z Hanią, siostrą kolegi z tajnych kompletów. Mają dwóch synów i wnuki. Zawodowo poświęcił się patologii wątroby, serca i nerek w warszawskiej Akademii Medycznej. Dziś ma osiemdziesiąt pięć lat.

Mówi, że przed pierwszą wojną w rodzinie była bieda koszmarna. „Mama mi opowiadała, że dziadkowie zawsze szukali mieszkań w pobliżu kolei, między ulicą Towarową a Żelazną, na Miedzianej, Złotej, Chmielnej, żeby było blisko do pracy. I wciąż je zmieniali na tańsze. A mimo to najstarszy Stefan wybił się, studia skończył, młodsze dzieci poszły do szkół. Jak im się to udało? Nie mam pojęcia".

Po pierwszej wojnie Twardowskim zaczęło się wieść lepiej. Nestor rodu Stanisław Twardowski dostał emeryturę powstańczą i prawo do noszenia niebieskiego munduru. Fabryka pomp Stefana zaczęła przynosić dochody.

W rodzinie przypomniano sobie wtedy szlachectwo i herb Ogończyk. W domu Stefana na Grochowie zawisł herb Twardowskich (w czerwonym polu rogacizna na połowie toczenicy, a w klejnocie dwie ręce panieńskie w srebrnej szacie uniesione do góry) obok herbu rodziny żony.

Stefan Kruś wspomina, że zaczęło się wtedy wyczuwać pewną odrębność od powinowatych nieherbowych. Rzecz dotyczyła także jego ojca Stanisława Krusia, który pochodził z biednej rodziny, skończył w czasie pierwszej wojny szkołę technologii przemysłowej i pracował w fabryce Stefana na stanowisku kierownika warsztatu. W chwili gdy żenił się z Marią z Twardowskich, oboje byli jednakowo

Profesor Stefan Kruś z żoną Hanną i księdzem Twardowskim w jego mieszkaniu, lata 90. XX wieku

biedni. Potem jednak Twardowscy potrafili dać do zrozumienia, że „pan Stanisław" nie pochodzi z ich sfery.

Wacław, syn fabrykanta Stefana, był najweselszym człowiekiem w rodzinie, bon vivantem. Zakochał się bez pamięci w Jadzi Szulcównie, proletariuszce. Nie patrzono na ich związek przychylnie.

Dzineczka, córka wuja Stefana, wyszła dla odmiany za Wachowiaka, jednego z najbogatszych ludzi przed wojną. Jego firma Rubor – okręty handlowe znana była szczególnie na wybrzeżu. „Z chłopów", Twardowscy kręcili nosem na niego. Ksiądz na ich ślubie specjalnie to podkreślał.

Katolicy. Irena Domańska, jedyna komunistka w rodzinie, zwykła żartować, że jak ludzie chorują, to dzwonią po lekarza, a Twardowscy od razu po księdza.

Przeważnie endeccy, popierali Romana Dmowskiego, prenumerowali antysemicki „Przegląd Katolicki", krzywili się na Żydów, pielęgnowali wspomnienie sprzed pierwszej wojny, gdy nestor Stanisław Twardowski ze swoją córką Marią zostali siłą wciągnięci przez żydowskiego kupca do sklepiku na Nalewkach i niemal zmuszeni przez niego do kupienia czegokolwiek.

Stefan Kruś: „Dziadek liczył kopiejki i nie poddawał się naciskom kupca, który w końcu rozgoryczony powiedział: »Pan to pewnie jesteś Kamiński albo Twardowski«".

Ale zakupy robili przeważnie u Żydów, bo można się było targować i było taniej, potępiali morderstwo Gabriela Narutowicza zastrzelonego przez fanatyka powiązanego z endecją i pozwalali swoim dzieciom bawić się na podwórku z dziećmi żydowskimi.

Stefan Kruś mówi: „Nie mieli za to żadnej tendencji do popierania klasy robotniczej. Żeromskiego nazywali socjałem".

Ksiądz Jan Twardowski twierdził, że rodzice i wuj Stefan nie uznawali różnic między ludźmi i wszystkich traktowali jednakowo. Jego najstarsza siostra Halina Truszkowska napisała we wspomnieniach, że rodzina ojca była dosyć trudna. Nie wyjaśniła jednak dlaczego[9].

Twardowscy lubili się wewnątrz klanu. Kiedy Stefan, Stanisław lub Jan świętowali imieniny i urządzali przyjęcia, wszyscy z rodziny bywali zapraszani.

Stefan Kruś: „W owym czasie pracowano do trzeciej po południu i żadne chałtury nie istniały. Często więc spotykali się rodzinnie".

---

[9] Halina Truszkowska, „Dom na Elektoralnej, sąsiedzi, sklepy", rkps, s. 3. W archiwum Aleksandry Iwanowskiej, cyt. za: Jan Twardowski, *Autobiografia*, dz. cyt., s. 30.

Elektoralna 49

Musiał być jeszcze wczesny poranek, bo na ulicy przed sklepem przystanął tylko chłopak w białej koszuli, a w stronę placu Bankowego jakiś mężczyzna toczył wózek na dwóch kołach.

Ciepło, bo niektóre okna zostały otwarte na oścież.

Po deszczu, bo asfalt ulicy lśnił jeszcze od wody.

Szkoda, że fotograf, który tego dnia ustawił swój aparat na ulicy Elektoralnej, nie zrobił kilku kroków wstecz. Wtedy w obiektywie zmieściłaby się cała kamienica pod numerem 49. A tak, sfotografował cały dom pod czterdziestym siódmym i tylko witrynę sklepu, szyld „Ubrania", dwa balkony i dwa okna domu spod czterdziestego dziewiątego.

Nie jest znany żaden inny wizerunek tej kamienicy. Wiadomo, że była okazała, trzypiętrowa, ze sklepami od frontu i jedną ścianą oficyny, która wychodziła na plac Mirowski z halą targową i budynkiem straży pożarnej.

Doktor Mieczysław Orłowicz, *Krótki ilustrowany przewodnik po Warszawie*, 1922. Elektoralna: „Ulica ta zachowała wiele staropolskich domów z facjatami z XVIII wieku. W jednym z nich, pod numerem 20, jak głosi tablica pamiątkowa, w latach 1829–31 mieszkał Juliusz Słowacki. (...) Pałacowy wygląd zamieszkałej obecnie przez Żydów kamienicy pod numerem 3. Facjata ozdobiona koroną hrabiowską, szeregiem herbów i emblematów wojennych oraz bjustami Djany i Apollina świadczy o lepszej przeszłości tej kamienicy. Mieszkał tu i zmarł w 1826 roku twórca *Marji* Antoni Malczewski".

Elektoralna i sąsiadująca z nią dzielnica żydowska stanowiły niemal jeden organizm.

Tuż, prawie za rogiem, były ulice Nalewki i Nowolipki. Równolegle do Elektoralnej biegła Krochmalna, przy której mieszkał przez krótki czas mały, rudowłosy chłopiec Isaac Bashevis Singer.

Po prawej stronie nieistniejąca już kamienica przy Elektoralnej 49

Przed 1939 rokiem ta część Warszawy stanie się, obok Nowego Jorku, światową stolicą języka jidysz. Granice getta zamkną dom pod numerem 49 w bańce z wąskim przesmykiem na aryjską stronę.

Sąsiadem Twardowskich, z drugiego piętra, był żydowski właściciel hurtu ryb z Hali Mirowskiej, Żydami byli właściciele sklepów przy Elektoralnej. Żydzi spacerowali tą ulicą, mężczyźni i kobiety osobno, nieśli gałązki drzew w święto Sukkot. Janowi Jakubowi Twardowskiemu wydawali się egzotyczni i tajemniczy.

„Pamiętam powiedzenie, które mamusia często powtarzała żartobliwie: »Dawaj, to będziesz miał, trzymaj się Żydów, to nie zginiesz« – wspominał. – *Kontakty z nimi były miłe, życzliwe, bez żadnych problemów. Mieszkaliśmy bardzo blisko dzielnicy żydowskiej i szanowaliśmy jej mieszkańców*"[10].

---

[10] Jan Twardowski, *Autobiografia*, dz. cyt., s. 38, 39.

Ulica słynęła w Warszawie z wielkich składów odzieży – Alabaster (pod numerem 13), Eugenia (nr 11), Magazyn Londyński braci Celmeistrów i F. Libsona (nr 1).

Pierwszą reklamę w życiu, opublikowaną w „Bluszczu", Melchior Wańkowicz napisał właśnie dla Eugenii: „idźcie do Eugenii, tam robić suknie każcie: Elektoralna jedenaście"[11].

Twardowscy z dziećmi wprowadzili się na Elektoralną 49 w 1918 roku, wkrótce po powrocie Jana seniora z Rosji. Wynajęli dwa pokoje w mieszkaniu na drugim piętrze. Na początku roku 1919 Aniela urodziła Marię, ich czwarte dziecko. I bez tego było im już ciasno. Halina, najstarsza z rodzeństwa, spała przy biblioteczce, na łóżku rozkładanym dopiero na noc.

Ich sąsiadami z trzeciego piętra byli Melchior i Zofia Wańkowiczowie. Wprowadzili się w tym samym czasie. Kamienica przez jakiś czas należała do Kazimierza Małagowskiego, teścia Melchiora. Utracił wkrótce dom wskutek nieudanych inwestycji.

Autor *Ziela na kraterze* wspominał: „Front kamienicy zajęty był przez sklep gotowych ubrań pana Segała; w oknach sklepu stały zabójcze brunety z wosku w tandetnych ubraniach; w bramie pyszniły się gabloty pana Piekacza, fotografa, który miał pracownię w podwórzu"[12].

Wańkowiczowie zajmowali stumetrowy lokal od frontu. Melchior nienawidził tego mieszkania. Uważał, że bez elektryczności i łazienki, z pluskwami i zrujnowaną ubikacją, zaplutym i rozlazłym podwórkiem, które było widać z okien i „na którym chrypiały zaropiałe dziady", jest smutne, szare, zimne[13].

Jan junior Twardowski to samo podwórko widział inaczej: „*Przychodzili kataryniarze, świnka morska wyciągała losy. Z okien rzucano im pieniądze zawinięte w papierki. Przychodzili ludzie, którzy ostrzyli noże, szatkowali kapustę, handlowali starzyzną. Krzyczeli »ostrzy noże! ostrzy noże!« lub »handel, handel!«. Było bardzo wesoło*"[14].

Jan i Aniela Twardowscy lubili ten dom, zostali w nim aż do lata 1944 roku. Aniela miała stąd blisko do matki, która mieszkała dwie ulice dalej, przy Chłodnej, rodzice Jana seniora przez jakiś czas wynajmowali mieszkanie przy pobliskiej Miedzianej.

„*Mieliśmy rozmaitych sąsiadów. Na pierwszym piętrze, pod nami, mieszkali Petersburscy* – mówił Jan junior Twardowski. – *Jerzy Petersburski już wtedy był znanym*

---

[11] Melchior Wańkowicz, *Ziele na kraterze*, Warszawa 1976, s. 10.

[12] Tamże, s. 23.

[13] Tamże.

[14] Marian Schmidt, *Niecodzienne rozmowy z księdzem Janem Twardowskim*, Warszawa 2000, s. 11.

kompozytorem muzyki rozrywkowej i piosenek kabaretowych, jak Tango Milonga, Ostatnia niedziela *i wielu innych. Ciągle grał, komponował, ćwiczył i u nas w domu stale było słychać znane szlagiery*"[15].

Jednak syn kompozytora, Jerzy Petersburski junior, zaprzecza temu wspomnieniu. Pisze do mnie: „mój Tata z rodzicami i rodzeństwem mieszkał zawsze przy Elektoralnej 3. Elektoralna 49 to zbyt odległa kamienica, żeby nawet snuć przypuszczenia, że ksiądz Jan Twardowski słuchał muzyki mojego taty, siedząc w swoim mieszkaniu przy otwartych oknach"[16].

Jan junior mógł jednak słyszeć grę kompozytora w drodze do szkoły. Publiczna Szkoła Powszechna numer 22, do której chodził od 1 września 1922 roku, mieściła się w kamienicy Reschkego przy ulicy Elektoralnej. W sąsiednim domu, pod trójką, mieszkali Petersburscy.

Chłopiec miał trzynaście lat, gdy rodzina przeniosła się na trzecie piętro, do mieszkania po Wańkowiczach, którzy w 1928 roku zbudowali dom na Żoliborzu.

Teraz Twardowscy mieli cztery pokoje, kuchnię z wnęką dla służącej, ponad sto metrów powierzchni, eleganckie drzwi wejściowe dla państwa i zwykłe dla służby. Tuż przed wybuchem wojny otrzymają telefon o numerze 253 43.

Ale znów im było ciasno.

Jeden z pokoi zajęła Maria Lucyna, matka Anieli. Wprowadziła się do nich z dużym mahoniowym łóżkiem i komodą, na której stała toaletka z owalnym lustrem, fotografie rodziny i przyjaciół Marii.

W pozostałych pokojach urządzono salon, sypialnię rodziców i pokój sióstr. Jankowi przypadła wnęka w ścianie między pokojami. Mieściły się w niej półki z książkami i łóżko, a nad nim obrazek z Aniołem Stróżem, który według chłopca miał tak smutną minę, jakby chorował na grypę.

Po kilku latach na ścianie swojego niby-pokoju Janek zawiesi konterfekt Józefa Piłsudskiego.

Aniela urządziła mieszkanie starymi, mahoniowymi meblami po przodkach. Biedermeiery sprzed niemal wieku nie były szczytem elegancji u schyłku lat dwudziestych wieku XX. Niezamożnym Twardowskim musiały jednak wystarczyć.

W salonie Aniela kazała ustawić dla ozdoby zepsuty fortepian, którego nie można już było naprawić, i zegar szafkowy wygrywający kuranty. Na ścianie zawiesiła reprodukcję obrazu przedstawiającego rodzinę Jana Matejki, Matkę Boską Częstochowską i kilka portretów rodzinnych, a na półce ustawiła popiersie Mickiewicza[17].

---

[15] Jan Twardowski, *Autobiografia*, dz. cyt., s. 44.

[16] List od Jerzego Petersburskiego z 21 marca 2010. W archiwum autorki.

[17] Marian Schmidt, dz. cyt., s. 12.

Książki były w całym mieszkaniu. Jan junior Twardowski wspominał: „*Podręczniki szkolne, albumy, książki historyczne, powieści. Były także kalendarze Ungra wydane w Warszawie, ze spisem kamieniczników, wybitniejszych zmarłych, z reklamami i ilustracjami Andriollego. Mój ojciec zbierał i oprawiał stare roczniki »Tygodnika Ilustrowanego« i »Wędrowca«. (...) To była moja pierwsza lektura. Mieliśmy także całego Mickiewicza i całego Słowackiego*”[18].

[18] Tamże.

Matka

Niedługo przed ślubem Aniela Twardowska poszła do fotografa. Miała wtedy dziewiętnaście lat, choć na zdjęciu wygląda poważniej. Włożyła białą, wysoką pod szyję bluzkę z plisami na gorsie. Obfitej, długiej do ziemi spódnicy w ciemnym, praktycznym kolorze można się tylko domyślać. Włosy zebrała do góry, odsłaniając uszy i kark. Gęste, ciemne brwi, miękka linia twarzy, pełne, zdecydowane usta. Nie uśmiechnęła się do obiektywu. Wyprawa do fotografa była uroczystą sprawą. Na fotografiach z epoki jej młodości poważne są niemowlęta, dziewczynki w strojach komunijnych, chłopcy z serso w rękach, świeżo poślubieni małżonkowie i zmarli w trumnach.

Syn będzie uważał ją za skończoną piękność. Fotografia młodej matki będzie z nim do końca życia. Aniela pozostanie dla niego kobietą idealną, punktem odniesienia, miłością życia. Po jej śmierci w 1971 roku jego samotność się pogłębi.

Tak niewiele o niej wiadomo, prawie nic po niej nie pozostało. Kilka fotografii, wiersze syna, jego krótkie zdania z wywiadów, zdawkowe wspomnienie córki i wnuka.

Pochodzeniem pasowała do Twardowskich. Jej matka Maria Lucyna była zubożałą ziemianką z rodziny Olexińskich, która utraciła majątek Oleksiankę na Mazowszu po powstaniu styczniowym. Jej ojcem był Stanisław Konderski z Dobrzynia nad Wisłą.

Urodziła się w 1890 roku. W Warszawie ukazało się właśnie książkowe wydanie *Lalki* Bolesława Prusa, a we Francji malarz Vincent van Gogh strzelił sobie w pierś z pożyczonego rewolweru.

Może i świat gnał już naprzód z prędkością maszyny parowej, ale od panny z porządnej rodziny wciąż wymagano, żeby umiała czytać i pisać, haftować, dziergać pończochy na kilkunastu drutach jednocześnie, malować, grać na instrumencie,

Aniela Twardowska

zachowywać się grzecznie przy stole, nie patrzeć mężczyznom w oczy i nie wychodzić na ulicę z odkrytą głową. Już jako mężatka powinna umieć gotować, żeby nie dać się oszukać kucharce, jeśli będzie ją na kucharkę stać. Ale głównym życiowym zadaniem kobiety było macierzyństwo.

Gdzieś tam były emancypantki, palaczki papierosów, Gabriela Zapolska, dziewczęta buntujące się przeciwko konwenansom, studentki, ale nic nie wskazuje na to, żeby Aniela była jedną z nich.

Jakiś rys niezależności, nieczęstego wówczas spoufalenia z ojcem widać na zdjęciu rodzinnym Konderskich z początków XX wieku. Piętnastoletnia Aniela oparła łokieć na ramieniu ojca, niskiego mężczyzny z podkręconym zawadiacko wąsem. Widać, że są ze sobą blisko, a gest jest naturalny.

Skończyła znaną warszawską pensję Jadwigi Teresy Papi, autorki dydaktycznych powieści dla młodzieży, która wierzyła w pracę u podstaw i jeździła z uczennicami do Cytadeli w ramach pomocy więźniom. W niewielkich klasach dziewczęta uczyły się trochę geografii, historii i literatury rosyjskiej. Nie korzystały z podręczników, tylko prowadziły notatki opracowywane z nauczycielami. Oprócz matematyki, biologii, mocno okrojonej z powodu skromności panien, i malarstwa pensjonarki pobierały też naukę haftu, kroju i szycia. Ulubionym rodzajem haftu Anieli będzie richelieu. Sześcioklasowa pensja dawała wykształcenie zbliżone do średniego, jednak bez możliwości uzyskania tak zwanej męskiej matury, która otwierała drogę na uniwersytet. Czy Aniela marzyła o studiach? Nic o tym nie wiadomo. Jej bracia studiowali. Jeden został adwokatem, drugi dyrektorem banku.

Na pewno była idealną kandydatką na żonę. Wykształcona, skromna, do panieńskiej fotografii nie założyła żadnej biżuterii, najmniejszej broszki, nie było w niej śladu kokieterii. Na zdjęcie w krótkim sznurze pereł pozwoli sobie już po ślubie.

Jak poznała Jana? Może na ulicy, w końcu mieszkali niedaleko siebie. A może był znajomym kogoś z rodzeństwa Anieli? Miała siostrę i trzech braci.

Prawdopodobnie prezentacji obojga dokonała jej serdeczna przyjaciółka Helena Łęczycka, narzeczona Stanisława Twardowskiego, młodszego brata Jana.

Obie przyjaciółki 9 kwietnia 1910 roku o godzinie dziewiętnastej trzydzieści, w kościele Wszystkich Świętych w Warszawie przy placu Grzybowskim, jednocześnie poślubiły braci Twardowskich. O czym na prostych, skromnych zaproszeniach zawiadamiali narzeczeni i ich rodziny.

Była silna. Nie rozsypała się z rozpaczy po wyjeździe męża do Połtawy w 1915 roku. Radziła sobie, gdy wszystko drożało. Wymieniała wojenne kartki na cukier (około 400 gramów raz na dwa tygodnie na jedną osobę), kupony na ziemniaki, karty opałowe na węgiel. Odbierała porcję 160 gramów chleba dziennie na osobę.

Kiedy Jan senior opuszczał miasto, za 240 funtów drewna do palenia pod kuchnią płaciło się już 20 marek polskich. Przed jego powrotem w 1918 roku ceny wzrosły pięciokrotnie. Węgla nie można było dostać wcale.

Jadłodajnie dla bezdomnych wydawały w czas wojny coraz więcej posiłków, powodzeniem cieszyły się tanie kuchnie dla inteligencji. Nie wiadomo, czy Aniela Twardowska musiała korzystać z ich usług.

Z trójką małych dzieci, z pomocą rodziny, przetrwała wojenny głód, gruźlicę, epidemię dyzenterii, tyfusu plamistego i grypę hiszpankę, które męczyły Warszawę. Dzieci w czasie wojny umierały częściej niż zwykle. Aniela odniosła wielki sukces, bo jej córki i syn wyszli z wojny żywi, choć słabi i niedożywieni. Janek będzie wysokim i wyjątkowo chudym dzieckiem. W wieku osiemnastu lat będzie mierzył 170 centymetrów wzrostu i ważył zaledwie 56 kilogramów.

Była ciekawa życia. Chodziła z mężem do kina, teatru, operetki. „Chińczyk goli łeb, z tyłu warkocz ma. I na znak, że nie kiep, zań się ciągnąć da" – śpiewali po powrocie.

We wspomnieniach córek i syna jest idealna. Dyskretna powiernica krewnych i znajomych. Cierpliwa mama, która uczy pierwszych kroków, sadza na stołku, tłumaczy świat za oknem i to, jak trzymać łyżkę. Która pokazuje, jak modlić się i czynić znak krzyża. *„Komenderowała: Na lewo, na prawo. Dotykaj czoła, a nie nosa. Serca, a nie blaszanego guzika. Ramion, a nie szelek. Mówiła jeszcze, że dziewczynka, przechodząc przed krzyżem przydrożnym w czasie wakacji, powinna się przeżegnać, a chłopiec zdjąć czapkę"*[19] – wspominał Jan junior.

Miała opinię dobrej gospodyni. „Nie robiła nigdy długów – napisała córka Halina Truszkowska. – Umiała tak rozdysponować otrzymane od ojca pieniądze, że obiad ostatniego dnia niczym nie różnił się od obiadów całego miesiąca"[20].

Obiad w domu Anieli zawsze był gotowy na stole, kwiaty w doniczkach na parapetach podlane, zakupy zrobione, lekcje dzieci dopilnowane, mieszkanie posprzątane. Służącą, starszą kobietę z Małkini, Twardowscy przyjęli na stałe dopiero po zmianie mieszkania.

„Matka moja tak święta że tylko przez skromność / w naszym domu rodzinnym nie czyniła cudów" – napisał o niej syn w wierszu *Takie proste*[21].

Wcześniej, w *Niecodzienniku*, podał, że mówiono tak o matce Józefa Ignacego Kraszewskiego.

---

[19] Jan Twardowski, *Najnowszy zeszyt w kratkę*, Kraków 1997, s. 5.

[20] Halina Truszkowska, „Dom na Elektoralnej, sąsiedzi, sklepy", dz. cyt., s. 29.

[21] Jan Twardowski, *Zaufałem drodze. Wiersze zebrane 1932–2006*, zebr. i oprac. Aleksandra Iwanowska, posł. opatrzyła Jadwiga Puzynina, Warszawa 2007. Wszystkie cytaty z wierszy księdza Twardowskiego pochodzą z tego zbioru, chyba że zaznaczono inaczej.

Odnajduję wnuka Anieli, Bohdana Knichowieckiego z Katowic. Całe życie był dziennikarzem. Zanim odszedł w 1997 roku na emeryturę z powodów zdrowotnych, był szefem działu kultury w dużym dzienniku.

„Urodziłem się w 1942 roku. Babcia Aniela to była kobieta, której zawdzięczam szczególnie dużo. Ona mnie faktycznie wychowała. Moja mama Lucyna była jej córką i siostrą księdza Jana – opowiada Bohdan Knichowiecki. – Matka szła do apteki, siedziała tam cały dzień. Ojciec jako wizytator tuż po wojnie całe dni spędzał w pociągach i jechał do różnych miejscowości zakładać i kontrolować szkoły polskie. Mogłem więc opierać się tylko na babci. Wychowywała mnie tak, jak wcześniej swoje dzieci. Jeśli byłem chory, dużo mi czytała. Wiele książek młodzieżowych czy dziecięcych znałem z jej lektury. I w ten sposób, już później, gdy sam czytałem, dowiedziałem się, że na przykład *W pustyni i w puszczy* nie przeczytała mi w całości, parę niedużych fragmentów opuściła. Epizod w Chartumie ominęła. Podobnie było z Trylogią. W książkach była zakochana. Już później kupowałem jej Rodziewiczównę i Kraszewskiego. Ale poezji nie lubiła. Innej niż wuja Janka nie czytała.

Miała łagodny charakter. Nie krzyczała, nie pamiętam, żeby na mnie lub młodszego brata rękę podniosła. Bardzo wybaczająca, nawet wtedy, gdy nie musiała. Babcia Aniela była kobietą wyjątkowej dobroci. Jan Twardowski odziedziczył po niej charakter".

Kiedyś wtrąciła się w rozmowę swoich dzieci, które snuły plany, kim będą w przyszłości: „A ja tylko matką zostanę".

Ojciec

Musiał ją ująć poczuciem humoru. Ich córka Halina wspominała, że Jan senior był „wykpisem" i z bratem Stanisławem stanowili parę rodzinnych kawalarzy[22].

Ktoś z rodziny opowiedział mi, że chłopcy od Twardowskich modlącym się Żydom dla żartu wpuszczali do synagogi gołębie. Możliwe, że był wśród nich także Jan.

Jeszcze mniej o nim wiadomo niż o Anieli. Zmarł wcześnie, kilka miesięcy po zakończeniu drugiej wojny światowej. Na świecie panował taki bałagan, że w papierach pomylono przyczynę śmierci.

Bohdan Knichowiecki, jego wnuk, miał wtedy kilka lat.

„Z opowieści wiem tylko, że był szalenie oddany rodzinie, zakochany w dzieciach" – wspomina.

Nie wiadomo, co robił i jak żył Jan senior w Rosji podczas pierwszej wojny światowej. Wnuk zapamiętał jedynie, że dziadek był w Połtawie, skąd wrócił pod koniec 1917 lub na początku 1918 roku.

Budził szacunek w rodzinie. Całe życie pracował na kolei, powoli pnąc się w górę. Tuż po pierwszej wojnie był zawiadowcą warsztatów parowozowych Warszawa Główna, w 1932 roku został kierownikiem Działu Napraw Wagonów Osobowych w warsztatach kolejowych w Pruszkowie Żbikowie, żeby trzy lata później awansować na stanowisko radcy w Ministerstwie Komunikacji.

Jan junior Twardowski opowiadał, że kiedy ojciec wracał z pracy i długo nie dostawał obiadu, bębnił dłońmi w blat stołu. Nie było mowy, by przy nim sprzątać, gotować, szyć, cerować[23].

---

[22] Jan Twardowski, *Autobiografia*, dz. cyt., s. 32.

[23] Tamże, s. 36.

Kochał cmentarz na Powązkach. Często prowadził dzieci na groby rodzinne, odwiedzali też mogiły znanych zmarłych. Syn wspominał: „*Ojciec powtarzał, że Powązki uczą kontaktów z dawnymi ludźmi. Był tak bardzo przywiązany do pamięci o zmarłych, że co miesiąc tam jeździł. Pamiętał o wszystkich rocznicach*"[24].

W piątki zabierał rodzinę na koncerty do Filharmonii, w niedziele na wycieczki do Zamku Królewskiego, Łazienek lub Wilanowa. Zwyczajem się stało, że szedł z dziećmi na wystawy malarskie do Zachęty, która tuż po pierwszej wojnie była głównie galerią narodowego malarstwa.

Na wakacje wysyłał rodzinę niedaleko Warszawy, do pobliskiego Milanówka, który leżał wzdłuż torów dawnej Kolei Warszawsko-Wiedeńskiej. Dzięki temu był z bliskimi codziennie. Janek, jego syn, zapamiętał, że ojciec zjawiał się w Milanówku z serdelkami[25].

Był pobożny. Służył do mszy niemal do końca życia, także w sierpniu 1941 roku, na ślubie swojej córki Lucyny z Czesławem Knichowieckim. „*Kiedy dostał pokutę: zmówić modlitwę dwadzieścia siedem razy, czekał do pierwszego, żeby się nie pomylić, i odmawiał ją do dwudziestego siódmego dnia miesiąca*"[26] – mówił Jan junior Twardowski. W każdy Wielki Piątek pościł i po pracy odwiedzał z dziećmi Groby Pańskie w kościołach na Krakowskim Przedmieściu i na Starym Mieście.

Jednak nie był zachwycony wyborem drogi życiowej syna. Nie pogodził się z jego decyzją do końca życia. Planował, że Janek pójdzie w jego ślady i będzie pracował na kolei. A nawet wyprzedzi ojca, dorówna wujowi Stefanowi i zostanie inżynierem. Z tego powodu nakłonił chłopca do wyboru matematyczno-przyrodniczego Gimnazjum imienia Tadeusza Czackiego w Warszawie.

Jego syn będzie najgorszym uczniem z matematyki w klasie.

Rozmowa
[21.09.2010]

Myśli pani, że zdradzę rzeczy, które sama mogłabym kiedyś wykorzystać i opisać? Nie wydaje mi się, żeby dała pani radę tę książkę napisać. Nic pani nie ma, nie znała go. Nic z tego nie wyjdzie. Czy pani nie nagrywa mnie z ukrycia?

---

[24] Tamże, s. 35.
[25] Tamże, s. 111.
[26] Tamże, s. 32.

Wakacje

Druchowo. Wersja 0.1

Powóz jechał piaszczystą drogą wśród pól i nagle skręcał w lewo, między dwa drzewa. Za krótką aleją, klombem z kwiatami widać już było wuja na ganku. Rozkładał ręce w powitalnym geście, gdy woźnica ściągał lejce i zatrzymywał konie przed dworem.

Mały chłopiec i jego matka wysiadali z powozu.

Jan Twardowski wspominał pod koniec życia: „*Na każde letnie wakacje, nawet we wrześniu, jeździłem do folwarku brata mojej matki, w Druchowie koło Płocka. U wuja lubiłem spędzać całe lato. Z urodzenia byłem wprawdzie mieszczuchem, ale uważałem się za wieśniaka*"[27].

„*To było dla mnie wymarzone miejsce na wakacje. Wyjeżdżałem tam z mamusią pociągiem z Warszawy do Radowic*[28], *a dalej podróżowaliśmy staroświecką karetą, która czekała na nas na stacji i zawoziła do mająteczku. Mieszkaliśmy w małym dworku z gankiem, ze stawem, łąkami. Po podwórku chodziły gęsi, kury. Byłem przejęty wszystkim – zwierzętami, ptakami, owadami. Odkryłem mrówkę i biedronkę, poznawałem drzewa, kwiaty, krzewy. (...) Za zgodą szkoły mogłem przebywać na wakacjach cztery miesiące*"[29].

---

[27] Marian Schmidt, dz. cyt., s. 15.

[28] Ksiądz popełnił tu błąd, powtórzony zresztą później w cytowanej wyżej *Autobiografii*. Droga z Warszawy do Druchowa wiodła nie przez Radowice, tylko przez Raciąż.

[29] Jan Twardowski, *Łaską zdumiony. Moje szczęśliwe wspomnienia*, red. Jadwiga Marlewska, Warszawa 2006, s. 20.

Kartka księdza Twardowskiego do Anny Kamieńskiej z 1983 roku

„(...) zdarzało się, że wracałem dopiero pod koniec września” – *„W tym świecie czułem się swobodny”*[30].

Wuj Wacław Konderski, właściciel Druchowa, do 1933 roku był pierwszym zastępcą dyrektora Banku Gospodarstwa Krajowego w Warszawie, jednego z największych banków w II Rzeczypospolitej, w latach 1933–1935 dyrektorem naczelnym The British and Polish Trade Bank w Gdańsku. Był wrogiem endecji, w czasach gdańskich gardził faszyzmem, przez co stracił tam pracę.

Zachowała się fotografia z czasów, gdy pełnił swoje funkcje. W nienagannym garniturze, z dewizką przewleczoną przez górny guzik kamizelki, w jedwabnym, jasnym krawacie spiętym szpilką. Włosy zaczesał gładko do góry, nieduży wąsik przystrzygł schludnie. Był znaną postacią w swoim środowisku, liczono się z jego zdaniem. W 1925 roku napisał artykuł do „Gazety Bankowej” o ostatnich rozporządzeniach celnych, a na posiedzeniu Towarzystwa Ekonomicznego w Krakowie wygłosił odczyt „Dwa zagadnienia gospodarcze w okresie sanacji”. Trzy lata później wydał broszurę *Istota i granice ubezpieczeń społecznych*. W czasach kryzysu prowadził dziennik, który został wydany w 1962 roku.

Nie wiadomo, jak ziemiańscy sąsiedzi traktowali bankiera, który kupił posiadłość na wsi i zaczął się bawić w jednego z nich. W aktach parafii Koziebrody, której

[30] Helena Zaworska, *Rozmowa z księdzem Twardowskim*, Kraków 1999, s. 8.

podlegało Druchowo, nie zachowały się żadne informacje na ten temat. Ówczesny proboszcz nie prowadził kroniki, nie zostawił wspomnień.

Konderski mógł się czuć jednym z nich, pochodził w końcu ze zubożałej szlacheckiej rodziny. Podczas obiadów w druchowskim dworku tolerował rozmowy wyłącznie po francusku, na herbatę zapraszał na ganek. Do małego koziebrodzkiego kościoła jeździł w niedziele powozem. Mijał po drodze bosych wieśniaków z butami w rękach: wkładali je dopiero przed nabożeństwem, i wystrojonych sąsiadów ziemian w bryczkach, którzy zasiadali w kościele w ławkach podpisanych swoim nazwiskiem.

Czasem przyjeżdżała do dworu Zosia, córka wuja, której towarzyszyła guwernantka.

„*Dziwna osoba* – wspominał ją Jan junior Twardowski. – *Miała niewyparzony język, mówiła dosadnie. Zatruła się gazem, czadem. Lubiłem ją*"[31].

Niewielkie towarzystwo Janka Twardowskiego w Druchowie uzupełniał student, o którym wiadomo jedynie, że miał na imię Zygmunt. Odwiedzali razem pobliski majątek Kuchary, gdzie mieszkała wówczas Helena Mniszkówna, autorka romansu *Trędowata*. „*Była to pierwsza powieść, która mnie wzruszyła*" – mówił Jan Twardowski.

Ale większość czasu spędzał w Druchowie sam, choć z pewnością do dworu przyjeżdżały też jego trzy siostry. Nie narzekał na samotność. „*(...) zwłaszcza gdy tyle wokół się działo, ja zaś dziwiłem się, że kot skacze do góry, a nie w bok, pies rozmawia ogonem, baranek, ssąc matkę, przyklęka. Na każdym kroku doznawałem wiele radości – rano budziły mnie słońce i ptaki, słyszałem pianie kogutów i kukanie kukułki. Miałem przed sobą cały dzień, pełen niespodzianek. Wieczorem słuchałem naszczekiwania psów, a gdy ucichły ptaki, zapadała niezwykła cisza i ciemność, w mieście nie do pomyślenia*"[32].

Był odbiorcą wrażeń, nie nadawcą. Zamknięty w sobie, cichy, niezauważany przez innych, śledził z boku wiejską rzeczywistość. Stawał w kącie wiejskiego sklepu w Koziebrodach i obserwował kupujących ludzi o zmęczonych i bladych twarzach, którym usługiwał sprzedawca Bardczak.

Podglądał zakochanych na nadwiślańskiej łące.

Widział, jak utonął wiejski chłopak.

Wiejsko-ziemiańską rzeczywistość Druchowa przetwarzał w wierszach. Wyda je w 1937 roku w tomiku *Powrót Andersena*.

---

[31] Jan Twardowski, *Autobiografia*, dz. cyt., s. 116.

[32] Tenże, *Ludzie, których spotkałem. Waldemara Smaszcza rozmowy z ks. Janem Twardowskim*, wyd. 2, Białystok 2001, s. 19, 20.

Wanna

Genowefa Fafińska prowadzi mnie przez łąkę w Druchowie, prosto w kępę chaszczy. Na stopach ma nowe, błękitne kapcie w kwiatki, brodzi w nich w wysokiej trawie. Słońce chowa się co chwila za chmurami, za nami biegną wnuczki Genowefy, mały kundelek obszczekuje naszą dziwaczną procesję.

„Mój tatuś Jan Pawłowski był z Niedroża. Tam się urodziłam. I jemu poradzili, żeby po wojnie objął ten dwór w Druchowie – mówi kobieta. – Tata wziął go w dzierżawę i potem kupił, jak już można było. I tutaj, o proszę, tu myśmy mieszkali. Tu był wtedy piękny sad i jeszcze ten dwór. A tu taki piękny klomb, na tym podwyższeniu, a tutaj takie piękne jarząbki rosły. A te dwa wysokie drzewa na końcu, to chyba były na drogę wjazdową.

Dwór drewniany był, parterowy, ze strychem, dach pod gontem, ale było bardzo ładnie. Jak myśmy przyszli, to dużo było już poniszczone przez wojsko rosyjskie, co tu stacjonowało. Niewiele pamiętam, bo byłam mała, urodziłam się w 1942 roku.

Dwór był dosyć długi, te wszystkie zarośla, przy których stoimy, rosną na jego miejscu. Nic nie ocalało. Tylko ta piwnica. Dzieciaki wchodzą tam troszkę i się bawią. Ale skarbów żadnych nie ma. Tu był komin z cegły, tam mały pokoik, potem trochę większy, potem hol, a po tej stronie duże pokoje. I piękna podłoga, parkiet w kwadrat i kwiaty, ładnie porobione.

Wejścia były od trzech stron. Jedno od frontu, ganek musiał być kiedyś, ale za nas już nie było. Drugie przez hol, z boku, zamykaliśmy na zimę, bo wiało. A trzecie wejście z ogrodu, przez łazienkę.

Nie wiem, czy się co zachowało po dziedzicach. Pamiętam, że komoda była, ale nie wiem, czy po nich.

Jak się wychodziło z łazienki, to te ziemie, co widać na prawo, były uprawiane. Cała alejka porzeczkami wysadzana. I calusieńki sad w drzewach. Ale było ich gęsto!

Tam dalej jest staw, ładny, ale teraz zamulony, nie używa się go. A z boku trochę figurka z Matką Boską stoi. Za drogą, co teraz puste pole, były czworaki i za naszych czasów mieszkali tam ludzie, co z reformy ziemię dostali. Długi budynek i sporo pomieszczeń i każdy miał mieszkanie. A za dziedzica to pewnie tam mieszkali ludzie, co u niego robili.

Myśmy się przenieśli do nowego domu w 1963 roku, pamiętam na Boże Narodzenie tatuś wszystko pięknie przygotował, bo gmina poddała dwór do rozbiórki. Mówili, że grozi zawaleniem. Chociaż naszym zdaniem dobrze się trzymał. Szkoda, teraz to by zabytek był.

Ja słyszałam, że tu przyjeżdżał ksiądz Twardowski, jak był młodzieńcem, od jednego pana z Białegostoku. Bo wcześniej to wiedziałam tylko, że tu żyła przed wojną rodzina S. Oni tu przyjeżdżali kilka razy.

Raz był tylko mój mąż, co to już nie żyje, gdy jeden S. przywiózł album przedwojenny. I nie mogę dokładnie powiedzieć, ale tam były zdjęcia, jak w oknie dworu ktoś stał. Mąż mówił, że pięknie było widać, jak tam wtedy się żyło. A tak, to nie mamy żadnego zdjęcia dworu sprzed wyburzenia.

Tata opowiadał, że jak S. pierwszy raz przyjechali, po wojnie od razu, to jeden wbiegł szybko na strych i mówi: »O, deski już pozrywane«. Ale myśmy nic nie znaleźli po nich, dokumentów, papierów, nic. A potem, jak oni przyjeżdżali, to zawsze chodzili pod ten duży świerk. Tam przy stawie, piękny był, ale już go nie ma, tylko ten mały został. I ciągle tam zaglądali, a raz nawet pod świerkiem samochód osobowy stał, ale nie wiem, co tam kto robił. Nie poszłam sprawdzać.

Z całego dworu zostały tylko kafle z łazienkowej podłogi. Błękitne i białe. Pokruszyły się już. Ten pan z Białegostoku wziął kawałek na pamiątkę. Pani też chce? Proszę bardzo.

Aha i wanna z łazienki ocalała. Stoi u nas na podwórku, pod stodołą. Jaka głęboka i długa, prawda? Służyła nam do pojenia krów, ale teraz to już tylko tak ją trzymamy. Pamiątka po księdzu Twardowskim. Pewnie się w niej kąpał. Taka nieumyta, przepraszam za to".

Druchowo. Wersja 0.2

Nie było dzieciństwa w Druchowie.

Nie było wakacji od początku czerwca do końca września za zgodą szkoły.

Nie tam Janek Twardowski spotkał pierwszy raz biedronkę i mrówkę.

Waldemarowi Smaszczowi z Białegostoku, historykowi literatury, posiadaczowi kafla z podłogi łazienki druchowskiego dworku, odkrycie tego zajęło kilka lat.

Przez ćwierć wieku w każdy piątek wsiadał w pociąg i jechał do Warszawy spotkać się z księdzem Janem. Przyjaźnili się, ale rozmawiali o literaturze, nigdy o sprawach osobistych poety. Smaszcz nie wiedział niemal nic o jego przeszłości.

„Aż w 1985 roku napisałem tekst *Warszawskie wiersze księdza Twardowskiego* – wspomina krytyk. – I on mnie wtedy ofuknął: »*Co ty za bzdury o mnie wypisujesz? Mieszczucha ze mnie robisz*«. I wtedy pierwszy raz w życiu opowiedział mi o wakacjach w majątku, o dworku, wuju Wacławie, tamtej przyrodzie. To wszystko było wcześniej nieznane, nie istniało publicznie".

Dziesięć lat temu Smaszcz zaczął zbierać materiały do biografii Jana Twardowskiego.

„Postanowiłem też wtedy odnaleźć dwór w Druchowie, jakieś dokumenty, zdjęcia – mówi. – We wsi po dworku nie było już śladu, żadne materiały się nie zachowały. Ale powoli elementy układanki przestawały do siebie pasować. Z rozmów z Janem Twardowskim wnioskowałem, że bywając w majątku wuja, był już intelektualistą, dojrzałym człowiekiem, który pisał wiersze. Świadomie układał sobie wieś, naturę, miał refleksje na temat życia ziemiaństwa w tamtym czasie. To nie były wspomnienia dziecka".

Po kilku latach poszukiwań Smaszcz trafił na informację w płockim archiwum, że Wacław Konderski był właścicielem majątku tylko przez cztery lata. Kupił dwór w 1931 roku, gdy jego siostrzeniec miał szesnaście lat, sprzedał w roku 1935, gdy Janek był dwudziestolatkiem.

Jan junior Twardowski mógł więc być w Druchowie najwyżej cztery razy na letnich wakacjach.

Smaszcz uważa też, że Janek Twardowski nie mógł bywać tam od początku czerwca aż do końca września. Gdy dwór był w rodzinie, chłopak uczył się już w wymagającym, państwowym Gimnazjum imienia Tadeusza Czackiego w Warszawie. Ta szkoła nie wyraziłaby na to zgody. Na przedłużone wakacje rodzice Janka mogli mu pozwolić najwyżej w szkole powszechnej, która nie była wtedy jeszcze obowiązkowa. Ale wtedy Twardowscy jeździli na wakacje do Milanówka.

„Nadal jednak nie wiedziałem, gdzie dworek stał – mówi Waldemar Smaszcz. – Ludzie pokazywali mi różne miejsca, nawet w filmie dokumentalnym o księdzu pokazuję dworek w Niedrożu jako druchowski. Dopiero starosta płocki zawiózł mnie do burmistrza Raciąża. Ten dwie godziny wisiał na telefonie i nie mógł trafić na ślad. Już chciałem uznać, że to był jednak ten Niedróż, aż w końcu jakiś regionalista wskazał, gdzie był dwór. I dodał, że tam już tylko kapliczka z Matką Boską została".

Waldemar Smaszcz odnalazł jednego z potomków rodziny S., którzy kupili Druchowo od Wacława Konderskiego. Doktor S., krakowski lekarz, obiecał pokazać krytykowi album ze zdjęciami majątku. Potem jednak odwołał spotkanie bez podania przyczyn, zerwał kontakt.

W Krakowie jest co najmniej trzech lekarzy S. Wysyłam do nich listy z prośbą o kontakt w sprawie Druchowa. Jednak żaden z nich nigdy nie odpisuje.

„A może poświęciłem prawdę dla dowcipu?"

Miał swobodny stosunek do przeszłości. Przez całe życie mylił fakty, daty, ludzi.

Łączę ścinki, kawałki, staram się rozplątać supełki wątków. Trudno nawet ustalić, kiedy dokładnie chodził do szkół.

Dlaczego Jan Twardowski tak poplątał swoje życie, zatarł tropy?

Dziennikarz „Odry" zapytał go kiedyś: „Od jakiego antenata wywodzi ksiądz swoje nazwisko?". Ksiądz odpowiedział: *„Może od Twardowskiego z Księżyca? To jest ciekawe, że dostałem od swojego stryja sekretarzyk i w skrytce znalazłem grosz z czasów Zygmunta Augusta, kiedy ten Twardowski wywoływał ducha Barbary. Może to przypadek, a może poświęciłem prawdę dla dowcipu?"*[33].

Innym razem będzie wspominał, że w szufladach sekretarzyka znalazł srebrną łyżeczkę lub listy miłosne stryja związane wstążeczką. Ale nigdy nie powtórzy historyjki o groszu.

Waldemar Smaszcz: „Ksiądz od początku zacierał ślady. Nie chciał, żeby cokolwiek po nim zostało. Niszczył po sobie dokumenty, rwał zdjęcia, wszystko wyrzucał, niczego nie zbierał. To była jego *idée fixe*, żeby zostały wiersze, nic o człowieku.

W 1999 roku pracowałem nad tekstem o Jakubie Wujku. Odkryłem, że przez czterysta lat napisano o nim tylko dwie istotne rzeczy. Mówię do księdza Jana: »Jak to jest, o Piotrze Skardze mamy całe biblioteki, a o Wujku nic?«. A on się wyraźnie ucieszył: »*To ty nic nie pisz. Zobacz, jednemu z nas się udało*«. Twardowski zaczął mówić o sobie z konieczności, pod koniec życia, u szczytu sławy, bo zaczęto wypisywać o nim bzdury".

Pierwszego wywiadu w życiu poeta udzielił Krystynie Nastulance z „Polityki" dopiero w 1978 roku, gdy miał już sześćdziesiąt trzy lata.

Po raz czwarty opowiedział o sobie w styczniu 1981 roku Markowi Zielińskiemu z miesięcznika literackiego „Nowe Książki". Dziennikarz spytał go, dlaczego tak mało o nim wiadomo.

Odpowiedział: *„Dzisiaj opatruje się nieraz bardzo słabe tomy wierszy fotografią i biografią autora, myślę, że to autorom raczej szkodzi. Biografia staje się ciekawa dopiero po śmierci poety, jeżeli okaże się, że był naprawdę poetą. Niech Pan cierpliwie poczeka"*[34].

Chalinki

Nieoczekiwanie trafiam na aukcji internetowej na wydane po wojnie w niewielu egzemplarzach wspomnienia Wacława Konderskiego. Nie ma w nich nic osobistego. Były dyrektor banku chciał zachować dla potomnych gorący czas tworzenia

---

[33] Czesław Mirosław Szczepaniak, *Zadziwienie. Rozmowa z księdzem Janem Twardowskim (fragmenty)*, odra.net.pl, www.//odra.okis.pl/article.php/458, dostęp: 11 sierpnia 2010.

[34] Marek Zieliński, *Poeta i paradoksy. Rozmowa z Janem Twardowskim*, „Nowe Książki", styczeń 1981.

nowej polskiej gospodarki w międzywojniu. Ostatnie zdanie w książce podsuwa jednak pewien trop. Była jesień 1935 roku, gdy antyfaszysta Konderski utracił stanowisko w rządzonym przez hitlerowców Wolnym Mieście Gdańsku. Napisał wtedy: „W rezultacie usunąłem się głęboko na wieś. Powiedziałem sobie słowami Moliera: »Będę szukał odległej na świecie ustroni, gdzie uczciwym człowiekiem być nikt mi nie zabroni«”[35].

Piszę list do Waldemara Smaszcza: „A więc musiał być jeszcze jakiś inny dwór po Druchowie! I znów rodzina zapraszana na wakacje. I Janek Twardowski wśród przyrody. Ksiądz Jan wspominał: »*Lato 1939 roku było wyjątkowo piękne, bardzo słoneczne. Tradycyjnie spędziłem je u mojego wuja w Druchowie*«[36]. Na pewno pomylił miejscowości, ale być może miał rację i spędził ostatnie przedwojenne wakacje na wsi u wuja. Tylko gdzie to było?”.

Krytyk odpisuje niemal natychmiast: „Pani Magdo! Wsią, na której »zaszył się« Wacław Konderski w 1935 roku, była Nowa Wieś Chalinki (taka pisownia) w powiecie Lipno, to wynika z aktu sprzedaży Druchowa. Wiadomość o tej wsi miałem z Archiwum Państwowego w Płocku już dawno, ale nie zwróciłem wówczas na to uwagi. Przyjąłem rok 1935 jako koniec Druchowa. Dopiero po Pani liście skojarzyłem to, co Ksiądz mówił o ostatnich przed wojną wakacjach u wuja z owym »zaszyciem się na wsi« Konderskiego, raz jeszcze zajrzałem do wypisów z akt sądowych i dopiero teraz zwróciłem uwagę, że Druchowo zostało sprzedane znacznie taniej niż kupione, ponieważ Konderski otrzymał jako wymianę niewielki widać mająteczek Nowa Wieś Chalinki. Miejscowość znalazłem, wpisując w Internecie nazwę Nowa Wieś, wybrałem te z powiatu Lipno, też były dwie, ale Chalinki są w gminie Wielgie”.

Znów siadam do Internetu. Znajduję Nową Wieś w pobliżu wsi Wielgie. Jest też zdjęcie modrzewiowego dworku. Opis nie pozostawia wątpliwości, że tu właśnie wakacje jako młodzieniec spędzał Janek Twardowski.

Nowa Wieś od XV wieku przechodziła z rąk do rąk. W XVIII wieku stała się własnością rodziny Chalińskich (stąd zapewne Chalinki). W 1931 roku majątek kupił Roman Tadeusz Skotnicki za 140 tysięcy złotych. „W 1935 roku doszło do kolejnej zmiany właściciela. Na podstawie aktu kupna z 25 VI 1935 roku Wacław i Janina małżonkowie Konderscy kupili od Romana Skotnickiego dobra ziemskie Nowa Wieś za 177 659 zł 19 gr, w drodze zamiany za dobra Druchowo – Myszyno w powiecie sierpeckim. W okresie okupacji niemieckiej rodzina Konderskich

---

[35] Wacław Konderski, *Z działalności banków polskich w latach 1928–1935*, Warszawa 1962, s. 119.

[36] Marian Schmidt, dz. cyt., s. 27.

została wysiedlona przez władze niemieckie do Generalnej Guberni. Zarząd nad majątkiem objął niemiecki zarządca Arnold v. Müller"[37].

Miesiąc później Waldemar Smaszcz pisze do mnie: „Byłem już w Nowej Wsi. Istotnie, leży 12 kilometrów od Lipna (miasto powiatowe), a kilometr przed Wielgiem (gmina). Dworek drewniany, w doskonałym stanie, w pięknym parku ze starodrzewiem. Niestety, bardzo przytłoczony nowymi budynkami (dużymi, piętrowymi, takie prawie blokowisko) ośrodka opieki społecznej. Widziałem go tylko z zewnątrz. Otoczenie znacznie ładniejsze niż w Druchowie, więc mógł tam Twardowski bywać z nie mniejszą satysfakcją. Szkoda tylko, że nigdy o tym nie wspomniał. Ale o Milanówku też nie mówił".

---

[37] Podaję za: www.dpsnowawies.nstrefa.pl/nowa/index.php?id=historia. Dostęp: 30 czerwca 2011.

Szkoła

Skupiony, chudy okularnik

Zapamiętał tylko żabę. Resztę wyrzucił z pamięci. Nazwiska nauczycieli i kolegów z klasy, zadania domowe i zabawy podczas pauz.

Drogę do szkoły zaczynał przy stole. Bułka z masłem, kubek mleka. Trzaśnięcie drzwiami i tupot butów na schodach kamienicy. Wybiegał z ciemnej bramy na nisko i ciasno zabudowaną ulicę. Skręcał w prawo, mijał sklep z ubraniami pana Segała, piętrowy dom z mansardą na rogu Solnej i Elektoralnej, przecinał ulicę Mirowską, pozdrawiał anioła z rozpostartymi skrzydłami wieńczącego budynek Szpitala Świętego Ducha pod dwunastką, mijał aptekę na rogu Zimnej i dwa domy dalej wchodził do bramy najdłuższej kamienicy przy całej Elektoralnej.

Zaprojektował ją dla kupca Samuela Reschkego w 1829 roku sam Antonio Corazzi, twórca bryły Teatru Wielkiego. Kiedyś była tu w podwórku fabryka fortepianów i pianin Antoniego Hofera, fabryka powozów Józefa Zwolińskiego, skład cegły, cementu i węgla Stanisława Baumana i skład cukru Bersohna.

Ale teraz, gdy jedno z pięter zajmowała Publiczna Szkoła Powszechna nr 22, podwórkowe oficyny zamieszkiwali tylko ubożsi lokatorzy.

Żaba siedziała w karafce z wodą, której miał się napić szkolny wizytator, gdyby zaschło mu w gardle. Karafka stała na stole przykrytym zielonym suknem, w szkolnej auli z fortepianem i palmą daktylową bez daktyli. Wizytator zbliżył się do stołu.

„– Kto to zrobił? – zapytał.

– To ja – odpowiedział jeden z moich kolegów.

Podniósł się na oczach wszystkich równo, sztywno jak drzewo buk, zawsze gładkie i wyniosłe.

– Jak to się stało? – huczał wizytator.

– Poszedłem do pracowni przyrodniczej, wyjąłem tę żabę ze słoja i wrzuciłem do karafki. Nic się jej nie stanie, siedzi sobie na dnie i oddycha powierzchnią skóry, jak nas uczyła pani.

Pan wizytator stał bez ruchu, ale nagle się uśmiechnął.

– Zrobiłeś źle, ale masz odwagę się przyznać, jesteś dzielny chłopak. Zaraz odnieś żabę, żeby się nie udusiła. Przy odpowiedniej opiece żaba może dożyć dwunastu lat"[38].

Po szkole biegł od razu do domu. Czasem, gdy słychać było alarm z okrągłej wieży IV Oddziału Warszawskiej Straży Ogniowej, skręcał na plac Mirowski, żeby popatrzeć, jak z Koszar Mirowskich wyjeżdżają strażacy w wozach zaprzężonych w konie.

Lubił się uczyć. Skupiony, chudy okularnik z odstającymi uszami, w szkolnym mundurku z przykrótkimi rękawami. Siostra Halina wspominała: „Gdy brat rozpoczął naukę, na głos przygotowywał zadane lekcje, ciągle coś do siebie mówił, recytował liczne wiersze, spacerując po pokoju; urzędował przeważnie w kuchni i wszystkiego się uczył, chodząc, lekcji, wierszy, ról do szkolnego teatru"[39].

Czytał wszystko, co mu wpadło w ręce. Lektury dziecięce: *Małego lorda* Frances Hodgson Burnett i jej *Tajemniczy ogród*, *Małe kobietki* i *Małych mężczyzn* Louisy May Alcott. Wiersze i opowiadania Marii Konopnickiej, *Cudowną podróż* Selmy Lagerlöf, *Alicję w Krainie Czarów* Lewisa Carrolla. Gdy zaczął dorastać: Trylogię Sienkiewicza, *Strasznego dziadunia* i *Dewajtis* Rodziewiczówny.

Nie cierpiał brutalnych baśni braci Grimm, uwielbiał Hansa Christiana Andersena.

Płakał nad śmiercią dziewczynki z zapałkami, bajki o brzydkim kaczątku nauczył się na pamięć. Lubił kopiować powieści, przerysowywał ilustracje z książek albo kroje liter, które widział na wystawach w drodze ze szkoły.

Przyroda go fascynowała, w mieście jej nie miał. Dzielił los chłopców żyjących w centrum dużego miasta.

Ryszard Matuszewski, starszy o rok, przyszły kolega z pisma „Kuźnia Młodych", wspominał: „Z egzaminu wstępnego [do gimnazjum] zapamiętałem jeszcze jednego kolegę, który go niestety nie zdał. Nazywał się Królikowski i stał się dla mnie później (...) jak gdyby symbolem niedoli dziecka wychowanego w dużym mieście. Nauczyciel egzaminujący nas z przyrody wskazywał mu bowiem po kolei różne ptaki, namalowane na wiszących na ścianie kolorowych planszach, pytając, jak się który nazywa, a biedny Królikowski o każdym mówił, że to wróbel"[40].

---

[38] Jan Twardowski, *Najnowszy zeszyt w kratkę*, dz. cyt., s. 72, 73.

[39] Halina Truszkowska, „Dom na Elektoralnej, sąsiedzi, sklepy", dz. cyt., s. 77.

[40] Ryszard Matuszewski, *Żółte dzioby, zielone lata*, Warszawa 1990, s. 101.

Przy domu Twardowskich nie rosły żadne drzewa, zastępować je musiały pelargonie matki w doniczkach na parapecie. Po zieleń w mieście chodziło się w niedzielę do Ogrodu Saskiego. Można jej było poszukać podczas krótkich spacerów po okolicy z domowym psem, szpicem Muszką.

Z szuflady komody z wiśniowego drewna Janek wyciągał rodzinny skarb – zielnik założony jeszcze przez prababkę ze strony matki. Mama i babcia suszyły i wklejały do niego kolejne rośliny, opisywały je po łacinie i dodawały wiadomości o nich. Janek z czasem zaczął im pomagać, posiłkując się w określaniu roślin *Przewodnikiem do oznaczania roślin w Polsce dziko rosnących* Józefa Rostafińskiego.

Tęsknił za drzewami, ptakami, chwastami. Czytał o nich w powieści Zofii Urbanowskiej *Atlanta, czyli przygody młodego chłopca na wyspie tajemniczej*.

Piękna bajka

Ćwiczenie z wyobraźni. Poprosić Janka Twardowskiego, żeby ustawił swoich bliskich do fotografii. Gdzie wyznaczy miejsce dla siebie?

W ciasnych mieszkaniach bez przerwy otaczało go pięć kobiet. Jedynym mężczyzną w domu obok Janka był ojciec, który wychodził rano do pracy i wracał wieczorem.

„*Niestety, syn (...) nie spełnił jego marzeń. W domu czytałem i pisałem wiersze, a potem wybrałem studia polonistyczne, w końcu zostałem księdzem. Może byłem trochę obcy mojemu ojcu, bo nie zostałem inżynierem*" – wspominał po latach ksiądz Twardowski[41].

Matka, siostry i babcia kochały Jana juniora. Kiedy chorował, płakały po kątach. Kiedy miał imieniny, gościom podawano kakao z pianką i faworki.

Cały czas na widoku innych, nocami wsłuchiwał się w oddechy najbliższych, w dzień bez przerwy się z nimi spotykał. Żadnej intymności. Nawet gdy już miał własny kąt, nie mógł się w nim zamknąć przed innymi. Wciąż ktoś przechodził przez jego wnękę do pokoi.

Po latach mówił, że był wycofanym, cichym, smutnym chłopcem.

Skąd smutek w uwielbianym przez wszystkich dziecku?

Nigdy tego nie wyjaśnił. Opisywał powierzchownie, naskórkowo zaledwie, stosunki rodzinne. W jego wspomnieniach przy Elektoralnej 49 zawsze panowała idylla.

Rodziców uwielbiał: „*bardzo się kochali i dzięki nim mogę powiedzieć, że byłem szczęśliwym dzieckiem ze szczęśliwego domu. I ja, i siostry byliśmy otoczeni ich*

---

[41] Jan Twardowski, *Łaską zdumiony*, dz. cyt., s. 17, 18.

Kartka księdza Twardowskiego do Anny Kamieńskiej z 1984 roku

miłością"[42]. Z siostrami, mówił, kochali się, ale bez codziennych pocałunków, razem krzywili się na obowiązkowe picie tranu.

Gdy miał dwadzieścia lat, przyczyn swojej melancholii upatrywał nie w dzieciństwie, lecz w dojrzewaniu.

W czerwcu 1935 roku w młodzieżowym piśmie „Kuźnia Młodych" opublikował rozmowę ze swoim przyjacielem Jerzym Pietrkiewiczem. Twardowski krytykował wydany właśnie tomik poezji Pietrkiewicza *Nowy tom wierszy*, w którym poeta rozprawiał się z dzieciństwem. Jan junior był właśnie krótko po maturze i mówił: „*Dla mnie lata dziecinne były bajką, były jakąś piękną matczyną bramą która – gdybym teraz zamknął w wierszach – nabrałaby charakteru pośmiertnej maski. Zresztą nie rozumiem tego tragizmu lat dziecinnych. Przyznam ci się, że ja tragizm odczułem, dopiero rozpoczynając wiek młodzieńczy, ściśle mówiąc wtedy, gdy zacząłem się budzić erotycznie. Potem odczułem go jeszcze silniej, gdy stwierdziłem, że dzień każdy przechodzi i mija. Uświadomienie sobie tego (...) było dla mnie przeżyciem tragicznem, odkryciem w sobie rzeczywistościowych przeżyć, ale w dzieciństwie – nic nie myślałem – i dlatego byłem szczęśliwy*"[43].

Więc jak będzie z kompozycją rodzinnego zdjęcia?

W atelier u fotografa, dokąd Jan i Aniela poszli z dziećmi z okazji dwudziestej piątej rocznicy ślubu, ustawił się za ojcem, najdalej od wszystkich, trochę w cieniu.

Na fotografii z wakacji w Milanówku, gdzie pozują wszystkie dzieciaki z rodziny, ich koledzy i znajomi, stanął z boku, najdalej od obiektywu, ukosem.

Na zdjęciach szkolnych nie trzymał się na uboczu. Zawsze siadał pośrodku gromady uczniów, tuż przy nauczycielu.

Arytmetyka

Kreślę ołówkiem daty, dodaję szkoły, odejmuję klasy. Arytmetyka życia Jana juniora Twardowskiego. Ile lat uczył się w szkole powszechnej? Kiedy poszedł do gimnazjum? Nie znajdę odpowiedzi w archiwach szkół, do których chodził. Nie ma ich, spłonęły w czasie drugiej wojny światowej.

Zapamiętał, że naukę w szkole rozpoczął 1 września 1922 roku, gdy miał ukończone siedem lat.

---

[42] *Miłość jest sztuką pielęgnowania miłości. Z księdzem Janem Twardowskim rozmawia Anna Bernat*, „Przegląd Polski", tygodniowy dodatek literacko-społeczny „Nowego Dziennika", 4 lipca 2003, www.dziennik.com/www/dziennik/kult/archiwum/07-12-03/, dostęp: 27 lipca 2010.

[43] „Kuźnia Młodych", 16 czerwca 1935, nr 12.

Egzaminy do gimnazjum, z polskiego, matematyki, przyrody i religii przeszedł pomyślnie. Możliwe, że wziął udział w testach w pracowni psychotechnicznej przy ulicy Jezuickiej, które dziesięć lat później były już obowiązkowe dla wszystkich uczniów państwowych szkół średnich.

Maturę zdał w 1935 roku, jako dwudziestolatek.

Zgodnie z nowym, wprowadzonym po pierwszej wojnie systemem szkolnym przed gimnazjum powinien był skończyć pięć klas szkoły powszechnej i zdać do szkoły średniej dopiero w 1927 roku, jako dwunastolatek. Taką też datę wstąpienia do gimnazjum podał po wojnie w podaniu do seminarium.

Jeśli tak było, Jan Twardowski w ośmioklasowym gimnazjum spędził osiem lat.

Ale mogło być inaczej.

Pod koniec życia poeta wspominał, że zdał egzaminy do szkoły średniej już w 1925 roku, gdy miał dziesięć lat.

W *Autobiografii*, książce wydanej po jego śmierci, złożonej z wypowiedzi, których udzielał przez całe życie, w pierwszym tomie na stronie 92 jest fotografia.

Gromada trzydziestu ośmiu chłopców siedzi lub stoi dość bezładnie na betonowym podwórku. Krótko ostrzyżeni, w białych kołnierzykach. Za tło mają ściany budynku, okna, rynnę. Pośrodku grupy usiadło dwóch mężczyzn w garniturach. Ten w muszce to Ludwik Kacperski, nauczyciel śpiewu, patrzy prosto, ten w krawacie – Tadeusz Dąbrowski, nauczyciel rysunku, spojrzał w bok i skrzywił się na coś, czego obiektyw nie objął. Z podpisu nad zdjęciem wynika, że to uczniowie i nauczyciele Gimnazjum imienia Tadeusza Czackiego, którzy pozowali do fotografii 20 maja 1926 roku.

Za prawym rękawem marynarki pana od muzyki schował się nieco jeden z najmniejszych chłopców w grupie, Janek Twardowski.

Jeśli zdjęcie nie zostało błędnie datowane, to Jan Twardowski w czerwcu 1926 roku skończył pierwszą klasę szkoły średniej. A to oznacza, że w ośmioklasowym gimnazjum spędził dziesięć lat. O dwa lata za długo.

Jest jeszcze trzecia możliwość. Niektóre szkoły średnie przyjmowały już dziesięcioletnich uczniów, którzy przez dwa lata uczyli się w podwstępnej klasie niższej i podwstępnej klasie wyższej. A po ich ukończeniu i zdaniu egzaminów, w wieku dwunastu lat zostawali uczniami pierwszej klasy gimnazjum.

Być może właśnie Janek Twardowski spędził w szkole średniej dziesięć lat, z czego dwa lata w klasach podwstępnych i osiem w gimnazjalnych.

Szukam pomocy u szkolnych kolegów Jana Twardowskiego.

Tomasz Zieliński nie wstaje już z łóżka, choć specjalnie dla mnie w jedno czerwcowe południe 2010 roku usiadł w fotelu. Ostatni żyjący kolega z klasy księdza Jana, ostatni żyjący oficer 10. Pułku Ułanów Litewskich, ten sam rocznik co poeta, 1915.

Pamięta, że konie, które ciągnęły wozy strażackie z Koszar Mirowskich, to były siwki.

Pamięta, jak w 1926 roku burzono sobór Świętego Aleksandra Newskiego na placu Saskim.

Nie wie jednak, w którym roku Janek został uczniem Czackiego, bo sam przyszedł do tej szkoły dopiero w czwartej klasie. Wcześniej uczył się w prywatnym Gimnazjum Zgromadzenia Kupców w Warszawie.

Nie pomoże mi też Bronisław Chodorowski, prezes Stowarzyszenia Wychowanków Szkoły imienia Tadeusza Czackiego, kolega poety. Jest młodszy od Jana Twardowskiego o kilka lat. Zaczął naukę w gimnazjum dopiero w 1936 roku. Nigdy się nie spotkali na szkolnym korytarzu.

Mówi: „Nas, szkolnych kolegów Janka ze stowarzyszenia, trochę dziwiło, że tyle lat spędził w gimnazjum. Ale nigdy nie rozmawialiśmy na ten temat, bo i po co. Podejrzewaliśmy, że gdzieś się zatrzymał w jakiejś klasie. Coś się musiało zdarzyć. Możliwe też, że były w naszej szkole klasy podwstępne, nie pamiętam tego. A wszystkie papiery spłonęły w pierwszych dniach wojny".

Rondelki Czackiego

W roku 1927 dwunastoletni Janek Twardowski był już na pewno uczniem państwowego Gimnazjum Czackiego przy ulicy Kapucyńskiej 21.

Tego roku w 58 warszawskich szkołach średnich uczyło się 842 uczniów. Nauka w średniej szkole państwowej kosztowała 39 złotych miesięcznie. W samorządowej – 180 złotych, w prywatnej – 400.

Kilogram chleba żytniego w stolicy kosztował 66 groszy, kilogram ziemniaków 21 groszy, litr mleka 51 groszy.

Pracownik w warszawskim zakładzie krawieckim pierwszej kategorii zarabiał 16 złotych, warszawski murarz 10, nauczyciel w szkole średniej około 500 złotych.

Tygodnik „Płomyk" zachęcał rodziców: „Pierwsza Chrześcijańska Wytwórnia Ubiorów Uczniowskich i Dziecinnych Romana Leo. Warszawa ul. Dobra Nr 96 – telef. Nr 285-66 Przy moście Kierbedzia Poleca: Umundurowania gimnazjalne, ubrania harcerskie, paltka, jesionki, saczki, oraz przyjmuje wszelkie zamówienia z własnych i powierzonych towarów. Krój, fason i wykonanie jak najsolidniejsze. Ceny tańsze, jak w całej Warszawie. Udziela się kredytu. 5% rabatu dla czytelników »Płomyka« przeznaczone na wpisy dla niezamożnych uczniów".

Na wybór szkoły Janka wpłynął ojciec. Droga do kariery inżyniera kolejnictwa miała wieść przez szkołę matematyczno-przyrodniczą. Prestiżową, tanią, blisko domu.

Rok szkolny w Gimnazjum Czackiego zaczynał się 1 września od wymarszu uczniów w stronę Krakowskiego Przedmieścia. Szli czwórkami, w mundurkach z niebieskimi wypustkami i okrągłych czapkach zwanych rondelkami, zasłużeni uczniowie nieśli sztandar. Pochodowi przygrywała szkolna orkiestra. Marsz kończyli w kościele Sióstr Wizytek, gdzie szkolny katecheta odprawiał mszę świętą w intencji nadchodzącego roku.

Stefan Kisielewski, absolwent Czackiego, maturzysta z 1929 roku, wspominał trzydzieści lat później: „Do naszej szkoły były trzy dojścia. Jedno ulicą Kapucyńską od Miodowej i dwa z placu Teatralnego. Pierwsze z nich wiodło od przystanku tramwajowego na Bielańskiej, obok Banku Polskiego do Daniłowiczowskiej i potem w lewo, wzdłuż szeregu popiersi królów polskich ulicą Hipoteczną aż do ogródkowego, ocienionego wysokimi włoskimi topolami hipotecznego podwórka. A stamtąd już przez żelazną furtkę wychodziło się prosto na nasze gimnazjum. (...) Trzecie wejście, tym razem nielegalne, to wejście przez komisariat na ulicy Daniłowiczowskiej. Kto był spóźniony, a miał zmysł ryzyka, ten wyskakiwał w biegu z »dziewiątki« na rogu Senatorskiej i Daniłowiczowskiej, wpadał jak bomba na podwórze komisariatu i przemykał się niczym zając pomiędzy granatowymi mundurami, aby przebiegłszy ciemną sień, wychynąć nagle na Kapucyńskiej, tuż obok drzwi do budy. Wbiegał potem galopem na schody, w końcu zaś mknął wyłożonymi linoleum korytarzami, kurcząc się z trwogi na myśl o spotkaniu z groźnym, a w gruncie rzeczy łagodnym dyrektorem Sopoćko – świeć, Panie, nad Jego duszą"[44].

Każdego ranka, o ósmej, Janek Twardowski stawał w długim szeregu uczniów na pierwszym piętrze klasycystycznego budynku szkoły. Dzień w Czackim zaczynał się od modlitwy.

Bronisław Chodorowski, młodszy od Jana Twardowskiego absolwent Czackiego, pamięta jej koniec: „Dzięki ci, Boże, za światłość Twej nauki, pragniemy, abyśmy nią oświeceni mogli Cię wielbić i wolę Twą wypełniać. Na wieki wieków amen".

Niewierzący nauczyciele i żydowscy koledzy w trakcie modliwy stali w milczeniu wśród innych.

Woźny Franciszek dzwonił na pierwszą lekcję o ósmej piętnaście.

Nie ma już szkoły przy Kapucyńskiej 21. Spłonęła w czasie wojny. W jej miejscu stoi teraz pamiątkowy głaz. Obok biegnie Trasa W-Z.

Kolejny ślad po Janie Twardowskim został zatarty.

---

[44] Stefan Kisielewski, *Promień Szkolny*, 9.05.1959. Przedruk w: *Gazeta o Czackim*, dodatek do „Gazety Stołecznej", 26 października 2001, nr 251, s. 3.

Belfrzy

„Zgadnijcie, kto tak mówi?

Łośle jeden, nie uczysz się! T-go!... T-go!...

Paanie! To dwójarz!

Mówisz jak wróżka. Nie przygotowałeś się!

Potworna czasza lodowa posuwała się intenzywnie...

Rybiński do odpowiedzi.

Tam gdzie kontakt, mamy jedną prostą, a tu gdzie dziennik płaszczyznę... nie wyobrażacie sobie?

Panna do balji, a nie studjować!

Przyskrzyń się!"

Redaktorzy szkolnej gazetki „Promień Szkolny" wydawanej przez uczniów Gimnazjum Czackiego zbierali zabawne powiedzonka swoich nauczycieli.

Kadra profesorska Czackiego pełna była ciekawych postaci.

Łysy, niski dyrektor Eugeniusz Sopoćko nosił podkręcony wąs niczym szlachcic Sienkiewiczowski. Był wdowcem. Z córką, którą samotnie wychowywał, zajmował mieszkanie na poddaszu szkoły, a jego gabinet był na parterze. Sąsiadował z pracownią chemiczno-fizyczną z jednej i botaniczną z drugiej strony. Uczeń Jan Twardowski policzył kiedyś, że w akwarium w sali botanicznej pływało pięć złotych rybek.

Religię prowadził katecheta Franciszek Pyrzakowski. Pochodził z zamożnej rodziny, miał własny samochód marki Steyr z kierowcą, a podczas pauz palił papierosy. Okna klasy, w której wykładał, wychodziły na komisariat przy Daniłowiczowskiej. Każdego ranka czekały tam na wypuszczenie zgarnięte w nocy warszawskie prostytutki. Wiosną ich przekleństwa wpadały do klasy przez otwarte okna.

Któryś z uczniów podnosił wtedy rękę.

Ksiądz Pyrzakowski przerywał wykład: – Czego chcesz?

Uczeń pytał: – Proszę księdza, co znaczą słowa „kurwa mać"?

Ksiądz: – Ach, milcz, ziele szatana!

Fizykiem był Antoni Karpowicz, wykładowca na Politechnice Warszawskiej. Wielbiciel Roalda Amundsena, urządzał akademie ku jego czci. Zaczynał lekcje od odpowiedzi na pytania uczniów.

Języka polskiego uczył Hiacynt Raczyński, przyjaciel Henryka Sienkiewicza. Opiekun „Promienia Szkolnego" i kółka polonistycznego.

Drugim polonistą był Stanisław Adamczewski, autor podręczników historii literatury, wielbiciel Żeromskiego.

Chemikiem był Jan Harabaszewski, twórca metodyki tego przedmiotu w szkolnictwie polskim. Uważał, że chemii najlepiej można się nauczyć poprzez eksperyment uczniowski.

Historię wykładał Henryk Radziwonowicz przezywany Kitajcem, bo miał wschodnie rysy. Mąż zakaukaskiej księżniczki, którą poślubił w trakcie podróży na wschód.

Przyrody uczył Edward Gemborek, członek komisji przyrodoznawstwa przy Ministerstwie Wyznań Religijnych i Oświecenia Publicznego.

A po jego odejściu szkolnym przyrodnikiem został Władysław Kociejowski, zwany Kociej lub Roślinka. Uczył geografii i przyrody, był autorem podręczników szkolnych. Roztargniony nie potrafił utrzymać porządku na lekcji, czasem zapominał się przebrać i przychodził do klasy w stroju pszczelarza, wprost ze szkolnej pasieki.

Zachęcał swojego ucznia Janka Twardowskiego do prowadzenia zielników, określania kwiatów, odwiedzania ogrodów botanicznych.

Matematyk Józef Prokoff, przezywany Sinusem, zmarł w lutym 1932 roku, kiedy Janek był już w piątej klasie. W „Promieniu Szkolnym", którego egzemplarz zachował się w zbiorach Biblioteki Narodowej, ukazał się nekrolog: „Siódmego lutego na murach naszej szkoły zawisła żałobna chorągiew, gdyż w tym dniu zmarł Ś.P. Prof. Józef Prokoff. Bolesna ta strata dotknęła nie tylko nasze gimnazjum, bowiem Ś.P. Prof. Prokoff udzielał lekcyj także w Szkole dla Wojskowych i w gimnazjum pani Z. Kurmanowej. Prócz zwykłych codziennych zajęć Zmarły całym sercem oddany był pracy społecznej. On to na hasło: »Popierajcie budowę szkół powszechnych« zajął się intensywnie organizowaniem kół popierających ten cel. Zmarły poświęcał czas wolny od innych zajęć krzewieniu oświaty wśród młodzieży polskiej na obczyźnie. Tysiące dzieci imigrantów polskich korzystało z jego działalności. Po dziesięcioletniej pracy w naszem gimnazjum zmarł, pozostawiając w sercach naszych żałobę. Cześć Jego pamięci!".

Na ścianach klas, obok portretów Józefa Piłsudskiego i prezydenta Mościckiego, zawisły fotografie zmarłego profesora, na pogrzebie stawili się wszyscy uczniowie ze sztandarem i orkiestrą. Jan Twardowski, najgorszy szkolny matematyk, najlepszy szkolny literat, na życzenie dyrektora Sopoćki wygłosił mowę pożegnalną w imieniu uczniów. Uczynił to niechętnie, nie chciał, żeby koledzy oskarżyli go o lizusostwo.

Nikt już nie pamięta nazwiska pana od gimnastyki. W „Promieniu Szkolnym" zachował się „protokół" z jego lekcji: „Baczność! Biegomarsz naokoło sali. Zwykły krok! Marsz z kolanounoszeniem! Środkiem symetrji sali. Kolumna! Wymachoręki. Ramieniokrążenie. Skłonogrzbiety z wymachorękami.

Nogowznosy. Biodroskłony z podporu. Pełzoczołgi. Leżenie tyłem! Prostopalce. Stanie na uszach przy drabinie. Przewroty majowe na skrzyni. Baczność! Czołem!".

Dwa razy dwa to dwadzieścia dwa

„Na lekcji Jasio zawsze siedział z kimś w ławce. Z przodu, bo miał słaby wzrok. A na przerwie, a szczególnie na dużej, półgodzinnej pauzie, to w samotności chodził po korytarzu. Miał zwyczaj dłonie stale wyłamywać i coś mamrotał do siebie – opowiada mi Tomasz Zieliński, jego klasowy kolega. – »Jasiu – pytaliśmy go – co tam mamroczesz?« »*A nie przeszkadzaj*« – odpowiadał. Na lekcjach był spokojny, na przerwach do żadnej bójki nie należał. Nie brał udziału w żartach ani psikusach. Ciekawe, że nie pamiętam go z gimnastyki czy grającego w piłkę. Z lekcji śpiewu też nie pamiętam. Nie wyobrażam sobie jednak, żeby nie brał w tym udziału. Nie był kaleką, czy coś takiego, tylko od początku miał życie poety.

Co charakterystyczne dla Jasia: nie przywiązywał wagi do ubrania. Potrafił mieć każdy guzik zapięty nie na tę dziurkę, jeden kamaszek tylko zasznurowany, koszulę zawsze rozchełstaną. Niezbyt czysto wokół niego. I zawsze mówił: »ale to nie jest ważne«.

No, naturalnie z polskiego był najlepszy. Pamiętam jak dziś, raz było wypracowanie – opisz Grób Nieznanego Żołnierza. Dla mnie to kara śmierci, bo co tu napisać? Że jest grób, że na placu Saskim, że cerkiew tam stała. Naturalnie dostałem dwóję albo trzy mniej. Polonista rozdał prace i mówi: »A teraz wam przeczytam wypracowanie Twardowskiego, naszego poety«. I zaczął: »Pod arkadami sztabu generalnego jest Grób Nieznanego Żołnierza«... i tak dalej. Ja to do dziś pamiętam, bo to było piękne wypracowanie, czytało się jak Sienkiewicza. Bo wtedy była moda na niego, każdy chłopiec chciał być Kmicic albo Zagłoba.

Było znów jakieś wypracowanie do napisania. Ja mówię: »Jasiu, ja już tak kuleję z polskiego, napisz mi to«. To usiadł na pół godziny czy kwadrans i napisał. Przeczytałem i mówię, że to za dobre, polonista od razu pozna fałsz. Musiałem poprzeinaczać na gorzej, parę błędów wstawić. Dostałem za to trzy plus. Profesor do mnie: »Tomasz, widzę, że się przykładasz do nauki«. Podźwignąłem się z polskiego.

Za to z matematyki Jasio był noga. Myśmy się zawsze śmiali, że dwa razy dwa to u niego zawsze dwadzieścia dwa. Nie pamiętam, chyba mu pomagałem z tego przedmiotu.

Ale przyjacielskiego kontaktu z nim nie miałem, nie byłem u niego nigdy w domu, nie szliśmy razem do szkoły, bo mieszkałem przy Wilczej. To był tylko kolega. Wiedziałem trochę, co w domu u Twardowskich słychać, bo moja bardzo bliska kuzynka Marysia Rąbalska chodziła z jedną z sióstr Jasia do gimnazjum. Ale już nie pamiętam, jakie to były wiadomości.

Tak jak mówiłem, on był odludek, zawsze bokiem i mamrotał. Czy był lubiany? Powiem odwrotnie. Nie pamiętam, żeby ktoś go nie lubił".

Rozmowa

[8.03.2010]

– Co o nim wiem, to wiem. Ale nie powiem. Dopiero za ćwierć wieku.

– Ile pan ma lat?

– Osiemdziesiąt sześć. Trudno. Proszę czekać.

„Kuźnia Młodych"

„Nadesłane wiersze wcale dobre"

Cztery krótkie zdania. W sumie trzydzieści słów. Zwykły komunikat w „Kuźni Młodych", który miał zmienić jego życie.

„16 marca 1932. Kol. J. Tw-ski, Warszawa. Nadesłane wiersze wcale dobre. Odznaczają się bezpośredniością ujęcia i dużem opanowaniem formy. Czasem tylko, ale rzadko, trafiają się prozaizmy. Czekamy dalszych plonów, a może wpadniecie do redakcji (wtorki 6–7 w)"[45].

Wstydził się, że tworzy. Uważał, że obnaża się w wierszach, ukazuje słabość i naraża na podejrzenia o pychę. Koledzy w szkole wiedzieli, że pisze. Niektórzy wyśmiewali go za to. Ojciec podkpiwał z syna poety. *„Kiedy mruczałem pod nosem jeden z ostatnich swoich wierszy, ojciec mój słuchał długo, potem na palcach przeszedł do drugiego pokoju i kładąc palec na ustach, rzekł do matki mojej – »Pss, pss, Anielciu kochana, zdaje mi się, że za mało nam było pożyczki narodowej, jeszcze nam syn pierworodny zwariował«* – napisze Janek w „Kuźni Młodych" w 1934 roku[46].

Pisał, odkąd nauczył się składać litery. Jednak nic nie wiadomo o tym, żeby zachowała się choć najmniejsza próbka jego dziecinnej twórczości. Pod koniec życia wspominał w wywiadach, że wiersze zaczął pisać dopiero w gimnazjum.

W szkole średniej Janek marzył, wbrew ojcu, o karierze krytyka literackiego. Znał *Prozaikę czyli stylistykę prozy* Jana Rymarkiewicza z 1868 roku, *O wymowie i stylu* Stanisława hrabiego Potockiego z 1815 roku, *Wskazówki do ćwiczeń stylistycznych* i *Ćwiczenia stylistyczne we wzorach i tematach* Boguckiej, Niewiadomskiej

[45] „Kuźnia Młodych", 16 marca 1932, nr 4.

[46] „Kuźnia Młodych", 1 października 1934, nr 15.

i Warnkówny z końca XIX wieku. Sięgał też po podręczniki francuskie. Czytał je w oryginale. Na pewno znał „Wiadomości Literackie", opiniotwórcze pismo społeczno-literackie, w którym publikowali poeci, pisarze, reporterzy.

Czytał więcej, niż wymagała szkoła. Wszystko, co w ówczesnej poezji i prozie było istotne.

Wielbił poezje Staffa, ale zaczytywał się też w Makuszyńskim. Nie wstydził się lektury Rodziewiczówny, choć był niepewny, czy to dobrze, że podobają mu się wiersze księdza Baki, uważane wówczas za szczyt grafomaństwa. Znał na pamięć *Janka Cmentarnika* Syrokomli i twórczość Franciszka Karpińskiego. W poezjach francuskich poetów Sully Prudhomme'a i Leconte de Lisle'a znajdował doskonałą formę, ale uważał, że nie sposób się nimi zachwycić, bo przenika je dziwny chłód.

Był oczarowany Adamem Mickiewiczem. *Godzinę myśli* Juliusza Słowackiego cytował na wyrywki. Uwielbiał *Wierną rzekę* Stefana Żeromskiego i *Chłopów* Władysława Reymonta. Jedną z najukochańszych książek były *Wspomnienia niebieskiego mundurka* Wiktora Gomulickiego. Ale powieść *Ferdydurke* Witolda Gombrowicza nie podobała mu się.

Lubił poezje Skamandra, krytykował antyromantyczną Awangardę Krakowską.

Zachwycał go poemat *Piłsudski* Jana Lechonia ze zbioru *Karmazynowy poemat*.

Endecja go raziła, był zwolennikiem Marszałka, na ścianie swojego pokoju powiesił jego portret.

Nie miał ambicji zostania poetą. Mimo to był nim.

Pozostawał pod wielkim wpływem poezji Józefa Czechowicza, co widać w jego pierwszych, gimnazjalnych wierszach. Po latach twierdził, że były bezpośrednie, proste, szczere i bardzo słabe.

Jak długo musiał się zmagać ze sobą, żeby posłać je do oceny nieznanym ludziom, swoim rówieśnikom? Wiedział, że rzadko rozdają pochwały, a jeśli nie podoba im się twórczość kolegów ze szkół średnich, rozprawiają się z nią bezwzględnie na łamach poradnika literackiego w każdym numerze „Kuźni Młodych".

15 lutego 1932 roku. „Protazy z Warszawy. Styl dobry. Treści nie ma. Jak na poemat – brak siły, oryginalności, jak na wrażenia – brak oryginalności. Całość jest niezłym, jednakże dość banalnym opisem przyrody".

16 marca 1932 roku. „S-Jot-ka. Należy jeszcze udoskonalić formę. Nadesłane prace mało oryginalne".

Nawet nie przypuszczał, że wkrótce sam będzie jednym z krytyków nadsyłanej do redakcji uczniowskiej twórczości.

Nie wiadomo, czy poszedł do redakcji już w marcu 1932 roku. Możliwe, że tylko posłał kolejne wiersze. Późną wiosną w poradniku literackim znów ukazał się anons, prawdopodobnie skierowany do niego.

15 maja 1932 roku. „Kol. J. Tw-ski. Może jeden wydrukujemy".

Debiut Jana Twardowskiego nastąpił miesiąc później, w rubryce „Kuźni Młodych" – Młode Pióra. Na stronie czternastej, wśród utworów innych szkolnych poetów, ukazał się jego wiersz *Skarga*.

Kiesa prezydenta Mościckiego

Kilka miesięcy wcześniej, pod koniec 1931 roku, wokół inwalidzkiego fotela mężczyzny o diabolicznej twarzy zgromadziło się dziewięcioro uczniów trzech gimnazjów stołecznych: imienia Staszica, Mickiewicza i Ziemi Mazowieckiej.

Mężczyzna spoglądał na nich ciemnymi, głęboko osadzonymi oczami. Miał czterdzieści pięć lat, zostały mu jeszcze tylko trzy lata życia. Nazywał się Adam Skwarczyński, był głównym ideologiem obozu piłsudczykowskiego, byłym żołnierzem I Brygady Legionów, wyznawcą Brzozowskiego, założycielem i redaktorem pisma piłsudczyków „Droga". Wychudzone ręce trzymał na oparciu fotela, chore nogi miał przykryte pledem, był nieogolony.

Mieszkał w jednopiętrowym budynku łączącym Zamek Królewski z pałacem Pod Blachą. Przyjął gości w gabinecie zastawionym książkami i zaproponował im pokierowanie pismem, które będzie kształtować ideologicznie młodzież szkół średnich w całym kraju.

Istniały już wprawdzie organizacje mające skupiać młodzież wyznającą kult Marszałka – Legion Młodych dla studentów, Siew dla młodzieży pracującej i Straż Przednia dla uczniów klas wyższych, ale międzyszkolne pismo miało umacniać front młodej piłsudczyzny.

Możnym protektorem pisma, który przeznaczył na nie pieniądze z własnej kiesy, został sam prezydent Mościcki. Redakcja miała się mieścić w południowo-zachodnim narożniku Zamku, w dwóch niewielkich pokoikach na parterze, przy wartowni, w której służbę pełnił oddział żandarmerii.

Część zebranych wokół fotela Skwarczyńskiego miała już za sobą próby wydania efemerycznego pisemka „Pod prąd", kontrpropozycji dla endeckiego młodzieżowego miesięcznika „Orlęta". Ale „Pod prąd" zakończyło swój żywot po dwóch numerach.

Redaktorem naczelnym został Wiesław Junosza-Bieliński, jedyny wśród obecnych student, absolwent Gimnazjum imienia Mickiewicza, członek Legionu Młodych, współtwórca „Pod prąd". Miał odejść po rozkręceniu pisma.

Jedynym dorosłym w tej gromadzie uczniów był Lucjan Skórko, sekretarz redakcji, wydawca odpowiedzialny za finanse.

W stopce redakcyjnej pierwszego numeru ukazało się też nazwisko Ryszarda Matuszewskiego, ucznia Gimnazjum Mickiewicza, członka szkolnego klubu literackiego „Salamander".

„Szalenie sympatyczny człowiek"

Właśnie zjadł serek waniliowy, puste pudełko odstawił na stół. Szuka okularów, błądzi dłonią po serwecie. Palce chwytają pilota do telewizora. Podaję mu grube szkła w oprawkach.

Jest 25 lutego 2010 roku. Ryszard Matuszewski, eseista i krytyk literacki, rocznik 1914, przyjmuje mnie w swoim mieszkaniu przy ulicy Nowowiejskiej w Warszawie.

Opowiada: „Do »Kuźni Młodych« zwerbował mnie absolwent mojej szkoły Wiesław Junosza-Bieliński, gdyż uznał, że jestem piłsudczyk, bo byłem antyendek. W moim gimnazjum zagnieździła się komórka chłopców o tak zwanych postępowych poglądach politycznych, co wyrażało się w tym czasie tym, że nie znosiliśmy endecji z tym całym jej antysemityzmem i nietolerancją. Później zaczęliśmy też naszego ukochanego Dziadka traktować coraz bardziej krytycznie, coraz mniej lubić.

Ludzie, którzy trafili do pisma, byli inteligentni. Ale nasza erudycja wynikała ze specyficznych zainteresowań literackich, nie z wiedzy szkolnej.

Janka Twardowskiego poznałem w pierwszym roku działalności »Kuźni Młodych«. Bardzo żywo go zapamiętałem, kiedy czytał w redakcji swoje wiersze, bardzo czechowiczowskie. To był szalenie sympatyczny człowiek. Ale nie przyjaźniliśmy się, nie bywałem u niego w domu. Wkrótce miałem zdać maturę i odejść z redakcji. Mam wrażenie, że nie było przy nim wtedy żadnej kobiety, która by go bardzo fascynowała".

Milknie, zamyśla się, jakby zapomniał o mojej wizycie. Umrze dwa miesiące po naszym spotkaniu.

Marzenie, narkotyk, tęsknota

O mały włos, a Jan Twardowski miałby debiut w miesięczniku „Wici Młodomysłów".

Przed wydaniem pierwszego numeru do wszystkich szkół średnich rozesłano informację o projekcie pisma i konkursie na jego nazwę. Wkrótce zaczęły nadchodzić propozycje: „Perdogram", „Neogram", „Znicz", „Ognisko", „Jutrzenka".

Najwięcej głosów w redakcji padło na „Wici Młodomysłów" i „Kuźnię Młodych". Szalę przeważył głos językoznawcy z Uniwersytetu Warszawskiego profesora Adama Kryńskiego, który wskazał na „Kuźnię Młodych".

Pierwszy numer ukazał się 15 grudnia 1931 roku. Na okładce dwie postaci stylizowane w geometryczny kształt płomieni waliły młotami w kowadło. Miesięcznik miał kosztować 30 groszy. Roczna prenumerata – 3 złote. Drukowano go przy ulicy Chłodnej 41, u W. Krawczyńskiego. Redakcja przyjmowała interesantów codziennie od 16 do 19, oprócz sobót i niedziel.

Wstępniak napisał Ryszard Matuszewski: „My, młodzież Polski odrodzonej, stanowimy wielką, wspólną kadrę, która szczerze pragnie oddać wszystkie siły w służbie ojczyzny. (...) Jest tylko jedna dziedzina, która każdego z nas musi pochłonąć: praca dla państwa. Dla tego młodego, najświętszego organizmu, który nam dało pokolenie naszych ojców!".

Artykułów do pisma mieli dostarczać uczniowie z całej Polski. Szkolni literaci, poeci, publicyści, grafomani, od Gdyni do Zakopanego, od Wilna do Poznania spalali się w pragnieniu ujrzenia swojego nazwiska w „Kuźni Młodych". Zakładali szkolne komitety redakcyjne, słali wspomnienia z wakacji, reportaże z lekcji, relacje z zawodów sportowych, z obozów harcerskich, wiersze, nowele, w publicystyce przejmowali się losem polskich robotników i nierównym traktowaniem kobiet.

Kazimierz Koźniewski, powojenny publicysta i pisarz, autor *Piątki z ulicy Barskiej*, wspominał: „[to pismo] było moim marzeniem, narkotykiem, moją tęsknotą – na koniec, niemal w chwili ostatniej, tuż przed gaszeniem świec – spełnieniem. Miałem trzynaście lat, gdy z trzepotaniem serca powędrowałem na Zamek. Pokazano mi boczne wejście od Nowego Zjazdu. Wczesną wiosną 1932 roku. Już ukazały się cztery numery »Kuźni Młodych«, starannie kupowałem je co miesiąc na dużej pauzie. Zapragnąłem jednak zobaczyć redakcję. Zobaczyć, jak to wygląda – choć jeszcze nie odnalazłem w sobie dostatecznej odwagi, być chcieć coś wydrukować – ledwo parałem się hektografowanym pisemkiem klasowym. Nie miałem do redakcji żadnego interesu. Nie wiedziałem, jak to będzie, szedłem tam tylko. Zadzwoniłem. Otworzył mi drzwi postawny brunet, o dziwo, ze złoconym krzyżem Harcerza Rzeczypospolitej w klapie marynarki. (...) wybąknąłem, że chciałbym kupić brakujące mi numery »Kuźni« (...) Zapłaciłem, powiedziałem »do widzenia« – i już byłem z powrotem na placu Zamkowym (...)"[47].

Pismo miało przestać wychodzić w 1936 roku. Nie spełniło oczekiwań swoich mocodawców, zespół redakcyjny okazał się zbyt niezależny ideowo i politycznie. Do pisma płynęło coraz mniej pieniędzy z prezydenckiej kiesy, redakcję przenoszono pod coraz mniej prestiżowe adresy. W czerwcu 1936 roku ukazał się ostatni numer „Kuźni Młodych". Próba reaktywowania pisma rok później nie przyniosła skutku. Po dwóch numerach „Nowej Kuźni Młodych" zaniechano druku.

---

[47] Kazimierz Koźniewski, *Historia co tydzień*, Warszawa 1976, s. 147, 148.

Krytyk

1 maja 1933 roku w „Kuźni Młodych" wydrukowano drugi wiersz Jana Twardowskiego – *1926701356*.

Pół roku później był już członkiem zespołu redakcyjnego, przewodniczącym Komisji Poradnikowej działu poetyckiego „Kuźni Młodych". Jego nazwisko po raz pierwszy pojawiło się w stopce redakcyjnej obok nazwisk Kazimierza Brandysa, Tadeusza Zelenaya i Józefa Mrozowickiego. Pismo było już dwutygodnikiem, miało korespondentów i czytelników w całym kraju.

Pierwszą szpaltę Poradnika Literackiego podpisał inicjałami J.T. Kolejne już pełnym nazwiskiem.

Wspominał po latach: „*Próbowałem krytyki literackiej. Starałem się to robić na wesoło, udawałem nowoczesnego, awangardowego. Szukałem innego sposobu wyrażania się, nie dziewiętnastowiecznego stylu*"[48].

Był surowy dla domorosłych poetów. Bezwzględny. Cięty. Ironiczny. Niefranciszkański. Niejedna łza musiała popłynąć po jego recenzji. Chwalił niezmiernie rzadko. Tępił lizusostwo.

1 października 1933. „*Kol. Zofja Walterówna. Nadesłane wiersze nie przedstawiają żadnej wartości*".

„*Kol. Hala Wolska. Wiersze ładne. Jak widzę, koleżanka nie sili się na sztuczność, ale szuka czegoś, co się najgłębiej, najskryciej odczuwa. Należy jeszcze opanować technikę, poprawić styl. Radzę dużo czytać wielkich poetów współczesnych: Tuwima, Iwaszkiewicza, Słonimskiego, Podhorskiego, Iłłakowiczównę, Pawlikowską, Lechonia, Zegadłowicza*".

„*Kol. Julian Krzyżewski. Kraków. (...) Najgorsza jest chyba ta* Czekolada *(wierszyk odpowiedni do albumu dziesięcioletniej pensjonarki)*. Erotyki *nie budzą żadnych wzruszeń – są jakieś blade, bezbarwne. Dobry wiersz powinien oddać możliwie jak najwierniej stany duchowe autora, uzewnętrznić jego uczucia – działać sugestywnie na czytelnika*".

15 października 1933. „*»Szanowny panie redaktorze – pisze kol. Jerzy Słabość – specjalnością moją są dwuwiersze«. Dobrze, drukujemy jeden (naturalnie z braku miejsca tylko). Tytuł* Idea Karola Marxa. *Treść taka: Bolszewicy rżną pod lasem/ biednych ludzi kordelasem*".

„*W wierszu kol. Edmunda Ca-ki jest »coś«, ale niestety to »coś« zostało dosłownie przepisane z pięknego poematu Zdzisława Kleszczyńskiego pt.* Książę Józef".

---

[48] Marian Schmidt, dz. cyt., s. 18.

„Utwory kol. Żukrowskiego są zupełnie dobre. Najbardziej podoba mi się Pożegnanie. *Postaram się wiersz ten umieścić w »Kuźni«.* Słów mi brak *o wiele, wiele gorzej wypadło. Grzeszy zupełnym brakiem nowości spojrzenia i pełny jest »banałów młodopolskich« oraz »akcesorjów romantycznych«".*

1 grudnia 1933. *„Kol. H. powiedziała, że zakocha się we mnie, jeżeli jej wiersz wydrukuję w »Kuźni«. Jestem zrozpaczony – wiersz nie pójdzie – koleżanka nie będzie kochała się we mnie. A może?"*

„Nadesłane utwory kol. Erwina Axera są zupełnie dobre. Najlepszy Obraz w kałuży. *Prawdopodobnie wydrukujemy. Należy jeszcze poprawić styl, walczyć o nowe środki ekpresji i nastrojowości, wprowadzić metaforę. Zdolności są. Pracować warto".*

15 grudnia 1933. *„Kol. Jawnuta posiada dużą zdolność zręcznego wierszowania – pewne poczucie rytmiki i melodyjności, ale to jeszcze mało. Wiersz* W imię krzyża *nie odznacza się żadną większą zaletą – ot taki sobie miły, oklepany, wytarty jak stare dwugroszówki wierszunio".*

„Utwory kol. Syntetyka kwalifikujemy do kosza z najczystszym sumieniem i z najświętszym spokojem".

„Nowela kol. Erwicza – nie stoi na poziomie »Kuźni«. Co za banalny temat. Co za banalne ujęcie? Kogóż by to wszystko obchodziło? Może nie pisać?"

1–15 stycznia 1934. *„Utwory kol. W.M. są tak słabe, że temu, który je czytał z niesłabnącą uwagą, zrobiło się strasznie słabo".*

„Smutna chwila pożegnania *jest tak smutnym objawem twórczości poetyckiej kol. Łęgowskiego, że autor jej może pożegnać się z poezją na dłuższy czas".*

„Bezrobotni *i inne pozostałe utwory kol. Franciszka Gila nie przedstawiają wartości. Za dużo w nich werbalizmu, prostego upajania się słowem. Dużo krzyku – więcej frazesów. Mało prawdy – najmniej sensu".*

„Nowelka kol. H. – słabiutka. (…) Poznajcie koniecznie postać stworzoną przez Oskara Wilde'a, mianowicie Lorda Doriana Graya – a zobaczycie w tej postaci typ, którego nie potrafiliście odpowiednio odmalować w swojej noweli – niezrównany typ sybaryty i epikurejczyka".

1 lutego 1934. *„Utwór kol. Tomasza Czacharczyka jak zwykle bez zarzutu – będziemy drukować".*

15 marca 1934. *„Kol. Jot – jest optymistą – pisze w swoim poemacie, że w Warszawie można położyć pięć złotych na bruku i nikt ich nie weźmie. (…)* Kolego! *Kochany kolego! Podobno w Szwajcarii, na rogu ulicy stoi stolik, na stoliku znajduje się taca i stos gazet. Każdy przechodzień może podejść, sam wziąć gazetę, położyć odpowiednią sumę pieniędzy na tacę (…) Gdyby u nas taki zwyczaj zaprowadzić, to już nie mówię, co by z temi gazetami i pieniędzmi, ale co by się z tym stolikiem stało".*

1 września 1934. *„Kolego Tadeuszu Chor..i, jeśli czytałeś jakikolwiek mój wiersz, jakikolwiek mój felieton, jakąkolwiek moją rzecz, to nie myśl, że wyglądam tak*

i jestem taki jak autor tego wiersza, tego feljetonu, tej rzeczy... Nie wiesz nawet, jaki jestem tobie bliski".

„*Wiersz kolegi H. Jot. o rzeźniku – jest wprost wzruszający. »Bił wołu i płakał«. Łzy mam w oczach. Tak. Nigdy nie umiem zacząć i skończyć poradnika poważnie*".

15 listopada 1934. „*Nikt z was pewnie, Kochani moi czytelnicy, nie słyszał o tem, że istnieje w Warszawie klub poetycki »Ośmiu«, ale ja słyszałem. Byłem nawet na wieczorze poetyckim tych »Ośmiu«. (...) W sali pełno. Rzekłbyś, co najmniej 60 babek, dziadków, matek, ojców, wielbicielek i wielbicieli, entuzjastek i entuzjastów spędzono kijem w jedno miejsce. (...) Hallo! Zaczyna się. Zgaszono światła. (...) Kurtyna. Wyszedł jakiś typ i mówi. O poezji mówi. Mówi, cholera, i mówi. (...) A oto i pierwszy poeta. (...) uśmiechnął się do siebie, podniósł głowę i utkwił wzrok w jakimś punkcie wyrysowanym na suficie. Wiersz* Zbereźnik. *Drugi wiersz* Tęsknota – *»Nie kochał mnie nikt nie kochał/ Już siedemnasty rok szlocham«. O następnych siedmiu poetach mówić nie będę. Miejcie nade mną litość. Ja chcę jeszcze żyć. Ja jeszcze chcę mieć żonę i dzieci.*

Na zakończenie przychodzi mi oznajmić, że ostatni raz prowadzę dział »Rozmawiajmy o poezji«. Już w następnym numerze poprowadzi go jeden z moich kolegów, lepiej i rozsądniej. Nareszcie, nareszcie, zawoła uradowany czytelnik. I słusznie. Jan Twardowski kl. VIII – Gimn. Czackiego w W-wie".

Recenzent

Po latach powiedział: „*Drukowałem raczej w pismach podrzędnych, młodzieżowych*"[49].

Ale wtedy czuł się w „Kuźni Młodych" dobrze. Był wśród swoich. Pisał wiersze jak oni. Czytał to co oni. Byli jego rodziną, rozumieli go. Wiosną 1935 roku wybrali się wspólnie na wycieczkę. W piśmie ukazało się pamiątkowe zdjęcie z wyprawy. Osiem osób stanęło jedna za drugą na leśnej polanie. Z podpisu wynika, że piąty z rzędu jest Janek Twardowski. Niestety fotografia ma tak fatalną jakość, że widać na niej tylko czarne sylwetki.

Pracował dla „Kuźni Młodych" bez ustanku. Pisał recenzje, reportaże, opowiadania, wiersze, robił wywiady.

W grudniu 1933 roku chwalił *Śpiącą załogę* Marii Jasnorzewskiej: „*Utwory zawarte w omawianym tomie – jakkolwiek gatunkowo lżejsze od utworów pisanych przez poetów mężczyzn – zachwycają nas pięknością stylu i ogromem prostoty*".

---

[49] Tamże.

W styczniu 1934 roku zrecenzował zbiorowy tomik poezji członków klubu „S", nawiązujących do Skamandra – Jana Kotta, Ryszarda Matuszewskiego i Włodzimierza Pietrzaka: *„utwory ich nie przedstawiają nic nadzwyczajnego – niemniej jednak są piękne"*. Kotta uznał za najzdolniejszego, Matuszewskiego za duży talent, Pietrzaka pochwalił za doskonałe zastosowanie onomatopei.

O tomiku poezji *Rzeczywiście* Wacława Mrozowskiego, kolegi z „Kuźni Młodych", pisał w marcu 1934 roku, że jest nierówny, ale jego twórca jest na dobrej drodze.

W czerwcu tego roku ocenił, że Zdzisław Popowski, uczeń seminarium nauczycielskiego w Chełmie, który wydał właśnie tomik poezji *Gwiazdy w popiele*, ma szanse zostać dobrym poetą *„jeśli udoskonali zewnętrzną szatę i w śmiałe, mocne, oryginalne wiersze zaklnie coś, co płonie na dnie jego duszy"*.

W styczniu 1935 roku napisał o *Antologii poezji szkolnej* Wacława Mrozowskiego: *„Wiersze szkolne nie są złe. Są miłe, sympatyczne, czasem dobre – tylko większość robi wrażenie człowieka przecedzonego przez sito do trumny"*. Antologia ukazała się nakładem „Kuźni Młodych"[50]. Na osiemdziesięciu stronach znalazły się wiersze trzydziestu pięciu uczniów, w tym Jerzego Pietrkiewicza, Wojciecha Żukrowskiego, Pawła Hertza. Jan Twardowski oddał do tomu trzy wiersze – *Topiel*, *** (O dziwna moja tęsknoto) i *Wiersz do Cyprjana Norwida*.

Tylko raz, w styczniu 1934 roku, Twardowski zamieścił recenzję z wystawionego w Teatrze imienia Żeromskiego spektaklu *Słomiane uczucia* Kazimierza Lipińskiego, kolegi z „Kuźni Młodych". *„Wszystko odbyło się normalnie. Ponieważ początek naznaczono na godzinę 12-stą, publiczność przyszła wpół do pierwszej; ponieważ publiczność przyszła wpół do pierwszej – sztuka zaczęła się wpół do drugiej. Na scenie był śpiew, była muzyka (...) był lokaj, był sam autor dramatu w najtragiczniejszej roli... co jeszcze było... aha, był jeszcze jeden trup, ale to już przy końcu, przed samym obiadem. (...) Po półtoragodzinnej grze, bohaterkę dramatu dobito w 3-cim akcie. Koniec był straszny, ale Lusia była śliczna"*.

Był „wykpisem", jak jego ojciec.

Poeta, reporter, pisarz

„Pisałem o nocy, śmierci i snach – wspominał po latach. – *Kiedy człowiek jest młody, myśli o tym"*[51].

Z „Kuźnią Młodych" współpracował cztery lata. W tym czasie, w rubryce Młode Pióra, zamieścił czternaście swoich wierszy.

---

[50] *Antologia poezji szkolnej*, red. Wacław Mrozowski, nakł. „Kuźni Młodych", Warszawa 1935.

[51] Tamże, s. 84.

Deprecjonował je przed czytelnikami, pomniejszał ich wartość. W Poradniku Literackim „Kuźni Młodych" z 1 września 1934 roku nazwał je głupimi. Jakby z obawy, że krytyka z zewnątrz będzie bardziej bolała, wolał sam siebie uderzyć.

Będzie tak robił już do końca życia.

Tak naprawdę każde pojawienie się wiersza w druku było dla niego świętem. *„Najbardziej byliśmy przejęci, gdy ukazywał się zbiorek wierszy któregoś z nas. Czekaliśmy na opinie kolegów parających się krytyką, szukaliśmy choćby wzmianek w prasie"*[52] – przyznał jako dojrzały poeta.

Próbował sił w reportażu. Z Ryszardem Krygierem i Tadeuszem Zelenayem jesienią 1933 roku opisał życie bezdomnych w schronisku przy ulicy Dzikiej 4.

W grudniu 1934 roku z Wojciechem Żukrowskim[53] obserwowali życie miasta w noc sylwestrową. Wyprawę skończyli w Milanówku, w domu Wojtka. Janek po ciemku wszedł do szafy zamiast do pokoju. Zgubił but.

Jego reportaże to proza poetycka. Jeśli stał na peronie, to obserwował *„ramiona szyn rzucone w ciemność"*, o wagonach pisał, że słyszy *„w żelaznych pudełkach szloch prostokątnych okien"*, nawet o zwykłym otwarciu drzwi pokoju Wojtka napisał: *„Ściana pęka drzwiami. Przez palce przecieka światło świecy"*.

Przynosił do „Kuźni Młodych" opowiadania. W 1934 roku napisał nowelę *Człowiek o twarzy króla pikowego*. Stefan, główny bohater, słynny poeta, pracuje w redakcji. W oknie domu naprzeciwko obserwuje codziennie kasjera *„o twarzy króla pikowego"*, jak tkwi nad rachunkami. Boi się o niego – *„Znowu zasnął – mój Boże, żeby tylko nie zapaliło się coś od lampy"*, uzależnia od niego – *„dziwił się, jak nieznając tych oczu przedtem, mógł być wielkim poetą"*. Kasjer zostaje oszukany na dziesięć tysięcy złotych. Stefan chciałby mu pomóc. Sprzedaje więc komuś prawa do swoich nowych wierszy. Niesie gotówkę sąsiadowi. Po drodze mija ludzi, którzy rozmawiają o śmierci człowieka o dziwnej twarzy i oczach, który wpadł przed chwilą pod ciężarówkę. Podobno był kasjerem.

Lubił zwrot *„twarz króla pikowego"*. Siedemdziesiąt lat później Jan Twardowski mówił o swoim gimnazjalnym nauczycielu chemii: *„Na pewno każdy z uczniów zapamiętał Jana Harabaszewskiego (...). Małego, podobnego do pikowego króla, o oczach szarych, bardzo dobrych"*[54].

W nowelce *Słowa przemilczane*, wydrukowanej we wrześniu 1934 roku, opisał losy biednej rodziny robotniczej: *„Siedem osób leżało pokotem i wdychało*

---

[52] Jan Twardowski, *Ludzie, których spotkałem*, dz. cyt., s. 45.

[53] Wprawdzie pod artykułem obok Jana Twardowskiego został podpisany Wojciech Żukrowski, ale można postawić tezę, że to pomyłka redakcyjna. Wojciech Żukrowski był już wtedy członkiem zespołu redakcyjnego i przyjacielem Twardowskiego.

[54] Jan Twardowski, *Ludzie, których spotkałem*, dz. cyt., s. 15.

w zarażone, wypluwane płuca własny, zapiekły smród". Ojciec rodziny, Bardczak, pracuje przy oczyszczaniu torów. Jest głodny, jego dzieci chorują, zarabia grosze. Codziennie, piętnaście po szóstej rano, w drodze do pracy, mija go *„europejski express – lux – dwanaście wagonów żelaza, szkła, wyściełanych czerwienią poręczy, wygolonych, pogodnych głów"*. Któregoś ranka Bardczak przekręca zwrotnicę i wykoleja luksusowy pociąg – *„nagle podniósł w górę zaciśniętą do krwi pięść i zaczął się strasznie śmiać"*.

Nazwiska Bardczak Janek Twardowski użył ponownie w 1937 roku w wierszu *Sklep w Drobininie*. Nadał je właścicielowi sklepu.

Rozmowy

Chudy siódmoklasista z tarczą Gimnazjum imienia Czackiego na ramieniu przestępował z nogi na nogę w korytarzu mieszkania w alei Róż pod numerem 14. Zaraz miał przeprowadzić wywiad dla „Kuźni Młodych" z Kornelem Makuszyńskim. Pytania przygotował, słowa uwielbienia dla pisarza też. Znał na pamięć jego wiersz *Rozmowa z zegarem o bezgrzesznych latach*, śledził jego twórczość. Liczył na dowcipną, pełną humoru rozmowę. Służąca przerwała rozmyślania chłopca, stanęła przed nim i wręczyła mu list od pisarza: „Drogi Panie, jestem w takim humorze, że chciałbym się powiesić"[55]. Jan Twardowski, gimnazjalista, który przyszedł po wywiad, nigdy już nie przeprowadził rozmowy z Makuszyńskim. Jednak jego wiersz *Rozmowa z zegarem...* zapamiętał na całe życie.

Lepiej mu poszło z Kazimierzem Wierzyńskim. W styczniu 1934 roku stawił się na wywiad wraz z kolegą Pawłem Włodawskim. Poeta otworzył im drzwi, zaprosił do gabinetu. Nad biurkiem wisiały karykatury Lechonia, Tuwima, Słonimskiego, w rogu pokoju stała biblioteka, panował półmrok. Wymienili uprzejmości. Zapytali Wierzyńskiego, co sądzi o „Kuźni Młodych". Sądził dobrze, „był żywo zainteresowany". Zaczęli więc pytać. Kiedy zaczął pisać? Gdy miał trzynaście lat. Jak spotkał Skamandrytów? Po wojnie. Co sądzi o poetach proletariackich? Jedynym jest Broniewski. Czy słyszał o szkolnym klubie poetyckim „S"? Uważa, że Kott ma talent. A jaki jest jego pogląd na nadchodzącą poezję? Nie ma odchodzącej czy przychodzącej. Poezja jest wieczna. Jeszcze autograf dla czytelników „Kuźni Młodych". Do widzenia.

Do Michała Choromańskiego, pisarza, autora *Opowiadań dwuznacznych* i *Zazdrości i medycyny*, Janek Twardowski znów się wybrał z Pawłem Włodawskim. Był luty 1934 roku. Stawili się o jedenastej rano w hotelu Bristol, pokój 532. Zapytali

[55] Tenże, *Łaską zdumiony*, dz. cyt., s. 12.

o poezje, które kiedyś pisał. Odparł, że jest już od nich daleki: „Dla mnie pisanie wierszy przypomina jakieś intymne, erotyczne przeżycia... nierealne. Ja, proszę panów, jestem bardzo realny".

A co sądzi o ich pomyśle, żeby zamiast nauczycieli w szkołach swoje dzieła objaśniali ich twórcy. Odparł, że pisarz nie powinien nikomu komentować swoich prac.

Do Leopolda Staffa Janek poszedł sam, w czerwcu 1934 roku. Nie wystraszył się kartki na drzwiach „Wywiadów nie udzielam". „*W blasku zachodzącego słońca, płynącego spoza okien, za któremi skradał się już mrok – rozmawialiśmy ze sobą przeszło godzinę. W pokoju było cicho, smutne, ostre cienie kładły się na podłodze*". Twardowski powiedział Staffowi, że uważa go za największego po Kochanowskim klasyka w Polsce. Staff powiedział Twardowskiemu, że poezja Skamandra stoi wysoko i może się równać z zagraniczną. Awangardzie przyznał zasługi w wykuwaniu nowego języka. Mówili o religijności w poezji, zagadce bytu, muzyce, Norwidzie. „*Nie wiem, czy może być większa przyjemność dla mnie, jak rozmowa z człowiekiem, którego wspominać będę zawsze z uczuciem miłości i wdzięczności*" – tak Janek, uczeń siódmej klasy gimnazjum, zakończył wywiad z Leopoldem Staffem.

Ostatni wywiad dla „Kuźni Młodych" Jan Twardowski przeprowadził już jako student polonistyki, w styczniu 1936 roku. Z kolegą Józefem Mrozowickim odwiedzili Światopełka Karpińskiego, laureata Nagrody Młodych Polskiej Akademii Literatury za zbiór *Trzynaście wierszy*. Poeta pochwalił młodego Miłosza, zganił Awangardę, wręczył na pożegnanie tomiki poezji i oświadczył, że pochodzi z rodziny Franciszka Karpińskiego, poety epoki oświecenia.

„Pan Twardowski spojrzał w górę i zwarjował"

„Nigdy nie wiedziałem, że Janek był bardzo dowcipny – wspomina Stefan Kruś, kuzyn poety. – Wobec rodziny nie powiedział nic wesołego. Pamiętam, raz przyszliśmy na Elektoralną z wizytą, on się przywitał i poszedł zaraz do swojego kąta. Rodzina patrzyła na niego dziwnym sposobem, on był oddzielny od reszty. Mówiono, że to dziwak i nieudatny chłopak".

Kuźniacy śmiali się do rozpuku, drwili ze wszystkich i ze wszystkiego, nie uznawali żadnych świętości. Najbardziej lubili śmiać się z samych siebie. Janek włączał się do zabawy.

Wierni czytelnicy chcieli zobaczyć zespół redakcyjny? Proszę bardzo. Członkowie zespołu przynieśli z domów fotografie z dzieciństwa, stworzyli z nich na okładce kolaż. Janek Twardowski, blond bobas w ubraniu w pepitkę, ma na zdjęciu najwyżej rok. Na fotografii obok malutki Kazimierz Brandys w koszyku.

W *prima aprilis* 1934 roku redaktor Twardowski napisał rymowany wiosenny poradnik literacki: „*Co się dzieje? Czasy nowe. Słowo daję – nie do wiary. Pan dyrektor wsiadł na rower i pojechał na wagary...*", i humorystyczny przewodnik po Warszawie: „*Warszawa podobna jest do New Yorku, z tą tylko niewielką różnicą, że jeśli chodzi o kamienice – to tam są drapacze, a tu drapaki...*".

W tym samym numerze, razem z kolegą Ryszardem Zakrzewskim, sfingowali artykuł o ludziach z „Kuźni Młodych". Janek przeprowadził wywiad z samym sobą: „*Pan Jan Twardowski spojrzał w bok i zaśmiał się od ucha do drugiego ucha. Potem jeszcze raz i schował lewą nogę do prawej kieszeni palta. – Ja wielki. – Ja największy. – Ja jeden. – Ja jedyny. – Ja wieszcz. – Co pan sądzi o sobie? – Jestem zbyt wielkim człowiekiem, aby słowa w odniesieniu do mnie mogły mieć jakieś znaczenie. Po tych słowach pan Twardowski spojrzał w górę i zwarjował*".

W listopadzie 1934 roku oddał do druku wiersz *Pierwsza klasa*: „*Kiedy jutro się zbudzę... będę taki... będę taki... przyrzekam / Karol May... Purpurowa Turnia... Nienawidzę dziewczynek i bajek... / A nad ranem, jak to nad ranem: bułka z masłem, filiżanka mleka...*".

Jego wiersz *Powrót* ukazał się w „Kuźni Młodych" w grudniu: „*może zrozumiesz mój smutek i z oczu wyczytasz mi wszystko... o smutku swych zeszłoroczy... o smutku, o żalu piszę (kim jesteś ty, co tak piszesz i moje nosisz nazwisko?)*".

Pod koniec roku kuźniacy przerobili *Pierwszą klasę* i *Powrót* na potrzeby redakcyjnej szopki. „Janek deklamuje: Kiedy jutro po szopce się zbudzę, będę taki, będę taki, przyrzekam / Wielki wieszcz i filozof dziecinny, naiwnie dziecinny / A nad ranem jak to nad ranem, katzenjammer, jak katzenjammer / Kto pijany, jak to kto pijany, no pijany, pijany Janek / Jakaś pusta butelka pod ścianą a w kieszeni, a w kieszeni korek / Wczoraj wieczorem, tak wieczorem w Kuźni wieczorek, wieczorek / Czegoś szukam, czegoś szukam, nie ma nic prócz kieliszków / Kto jesteś ty, co tak pijesz i moje nosisz nazwisko?"

W tej samej szopce napisali: „A teraz zaraz wyjdą pod szopkowe kinkiety / okulary i czarna czupryna poety / Jan Twardowski poeta i myśliciel, który / w głowie ma same rymy, a w kieszeniach dziury / Niedawno ze łba chciano wybić mu rymy owe / zgolono mu maszynką aż do skóry głowę / Ale ta sroga kara nic mu nie pomogła / bo czupryna odrosła, a chęć twórcza się wzmogła / Teraz już co nie robi rymy ciągle składa / wierszem mówi i myśli, wierszem przez sen gada / Wierszem już odpowiada z chemii czy łaciny / więc i w szopce niech twórczość ową sławią rymy".

Nie wiadomo, czy Janek wystąpił w szopce, nie ma go na zdjęciu zrobionym w redakcji po przedstawieniu.

1 kwietnia 1935 roku kolega Józef Mrozowicki zgadywał, jak poeci „Kuźni Młodych" napisaliby wierszyk o kotku, co wlazł na płotek.

Jan Twardowski, jego zdaniem, zrobiłby to tak: „Wkołyszesz się w srebro płotu, miauczeniem weśnisz się w ciszę / zakwitniesz błękitnym cieniem i łapy w szkło nocy rozśpiewasz... / Słyszę twój smutny szloch miauczeń; / wiersz kroków po płocie słyszę...".

Telefon
[29 listopada 2009]

Pani nie zdaje sobie sprawy, na co nas naraża. Pójdziemy z torbami. Proszę ze mną nie dyskutować. Pani jest za młoda, żeby ze mną dyskutować! A tak w ogóle to dlaczego wydawnictwo do mnie się nie zwróciło o książkę? Dlaczego miałabym pani dać moje notatki z okresu znajomości z księdzem? On powiedział do mnie: „Pisz dzienniki". Więc to ja książkę o nim napiszę.

Uniwersytet

„Polonistyka nie była poważana"

Zbuntował się. Ciekawe, czy krzyczał w domu, że nie zostanie inżynierem, jak chciałby ojciec. Że wybiera studia polonistyczne. Ciekawe, czy Jan senior odpowiedział mu, że to pomysł bez sensu i jak Janek wyobraża sobie utrzymanie w przyszłości żony i dzieci?

Był odważny. Ryszard Matuszewski, kolega Janka, choć też marzył o filologii polskiej, uległ ojcu, architektowi z zawodu. Powiedział mi: „Polonistyka nie była poważana przez ludzi z pokolenia naszych ojców. Zdradziłem swoje zainteresowania literackie ze względów oportunistycznych. Był czas wielkiego kryzysu gospodarczego. Ojciec kpił ze mnie, że mam tak niepraktyczne zainteresowania. Wbrew sobie wybrałem prawo".

Jan junior raczej nie krzyczał. Kiedy doszedł do matury, rodzina musiała już znać jego wybór. Proces oddzielenia od bliskich, bunt Janka przeciw wartościom domowym, trwał długo, może przez całe gimnazjum. Opisał to w ostatnim opowiadaniu *Przeciwległy brzeg*, które zamieścił w „Kuźni Młodych" we wrześniu 1934 roku.

„Kiedy byłem mały, kochałem dom, ogród, słoneczniki kwitnące, nawet ojca kochałem dla siebie, a teraz myślę! I myśląc, odbiegam od siebie, od swojego świata. Po co? Pewnie po to, aby dotrzeć do czegoś szerszego, powszechnego, czegoś co ukrywają wszyscy w głębi dusz swoich... (...) Kto zbudzi siły we mnie uśpione, siły przekształcające moje istnienie (...). Kiedy byłem mały, byłem bardzo śmieszny. Myślałem, że będę poetą. Takim dużym poetą, o którym mówią i piszą. (...) To było dawno. To było jeszcze wtedy, gdy moja matka czytała książki w kręgu czerwonej lampy".

Maturę zdawał z matematyki, francuskiego, fizyki, chemii. Przeżywał egzaminy, budził się w nocy z lękiem, że nie zda. Podanie o przyjęcie na studia zaniósł na Uniwersytet Warszawski.

W czerwcu 1935 roku redakcja „Kuźni Młodych" wszystkim współpracownikom i czytelnikom, którzy otrzymali świadectwa dojrzałości, złożyła gratulacje. „Życzymy Im, aby ten doniosły w życiu moment cechowała powaga i zrozumienie czekających Ich zadań z dala od rozpolitykowanej demagogji i płytkiego frazesu, bez względu na to, z jakiej pada strony".

We wrześniu Janek Twardowski po raz pierwszy pojawił się w stopce redakcyjnej pisma jako absolwent Gimnazjum Czackiego. Miesiąc później jego nazwisko zupełnie zniknęło. Był już studentem, współpraca z pismem dla uczniów szkół średnich musiała się skończyć. Ostatnim śladem, jaki zostawił po sobie w „Kuźni Młodych", był anons z marca 1936 roku. *„Kol. Jan Twardowski, były współpracownik »Kuźni Młodych« pragnąłby korespondować z kol. kol. na tematy światopoglądowe i literackie. Adres: Warszawa, Elektoralna 49 m. 8"*.

„Nieobecny nieusprawiedliwiony"

Pożółkła papierowa teczka, białe troczki. Napisy na wierzchu. Twardowski Jan Jakub. Wydział Humanistyczny. Sekcja: filologia polska. Imm: 1935/1936. Mgr: 1948. Doktorant: 1950/1951. Sygn: WHUM 47.054/2.652 KEM 6.826.

W miniaturowej czytelni archiwum Uniwersytetu Warszawskiego jest cicho. Nie wolno fotografować zawartości teczek. Kiedyś można było. Teraz tylko ksero. Przedwojenne dokumenty – 3,60 złotych za stronę. Powojenne – 2,60 złotych.

Rozwiązuję ostrożnie tasiemki. Jan Twardowski nie skończył studiów przed wojną. Większość stron w teczce dotyczy już czasów powojennych. Wrócę do nich później.

Teraz czytam te sprzed września 1939 roku, kiedy Jan Twardowski wstąpił na Uniwersytet imienia Józefa Piłsudskiego. Marszałek zmarł w maju 1935 roku, akurat w czasie matur. Władze uczelni nadały jej natychmiast imię Dziadka. Nie obyło się bez protestów przeciwników Piłsudskiego.

Niewiele zostało z akt studenta Janka – protokoły egzaminów, podania.

Pierwszy egzamin zdawał dopiero w maju 1936 roku. Do indeksu nr 47054 dodano mu wówczas album egzaminacyjny nr 6826. Musiał wypełnić „formularz dla składających egzaminy po raz pierwszy". *„Podanie. Do Pana Przewodniczącego Komisji Egzaminów Magisterskich Wydziału Humanistycznego. Załączając przy niniejszem indeks studiów, stwierdzający uczęszczanie na przedmioty wymagane przez regulamin egzaminacyjny oraz kwit z opłaty taksy, proszę o dopuszczenie mnie w sesji*

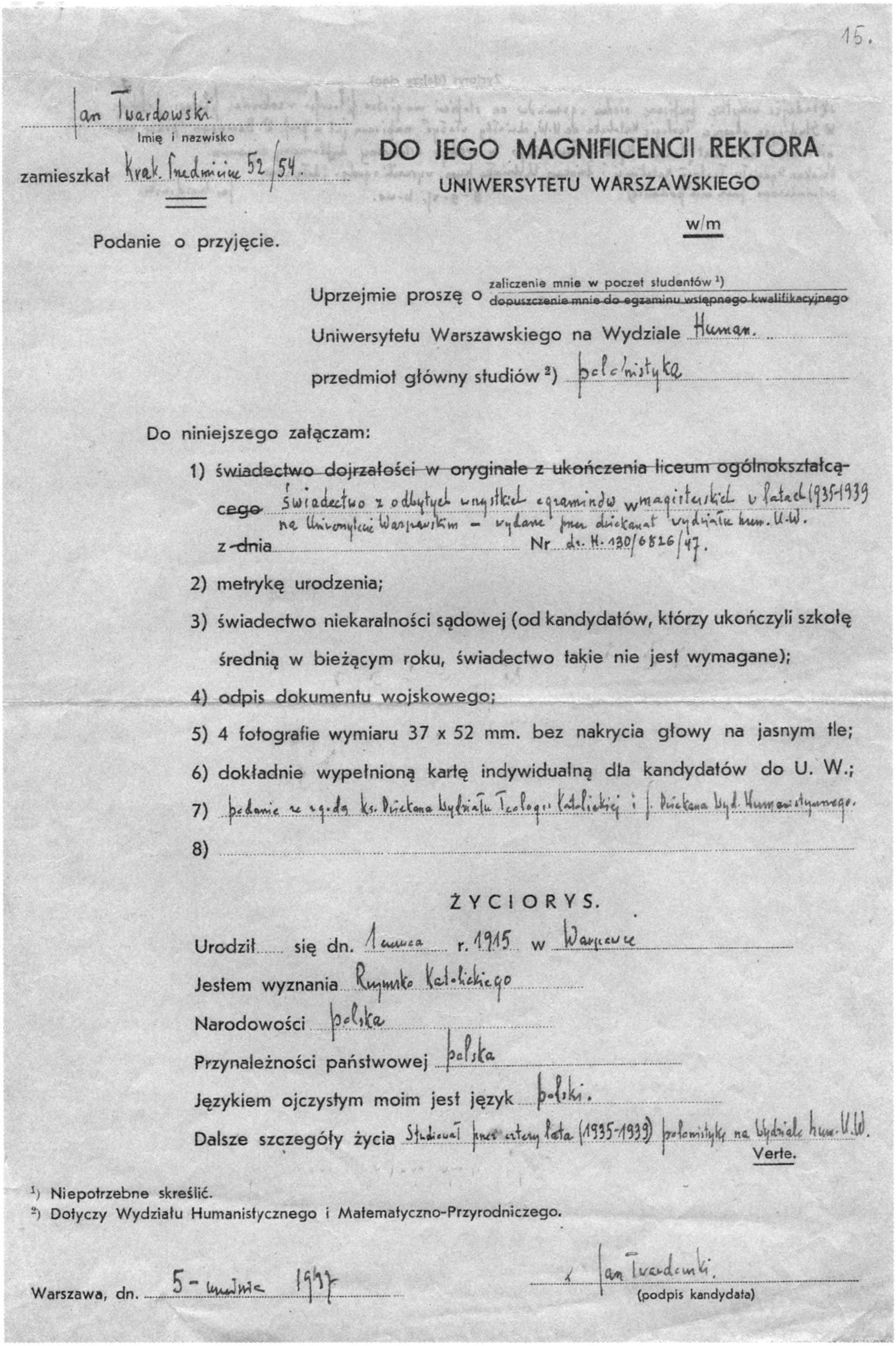

15.

Jan Twardowski
Imię i nazwisko

zamieszkał Krak. Przedmieście 52/54.

Podanie o przyjęcie.

DO JEGO MAGNIFICENCJI REKTORA
UNIWERSYTETU WARSZAWSKIEGO
w/m

Uprzejmie proszę o zaliczenie mnie w poczet studentów [1] ~~dopuszczenie mnie do egzaminu wstępnego kwalifikacyjnego~~

Uniwersytetu Warszawskiego na Wydziale Human.

przedmiot główny studiów [2]) polonistyka

Do niniejszego załączam:

1) ~~świadectwo dojrzałości w oryginale z ukończenia liceum ogólnokształcącego~~ świadectwo z odbytych wszystkich egzaminów magisterskich w latach 1935–1939 na Uniwersytecie Warszawskim – wydane przez dziekanat wydziału hum. U.W.
z ~~dnia~~ ... Nr dz. H. 130/6826/47.

2) metrykę urodzenia;

3) świadectwo niekaralności sądowej (od kandydatów, którzy ukończyli szkołę średnią w bieżącym roku, świadectwo takie nie jest wymagane);

4) odpis dokumentu wojskowego;

5) 4 fotografie wymiaru 37 x 52 mm. bez nakrycia głowy na jasnym tle;

6) dokładnie wypełnioną kartę indywidualną dla kandydatów do U. W.;

7) podanie ze zgodą ks. Dziekana Wydziału Teologii Katolickiej i p. Dziekana Wyd. Humanistycznego.

8) ...

ŻYCIORYS.

Urodził się dn. 1 czerwca r. 1915 w Warszawie

Jestem wyznania Rzymsko Katolickiego

Narodowości polska

Przynależności państwowej polska

Językiem ojczystym moim jest język polski.

Dalsze szczegóły życia Studiował przez cztery lata (1935–1939) polonistykę na Wydziale hum. U.W.

Verte.

[1]) Niepotrzebne skreślić.
[2]) Dotyczy Wydziału Humanistycznego i Matematyczno-Przyrodniczego.

Warszawa, dn. 5 – września 1947

x. Jan Twardowski
(podpis kandydata)

Podanie o ponowne przyjęcie na polonistykę, 1947 rok

Nr. 6826.

UNIWERSYTET WARSZAWSKI

WYDZIAŁ HUMANISTYCZNY

KOMISJA EGZAMINÓW MAGISTERSKICH

2 3 MARZ 1937

PROTOKUŁ

EGZAMINU USTNEGO.

Pan Twardowski Jan

student WYDZIAŁU HUMANISTYCZNEGO zapisan...... w albumie pod L. ......

A/1) z gramatyki opisowej współczesnej polszczyzny

w zakresie filologji polskiej

odbytego po raz I

z wynikiem dostatecznym

Warszawa, dnia 10 marca 1937 r.

(Egzaminator) (Przewodniczący)

Protokół egzaminu

czerwcowej 1936 r. do następujących egzaminów szczegółowych na stopień magistra filozofii w zakresie filologii polskiej z historji politycznej, ustrojowej, gospodarczej i kulturalnej Polski u prof. Henryka Mościckiego. Jan Twardowski".

Opłata za egzamin wynosiła 4 złote. Student Twardowski miał jeszcze czytelny charakter pisma. Za kilka lat będzie koszmarnie bazgrał.

U profesora Mościckiego 30 czerwca 1936 roku dostał czwórkę za pierwszym podejściem.

W sesji wiosennej 1937 roku u profesora Wiktora Wąsika zdawał z podstawowych zasad nauk filozoficznych ze szczególnym uwzględnieniem historii filozofii – dostał tróję.

Z gramatyki opisowej języka polskiego u profesora Stanisława Szobera – dostateczny.

Na egzaminie z gramatyki języka starocerkiewnego u profesora Stanisława Słońskiego nie stawił się.

Gramatykę historyczną języka polskiego zdał u profesora Witolda Doroszewskiego w sesji czerwcowej 1938 roku z wynikiem bardzo dobrym.

Z egzaminu z historii literatury starożytnej i rzymskiej u profesora Aleksandra Turyna też dostał piątkę.

Zimą 1939 roku znów się nie stawił na egzaminie z gramatyki opisowej u profesora Słońskiego. Egzaminator zanotował „nieob. nieusprawiedl". Janek zdał ten przedmiot później, nie wiadomo jednak, jaką dostał ocenę.

Za to egzamin z historii literatury polskiej wraz z podstawowymi wiadomościami z teorii literatury, poetyki i stylistyki zdał z wynikiem dobrym u promotora swojej pracy magisterskiej profesora Wacława Borowego.

Nuda i koło

Studia spłynęły po nim jak woda po kaczce. Prawie nic z nich nie zapamiętał.

„Wszystko plątał – opowiada Waldemar Smaszcz. – Mówił, że studiował z Ludwikiem Frydem, wybitnym krytykiem literackim. Sprawdzam. Wracam do księdza i mówię: »Nie mogliście razem studiować«. »*A to dlaczego?*« – pyta. »Bo ksiądz zaczynał studia, gdy Fryde kończył«. Ksiądz na to: »*Ty, niemożliwe. Pamiętam, razem chodziliśmy*«. Znów sprawdzam, szukam w książkach. I znajduję, że dwa lata po studiach Fryde był wciąż przewodniczącym rady naukowej Koła Polonistów imienia Stefana Żeromskiego na uniwersytecie. Tam się spotykali".

Cenił kilku wykładowców. Imponował mu Witold Doroszewski, który na uczelnię przyjeżdżał motocyklem, śpiewał francuskie ballady, opowiadał dowcipy i na wycieczkach uczył studentów pływać.

Chodził chętnie na wykłady legendarnego profesora Stanisława Szobera, autora *Gramatyki języka polskiego*, ze względu na ciekawą osobowość wykładowcy.

Bywał na wykładach profesora Władysława Tatarkiewicza. Wspominał: *„Był dla mnie autorytetem niedostępnym, zawsze otoczony gromadą studentów”*[56]. Mieli się zaprzyjaźnić dopiero w czterdzieści lat później.

Najbardziej szanował Wacława Borowego, znanego krytyka literackiego, który miał już czterdzieści dziewięć lat, gdy pojawił się na Uniwersytecie Warszawskim. Był rok 1938. Jana pociągały jego wykłady dotyczące literatury XVIII wieku. Były żywe, pozbawione dydaktyzmu. „[Wacław Borowy] *potrafił zadawać pytania: czy Ignacy Krasicki miał serce, czy był poetą*”[57] – mówił Jan Twardowski po latach. Student i profesor spotkali się w pół drogi w miłości do osiemnastowiecznych poetów, między innymi księdza Józefa Baki i Franciszka Karpińskiego. Chociaż zdaniem Janka Borowy nieco pomniejszał rangę Karpińskiego, jego ulubionego poety.

Jednak na temat pracy magisterskiej student Twardowski wybrał *Godzinę myśli* Juliusza Słowackiego. *„Podobało mi się to miasteczko, ci dwaj przyjaciele, marzyciele, wszystko zawieszone między rzeczywistością a wyobraźnią...”*[58] – wspominał.

Zaczął ją pisać.

Tak naprawdę nudził się na uczelni. „Kuźnia Młodych” przyzwyczaiła go do dyskusji o nowościach w literaturze, rozmów o poezji, obracania się wśród pisarzy, krytyków, poetów. A tu trafił do szkółki z odbębnianiem zajęć i zaliczaniem egzaminów.

Ryszard Matuszewski wspominał: „Ostrzegano mnie, bym się nie łudził, że studia polonistyczne będą z mymi literackimi zainteresowaniami korespondować, straszono staro-cerkiewno-słowiańską gramatyką i odradzano”[59].

Burze, które w tym czasie przewalały się przez uczelnię, dotykały głównie żydowskich studentów. Nacjonalistyczna młodzież, działająca pod wpływem endecji, organizowała zamieszki antysemickie. Wprowadzono getto ławkowe, *numerus clausus*, *numerus nullus*, zdarzały się napady na żydowskich studentów. Jan Twardowski nigdy nie wspominał tamtych wydarzeń.

Jan Kott, krytyk literacki, ochrzczony Żyd, kolega Twardowskiego z „Kuźni Młodych” i Koła Polonistów, student prawa na Uniwersytecie Warszawskim, opowiadał: „Na uniwersytecie oczywiście już wszystko wyglądało inaczej, zwłaszcza po 1933 roku. Pod rządami endecji były tak zwane dni bez Żydów. Dotyczyło to

---

[56] Tamże, s. 116.

[57] Tenże, *Ludzie, których spotkałem. Waldemara Smaszcza rozmowy z ks. Janem Twardowskim*, wyd. 1, Białystok 2001, s. 75.

[58] Helena Zaworska, dz. cyt., s. 40.

[59] Ryszard Matuszewski, dz. cyt., s. 263.

wszystkich Żydów, studentów i wykładowców. (...) W te »dni bez Żydów« chodziłem na uniwersytet. (...) Koło Polonistów było jedynym kołem naukowym na Uniwersytecie Warszawskim, gdzie nie było *numerus nullus*. W Kole Polonistów nie było mowy o żadnym antysemityzmie. Głównymi osobami byli tam Stefan Żółkiewski, Ludwik Fryde, który był Żydem, i Dawid Hopensztand, także Żyd. (...) Gdy pod koniec studiów wszedłem do zarządu Koła Polonistów, w endeckiej »Gazecie Warszawskiej« ukazała się notatka, że do »zarządu Koła Polonistów weszli Chaja Skwara i Jojne Kott«. Irenka (a nie Chaja) Skwara z żydostwem nie miała nic wspólnego, a mnie nazwali »Jojne«, żeby wskazać, że jestem Żydem"[60].

Studenckie Koło Polonistów było prawdziwym uniwersytetem Jana Twardowskiego. Spotykał tu znajomych kuźniaków, przyszłych znawców literatury, krytyków, pisarzy, poetów. Zbierali się w różnych grupach, czytali własne wiersze, omawiali nowości, dyskutowali.

Waldemar Smaszcz: „Jan Twardowski się tam odnalazł. Koło było dla niego przedłużeniem »Kuźni Młodych«".

Autorytetem wśród członków Koła był Ludwik Fryde: starszy zaledwie o trzy lata od Janka, miał już na koncie teksty o poezji. Pracował nad antologią współczesnej poezji polskiej.

Po latach Jan Twardowski mówił o Frydem: *„Mieszkał nieopodal Elektoralnej i codziennie przechodził koło naszego domu, więc musieliśmy się spotykać. Interesowała nas literatura, mieliśmy zawsze o czym rozmawiać. Był postacią trochę dziwną, jakby przerysowaną, wszystko to jednak traciło znaczenie, gdy się go słuchało lub czytało. Ujawniał wówczas swoją wybitną osobowość, był człowiekiem obdarzonym charyzmą. (...) sprawiał wrażenie mistrza, był nim. Wiele uczyłem się od niego"*[61].

Przyjaciele z Koła Polonistów liczyli, że wymieni ich w powstającej książce. Janek był niemal pewien, że wejdzie do antologii.

---

[60] *Rozmowa o polskich Żydach. Z Janem Kottem rozmawia Anna Krajewska-Wieczorek*, „Przegląd Polski", tygodniowy dodatek literacko-społeczny „Nowego Dziennika", 4 lipca 2003, http://www.dziennik.com/www/dziennik/kult/archiwum/01-06-05/pp-02-11-04.html, dostęp: 11 sierpnia 2010.

[61] Jan Twardowski, *Ludzie, których spotkałem*, dz. cyt., wyd. 2, s. 50.

Powrót Andersena

Przyjechał na Grochów osobiście. Był 1937 rok, miał dwadzieścia dwa lata. Na stole w domu wuja Stefana, właściciela fabryki pomp, położył cienką książeczkę. Niewiele powiedział, pożegnał się.

Zaraz odwiedził na Grochowie ciotkę Marię Kruś, matkę Stefana, młodszego od siebie o jedenaście lat kuzyna. Im też ofiarował małą książeczkę w skromnej okładce, na której w wąskim prostokącie umieszczono sześć słów: „Jan Twardowski. *Powrót Andersena*. Warszawa. F. Hoesick". Nie wiedzieli, o czym rozmawiać, u mamy wszystko dobrze, na studia nie narzekam, ho, ho, to ty, Jasiu, prawdziwy poeta jesteś, pyszne ciasto, ciociu. Szybko wyszedł. Stefan Kruś wspomina: „Powiem szczerze, nie zrozumiałem wtedy nic z tych wierszy. I do dziś nic nie rozumiem. To było poza mną. Ale mój syn Paweł i żona uważają dziś, że to śliczna poezja".

A więc Jan Twardowski stał się prawdziwym poetą. Wprawdzie miał już na koncie poezje drukowane w „Kuźni Młodych", ale to było jednak tylko czasopismo międzyszkolne. Co prawda w marcu 1935 roku wziął udział w wieczorze literackim poetów, ale znów tylko „Kuźni Młodych". No tak, wydrukowano mu trzy wiersze w piśmie „Pion", które wespół z Frydem założył Józef Czechowicz, poeta, który miał duży wpływ na twórczość Janka. Ale nie było ono powszechnie znane, a przez Jerzego Putramenta w „Sygnałach" zostało uznane za najnudniejsze pismo polonistyczne.

Janek nie był znów taki anonimowy. W końcu to jego podpis znalazł się w 1936 roku we lwowskich lewicowych „Sygnałach", wśród nazwisk dwudziestu siedmiu pisarzy warszawskich, w tym Wasilewskiej, Wata, Ważyka, Leca, Struga, Burka, po zabiciu przez policję robotnika Władysława Kozaka. Protestowali w liście otwartym przeciwko „krwawym rozprawom z robotnikami walczącymi o pracę, chleb i wolność".

Teraz jednak miał własny tomik. Dwadzieścia sześć stron, szesnaście wierszy. W warszawskim wydawnictwie Ferdynanda Hoesicka debiutowali już w 1933 roku Jan Kott, Ryszard Matuszewski i Włodzimierz Pietrzak, koledzy Janka z „Kuźni Młodych", wspólnym tomikiem poezji *S*. Pracownik wydawnictwa Adam Bromberg skupiał wokół siebie młodych twórców i to on zainicjował powstanie Klubu S, który nawiązywał do Skamandra.

Każdy mógł wydać wszystko u Hoesicka. Wystarczyło opłacić koszt druku i papieru – około 300 złotych (tyle kosztowała produkcja tomiku *S*) – i stawało się właścicielem kilkudziesięciu egzemplarzy książki.

Poeta Jan Twardowski otrzymał czterdzieści sztuk *Powrotu Andersena*.

Większość rozdał. Niektórych obdarowanych prosił o recenzje. W zbiorach Pedagogicznej Biblioteki Wojewódzkiej imienia KEN w Warszawie jest egzemplarz *Powrotu Andersena* z odręczną notatką u dołu strony: „*Z prośbą o recenzję. J.T.*"[62].

Czechowiczowi napisał dedykację: „*Kochanemu poecie Józefowi Czechowiczowi z prośbą o przeczytanie J.T. 17 listopada 1937*". Mogli się znać osobiście. Przez chwilę redakcja „Kuźni Młodych" miała siedzibę w alei Róż, w sąsiedztwie redakcji tygodnika „Pion". Czechowicz zamieścił w swoim piśmie trzy wiersze Twardowskiego. Jan Twardowski mówił: „*Lubiłem jego wiersze, podobało mi się w nich wyjście poza miasto, jakaś sielankowość, może rodem aż z Zimorowica, kontakt z przyrodą, »siano pachnące snem«. Tam rzeczywistość i sen przenikały się*"[63].

Równie dobrze ksiądz Twardowski mógłby powiedzieć to samo o swoich wierszach z debiutanckiego tomiku.

Jednak recenzja Józefa Henryka Czechowicza o *Powrocie Andersena* nigdy się nie ukazała. To musiał być dla Janka cios.

Dopiero pół wieku później badacz twórczości Czechowicza profesor Tadeusz Kłak odwiedził księdza Twardowskiego z wiadomością, że w nieznanych dokumentach odkrył maszynopis opinii poety na temat *Powrotu Andersena*.

Czechowicz napisał w 1937 roku: „Jan Twardowski należy do tych poetów, którzy są poza oficjalnym rynkiem literackim, nie bierze żywego udziału w organizacyjnych działaniach braci pisarskiej, nie wypowiada swych poglądów artystycznych w innej formie jak tylko w twórczości pisarskiej, nie jest związany z tą czy inną grupą aktywistów. Ten niebojowy, kontemplacyjny charakter jego kontaktu z otoczeniem potwierdza również postawa artystyczna poety. Piewca prowincji, jej marzycielskich uroków, śpiewak codziennych baśni, które w miasteczkach i po wsiach mają siłę ze słowa stać się ciałem, a może raczej na odwrót, z ciała zdarzeń

---

[62] Zdjęcie książki można zobaczyć na stronie www.pbw.waw.pl w dziale Zbiory Biblioteki, dostęp: 11 sierpnia 2010.

[63] Helena Zaworska, dz. cyt., s. 45.

stać się słowem poety, nie sięga po »wielki lot ogromnych ptaków«. (...) Poetyka, jaką się posługuje, ma piętno wyraźnie lubelskiego odłamu awangardy i nie wnosi nowych wartości, niemniej jednak daje Twardowski wiersze pełne, wiersze skończone w wydźwięku, szlachetne w linii. Niemal nigdzie nie znajdziemy tu zgrzytów tak znamiennych dla tych, którzy awangardę naśladują, nie orientując się w jej charakterze. Spokojny tok tych lirycznych opowieści *O mieszkańcu dwóch miast*, *O gospodarzu, który wiedział kiedy umrze*, *O chłopcach z obozu* ukazuje nam marzycielstwo poety, sentyment szczery, nutkę chwytającą za serce, jaką mają tylko i jedynie ci, co obcują od dzieciństwa z prawdziwą przyrodą, z lasami, nie zaś parkami, z łąkami, nie z zieleńcami wśród murów"[64].

Największe rozczarowanie przyniosła jednak Jankowi lektura *Antologii współczesnej poezji polskiej 1918–1938*, którą opracowali Ludwik Fryde wraz z Antonim Andrzejewskim.

We wstępie Fryde napisał: „Antologia uwzględnia przede wszystkim poetów wybitnych; z pomniejszych wchodzi do niej tylko część"[65].

Nie było w niej słowa o poecie Janie Twardowskim.

„Nie zostałem zauważony, więc przestałem pisać wiersze"[66] – wspominał po latach ksiądz Twardowski.

Musiało go zaboleć to tym bardziej, że Fryde obok między innymi Słonimskiego, Tuwima, Czechowicza, Gałczyńskiego, Świrszczyńskiej, Przybosia czy Wittlina zamieścił w antologii wiersz Ryszarda Matuszewskiego (*Lato*) i przyjaciela Janka, Jerzego Pietrkiewicza (z poematu *Prowincja*).

Nigdy nie powiedział Frydemu, jak się poczuł. To byłoby małostkowe. Ale nosił w sobie żal do końca życia.

Waldemar Smaszcz: „To go zmiażdżyło i tkwiło w nim jak cierń. Odwiedziłem księdza Jana w szpitalu dzień przed jego śmiercią, rozmawialiśmy dwie godziny. Przyniosłem mu stronę tytułową antologii poezji polskiej, która miała się ukazać następnego dnia. Pracowaliśmy nad nią razem niemal do końca. Ucieszył się. »*Popatrz* – powiedział – *przed wojną Ludwik Fryde nie umieścił mnie w swojej antologii. Teraz będę miał własną*«. Był chwilę przed śmiercią, a jeszcze miał urazę do Frydego i mu to wypomniał".

---

[64] Józef Czechowicz, *Wyobraźnia stwarzająca*, red. Tadeusz Kłak, Lublin 1972, s. 204–206.

[65] Ludwik Fryde, Antoni Andrzejewski, *Antologia współczesnej poezji polskiej, 1918–1939*, Warszawa 1939, s. 5.

[66] Jan Twardowski, *Łaską zdumiony*, dz. cyt., s. 80.

Przyjaciele

Wojciech Żukrowski.

W numerze primaaprilisowym w „Kuźni Młodych" z 1935 roku Janek Twardowski z Ryszardem Zakrzewskim żartowali z niego. „*Opuszczamy redakcję i na hulajnodze udajemy się do Milanówka pod Warszawą. Właśnie ojciec bił Wojtka pasem i mył ręce. A kiedy bity w grzbiet zobaczył nas, ukrył się pod kanapą i zaszczekał. – Młodości, ty nad poziomy. – Syn mój zwarjował – powiedział ojciec i ogolił się. Ponieważ znany literat i poeta Wojciech Żukrowski w dalszym ciągu gryzł i szczekał, a nie mieliśmy ze sobą kagańca oświaty – zostawiliśmy go pod okiem ogolonego ojca i pobiegliśmy na Żoliborz*".

W tym samym numerze Wojtek odwdzięczył się przyjacielowi wierszem *Twardy kompleks. Zamiast kwiatów w pamiętną dla wszystkich rocznicę narodzin TWÓRCZOŚCI POŁETYCKIEJ. Janowi Twardowskiemu*: „Siano, pachnące siano odgarnij znad czoła / i tęsknotę księżycem mocno uderz w ciemię / a potem załam ręce, lecz nie płacz, nie wołaj / tylko dziury trzykrotnie porachuj w kieszeniach. / Wykołysz w pustym brzuszku wczorajszą kolację / co jadłem, kiedy jadłem – tak powtarzaj w koło / podwijając z uśmiechem białe gatki kwitnących akacji / usłyszysz echo pustki – ktoś ciszą puka cię w czoło (...). Poczciwy Or-Ot Cię złowi na wędkę starego walca / W szybę dmuchniesz, odbicie Twej obcej twarzy zagaśnie / »Z czwartego piętra wyjdziesz przez okno na palcach« / Karawan jak wiatrak nadjedzie / Będę darł wiersze – jaśmin... Nieutulony w żalu Wojtuś".

Jerzy Pietrkiewicz.

Poeta z „Kuźni Młodych". Był laureatem konkursu poetyckiego lewicujących „Wiadomości Literackich", choć szybko nawiązał współpracę z prawicowym „Prosto z mostu". Włóczyli się z Jankiem Twardowskim po nocnej Warszawie. Podczas spaceru w Łazienkach spotkali raz marszałka Piłsudskiego. Zdjęli czapki z głów. Ukłonili się. Odpowiedział, salutując.

„Nie znosiłem go przed wojną – napisał o Pietrkiewiczu Ryszard Matuszewski. – Może dlatego, że osądzałem go przede wszystkim na podstawie jego niemądrych, agresywnych wypowiedzi politycznych z atakami antysemickimi na bliskich memu sercu poetów, Tuwima i Słonimskiego. Irytowały mnie też przedwojenne wiersze Pietrkiewicza z akcentami chłopsko-narodowej krzepy i w stylu awangardowo-rozwichrzonym, czego nie lubiłem"[67].

Eugeniusz Zieliński.

Pierwsze wiersze temu chłopcu z Żyrardowa wydrukował w „Kuźni Młodych" Janek Twardowski. Wierzyński nazwał go „czarującym prymitywem" i wziął pod swoje skrzydła, wprowadził do Koła Młodych Literatów, ułatwiał publikacje w „Skamandrze" i „Ilustrowanym Kurierze Codziennym". Zieliński tuż przed wojną złożył w wydawnictwie Jakuba Mortkowicza zbiorek wierszy. Jan Twardowski nazywał go najstarszym przyjacielem.

Leon Glatenberg/Leon Harari.

„Nigdy nie zapomnę jego maleńkiego mieszkania na Starym Mieście i licznej rodziny Glatenbergów z ojcem na pierwszym planie. Był to wspaniały mężczyzna w chasydzkich szatach, jakby z obrazów Aleksandra Gierymskiego"[68] – powiedział po latach Jan Twardowski. Spotkali się, bo Janek szukał kontaktu z Januszem Korczakiem. Pod wpływem koleżanki Gabrieli Sanberg na początku studiów zainteresował się jego poglądami na wychowanie. Leona, samouka z biednej rodziny, znalazł w redakcji „Małego Przeglądu", dodatku do żydowskiego dziennika wydawanego po polsku, redagowanego przez dzieci. Glatenberg zaprowadził Twardowskiego do Korczaka, przy okazji zaprzyjaźnił się z Jankiem. Rozmawiali o samotności, śmierci, literaturze, uczyli się swoich kultur wzajemnie. *„Pamiętam, jakie wrażenie wywarły na mnie pierwsze odwiedziny żydowskiego cmentarza. Poszedłem tam, oczywiście, razem z Leonem. Uderzył mnie zupełny brak kwiatów, ale za to dostrzegłem starotestamentowe płaczki rozpaczające nad grobem. Zupełnie jak w Biblii. Wtedy chyba po raz pierwszy dostrzegłem żywą obecność Starego Testamentu w naszym życiu"*[69] – mówił ksiądz Twardowski. Glatenberg na krótko przed wybuchem wojny wyjechał do Izraela. Zmienił nazwisko na Harari.

Żaden z przedwojennych przyjaciół Jana Twardowskiego już nie żyje.

---

[67] Ryszard Matuszewski, *Alfabet. Wybór z pamięci 90-latka*, Warszawa 2004, s. 361.

[68] Jan Twardowski, *Ludzie, których spotkałem*, dz. cyt., wyd. 1, s. 36.

[69] Tamże, s. 39.

„Ja bym teraz nie mógł prowadzić wojny"

Nie mógł tak po prostu przestać pisać. Ale przestał drukować. Po 1937 roku nie ukazała się żadna jego publikacja, żaden wiersz.

Obraził się na świat? Przestał wierzyć w siebie? Popularny szkolny poeta nie potrafił stawić światu czoła jako niedoceniony poeta dorosły?

Dużo samotnie spacerował. Stefan Kruś powiedział mi podczas spotkania: „Myśmy w rodzinie nic o nim nie wiedzieli".

A potem profesor Kruś przysłał do mnie list. „Przypomniałem sobie, że chyba wiosną 1939 roku spotkałem się z Jankiem na jakimś spotkaniu rodzinnym w Aninie (teraz dzielnica Warszawy). Moja ciotka Zofia (1898) miała tam niewielką willę. Wyszliśmy z Jankiem na spacer przed siebie. On zaczął coś mówić o poezji. Zapamiętałem, że jest ona szukaniem nowych określeń na rzeczy znane powszechnie. »*Co to jest snop światła?*« Mówię: »To oczywiste«. On: »*Wcale nie, ktoś musiał porównać światło żarówki samochodu ze snopem zżętego zboża na polu*«"[70].

U Twardowskich jeszcze wszystko toczyło się normalnie.

Janek pisał pracę magisterską.

Halina, najstarsza siostra Janka, magister historii, 3 czerwca 1939 roku wyszła za mąż za chemika Mieczysława Truszkowskiego.

Na jej weselu tańczyły średnia siostra Lucyna, farmaceutka, i najmłodsza Maria, która miała być bibliotekarką.

Jeszcze żyła babcia Maria Lucyna Konderska. Na ślub wnuczki do ciemnej sukni przypięła biały żabot.

Ojciec Janka codziennie wychodził do pracy w ministerstwie. Mama krzątała się w domu.

---

[70] List od Stefana Krusia z 4 maja 2010. W archiwum autorki.

Spotykali się wciąż na imieninach Stefana, Stanisława i Jana.

Mogli tak rozmawiać:

– Co słychać u Irenki, tej naszej rodzinnej, ha ha, komunistki?

– Ach, złe wieści. Opuściła Francję. Pojechała z mężem do Hiszpanii na wojnę domową, walczyć z generałem Franco. On był głównym lekarzem Międzynarodowej Brygady. Snajper go zastrzelił 25 sierpnia 1937 roku pod Quinto.

– O mój Boże! Co z Irenką?

– Wróciła do Francji z ciałem męża. Pochowała go na cmentarzu w kwaterze 97. Pomnik mu wystawiła. Mężczyzna w mundurze, naturalnej wielkości, wpatruje się w dal z lekkim uśmiechem. Nie, krzyża tam nie ma.

– Jak tam, Tadziu? Ty jeden z naszej rodziny jesteś w wojsku. Oficer! Figura! Będzie wojna?

– Nie odważą się. A nawet jeśli, rozprawimy się z nimi w mig.

Jan Twardowski wspominał po latach: „*Nie miałem poczucia zagrożenia wojną. Należałem do tych naiwnych, którzy wierzyli, że wojny nie będzie, bo taka silna nasza armia, bo mamy zachodnich sojuszników, Anglię, Francję. Wyobrażałem sobie, że to się jakoś rozpłynie*”[71].

„Pamiętam nasze ostatnie rodzinne spotkanie na Grochowie – wspomina Stefan Kruś. – 3 września, imieniny Stefana. One przypadają wprawdzie na 2 września, ale że to była sobota, przesunęliśmy je na niedzielę. Wojnę już ogłoszono. A tu stół zastawiony i swobodne rozmowy. Jeszcześmy się nie orientowali, że wszystko już leży naokoło. Myśleliśmy, że te jakieś odległe walki zaraz się skończą. Pamiętam taką sytą, leniwą rozmowę o wojnie. Ktoś powiedział: »Ja bym teraz nie mógł prowadzić wojny«. Rozmawialiśmy też o odmiennym sposobie prowadzenia wojny niż dawniej. Zastanawialiśmy się, co to znaczy desant. Janka nie było na tym spotkaniu, jak zwykle zresztą”.

Janka nie wzięto do wojska, bo miał słaby wzrok. Był młody i silny, skończył dwadzieścia cztery lata. Niemal wszyscy jego koledzy zostali żołnierzami.

Oficera Tadeusza, syna wuja Stefana fabrykanta, też nie było już przy stole rodzinnym. Został zmobilizowany. Zginie w Katyniu.

[71] Helena Zaworska, dz. cyt., s. 48.

Wojna

Ewakuacja i powrót

Wojnę wspominał skąpo. Rzadko rzucał szczegół.

Raz to był rozpaczliwy płacz kobiety na klatce schodowej we wrześniu 1939 roku.

Innym razem muzyka Chopina płynąca z okna podczas egzekucji Polaków.

Zwykle jednak przebiegał nad okupacją szybko, jak po gorących węglach.

Tłumaczył: „*Nigdy nie chciałem o tym mówić, bo – jak zwykle w takich okolicznościach – były to przeżycia często bolesne. Ale przede wszystkim nie ma nic nadzwyczajnego w mojej biografii wojennej, żadnego bohaterstwa...*"[72].

Nie mówił też o ucieczce rodziny z Warszawy na początku września 1939 roku.

W nocy z 6 na 7 września, trzy dni po imieninach Stefana, Twardowscy usłyszeli w radiu komunikat szefa propagandy Sztabu Głównego podpułkownika Romana Umiastowskiego, wzywający ludność stolicy do budowy barykad i nakazujący wszystkim niezmobilizowanym mężczyznom zdolnym do służby wojskowej udanie się na wschód.

Szef Sztabu Obrony Warszawy pułkownik Tadeusz Tomaszewski wspominał: „Rozszalała się panika. Oficjalnemu wezwaniu Umiastowskiego uległa część ludności. Dokonała się masowa a dzika ewakuacja. Tłumy piesze z tobołkami, dorożki, wozy, wózki dziecięce płynęły bez przerwy, kierując się na mosty warszawskie, ku wschodowi... Za parę dni nastąpił odwrotny ruch – powrotna fala ze wschodu na zachód, na skutek ruchów pancernych wojsk niemieckich z Prus Wschodnich na południe, odcinających ruch uciekinierów na wschód. Toteż część ich wróciła,

---

[72] Jan Twardowski, *Ludzie, których spotkałem*, dz. cyt., wyd. 1, s. 66.

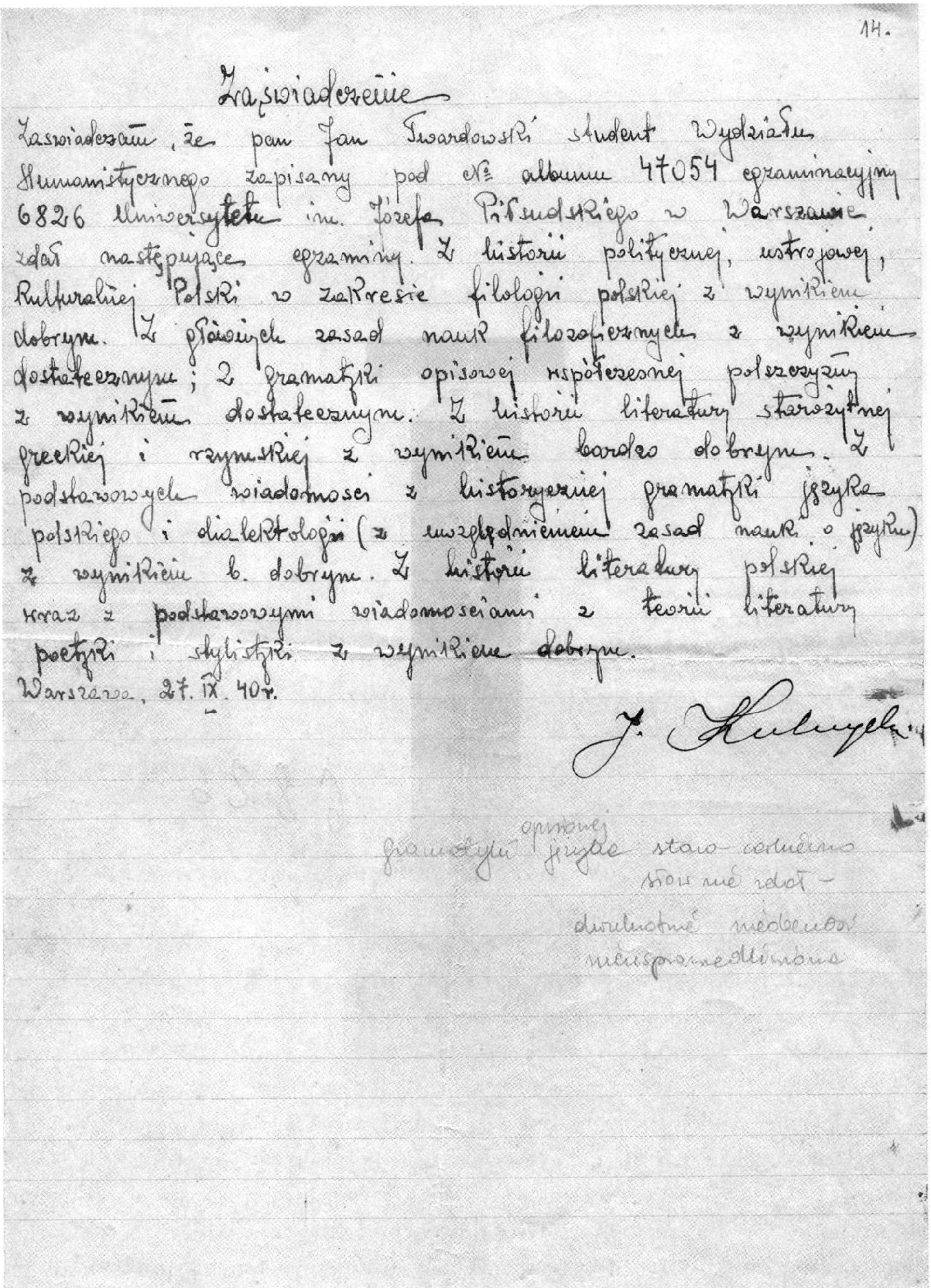

14.

Zaświadczenie

Zaświadczam, że pan Jan Twardowski student Wydziału Humanistycznego zapisany pod № albumu 47054 egzaminacyjny 6826 Uniwersytetu im. Józefa Piłsudskiego w Warszawie zdał następujące egzaminy. Z historii politycznej, ustrojowej, kulturalnej Polski w zakresie filologii polskiej z wynikiem dobrym. Z głównych zasad nauk filozoficznych z wynikiem dostatecznym; z gramatyki opisowej współczesnej polszczyzny z wynikiem dostatecznym. Z historii literatury starożytnej greckiej i rzymskiej z wynikiem bardzo dobrym. Z podstawowych wiadomości z historycznej gramatyki języka polskiego i dialektologii (z uwzględnieniem zasad nauk. o języku) z wynikiem b. dobrym. Z historii literatury polskiej wraz z podstawowymi wiadomościami z teorii literatury poetyki i stylistyki z wynikiem dobrym.

Warszawa, 27. IX. 40 r.

J. [illegible]

gramatyki opisowej języka staro-cerkiewno słow. nie zdał – dwulicość niedbałość nieusprawiedliwiona

Zaświadczenie o zdanych egzaminach

wygłodniała, zmaltretowana, nieszczęsna..."[73]. Twardowscy z Elektoralnej 49 wyruszyli z innymi. Janek włożył do bagażu indeks studencki.

Bohdan Knichowiecki, siostrzeniec Jana Twardowskiego, wnuk Anieli, mówi: „W tych warunkach, w drodze, babci porobiły się rany na kostkach obu nóg. I już do końca życia cierpiała na niegojące się rany. Można je było zaleczyć do wielkości pięciozłotówki, powlekały się wówczas cienką błonką, ale mijały dwa, trzy miesiące i rany otwierały się przy wkładaniu pończoch lub bez przyczyny. To było dla niej bardzo bolesne i babcia już do śmierci w 1971 roku na to cierpiała".

Nie wiadomo, kiedy wrócili na Elektoralną. Janek zagubił indeks w drodze. Musiał się bardzo tym zmartwić, bo rozpoczął starania o zaświadczenie o zdaniu egzaminów.

W teczce studenta Twardowskiego w archiwum Uniwersytetu Warszawskiego znajduję dwie kartki. Jedna zapisana ręką Janka. *„Zaświadczam, że pan Jan Twardowski student Wydziału Humanistycznego zapisany pod nr albumu 47054 egzaminacyjny 6826 Uniwersytetu im. Józefa Piłsudskiego w Warszawie zdał następujące egzaminy"*. I dalej, drobnym pismem, koślawą stalówką, która rozlewała atrament, wymienił wszystkie zdane przedmioty i oceny, jakie uzyskał.

Druga kartka ma tę samą treść. Przepisał ją i podpisał J. Kulczycki 27 września 1940 roku.

Indeks musiał się jednak znaleźć, bo Janek będzie się nim posługiwał po wojnie.

Dziecięce kalkomanie

Brulion był gruby. Janek wkładał między jego kartki znalezione kwiaty i liście. Przyklejał na stronach obrazki z dziecięcych kalkomanii. „(...) chciał jakby dookreślić styl własnego poetyckiego widzenia świata, zdublować je tymi plastycznymi przerywnikami"[74] – wspominał Ryszard Matuszewski. Choć Jan Twardowski nie publikował żadnych wierszy od 1937 roku, wciąż je pisał. W pierwszym roku okupacji zabrał brulion na Żoliborz, gdzie mieszkał Matuszewski.

„Tam była kopa nowych wierszy. Czytał mi je. Urocze były. Wciąż jeszcze czechowiczowskie, choć boję się coś o nich powiedzieć, bo to taka perspektywa lat" – usłyszałam od krytyka.

---

[73] Tadeusz Tomaszewski, *Byłem szefem Sztabu Obrony Warszawy w 1939 roku*, Warszawa 1984, s. 44.

[74] Ryszard Matuszewski, *Alfabet*, dz. cyt., s. 473.

W maju 1943 roku w krakowskim konspiracyjnym „Miesięczniku Literackim" współtworzonym przez Wojciecha Żukrowskiego i Kazimierza Wykę ukazał się anonimowy utwór *O tej łzie, co na końcu padła*. Autorem był Jan Twardowski. Wspominał: „*Pamiętam jak [Żukrowski] pewnego razu odwiedził mnie wraz z Kazimierzem Wyką w Warszawie. Wojtek zaproponował, żebym dał wiersze do »Miesięcznika Literackiego«. Nigdy nie widziałem tego druku, zresztą nakład pojedynczego zeszytu, jak mówił mi Wojtek, nie przekraczał stu egzemplarzy*"[75].

Zeszyt z kalkomaniami nie zachował się. Zapewne spłonął w powstaniu.

Janek miał kontakt ze znajomymi. Od czasu do czasu spotykał Juliusza Krzyżewskiego, poetę i przyjaciela z „Kuźni Młodych". I kuźniaka poetę Jerzego Kamila Weintrauba, twórcę konspiracyjnego „Wydawnictwa Sublokatorów Przyszłości". Przez tego ostatniego poznał przelotnie Krzysztofa Kamila Baczyńskiego. Czasem rozmawiał z przyjacielem Mieczysławem Milbrandtem, najzdolniejszym uczniem profesora Władysława Tatarkiewicza.

Żydowska Dzielnica Mieszkaniowa

Mogło się zacząć od plotek podczas zakupów w Halach Mirowskich. Sprzedawczyni kładła brukiew na wagę i szeptała o tym, co ma się wydarzyć.

Albo od informacji przyniesionych przez żydowskich sąsiadów. Szeptano na klatce, gorączkowo, bez wymawiania słowa „getto", jakby niewypowiedziane nie mogło stać się faktem. Zamiast tego używano innych strasznych słów: przesiedlenia, budują już mury, utrata mieszkań, szukanie innych domów, trzeba będzie zostawić meble, wprowadzą się do nas Żydzi, my pójdziemy do mieszkań po Żydach.

O, Boże chrześcijański i żydowski, co za czasy! Jak to? To Elektoralną 49 też trzeba będzie opuścić? Kanapę w salonie, sekretarzyk z szufladkami, stół w kuchni, portret dziadzia na ścianie?

12 października 1940 roku akurat przypadało święto Jom Kipur, gdy z megafonów umieszczonych w całym mieście popłynął komunikat o zarządzeniu szefa dystryktu Ludwiga Fischera o utworzeniu w Warszawie trzech dzielnic – żydowskiej, polskiej i niemieckiej. Plotki okazały się faktem. 13 października Judenrat wydał pierwszy komunikat dotyczący granicy mającego powstać getta, nazwanego przez Niemców elegancko Żydowską Dzielnicą Mieszkaniową. Dzień później „Nowy Kurier Warszawski" opublikował oficjalny tekst zarządzenia Fischera ze spisem ulic granicznych.

---

[75] Jan Twardowski, *Ludzie, których spotkałem*, dz. cyt., wyd. 1, s. 63.

Polacy mieszkający w granicach tworzonego getta mieli się wyprowadzić bez dobytku. Podobnie Żydzi – mieszkający poza terenem nowej dzielnicy – mieli opuścić swoje mieszkania w Warszawie i przeprowadzić się do getta. Rozpaczały obie strony.

Plany zmieniały się codziennie, nawet co kilka godzin. Getto miało objąć duży obszar Warszawy, od Starego Miasta po cmentarz żydowski. Ulica Elektoralna miała być wcielona do getta i stanowić jego granicę.

Rozpoczęła się walka o poszczególne ulice i domy.

Aron Chaim Kapłan, pisarz, dyrektor żydowskiej szkoły, w swoim dzienniku zanotował pod datą 22 października: „Kiedy nadszedł czas ustanowienia getta, wszystko pogrążyło się w chaosie. Polska strona zaczęła się targować – w tym rejonie jest kościół, tamten jest zamieszkiwany głównie przez aryjczyków, tu jest piękna szkoła, tam fabryka zatrudniająca tysiące aryjskich robotników. Jakże prawowici właściciele mogą być wypędzeni z tych wszystkich miejsc? Tym sposobem zaczęto odcinać od żydowskiego obszaru kawałek po kawałku, ulicę po ulicy, a granice getta coraz bardziej się zacieśniały”[76].

Ulice miasta zaroiły się tysiącami ludzi. Ciągnęli z sobą wózki wypełnione nędznym dobytkiem. Prowadzili dzieci. Wiedli starców. Tulili psy i koty. Oszołomieni szukali mieszkań. Zdarzało się, że musieli wynosić się z już zajętych lokali, bo granice getta znów ulegały zmianie. Mówiono o nieszczęśnikach, którzy osiem razy zmieniali mieszkanie, po drodze tracąc zmysły i resztki dobytku.

Bywali Polacy, którzy zostawiali po sobie rudery, bez klamek, kranów, tapet.

Bywali Żydzi, którzy przed wyjściem ze swoich ukochanych domów łamali parapety, robili dziury młotkami w ścianach, wyrywali kaloryfery, tłukli sedesy.

Mieszkania musiało zmienić w krótkim czasie sto trzynaście tysięcy Polaków i sto trzydzieści osiem tysięcy Żydów, opróżniono jedenaście i pół tysiąca nieżydowskich mieszkań w dzielnicy żydowskiej i trzynaście tysięcy mieszkań żydowskich poza tą dzielnicą.

Życie na granicy

Nie ma żadnych wspomnień Jana Twardowskiego z tamtego czasu. W jego skąpych wojennych opowieściach nie ma getta, nie ma tłumów przelewających się pod domem, nie ma murów stawianych tuż pod oknami. Zapomniał, jak było?

---

[76] Aron Chaim Kaplan, *Scroll of Agony. The Warsaw Diary of Chaim A. Kaplan*, London 1999, cyt. za: Barbara Engelking, Jacek Leociak, *Getto warszawskie. Przewodnik po nieistniejącym mieście*, Warszawa 2001.

Może raczej nie chciał pamiętać tego strasznego czasu. Ale przecież Twardowscy musieli drżeć ze strachu o swój dom, może nawet czekali już spakowani na rozkaz przenosin?

Mieli niebywałe szczęście. Podobnie jak ich sąsiedzi spod numeru 47. Tylko te dwa domy na ich odcinku ulicy miały pozostać poza murami getta.

Podała to do wiadomości 22 listopada 1940 roku „Gazeta Żydowska": „Posesje nr 23, 25, 27, 47 i 49 przy ulicy Elektoralnej zostały również wydzielone z dzielnicy żydowskiej i będą zajmowane przez aryjczyków"[77].

Dlaczego ich dom stał się wyspą w getcie? Skąd tak niebywały łut szczęścia? Nie wiadomo. Właściciel domu mógł zapłacić tak duży okup, że Niemcy zostawili go w spokoju. W takim razie musiał być Polakiem lub Niemcem. Żyd zrobiłby wszystko, żeby jego dom przyłączono do getta. Żydowscy mieszkańcy ulicy Siennej złożyli się na trzy sztaby złota dla Niemców, byle tylko nie wydzielono ich z granic dzielnicy.

Proszę o pomoc w rozwiązaniu tej zagadki Barbarę Engelking, współautorkę książki *Getto warszawskie. Przewodnik po nieistniejącym mieście*.

Pisze do mnie: „Zadała mi Pani nie lada zagadkę! Widzę na mapie, że faktycznie te dwa domy są wyłączone z getta, ale dlaczego i jak? Ja też obstawiam przekupstwo. Zdarzały się też oczywiście względy techniczne albo jakieś ważne zakłady produkcyjne, ale to chyba były zwykłe kamienice, nie jakieś firmy". Jak wyglądało życie Twardowskich na granicy getta? Korzystali zapewne z wejścia do kamienicy od strony podwórka. Frontowe, paradne wejście wiodło teraz wprost do getta. Nie wiadomo, czy drzwi na ulicę nie zostały po prostu zamurowane. Barbara Engelking pisze: „Prawdopodobnie od strony Elektoralnej był mur lub parkan – stawiam na parkan. Wiadomo na pewno, że parkan odgradzał od ul. Leszno budynki konsystorza ewangelickiego".

Rodzina Jana zajmowała duże mieszkanie na trzecim piętrze. Część okien musiała wychodzić na ulicę Elektoralną. Niemcy nakazali zamurować okna wychodzące na getto tylko na ulicy Dzielnej. Zatem z okien mieszkania Anieli i Jana Twardowskich prawdopodobnie widać było to, co się działo w getcie. Dzień po dniu, jesienią, zimą, wiosną i latem.

W pamięci rodziny zachowało się jednak tylko jedno okno wychodzące na stronę żydowską.

Bohdan Knichowiecki: „Babcia mówiła, że było w ubikacji, małe i bardzo wysoko. Trzeba się było wspiąć na sedes, by patrzeć na ulicę getta. Ale nie korzystali z tego. Nie utrzymywali dużych kontaktów z Żydami w getcie. Natomiast cza-

[77] Tamże, s. 142.

sami udawało się jakiemuś dawnemu mieszkańcowi tej kamienicy wejść do domu. I wówczas wszyscy się składali na jedzenie dla niego".

Relację rodzinną zdaje się potwierdzać Wojciech Żukrowski w powojennych wspomnieniach: „przyjechałem do Warszawy po pistolety, wpadłem do Ciebie na Elektoralną, z okna spiżarki widać było ulicę getta, starców ochrypłymi głosami w imię wspólnoty krwi wołających o litość, o skibkę chleba. Ci, którzy już umilkli, leżeli na płytach chodnika nakryci pomiętymi papierami. Wiatr nimi łopotał, jakby chciał zepchnąć kamienie, ułomki cegieł, którymi całun nędzarzy umocowano. Pomagałeś, szły bochny chleba, błogosławili cię, ale kamieni było więcej. Tych w sercach też. Nie można było ocalić jednego człowieka, wyrwać, wydzielić z tego kłębu, wyczepionego rękami, bo to była rodzina, najbliżsi. Jeśli ginąć, to już razem"[78].

Granice getta wciąż się zmieniały. 6 października 1941 roku Adam Czerniaków, prezes Judenratu w getcie warszawskim, zanotował w swoim dzienniku: „Rano Gmina. Potem u Auerswalda. Południe ghetta uratowane. Natomiast mają Żydzi opuścić wiele domów na zachód od Żelaznej. Na środku Żelaznej będzie mur. Również opuszczą ulice na wschód od Bonifraterskiej (18 tys. ludzi). Poza tym traci się synagogę, nieparzyste domy na Elektoralnej"[79].

Znów można było spacerować Elektoralną.

Niecały rok później Czerniaków, inżynier, senator II RP, działacz społeczny, popełnił samobójstwo. Niemcy kazali mu tego dnia przygotować transport dzieci do Treblinki.

Dziula

Po latach Jan Twardowski zwierzył się: „*W czasie okupacji miałem dwie wielkie fascynacje, dwa marzenia: po pierwsze, zostać żołnierzem, a po drugie, mieć jakąś ukochaną kobietę. Ale ani pierwszego, ani drugiego marzenia nie umiałem zrealizować*"[80].

Była dziewczyna, która zaprzątała myśli Janka Twardowskiego. Którą u schyłku życia wciąż nazywał swoją sympatią. U której nie miał większych szans, ponieważ była już zaręczona.

Wspominał: „*Miałem znajomą, uczennicę szkoły średniej, która już miała swojego narzeczonego. Nieraz chodziliśmy całymi nocami po Warszawie. Nawracała mnie*

[78] Wojciech Żukrowski, *Ksiądz poeta*, „Nowe Książki" 1971, nr 9, s. 581, 582.

[79] *Adama Czerniakowa dziennik getta warszawskiego*, red. Marian Fuks, Warszawa 1983, s. 219.

[80] Helena Zaworska, dz. cyt., s. 53.

na komunizm, a ja wtedy mówiłem jej o wierze. Były to czysto teoretyczne i śmieszne dyskusje"[81].

Dziula, czyli Wanda Zieleńczykówna, była młodsza od Janka o pięć lat, tuż przed wojną ukończyła Gimnazjum Królowej Jadwigi w Warszawie. Poznali się zapewne przez siostrę Dziuli – Marię, koleżankę Twardowskiego z „Kuźni Młodych", jeszcze przed wrześniem 1939 roku.

Siostry były córkami Adama Zieleńczyka, profesora filozofii, nauczyciela Gimnazjum Stefana Batorego. Adam Zieleńczyk był bratem Stefanii Baczyńskiej i ojcem chrzestnym poety Krzysztofa Kamila. Zieleńczykowie byli zasymilowanymi Żydami.

Dziula i Maria były komunistkami. Jan Twardowski znał ich przyjaciół, sam przyjaźnił się z nimi[82]. Dziula działała w czasie wojny w szeregach Gwardii Ludowej, Związku Walki Młodych i Polskiej Partii Robotniczej. Była kompozytorką i tak jak Janek – poetką. W 1943 roku napisała marsz *Pieśń partyzantów*, zwany później *Marszem Gwardii Ludowej*, który zaczynał się od słów „My, ze spalonych wsi"...

Substytut towarzyskiego życia Janka stanowiły organizowane raz na trzy tygodnie, popołudniowe (ze względu na godzinę policyjną) przyjęcia pół literackie, pół towarzyskie u polonistów, małżeństwa K.[83].

Tym razem państwo K. zaprosili na przyjęcie swoją przyjaciółkę, o której mówiono, że potrafi wróżyć z ręki. Było lato 1943 roku. Wróżki, okultyści, media – każdy, kto twierdził, że potrafi przewidzieć przyszłość – cieszyli się w Warszawie powodzeniem i byli pożądani w towarzystwie.

Jan Twardowski podszedł do kobiety. *„Proszę, niech mi pani powróży"*. Zamknęli się w pokoju, gdzie nikogo innego nie było.

Opowiedział po latach: *„Popatrzyła na moją rękę i powiedziała, żebym pomyślał o pewnej dziewczynie. Pomyślałem o mojej sympatii Wandzie Z. nazywanej Dziulą. Nagle wróżka zbladła i zaczęła mówić: »Widzę... przychodzą gestapowcy. Wchodzą... wchodzą do jej mieszkania. Widzę cień. Jest w niebezpieczeństwie. Zginie!« – i zemdlała. Wyszedłem zdenerwowany z pokoju. Nie wiedziałem, czy przypadkiem nie jest to wariatka"*[84].

---

[81] Marian Schmidt, dz. cyt., s. 21.

[82] Wspomina o tym Kazimierz Koźniewski w swojej *Historii co tydzień*, dz. cyt. Na stronie 174 pisze: „Z komunistami przyjaźnił się Jan Twardowski".

[83] We wspomnieniach Jana Twardowskiego nigdzie nie pojawia się pełne nazwisko małżeństwa K.

[84] Marian Schmidt, dz. cyt., s. 30.

Jednak poszedł do niej ponownie. Mieszkała koło Solca. Znów spojrzała w jego rękę. Powiedziała, że ma talent, jest zakochany. Takie rzeczy wróżki mówią każdemu. Wyszedł rozczarowany.

Jakiś czas później wróżka przysłała mu list. Napisała: „Będziesz księdzem".

Smutny uśmiech Wandy Zieleńczykówny

Fotografia Dziuli jest gdzieś w szufladzie biurka, do której dostępu bronią pryzmy książek. Żeby się do niej dostać, musiałybyśmy zdjąć z blatu dokumenty, komputer, książki i odsunąć kolubrynę od ściany. Rezygnujemy. Elżbieta Turlejska, tłumaczka, siostrzenica Dziuli, córka Marii z domu Zieleńczyk, znanej powojennej socjolożki, historyczki i publicystki, obiecuje, że jeśli tylko wydobędzie zdjęcie z czeluści, zaraz mnie o tym powiadomi. Na razie jest więc herbata i wielkie zdumienie, że ksiądz Jan Twardowski sympatyzował z Dziulą.

Elżbieta Turlejska mówi: „O tym, że ksiądz przyjaźnił się z moją mamą jeszcze w czasach przedwojennych, wiedziałam od zawsze. Nie spotykali się często, od czasu do czasu rozmawiali przez telefon, byli na ty, ale o tym, że znał się tak dobrze z ciocią Dziulą, nie wiedziałam. W rodzinie nie zachowały się te wspomnienia. Cóż, rodzina się niemal nie zachowała.

Nie pamiętam Dziuli, urodziłam się w 1940 roku. Wiem od mamy, że była dziewczyną Mietka Popiela, działacza komunistycznego, który po wojnie został ministrem żeglugi w rządzie Józefa Cyrankiewicza.

Ale dziadka Zieleńczyka zapamiętałam. Musiało to być w 1943 roku, gdy mój paluszek dostał się między drzwi. Straszny płacz i ból. I mój dziadek z garnuszkiem metalowym z zimną wodą przyszedł, żebym moczyła ten paluszek.

Mój ojciec już wtedy nie żył. Był aktywnym komunistą. Dla odmiany zginął pod Moskwą w 1941 roku, podczas nieudanej próby startu samolotu. Mama była wtedy w ciąży z bratem.

Dziulę, dziadka, babcię i ich najstarszą córkę Jadwigę Gestapo aresztowało w lipcu 1943 roku. Mama, brat i ja byliśmy na letnisku w Sulejówku. Gdyby nie to, trafilibyśmy na Pawiak z resztą rodziny. Przypuszczam, że do aresztowania doszło z powodu konspiracyjnej działalności sióstr, a nie na skutek żydowskiego pochodzenia rodziny. Dziadkowie i ciotki mieli w porządku papiery i nikt z nich nie był w getcie. Niemcy rozstrzelali wszystkich w sierpniu. Były legendy na temat dziadka, że gdzieś go wywieziono, że udało mu się uciec z transportu, ale to niepotwierdzone.

Mama została sama. Nie mogła wrócić do mieszkania. Dostała cynk, że jest tam kocioł. Wysłała mnie i brata do dziadków ze strony ojca do Łodzi. Sama wróciła do Warszawy z fałszywymi papierami na nazwisko Obuchowicz. Była zecerem w tajnej drukarni.

Wzięła udział w powstaniu, należała do Armii Ludowej. Wyszła kanałami i poszła prosto do nas, do Łodzi. Szła bardzo długo. Dotarła na przełomie września i października, w spodniach od piżamy. Pamiętam, że przyniosła mi prezent. Znalezioną po drodze szklaną łopateczkę do nakładania maści do oczu.

Z tamtego mieszkania nie wzięła nic. Zdjęcie Dziuli dał mamie ktoś po wojnie. Jest zrobione z odbitki, słaba kopia".

Znajduję w Internecie stronę warszawskiej Szkoły Podstawowej nr 77, imienia Wandy Zieleńczyk. Jest fotografia patronki szkoły. Młoda, starannie uczesana dziewczyna, o pięknych brwiach i wysokim czole, uśmiecha się ze smutkiem do fotografa.

Wysyłam zdjęcie Elżbiecie Turlejskiej. Odpisuje: „Tak, to zdjęcie gdzieś tkwi w przepastnym biurku mojej mamy".

Żołnierzyk

Zabawa była niebezpieczna, ale chłopcy ją uwielbiali. Roztopiony w piecu ołów należało wlać ostrożnie przez mały lejek do skręconej z dwóch części formy. Kiedy ołów zastygał, wyciągano ostrożnie figurkę, szlifowano i malowano. Można było też ołowiane żołnierzyki po prostu kupić w sklepie. Międzywojenni chłopcy zbierali całe ich kolekcje.

Na początku sierpnia 1944 roku Jan Twardowski wyszedł z domu do powstania. Zabrał ze sobą figurkę ołowianego żołnierzyka.

Kilka tygodni wcześniej na Elektoralną 49 wprowadziła się najstarsza siostra Janka Halina z mężem Mieczysławem Truszkowskim i trzyletnimi córkami bliźniaczkami – Anielą i Małgorzatą. Dom, w którym mieszkali, spalił się.

„Mieczysław był świetnym człowiekiem, łatwym w kontakcie, czułem się z nim dobrze" – Stefan Kruś wspomina męża kuzynki.

Jan Twardowski opowiadał o szwagrze: *„Brał udział w kampanii wrześniowej. Uratował się. Od razu zaczął akcję podziemną. Był jednym z pierwszych, którzy tworzyli Armię Krajową. Ponieważ razem mieszkaliśmy, więc w pewien sposób byłem z nim kojarzony. Jak jemu groziło niebezpieczeństwo, to groziło także i mnie. Zdarzało się, że otrzymywałem określone zadania. Nosiłem jakieś paczki, listy, właściwie nie wiedząc, co robię"*[85].

---

[85] Helena Zaworska, dz. cyt., s. 26, 27.

Zdaniem Twardowskiego Mieczysław Truszkowski w konspiracji był kierownikiem podchorążówki AK. Próbuję zweryfikować tę informację, ale nie udaje mi się. „Nie mamy żadnych danych o tym człowieku – mówi Michał Urbanowski z Muzeum Powstania Warszawskiego. – A powinniśmy coś o nim wiedzieć, jeśli naprawdę pełnił tak ważne funkcje w AK. Chyba że jest to jego, nieznane nam, nazwisko konspiracyjne".

To Truszkowski wciągnął Janka do powstania. Prawdopodobnie nie zdążył go zaprzysiąc, Janek nie otrzymał legitymacji powstańczej, nie miał pseudonimu, nie przeszedł konspiracyjnego szkolenia wojskowego, nie umiał strzelać, nie dostał nigdy broni.

„*W czasie powstania czułem się jak Kopciuszek wciągnięty przez wydarzenia*"[86] – mówił Jan Twardowski po latach.

„Idź na Wolską"

Nigdy nie opowiedział, w jakich walczył oddziałach, przez jakie biegł ulice, gdzie nocował, czy cudem uniknął kuli. Nie wymienił nazwisk kolegów, dowódców, rannych, zabitych. Oddał im hołd w powstańczych wierszach i zamilkł. Nie wiadomo nawet, gdzie walczył. Ktoś wpisał w jego biogramie powstańczym, w Muzeum Powstania Warszawskiego, że był w wolskim Zgrupowaniu „Waligóra". Niewykluczone, że tak było, w końcu Elektoralna 49 była na Woli.

Próbuję odtworzyć powstańcze losy poety. Snuję hipotezy. Nie wiem, czy się nie mylę.

Wcześniejsze kontakty z „Waligórą" miał prawdopodobnie Mieczysław Truszkowski. Tam na początku walk posłał Janka.

„*Idź na Wolską, gdzie jest »Topór«. Spotkasz go i zapytasz, co dalej*"[87] – wspominał Twardowski.

Truszkowskiemu chodziło zapewne o porucznika rezerwy Tadeusza Zbigniewa Gorayskiego „Topora", który w „Waligórze" pełnił funkcję szefa Wojskowej Służby Ochrony Powstania.

Jankowi nie udało się spotkać „Topora", ale nie został sam, bo po jakimś czasie dołączył do niego szwagier. Według powojennych opowieści Jana Twardowskiego czekali z oddziałem na dostawę broni, żeby móc zaatakować fermę gęsi, w pobliżu szpitala wolskiego.

---

[86] Marian Schmidt, dz. cyt., s. 28.

[87] Jan Twardowski, *Autobiografia*, dz. cyt., s. 166.

Michał Urbanowski z Muzeum Powstania mówi: „Mój kolega z muzeum potwierdza, że była gęsiarnia na Woli przy nieistniejącej już ulicy Zagłoby, którą powstańcy mieli opanować. To było prawdopodobnie zadanie dla ludzi z 2 rejonu III obwodu Wola. Nie udało im się go wykonać".

Oddział zatrzymali Niemcy. Jan Twardowski wspominał: *„postawili wszystkich pod ścianą i chcieli rozstrzelać. Jednak przedtem jeden z nich kazał mi pokazać legitymację. Otworzyłem. Nie wiedziałem, że miałem obrazek Matki Boskiej. Niemiec go zobaczył, spojrzał na mnie, odsunął od ściany i kazał odejść"*[88].

Janek tułał się po Warszawie. Znalazł się w Śródmieściu, na ulicy Kruczej. Szukał kontaktu z Mieczysławem Truszkowskim, któremu udało się zbiec.

Opowiadał: *„Zostałem ranny w nogę, znalazłem się w szpitalu powstańczym i szczerze mówiąc, byłem z tej rany dumny, chociaż nie uważałem się za bohatera"*[89].

Minęło zaledwie kilka dni od wybuchu powstania. Dla Janka Twardowskiego życie powstańca się skończyło. Trafił do szpitala na Woli. Najpewniej był to Szpital Wolski na rogu ulic Płockiej i Górczewskiej. Odnalazł go tam kuzyn Stefan Twardowski, syn stryja Stanisława.

Wyszedł jednak ze szpitala najpóźniej 4 sierpnia. Dzień później wkroczyli tam Niemcy. Zamordowali dyrektora placówki doktora Józefa Piaseckiego i kilku lekarzy. Resztę, pacjentów i personel, pognali w kolumnie do hal Warsztatów Kolejowych przy ulicy Moczydło. Strzelali do ludzi z karabinów maszynowych, dla pewności dobijając ich strzałem w głowę. Ocaleli nieliczni. Zginęło około dwóch tysięcy osób.

Jan Twardowski do końca życia miał kuleć z powodu odniesionej w powstaniu rany. Dlatego też musiał nosić specjalny ortopedyczny but.

„Janek stracił okulary"

„Dom Twardowskich na Elektoralnej trzeciego dnia powstania trafił pocisk i zostali bez niczego. Schronili się w piwnicy" – wspomina Bohdan Knichowiecki.

Na Woli trwała rzeź. 5 sierpnia Niemcy zaczęli zabijać wszystkie kobiety, dzieci i wszystkich mężczyzn, jakich zdołali znaleźć. Strzelali z broni maszynowej, wrzucali do domów i piwnic granaty. Podpalali zniszczone domy i ciała martwych ludzi. W sumie, w ciągu najbliższych dwóch tygodni, wraz z ofiarami z zachodniej części północnego Śródmieścia, miało zginąć ponad sześćdziesiąt tysięcy osób.

---

[88] Tenże, *Łaską zdumiony*, dz. cyt., s. 27.

[89] Helena Zaworska, dz. cyt., s. 53.

Dowódca sił SS Erich von dem Bach-Zelewski 6 sierpnia zakazał mordowania kobiet i dzieci, nie odwołał jednak eksterminacji mężczyzn. W osobistym dzienniku zanotował, że miał bardzo męczący dzień: „Tysiącom kobiet i dzieci uratowałem życie, chociaż oni też byli Polakami. Krwawa i okrutna walka trwa dalej. My walczymy z konieczności, lecz mimo to chcę, jak tylko to będzie możliwe, walkę tę prowadzić po ludzku”[90].

Polacy, których nie zabito, mieli po złapaniu służyć Niemcom jako żywe tarcze w atakach na powstańcze barykady.

Stefan Kruś przypomina sobie: „Podobno było tak, że Twardowscy z Elektoralnej schowali się gdzieś w pobliżu elektrowni i potem przeszli na plac Grzybowski”.

Janek był już zapewne z nimi.

„W czasie powstania (...) moi dziadkowie Jan i Aniela, wujek Janek i ciocia Marysia, ja z siostrą bliźniaczką Anielą (miałyśmy wówczas po cztery i pół roku) oraz mój dziadek Teodor Truszkowski z żoną Stanisławą i córką Eugenią przebywaliśmy na drugiej kondygnacji podziemi kościoła Wszystkich Świętych na placu Grzybowskim. Nie było wówczas z nami mojej mamy, Haliny, która w tym czasie miała tyfus i leżała w szpitalu powstańczym. Na polecenie lekarza prowadzącego czuwał przy mojej mamie, a swojej siostrze, wujek Janek i ich siostra Marysia”[91].

17 sierpnia kościół Wszystkich Świętych został zbombardowany. Janek z Teodorem Truszkowskim, ojcem Mieczysława, zaczęli wyprowadzać rodzinę z ruin.

„Słyszałem, że szli podziemiami, Janek za Truszkowskim. Przed nimi i za nimi ludzie – opowiada Stefan Kruś. – I nagle spadła bomba. Strop się zawalił, przygniotło wszystkich przed Jankiem, był pierwszym w szeregu, który ocalał przed tą masą, która się zwaliła. Teodor Truszkowski zginął”.

Jan Twardowski był jedynie ranny w głowę. Stracił okulary. Reszta rodziny ocalała. Pod gruzami kościoła zginęło wtedy trzydzieści osób.

Dulag 121

Prawdopodobnie już wtedy Twardowscy, a Janek wraz z nimi, trafili do obozu przejściowego Dulag 121 w Pruszkowie, który Niemcy zorganizowali na terenie dawnych warsztatów kolejowych w dzielnicy Pruszkowa Żbikowie. Tam gdzie przed wojną przez pewien czas Jan Twardowski senior był kierownikiem Działu Napraw Wagonów Osobowych.

---

[90] Cyt. za www.wikipedia.pl, hasło: Rzeź Woli, dostęp: 3 września 2010.

[91] Z zapisu rozmowy przeprowadzonej z Małgorzatą Truszkowską przez Aleksandrę Iwanowską, cyt. za: Jan Twardowski, *Autobiografia*, dz. cyt., s. 170.

Niemcy postanowili wykorzystać mieszkańców ewakuowanej Warszawy. Zdolnych pracować miano odesłać z Pruszkowa do obozów pracy, niezdolnych – do obozów koncentracyjnych lub do obcych miast bez środków do życia. W brudzie, ciasnocie i głodzie szalała dyzenteria. Rodziny rozdzielano. Powstańców, którzy ukrywali się wśród cywilów, wyłapywano. Pobyt w obozie trwał krótko. Potem ludzi wywożono dalej.

Bohdan Knichowiecki: „Babcię, dziadka, czyli rodziców Janka, ciocię Marysię i czteroletnie bliźniaczki cioci Haliny Truszkowskiej Niemcy wywieźli do wsi Zawady pod Częstochową. Ciotka Hala leżała wtedy w szpitalu w Warszawie chora na tyfus. Dziewczynki miały więc udawać, że Marysia jest ich mamą. To miało jej zapewnić lepsze traktowanie w razie niemieckich prób wywiezienia jej na roboty do Niemiec. Spod Częstochowy przyjechali do Radomia, gdzie mieszkała moja mama Lucyna, siostra wujka Janka, i mój ojciec Czesław Knichowiecki, który w czasie wojny na rozkaz Związku Walki Zbrojnej organizował na tym terenie szkolnictwo. Matka była farmaceutką i pracowała w radomskiej aptece. Ja się tam urodziłem w 1942 roku.

W listopadzie czy grudniu 1944 roku odezwała się do nas ciotka Halina, która dała znać, że chora na tyfus została ewakuowana z powstańczym szpitalem do Częstochowy. Pojechali po nią. I potem już cała rodzina czekała w Radomiu na koniec wojny".

A co z Jankiem?

Trafiam na dwie wersje jego losów. Siostrzenica Aniela, jedna z bliźniaczek, wspominała, że został przez Niemców zabrany z Pruszkowa transportem do Niemiec. Niedaleko Częstochowy udało mu się zbiec z pociągu. „Ukrył się pod wagonem, odczekał, aż pociąg odjedzie"[92].

Jednak Elżbieta Twardowska, była lekkoatletka, która ścigała się z Ireną Kirszenstein i o mały włos nie pojechała na olimpiadę w Japonii w 1964 roku, zna inną wersję. Jest córką Stefana, który wydostał Janka ze szpitala na Woli w czasie powstania. Mówi: „Ksiądz opowiedział mi, że z Pruszkowa pomógł mu uciec mój ojciec. Tato był lekkoatletą, przyjaźnił się ze sportowcami. Znał z boiska Marysię Kwaśniewską, która w 1936 roku zdobyła na olimpiadzie w Berlinie brązowy medal w rzucie oszczepem. Miała stamtąd zdjęcie z Hitlerem. I ono zapewne pomogło jej wyciągać ludzi z opresji, w tym Jana Twardowskiego. Ale mój ojciec nigdy o tym nie wspominał, nie lubił wracać do czasów wojny".

---

[92] Z zapisu rozmowy przeprowadzonej z Anielą Truszkowską przez Aleksandrę Iwanowską, cyt. za: Jan Twardowski, *Autobiografia*, dz. cyt., s. 172, 173.

Po ucieczce Janek błądził po lasach z przygodnymi kolegami. Nocował w gościnnych domach. Ukrywał się w mieście Końskie, na północ od Kielc. Zdobył fikcyjne papiery z zaświadczeniem o pracy.

„Taka legenda krążyła po rodzinie, ale nie wiem, czy to prawda, że on w tym czasie utrzymywał się z tego, że wróżył ludziom. Nazwisko łączyło go z czarnoksiężnikiem i napędzało klientelę" – przypomina sobie Stefan Kruś.

„Nie przypominam sobie, bym kogo zabił"

Niecałe dwa lata po powstaniu warszawskim Jan Twardowski napisze podanie: *„Warszawa 22 lutego 1946. Do Prześwietnej Kurii Metropolitalnej Warszawskiej. W związku ze zbliżającym się terminem Tonsury i Święceń Mniejszych, mam zaszczyt zwrócić się do Prześwietnej Kurii z następującą prośbą: Ponieważ brałem udział w walkach z Niemcami we wrześniu 1939 r. i w sierpniu 1944 r., mogłem stać się przyczyną czyjejś śmierci. Jakkolwiek nie przypominam sobie, bym kogo zabił, dla spokoju jednak sumienia proszę pokornie o łaskawą dyspensę* ad cautelam *w myśl kanonu 15 od nieprawidłowości określonej w kan. 985 ad 4. Jan Twardowski alumn III Kursu Seminarium Duchownego Metropolitalnego w Warszawie"*[93].

Galeria duchów

Ludwik Fryde.

Przyjaciel Jana, krytyk literacki, ukrywał się z powodu żydowskiego pochodzenia w Wesołym Dworze na Białorusi. Zadenuncjowany zginął rozstrzelany w Nowogródku wiosną 1942 roku. Przed śmiercią, w więzieniu, przyjął wyznanie rzymskokatolickie. W ostatnim liście napisał, że idzie do Boga.

Jerzy Kamil Weintraub.

Zmarł we wrześniu 1943 roku na sepsę. Waldemar Smaszcz opowiada: „Golił się, gdy zgasło światło. Jego żona Joanna, siostra Oli Watowej, krzyknęła, że ma odłożyć maszynkę, bo jej się przyśniło, że się zatnie i umrze. I to, co wyśniła, to się sprawdziło".

---

[93] Ten i późniejsze dokumenty dotyczące życia Jana Twardowskiego w seminarium i jego stosunków z przełożonymi znajdują się w Archiwum Archidiecezjalnym Kurii Metropolitalnej Warszawskiej.

Juliusz Krzyżewski.
Zginął w powstaniu. Walczył w kościele Kanoniczek na placu Teatralnym. Snajper trafił go w czoło dwudziestego szóstego dnia powstania.

Krzysztof Kamil Baczyński.
W czwartym dniu powstania zginął od kuli snajpera na posterunku Blanka.

Mieczysław Milbrandt.
Stracił w powstaniu nogę, zginął 9 sierpnia 1944 w okolicach Belwederu.

W prasie podziemnej ukazał się nekrolog Jerzego Pietrkiewicza. Jan Twardowski był pewien śmierci przyjaciela.

Szufladki

Ołowiany żołnierzyk zabrany do powstania nie daje mi spokoju. Jan Twardowski wspomniał o nim tylko raz, nikt z rodziny i znajomych nie zna historii o zabawce. Może to tylko taka romantyczna legenda, która po latach nabrała cech prawdy?

Aż nagle Bohdan Knichowiecki z Katowic przypomina sobie: „Pamiętam żołnierzyka! Jeszcze w latach sześćdziesiątych leżał w jednej z szuflad sekretarzyka w mieszkaniu wujka Janka u Wizytek".

Sekretarzyk księdza Twardowskiego

Powstanie przetrwały trzy meble z mieszkania przy Elektoralnej. Sekretarzyk z szufladkami, lampa i stolik na nóżkach w kształcie lir. Stoją wciąż w mieszkaniu księdza Twardowskiego, na piętrze kapelanii na tyłach klasztoru Sióstr Wizytek.

Wchodzę do mieszkania księdza Twardowskiego, zaglądam do szufladek biedermeierowskiego sekretarzyka. W większości opróżnione.

Znajduję: puste okładki notesu ręcznie malowane w kwiaty; relikwiarz Piusa X – okrągłe pudełeczko wielkości złotówki, gdzie za wypukłą szybką jest kawałek papieru z brunatną plamką; drewniane intarsjowane pudełko z dwiema piorącymi kobietami na wieku; plik wizytówek na nazwisko Jan Twardowski; nasiona kwiatów w papierowych torebeczkach; święte obrazki; klucz; kartę rabatową 3 procent Program Emeryt, wystawioną na 2002 rok.

Żołnierzyka tu już nie ma.

Seminarium

Ciasny Kościół

Mały chudzielec siadał w kościelnej ławce z rodzicami i trzema siostrami. Nudził się. Wiercił. Dłubał w nosie. Nie był w stanie słuchać długich i nieciekawych kazań księży na ambonie. Skupiał się, tylko gdy czytano Pismo Święte. Historia Dawida go zachwycała.

Rzecz się działa tuż po pierwszej wojnie światowej, w każdą niedzielę, w kościele pod wezwaniem Świętego Karola Boromeusza przy ulicy Chłodnej, całkiem blisko ulicy Elektoralnej 49.

Ten znudzony dzieciak, Janek Twardowski, miał kiedyś zostać księdzem.

Zawsze podkreślał, że był bardzo religijny, choć trochę poza Kościołem. „*(...) miałem naprawdę spontaniczną wiarę w Boga, tak jakbym się z nią urodził. Nie mogłem sobie tego wytłumaczyć. Miałem świadomość, że jest Bóg, że On jest przy mnie i że mogę z Nim rozmawiać*”[94].

Rodzice chłopca, Aniela i Jan Twardowscy, byli bardzo pobożni.

„Ale nie dewocyjni – mówi Bohdan Knichowiecki, ich wnuk. – Babcia nie wysiadywała całymi dniami w kościele. W niedziele obowiązkowo uczestniczyła we mszy, w pierwszy piątek była komunia”.

Uczyła dzieci modlitw, czytała im pogadanki religijne, w trudnych momentach uciekała się do pomocy boskiej. Przed wyjściem Janka na egzamin gimnazjalny wspólnie odmówili *Pod Twoją obronę*. Przed maturą podarowała mu obrazek z Matką Boską.

---

[94] Marian Schmidt, dz. cyt., s. 25.

W gimnazjum Kościół wydał mu się ciasny. Księża, w większości pochodzący ze wsi, prawie nie wykształceni, bez erudycji, nie potrafili zaimponować młodemu intelektualiście.

Wspominał: „*Raziła mnie, między innymi, nietolerancja w stosunku do niektórych mniejszości narodowych*"[95].

W 1934 roku miał dziewiętnaście lat, gdy napisał w „Kuźni Młodych": „*Siedziałem w klasie i słuchałem, jak ks. prefekt mówił o dobrym Bogu. (...) Właściwie po co jest ksiądz i po co jest religia – wszystkie religie mówią, że dogmaty ich objawiają się same przez się, więc po co uczyć tego, co samo do głowy wchodzi. Bałem się tej myśli. Nie wypowiedziałbym jej nigdy. Zataiłem ją przed sobą, tak jak zataiłem pierwsze swoje przeżycie seksualne przed matką. Bałem się, ale w niedzielę do kościoła nie poszedłem, w drugą niedzielę także*"[96]...

Ryszard Matuszewski powiedział mi o Janku z czasów „Kuźni Młodych": „Wiem jedno na pewno. Że on nie miał wtedy żadnego pojęcia o swoim przyszłym powołaniu. Może w głębi serca coś tam się w nim czaiło, ale w stosunku do nas to się nie ujawniało. Nawet gdy spotkałem go w czasie okupacji, nie mówił mi o żadnym powołaniu".

Powołanie

W czasie wojny Jan Twardowski miał nieustające poczucie kataklizmu. Bał się śmierci. Chodził z nią pod ramię po okupacyjnych ulicach, siadał do stołu, kładł się spać. Zabierała jego żydowskich sąsiadów i najbliższych kolegów. Przyglądał się jej z okien tramwaju, zaglądała do niego zza muru getta.

„*Myśl o śmierci rozbudziła mnie duchowo, a równocześnie oddaliła od chęci zakładania domu*"[97] – mówił po latach.

Jeszcze żyła Dziula, jeszcze nie spotkał dziwnej wróżki i nie usłyszał jej przepowiedni, że zostanie księdzem, gdy pewnej nocy obudził się ze snu. Była zima lub wiosna 1943 roku. Zaczął chodzić po pokoju. Opowiadał: „*Przyszła mi do głowy nieoczekiwana myśl, żeby zostać księdzem. Nie mogłem zrozumieć, jak to się stało*"[98].

„*Nie można powołać się samemu. Powołania można nie chcieć, ale trzeba się na nie zgodzić. Może ono jest sprzeczne z moją wolą. Jest to wola Boga*"[99] – powiedział lata później.

---

[95] Tamże, s. 34.

[96] Jan Twardowski, *Przeciwległy brzeg*, „Kuźnia Młodych", 15 września 1934.

[97] Tamże.

[98] Tamże, s. 29.

[99] Ks. Jan Twardowski, *Nadzieja powołania. Myśli o kapłaństwie*, red. Aleksandra Iwanowska, Pelplin 2008, s. 16.

Jeden z jego przyjaciół, prosi mnie o niepodawanie nazwiska, mówi, że Jan Twardowski nie nadawał się na księdza: „Seminarium to była jego ucieczka przed życiem. Bał się codzienności, ewentualnego małżeństwa. Przede wszystkim był poetą, a to nie idzie w parze z sutanną. Być może tak do końca to nie chciał zostać księdzem. Ale Bóg tego chciał. Wybrał go Chrystus. I to jest wielka tajemnica powołania. Nie wolno wchodzić w boskie kompetencje".

Stefan Kruś: „W czasie wojny Janka widziałem może raz. Ale rodzina czasem się spotykała. Mówiło się wtedy, że Janek trzyma się ze Skalskim. Że myślą o seminarium".

Jan Skalski był młodszym szkolnym kolegą Twardowskiego, nie wiadomo, ze szkoły powszechnej czy gimnazjum. Gościł na Elektoralnej 49. Był już klerykiem z krakowskiego seminarium, którego matka, z powodu wojny, zmusiła do wystąpienia. Żałował, że odszedł. Opowiadał Jankowi Twardowskiemu o życiu seminaryjnym, modlitwach, kapłaństwie, wykładach.

Jan Twardowski powiedział: „*Gdyby nie on, nie zostałbym księdzem*"[100].

Krewna księdza, która prosi o zachowanie anonimowości, wspomina: „Powiedział mi kiedyś, że został księdzem, bo przeżył powstanie, a tylu kolegów zginęło. Że ten dar otworzył mu oczy".

„*Miałem wyrzuty sumienia, że nie zginąłem razem z nimi*"[101] – mówił Jan Twardowski.

W trakcie tułaczki po upadku powstania spotkał nieoczekiwanie w Końskich Stanisława Rostkowskiego, znajomego nauczyciela matematyki, psychologa, wierzącego, niepraktykującego.

Wspominał: „*Jak się dowiedział o moich zamiarach wstąpienia do seminarium duchownego, powiedział: »Słuchaj, szukaj prędko kontaktu z seminarium, bo nie zostaniesz księdzem, jeżeli teraz nie pójdziesz«*"[102].

Odnalazł rodzinę w Radomiu. W liście do pisarza Jana Bolesława Ożoga napisał po latach, że podjął wtedy ostateczną decyzję dotyczącą kapłaństwa. „*Tu spowiadałem się uroczyście w barwnym kościele Bernardynów, tu włóczyłem się po cmentarzu przed wyjazdem do seminarium, które po latach wyrzuciło mnie księdzem*"[103].

---

[100] Tenże, *Łaską zdumiony*, dz. cyt., s. 32.
[101] Tamże, s. 33.
[102] Marian Schmidt, dz. cyt., s. 31.
[103] Jan Bolesław Ożóg, *Jak świętych obcowanie*, Warszawa 1978, s. 87.

Proboszcz Mathea napisał list

Bohdan Knichowiecki: „Aniela i Jan senior, czyli rodzice Janka, jego siostra Marysia, której ukochany zginął w powstaniu, Truszkowscy i my mieszkaliśmy w Radomiu. Jak tylko przyszła wiadomość, że Katowice są wolne, mój ojciec z Mietkiem Truszkowskim i dziadkiem Janem natychmiast tam pojechali.

Ojciec miał w Katowicach przed wojną mieszkanie, sto piętnaście metrów, w słynnym drapaczu chmur. Dom był pusty, mieszkanie bez wyposażenia, ale nawet zamki nie zostały zmienione! Stare klucze, które tato wciąż miał, pasowały.

Przyjechaliśmy wszyscy do Katowic na początku kwietnia 1945 roku. Ojciec miał już posadę wizytatora szkolnictwa zawodowego, załatwił Marysi pracę w kuratorium.

Truszkowscy mieszkali z nami zaledwie kilka dni. Wuj Mietek, chemik z wykształcenia, zaraz dostał pracę w Hucie Kościuszko w Chorzowie. Przydzielili mu mieszkanie i przeniósł się tam z Haliną i bliźniaczkami. Potem przeprowadzali się kolejno do małych miejscowości na ziemiach zachodnich, aż osiedli w Kędzierzynie-Koźlu. Mietek jako były AK-owiec wolał nie rzucać się władzom w oczy.

Dziadek Jan, babcia Aniela i ciocia Marysia zostali z nami w Katowicach.

Wujek Janek przyjechał wiosną na tydzień czy dwa do rodziców. Kulał po powstańczej ranie, parę lat musiał wspierać się na lasce. Chodził do kościoła Świętych Apostołów Piotra i Pawła, niedaleko naszego domu. Ówczesny proboszcz tego kościoła Karol Mathea, niezwykły człowiek o posturze pruskiego oficera (był nawet kapelanem pruskim w pierwszej wojnie, a potem, jako polski Ślązak, działał w czasie powstań śląskich i był kapelanem oddziałów powstańczych), przyjaźnił się z moim ojcem jeszcze przed wojną. Stał się mentorem i starszym przyjacielem wujka Janka.

Z tego, co do mnie doszło, wynika, że dziadkowie nie byli z tego zadowoleni, że wujek Janek szedł do seminarium duchownego. Szczególnie dziadek, którego syn nie spełniał oczekiwań. Już ta polonistyka mu się za bardzo nie podobała. Oczywiście nie mógł trzydziestoletniemu Jankowi niczego zabronić. Ale nie pogodził się z wyborem syna do końca życia.

Babcia Aniela też nie cieszyła się zbytnio z syna księdza. Skoro jednak tak chciał, nie robiła mu żadnych przeszkód.

Wujek Janek musiał mieć meldunek. Wyjechał stąd jako mieszkaniec Katowic. Wymagany list polecający do seminarium napisał proboszcz Mathea".

Jan Twardowski po latach wspominał: „*Rodzice byli bardzo zdziwieni, siostry nie dowierzały. Mówiły: »Wstąp, to cię wyrzucą i już tam więcej nie pójdziesz«. Moja rodzina myślała, że wytrzymam najwyżej rok*"[104].

---

[104] Marian Schmidt, dz. cyt., s. 31.

We wspomnieniach uśmiercił kolegę Jana Skalskiego, który na żądanie matki wystąpił z seminarium. „*Z chwilą gdy wstąpiłem do seminarium duchownego, niespodziewanie umarł on w czasie wycieczki do Szwecji. Myślę, że spełnił swoje zadanie przekazane od Boga*”[105].

Ale w archiwum Uniwersytetu Warszawskiego, w teczce studenta Twardowskiego, który kontynuował studia po wojnie, trafiam na tekst: „*Niniejszym upoważniam kolegę mego alumna Seminarium Duchownego i studenta Wydziału Teologicznego Jana Skalskiego do podebrania indeksu mojego przedwojennego nr 47054, jaki złożyłem z podaniem i jaki znajduje się w moich aktach. Indeks ten potrzebny mi jest do sporządzenia odpisu. Jan Twardowski, Student Wydziału Teologicznego Uniwersytetu Warszawskiego. 26 listopada 1945 r.*”.

Na kartce jest dopisek: „Indeks Nr 47054 na nazwisko p. Jana Twardowskiego otrzymałem. Jan Skalski. 26.11.45”.

„Rozbudziło się we mnie pragnienie”

„Radom, 22 marca 1945 r. Do Księdza Rektora Seminarjum Duchownego. Uprzejmie proszę o zaliczenie mnie w poczet słuchaczy Seminarjum Duchownego. Moje dotychczasowe studia średnie i wyższe nie dają mnie wewnętrznego zadowolenia. Przed wojną powzięte już pragnienie zostania księdzem nie daje mi spokoju. Pozwalam sobie więc złożyć swoją nieśmiałą prośbę na ręce Przewielebnego Księdza Rektora w nadziei, że zostanie łaskawie przyjęta. Życiorys swój dołączam do podania. Jan Twardowski”.

„Mój życiorys. Urodziłem się 1 czerwca 1915 r. w Warszawie. W 1927 r. wstąpiłem do gimnazjum państwowego im. Tadeusza Czackiego w W-wie, które ukończyłem w czerwcu 1935 r. W tym samym roku na jesieni rozpocząłem studia polonistyczne na Uniwersytecie im. J. Piłsudskiego w W-wie. W 1939 r. uzyskałem absolutorium. W czasie okupacji niemieckiej pracowałem w W-wie w charakterze nauczyciela języków obcych. Już w ostatnich latach moich studjów na Uniwersytecie rozbudziło się we mnie pragnienie poświęcenia się stanowi kapłańskiemu. Z tym pragnieniem w sercu przeżywałem okres okupacji niemieckiej. Obecnie powziąłem decyzję rozpoczęcia studjów teologicznych i nieśmiałą prośbę o łaskawe przyjęcie mnie w poczet słuchaczy Seminarjum Duchownego.

W październiku 1944 r. wyniosłem z palącej się Warszawy jako jedyne swoje dokumenty kartę rozpoznawczą i indeks uniwersytecki ze śladami odbytych wyższych studjów.

---

[105] Jan Twardowski, *Łaską zdumiony*, dz. cyt., s. 32.

Prefektem moim w gimnazjum był ks. Franciszek Pyrzakowski przed sierpniem 1944 r. proboszcz w Wilanowie, do którego w tej chwili dotrzeć nie mogę, a który zna mnie jako swojego dawnego ucznia. Spośród duchownych żywy kontakt utrzymywałem z nieżyjącym dziś o. Michałem Czartoryskim. Poza ks. Pyrzakowskim zna mnie o. Romuald Kostecki Dominikanin obecnie zamieszkały w Krakowie, pod kierunkiem którego odprawiałem swojego czasu przed wojną rekolekcje zamknięte na Służewie. Jan Twardowski".

„Trochę na dystans i trochę z szacunkiem"

Alumnów było w sumie ośmiu, na roku Janka pięciu. Budynek warszawskiego seminarium, w klasztorze Karmelitów Bosych na Krakowskim Przedmieściu, wymagał odbudowania po wojnie. Pierwsze pół roku spędzili więc w Czubinie koło Błonia, w seminaryjnym majątku.

„*Dziwiono się, że ktoś chce być księdzem. Tymczasem mnie właśnie to się podobało. To, że Kościół był słaby, zagrożony, bez żadnego triumfalizmu. Ten Kościół był mi bardzo bliski*"[106] – wspominał Jan Twardowski po latach.

O przyjęciu starszego od innych Janka, po długiej z nim rozmowie, zdecydowali rektor seminarium pięćdziesięcioletni ksiądz Julian Chróścicki, przedwojenny antysemita więziony w czasie wojny w Majdanku za wystawianie Żydom metryk chrztu, i prefekt seminarium ksiądz Bogdan Jankowski, rówieśnik Twardowskiego, znajomy z Uniwersytetu.

Ojcem duchownym alumnów został ojciec Paweł Dembiński, wielbiciel świętego Pawła, erudyta, zawsze obecny w seminarium, wspierający studentów duchowo. (Jan Twardowski w 1967 roku poświęci mu pełen tęsknoty wiersz *Do ojca Pawła Dembińskiego*).

Alumni seminarium automatycznie stawali się studentami Wydziału Teologicznego Uniwersytetu Warszawskiego.

„Któregoś dnia prefekt mówi nam: »Przyjdzie do nas kolega, troszkę od was starszy, ale ma skończoną polonistykę, brał udział w powstaniu, jest ranny, wydawał swoje wiersze przed wojną. Jakoś starajcie się mieć to na uwadze w obcowaniu z nim« – wspominał ksiądz Andrzej Luft, kolega Jana z seminarium. – Trochę na dystans i trochę z szacunkiem się do niego odnosiliśmy. Ale to okazało się zupełnie niepotrzebne. Prowokował nas do tego, żebyśmy traktowali go zupełnie normalnie, tak jak my siebie wzajemnie. Janek był zawsze pełen optymizmu, bardzo uprzejmy. Ale z tą uprzejmością zawsze onieśmielony kimś drugim. Byliśmy

[106] Marian Schmidt, dz. cyt., s. 36.

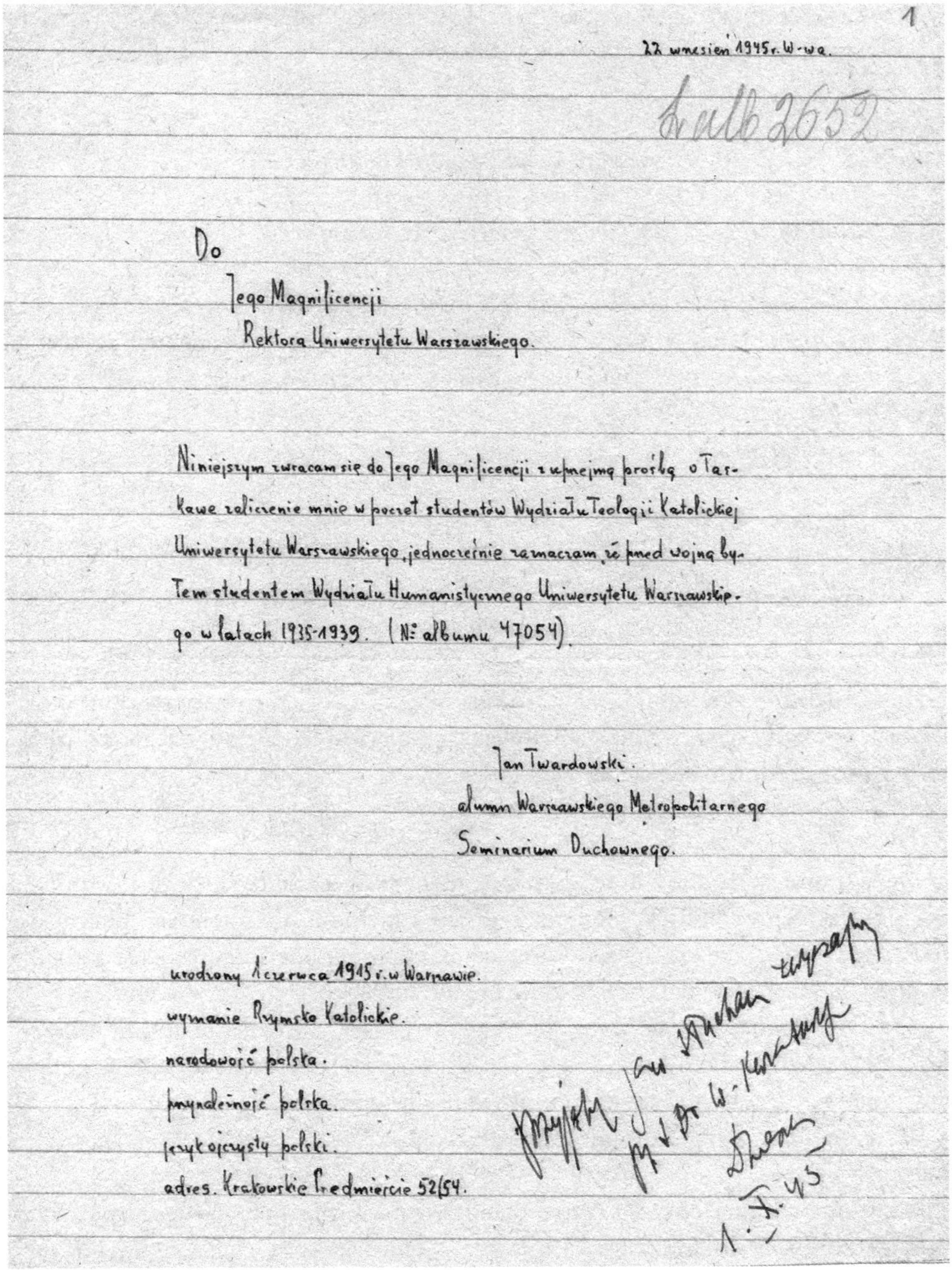

22 wrzesień 1945 r. W-wa.

Do

Jego Magnificencji

Rektora Uniwersytetu Warszawskiego.

Niniejszym zwracam się do Jego Magnificencji z uprzejmą prośbą o łaskawe zaliczenie mnie w poczet studentów Wydziału Teologii Katolickiej Uniwersytetu Warszawskiego, jednocześnie zaznaczam, że przed wojną byłem studentem Wydziału Humanistycznego Uniwersytetu Warszawskiego w latach 1935-1939. (N: albumu 47054).

Jan Twardowski.

alumn Warszawskiego Metropolitarnego

Seminarium Duchownego.

urodzony 1 czerwca 1915 r. w Warszawie.

wyznanie Rzymsko Katolickie.

narodowość polska.

przynależność polska.

język ojczysty polski.

adres. Krakowskie Przedmieście 52/54.

1. X. 45

Podanie o przyjęcie na teologię, 1945 rok

w Czubinie do pierwszych dni sierpnia 1945 roku, a od 15 września już zaczęło się życie seminaryjne na Krakowskim Przedmieściu"[107].

Język grecki po wakacjach

„Czubin, 8 lipiec 1945. Do czcigodnego Księdza Regensa Metropol. Seminarium Duchownego Warszawskiego w Czubinie. Uprzejmie proszę Czcigodnego Księdza Regensa o pozwolenie złożenia egzaminu z języka greckiego po wakacjach. Ponieważ rozpocząłem kończący się rok akademicki o miesiąc później, a poprzednio nie uczyłem się greki, byłoby mi trudno zdać egzamin w przepisanym terminie. Jan Twardowski".

„Ubierać się szybko, skromnie, w milczeniu"

„Regulamin wakacyjny Jana Twardowskiego, alumna Seminarium Metropolitalnego Świętego Jana w Warszawie.

W okresie wakacyjnym, bardziej niż w czasie pobytu w Seminarium, na alumnie ciąży obowiązek zachowania się w każdej okoliczności, zarówno w całym ułożeniu, jak i mowie, ze skromnością i powagą, jaką powinien się odznaczać ze względu na swoją godność klerycką.

1. Obowiązek każdego dnia

Alumn winien:

a. Wstawać stale o tej samej godzinie, ubierać się szybko, skromnie, w milczeniu, myśląc o przedmiocie medytacji, przed zupełnym ubraniem się nikomu się nie pokazywać. Po ubraniu się odmówić, tak jak w Seminarium, pacierze poranne i odprawić medytację w kościele; o ile nie można w kościele, to w domu.

b. Codziennie słuchać Mszy św. z tą gorliwością, co w Seminarium, o ile zaś kościół jest zbyt odległy, obowiązek ten trzeba wypełniać w pewne dni tygodnia, a w pozostałe dni łączyć się na modlitwie z wiernymi (...).

c. Codziennie przynajmniej dwie godziny poświęcić nauce lub czytaniu poważnych książek.

d. Odmawiać modlitwy przed jedzeniem i po nim, a w czasie jedzenia zachować skromność i umiarkowanie.

---

[107] Wypowiedź księdza Andrzeja Lufta pochodzi z filmu dokumentalnego Hanny Terleckiej *Ksiądz, który pisał wiersze* (2006).

e. Koło południa odprawić szczegółowy rachunek sumienia i zmówić Anioł Pański.

(...)

3. Stosunek alumna do Księdza Proboszcza

a. Księdzu Proboszczowi alumn winien okazywać głębokie uszanowanie i rad jego słuchać z poważaniem.

(...)

4. Stosunki rodzinne

a. Wszystkich, a zwłaszcza rodzeństwo i krewnych, budować swym dobrym przykładem, być wzorem uszanowania i posłuszeństwa względem rodziców i bliskich starszych krewnych.

b. Rady ich we wszystkim, co się nie sprzeciwia prawom Kościoła i świątobliwości stanu, przyjmować z uległością.

c. Nie wolno podejmować się posług nie licujących z godnością alumna.

Regulamin wakacyjny, podpisany przed wyjazdem na wakacje przez Księdza Wiceregensa, alumn po przybyciu do parafii powinien przedstawić miejscowemu Księdzu Proboszczowi, o czym Ksiądz Proboszcz zaświadcza swoim podpisem. Otrzymane od Księdza Proboszcza świadectwo ze spędzonych wakacyj, sprawozdanie i regulamin alumn powinien zaręczyć Księdzu Wiceregensowi zaraz po przyjeździe z wakacyj".

„Oficjalnie umarł na serce"

Co za ironia losu. Przeżyć wojnę, okupację, powstanie i zakazić się durem brzusznym, gdy wszystko powinno być już dobrze.

Wakacje 1945 roku alumn Twardowski spędził w Katowicach przy umierającym ojcu.

Jan senior Twardowski zmarł 9 września w katowickim szpitalu Elżbietanek.

„Oficjalnie umarł na serce" – mówi Bohdan Knichowiecki z Katowic.

Dzień przed śmiercią ojca Janek był na ślubie swojego przyjaciela Wojciecha Żukrowskiego, którego rodzice mieszkali w Katowicach. Wojtek, były żołnierz AK, przyjaciel z wojennych krakowskich kamieniołomów Karola Wojtyły, oficer Ludowego Wojska Polskiego, dowódca IV Samodzielnego Batalionu Samochodowego, żenił się z Marią Woltersdorf, matematyczką.

Profesor Katarzyna Żukrowska, córka Marii i Wojciecha, socjolog, ekonomista i politolog, mówi: „W rodzinnej pamięci zachowało się, że ksiądz Jan udzielał ślubu moim rodzicom. Ale to dziwne, bo przecież nie miał wtedy jeszcze święceń".

Alumnom nie wolno było mówić kazań, odprawiać nieszporów, niewyświęceni nie mogli asystować. Jan Twardowski mógł służyć zatem do mszy jako ministrant lub stać po prostu wśród obecnych gości.

„Z otoczeniem obchodził się grzecznie"

Niemal całe następne wakacje spędził z matką.

„Katowice, dnia 16 września 1946 r. Urząd parafialny św. Piotra i Pawła w Katowicach. Świadectwo moralności.

Kleryk Jan Twardowski bawił podczas ostatnich wakacji w obrębie mojej parafii. Wyjechał tylko raz do Sopot. Obserwowałem go podczas wakacji i mogę stwierdzić, że się zachowywał zawsze wzorowo, chodząc regularnie do kościoła i przyjmując codziennie komunję św. Zauważyłem, że potrafi się zatapiać w modlitwie. Z otoczeniem swoim obchodził się zwykle bardzo grzecznie. Proboszcz ks. Mathea".

„*Warszawa 25 września 1946 r. Sprawozdanie wakacyjne.*

Po zakończeniu roku akademickiego i po kilkudniowym załatwianiu różnych spraw w Warszawie wyjechałem do Katowic, a stamtąd do Wisły, gdzie przebywała moja matka, po kilku dniach zaproszony przez kolegę wyjechałem do Głuchołazów leżących u podnóża Sudetów. Z Głuchołazów po 3 dniach przyjechałem do Katowic, gdzie zasadniczo spędziłem całe wakacje, raz tylko wyjeżdżając na dłuższy 2-tygodniowy pobyt do Sopot. Do Warszawy przyjechałem po powrocie znad morza z Katowic. W czasie wakacji dość dużo czytałem. Jan Twardowski".

Magister

Kolejne wakacje pracował. Pisał pracę magisterską, której nie ukończył przed wojną. „*Zostałem na wakacje w seminarium, sam jeden, wtedy spokojnie ją napisałem*"[108] – opowiadał. „Ja wiem, że wujek Janek przed wojną złożył pracę u profesora Borowego. Nie wiem natomiast, czy przetrwała do roku 1945 u niego czy w archiwum uniwersytetu. Ale kiedy Twardowski zgłosił się po wojnie do Borowego, ten powiedział mu, że praca jest" – mówi Bohdan Knichowiecki z Katowic.

Prawdopodobnie więc przez wakacje Jan Twardowski kończył pracę magisterską lub wprowadzał jedynie poprawki.

Rogowe, okrągłe okulary, gęsta czupryna zaczesana do góry, gładko ogolony. Alumn Twardowski był u fotografa w połowie 1947 roku. Uśmiechnięty,

---

[108] Helena Zaworska, dz. cyt., s. 58.

zadowolony, w sutannie. Przystojny. Nie widział tego. Zawsze narzekał na swoją powierzchowność. Z czasem będzie się podobał sobie coraz mniej.

Zdjęcie było potrzebne do indeksu Wydziału Humanistycznego Uniwersytetu Warszawskiego. Janek wrócił na przerwane wojną studia.

W podaniu do dziekana napisał: „*Jestem więc w posiadaniu dokumentów pomyślnego złożenia całości egzaminów przepisanych do otrzymania dyplomu magistra filozofii w zakresie filologii polskiej. Pracę magisterską, którą przerwałem przed wojną, a którą zatwierdził mi profesor Wacław Borowy pt.* »Godzina myśli *J. Słowackiego*«, *mam nie ocenioną jeszcze, ale ukończoną. (...) Uprzejmie proszę o pozwolenie mi uzyskania dyplomu, o skontaktowanie się z wydziałem humanistycznym w charakterze absolwenta przy jednoczesnych studiach na wydziale Teologii Katolickiej*".

Indeks o numerze 2652 wystawiono mu 3 października 1947 roku. Opłata za wystawienie wyniosła 50 złotych.

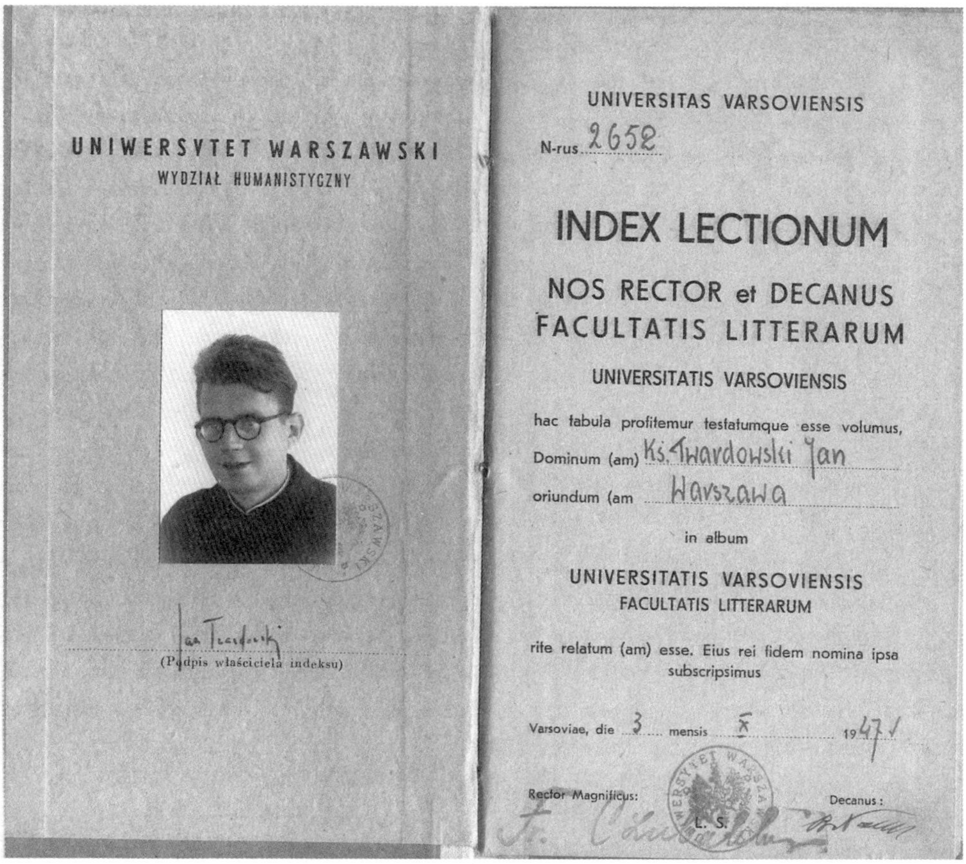

UNIWERSYTET WARSZAWSKI
WYDZIAŁ HUMANISTYCZNY

(Podpis właściciela indeksu)

UNIVERSITAS VARSOVIENSIS
N-rus 2652

INDEX LECTIONUM
NOS RECTOR et DECANUS
FACULTATIS LITTERARUM
UNIVERSITATIS VARSOVIENSIS

hac tabula profitemur testatumque esse volumus,
Dominum (am) Ks. Twardowski Jan
oriundum (am Warszawa
in album
UNIVERSITATIS VARSOVIENSIS
FACULTATIS LITTERARUM
rite relatum (am) esse. Eius rei fidem nomina ipsa subscripsimus

Varsoviae, die 3 mensis X 1947

Rector Magnificus: Decanus:
L. S.

Indeks księdza Twardowskiego

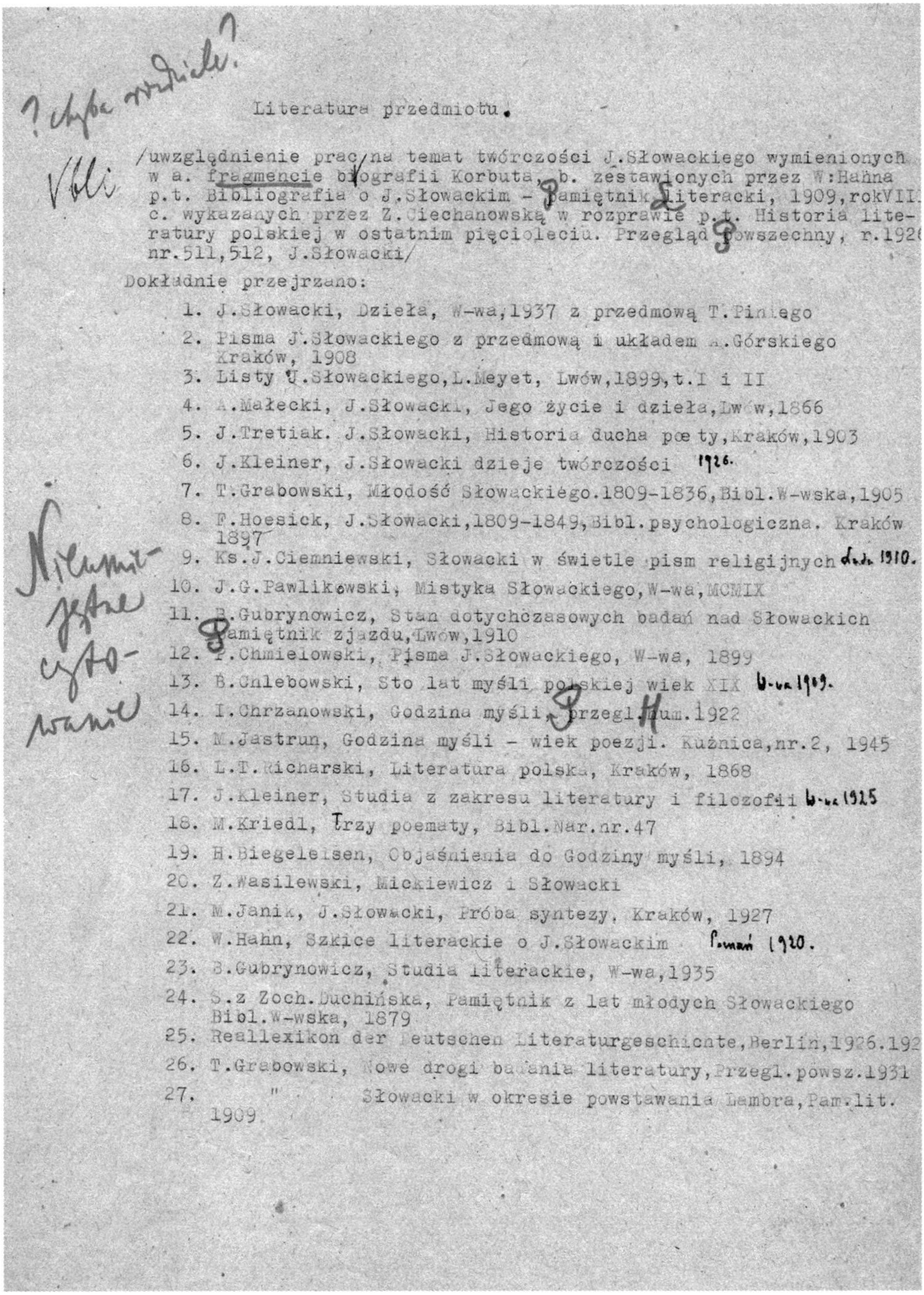

Literatura przedmiotu.

/uwzględnienie prac na temat twórczości J.Słowackiego wymienionych w a. fragmencie biografii Korbuta, b. zestawionych przez W:Hahna p.t. Bibliografia o J.Słowackim - Pamiętnik Literacki, 1909,rokVIII c. wykazanych przez Z.Ciechanowską w rozprawie p.t. Historia literatury polskiej w ostatnim pięcioleciu. Przegląd Powszechny, r.1926 nr.511,512, J.Słowacki/

Dokładnie przejrzano:

1. J.Słowacki, Dzieła, W-wa,1937 z przedmową T.Pinięgo
2. Pisma J.Słowackiego z przedmową i układem A.Górskiego Kraków, 1908
3. Listy J.Słowackiego,L.Meyet, Lwów,1899,t.I i II
4. A.Małecki, J.Słowacki, Jego życie i dzieła,Lwów,1866
5. J.Tretiak. J.Słowacki, Historia ducha poety,Kraków,1903
6. J.Kleiner, J.Słowacki dzieje twórczości 1926.
7. T.Grabowski, Młodość Słowackiego.1809-1836,Bibl.W-wska,1905
8. F.Hoesick, J.Słowacki,1809-1849,Bibl.psychologiczna. Kraków 1897
9. Ks.J.Ciemniewski, Słowacki w świetle pism religijnych Lw. 1910.
10. J.G.Pawlikowski, Mistyka Słowackiego,W-wa,MCMIX
11. B.Gubrynowicz, Stan dotychczasowych badań nad Słowackich Pamiętnik zjazdu,Lwów,1910
12. P.Chmielowski, Pisma J.Słowackiego, W-wa, 1899
13. B.Chlebowski, Sto lat myśli polskiej wiek XIX W-wa 1909.
14. I.Chrzanowski, Godzina myśli, Przegl.Hum.1922
15. M.Jastrun, Godzina myśli - wiek poezji. Kuźnica,nr.2, 1945
16. L.T.Richarski, Literatura polska, Kraków, 1868
17. J.Kleiner, Studia z zakresu literatury i filozofii W-wa 1925
18. M.Kriedl, Trzy poematy, Bibl.Nar.nr.47
19. H.Biegeleisen, Objaśnienia do Godziny myśli, 1894
20. Z.Wasilewski, Mickiewicz i Słowacki
21. M.Janik, J.Słowacki, Próba syntezy, Kraków, 1927
22. W.Hahn, Szkice literackie o J.Słowackim Poznań 1920.
23. B.Gubrynowicz, Studia literackie, W-wa,1935
24. S.z Zoch.Duchińska, Pamiętnik z lat młodych Słowackiego Bibl.W-wska, 1879
25. Reallexikon der Deutschen Literaturgeschichte,Berlin,1926.192
26. T.Grabowski, Nowe drogi badania literatury,Przegl.powsz.1931
27. " Słowacki w okresie powstawania Lambra,Pam.lit. 1909

Uwagi profesora Borowego do pracy magisterskiej księdza Twardowskiego

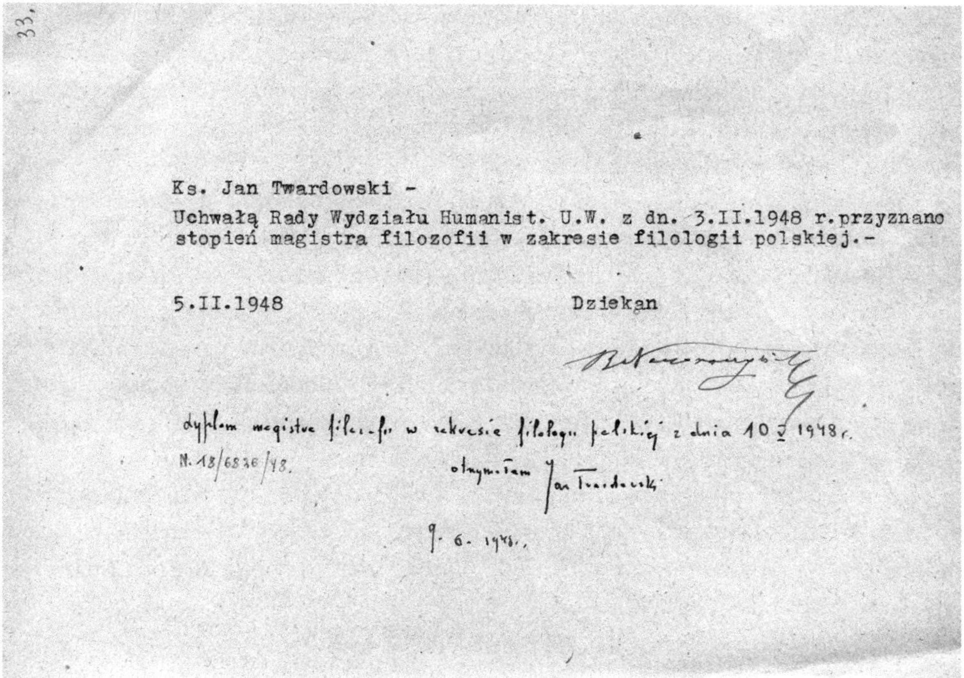
33.

Ks. Jan Twardowski -
Uchwałą Rady Wydziału Humanist. U.W. z dn. 3.II.1948 r.przyznano stopień magistra filozofii w zakresie filologii polskiej.-

5.II.1948 Dziekan

[illegible]

dyplom magistra filozofii w zakresie filologii polskiej z dnia 10 V 1948 r.
N. 18/6836/48.
otrzymałem Jan Twardowski
9. 6. 1948.

Zaświadczenie o odbiorze dyplomu magistra polonistyki

Niedługo potem poprosił o urlop na rok akademicki 1947/1948 z prawem składania egzaminów. Otrzymał zgodę.

Czterdzieści stron maszynopisu. Pracę magisterską zaczął od słów: *„Pisząc o* Godzinie myśli, *nie mogę pozbyć się dawnego sentymentu do utworu, chociaż znam dojrzalsze fazy twórczości poety. Młodzieńczość utworu dodaje mu uroku i świeżości. Nawet moje teologiczne studia nie zraziły mnie do mistyki* Godziny…”.

Proszę Helenę Zaworską, historyka literatury i krytyka literackiego, o przeczytanie pracy magisterskiej studenta Twardowskiego. Mówi po lekturze: „Rozczarowała mnie. Jest solidna, ale nie uruchamia wyobraźni. Została ułożona według polonistycznych zasad tamtych czasów. Jan Twardowski nie miał chyba odwagi, żeby napisać ją po swojemu. Profesor Borowy nie był nudziarzem, przeciętnym polonistą z tamtych czasów, miał pazur pisarski. Doceniłby styl przyszłego księdza poety”.

Wacław Borowy czytał pracę swojego studenta z niezwykłą uwagą. Uzbrojony w różową kredkę o bardzo grubym graficie, zaznaczał literówki, potknięcia językowe, czasem sadził wielkie jak kobyły znaki zapytania i wykrzykniki.

Na osobnej kartce, 30 listopada 1947 roku, napisał różową i wielką recenzję pracy magisterskiej Janka: „Praca żywa, rzetelna, sporo spostrzeżeń ciekawych.

Brak ogólnego z nich wniosku! Pierwsze części niedociągnięte (o wierszu, o kolorystyce). Oświetlenie dawnych studiów o przedmiocie trafne. Styl trochę chropawy. Całość zaciemniona nieco przez korektę (której zasad autor nie opanował). Mimo wszystkie jednak zastrzeżenia, trzeba ją uznać za wartościowe posunięcie badań, a więc wynik określić jako dobry".

Jan Twardowski po latach: *„Powiem nieskromnie: uważam, że moja praca nie była taka zła"*[109].

W lutym 1948 roku student Jan Twardowski zdał egzamin końcowy i uzyskał stopień magistra filozofii w zakresie filologii polskiej. Komisji egzaminacyjnej przewodniczył profesor Mieczysław Brahmer, romanista i znawca literatury polskiej, w towarzystwie rektora, lekarza profesora Franciszka Czubalskiego oraz dziekana, pedagoga, profesora Bogdana Nawroczyńskiego.

Magister Jan Twardowski dyplom odebrał 10 maja 1948 roku.

Już w październiku 1948 roku profesor Wacław Borowy swoim zamaszystym pismem wystawił mu zaświadczenie: „ks. mag. Jan Twardowski rozpoczął pod moim kierownictwem pracę doktorską z historii literatury polskiej na temat »Koleje sławy Słowackiego«".

Telefon

[11 lutego 2010]

Nie mam pewności, z kim rozmawiam. Już mieliśmy takie telefony, a to był mecenas tej pani. Podszywał się pod kogoś innego. Ksiądz Twardowski to nasza przeszłość, teraz zajmujemy się piosenką lwowską. Pilnujemy, żeby dzieci nie włóczyły się po ulicach. Nic więcej nie powiem. Nie spotkam się. Nie podam nazwiska. Nie oddzwonię.

[109] Jan Twardowski, *Autobiografia*, dz. cyt., s. 196.

Poeta

Ktoś chodził po seminaryjnym ogrodzie i łapał się za głowę. Przyspieszał kroku, czasem zwalniał, mówił do siebie dość głośno, tak że dało się rozróżnić słowa „nie mogę, nie mogę". Alumn Jan Twardowski próbował w ten sposób zerwać z poezją, która nie licowała z godnością kapłana.

Skoro tego nie potrafił, próbował chociaż umniejszać znaczenie swojej poezji.

W archiwum Jerzego Turowicza zachowały się listy od Jana Twardowskiego, najstarszy z 1947 roku. Alumn seminarium warszawskiego pisał:

„*Warszawa 25 lutego 1947 r. Szanowny Panie Redaktorze! Serdecznie dziękuję za nadesłaną pocztówkę. Studia teologiczne i zadania, do jakich przygotowuję się, każą mi oddalić wiersze na plan dalszy, niemniej jednak nie utraciłem swoich dawnych zainteresowań. O ile pozwolą mi władze, zgodnie z życzeniem Szanownego Pana prześlę kilka prac na Wasze ręce*"[110].

„*Warszawa 9 marca 1947 r. (...) PS: Proszę o niepodawanie przy wierszach, że jestem alumnem Seminarium Duchownego, tak zresztą jak w poprzednich wypadkach*".

„*Warszawa 25 lipca 1947 r. (...) prosiłbym o drukowanie nie pod moim nazwiskiem, ale pod literami J.T. Przemyślałem to sobie i uznałem, że to najlepiej pasuje w moim stanie człowieka przygotowującego się do kapłaństwa (...)*".

„*Warszawa 10 sierpnia 1947 r. (...) Przemyślałem sobie sprawę podpisu ze swoim Ojcem Duchownym i postanowiłem podpisać wiersze nazwiskiem. Miałem skrupuły, ale się ich wyzbyłem. (...) PS: Oczywiście samym nazwiskiem, bez zaznaczania Seminarium itp., tak jak poprzednio*".

---

[110] Wszystkie cytowane listy Jana Twardowskiego do Jerzego Turowicza pochodzą z Archiwum Jerzego Turowicza.

„Warszawa 16 września 1947 r. (...) Szykuję się niedługo do święceń, nie mam czasu na wiersze, ale czasem plątają mi się w głowie (...)".

„Warszawa 31 stycznia 1948 r. (...) Ponieważ pisanie wierszy jest dla mnie więcej niż drugorzędną rzeczą, ponieważ bardzo mało poświęcam czasu w całości istotnych dla siebie obowiązków i studjów, traktuję je zupełnie prywatnie (...)".

Ksiądz Andrzej Luft wspominał: „Władza seminaryjna wyznaczyła mnie i Janka do jednego pokoju. To wspólne mieszkanie było urocze. Byłem wtedy świadkiem narodzenia się niejednego wiersza. W czasie studiów nieraz bywało tak, że Janek wstawał, chodził po pokoju i siadał. Znów wstawał, chodził, siadał. Wtedy wiedziałem, że coś się rodzi. Mówił: »*A wiesz, powiedziałbym ci wiersz*«. Ja: »Powiedz, powiedz!«. On: »*A może nie, bo ty powiesz innym, będą mówili głupi Jasiu, bo pisze wiersze*«. Nie lubił, żeby mówiono o nim poeta, tylko kleryk, który pisze wiersze"[111].

To Wojciech Żukrowski, przyjaciel z „Kuźni Młodych", był „winien" tego, że Janowi Twardowskiemu nie udało się zerwać z poezją. Najpierw, w 1946 roku, wydrukował mu osiem wierszy w katowickim społeczno-kulturalnym tygodniku „Odra", z którym współpracował. Siedem wierszy podpisano pseudonimem Antoni Derkacz, ósmy imieniem i nazwiskiem poety.

Wojtek polecił też wiersze Janka Jerzemu Turowiczowi, redaktorowi naczelnemu „Tygodnika Powszechnego", swojemu dobremu znajomemu z Krakowa. Turowicz słynął z intuicji w wynajdowaniu talentów literackich, „polował" na nie.

W niedzielę 21 kwietnia 1946 roku, w szesnastym numerze „Tygodnika Powszechnego", na stronie dziewiątej, w szpalcie po prawej stronie ukazały się cztery wiersze Jana Twardowskiego: *Piosenka o Powstaniu*; *** (Nocą klękasz i znaleźć chcesz Boga); *Wiersz banalny*; *Kolumna Zygmunta*.

Aniela Twardowska, wdowa po Janie seniorze, matka Jana juniora, kupiła gruby brulion w czarnych, ceratowych okładkach. Wzięła nożyczki i wycięła z „Tygodnika Powszechnego" wiersze syna. Wkleiła je do zeszytu. Miała tak robić z każdym wydrukowanym wierszem Janka, do 1953 roku.

Jan Twardowski wspominał pod koniec życia, że tuż po wojnie pisał tylko do szuflady, bez nadziei na publikację, dla nielicznych przyjaciół, i ograniczał się do prezentowania utworów w prywatnym obiegu.

Z listów do Jerzego Turowicza wyziera jednak coś innego – gorące pragnienie druku, prośba o recenzję twórczości, niezwykła dbałość o utwory, ta sama wrażliwość na ocenę swojej twórczości, która sprawiła, że zamilkł tuż przed wojną, gdy pierwszy tomik poezji nie wzbudził żadnego zainteresowania krytyków.

---

[111] Zob. przypis 107.

„Warszawa 9 marca 1947 r. Szanowny Panie Redaktorze! Przesyłam zgodnie z życzeniem kilka swoich wierszy, na co uzyskałem pozwolenie od swoich Władz. W wypadku druku, prosiłbym o umieszczenie wszystkich wierszy nadesłanych razem, przy czem chciałbym, żeby były starannie wydrukowane i ładnie. Tyle próżności w moich wymaganiach. Serdecznie pozdrawiam i zasyłam życzenia, pamiętając o Was w pacierzach swoich (...)".

„Warszawa 16 lipca 1947 r. Parę tygodni temu był u mnie p. Wojciech Żukrowski, któremu doręczyłem kilka wierszy w zamiarze przedstawienia ich Panu. Przemęczenie końcem roku nie pozwoliło mi wierszy tych dokładniej przejrzeć. Ośmielam się więc przesłać Szanownemu Panu wiersze te potytułowane i trochę poprawione. Gdyby Szanowny Pan Redaktor chciał je wykorzystać, na co mam pozwolenie władz, prosiłbym uprzejmie drukować według nadesłanych teraz przeze mnie utworów. W ocenie proszę być najsurowszym".

„Warszawa 25 lipca 1947 r. Najmocniej przepraszam, że przesyłając niedawno kilka moich wierszy, pomyliłem się, wkładając do koperty brudnopis. Także jeden z wierszy zaczynający się od słów »tam gdzie uczy prostoty, nie rym, nie grzebyk złoty«... został omyłkowo dołączony. Bardzo słaby nie nadający się w ogóle do druku. Nie chciałbym go oczywiście drukować. Pozostałe wiersze zostawiam do łaskawej oceny i ewentualnego druku pt. »Wiersz o spacerze po cmentarzu wojskowym i inne dziwne a rozmaite niepotrzebnie spisane, bibliofilom nieznane« (...). W razie przychylnej decyzji, prosiłbym o tak ładne wydrukowanie jak poprzednio. (...) Ponownie dziękuję za nadesłanie honorarium".

„Warszawa 10 sierpnia 1947 r. (...) Jedna tylko prośba, o ile wiersze będą drukowane, żeby były drukowane ładnie, wszystkie razem (oczywiście bez jednego), pod ogólnym tytułem »Wiersze«, chyba że któryś z nich wyda się Szanownemu Panu Redaktorowi słabym".

„Warszawa 9 września 1947 r. Serdecznie dziękuję za wydrukowanie wierszy w numerze z dnia 24 sierpnia b.r. Uprzejmie proszę o nadesłanie honorarium, jak poprzednim razem, na Warszawę Krakowskie Przedmieście 52/54 pocztą".

„Warszawa 16 września 1947 r. (...) nie wiem jednak, czy zupełnie wyraźnie została postawiona sprawa ogólnego tytułu. Otóż ten długi tytuł, jaki Szanowny Pan redaktor zaczął w liście, wydaje mi się moim nieudanym i nieodpowiednim pomysłem. Chciałbym po prostu jednowyrazowy tytuł »Wiersze« (...)".

„Warszawa 9 listopada 1947 r. (...) Szczęśliwy byłbym, gdyby umieszczono je w numerze świątecznym, bo do numerów świątecznych »Tygodnika Powszechnego« mam specjalny sentyment. Oczywiście, za wielkie wymagania jak na takie wiersze. (...) PS: W razie ewentualnego druku uprzejmie proszę zaznaczyć pod tytułem »Wiersze« na pamiątkę DK Zb. Kraszewskiemu"[112].

---

[112] Janowi Twardowskiemu chodziło o kolegę z seminarium, diakona Zbigniewa Kraszewskiego, późniejszego biskupa, który został wyświęcony rok po poecie.

„Warszawa 31 stycznia 1948 r. (...) zawsze odczuwałem potrzebę oddania ich rozumnej i fachowej kontroli. Poza Wojtkiem Żukrowskim, który oceniał je po koleżeńsku, nikt ich właściwie nie sądził. Dlatego też recenzja Szanownego Pana Redaktora jest dla mnie bardziej pożyteczna i potrzebna niż pretensje do druku. Pogodniejsze dla siebie słowa Szanownego Pana Redaktora w tej recenzji uważam za delikatność, szczególną uwagę przywiązuję do krytycznego, a słusznego naświetlenia sprawy. Jestem bardzo wdzięczny (...) za poważny sposób potraktowania tych nieudanych drobiazgów. (...) Uwagi podane rozważę. (...) Słowa o przywiązaniu się do moich wierszy uważam za niegodne tych słabiutkich rzeczy. (...) Za wspomniany tekst w związku z »numerem świątecznym« najserdeczniej przepraszam – proszę się nie uśmiechać".

Ksiądz

Niebo Piekło

Czy miewał chwile zwątpień? Myślał, że popełnił błąd, wstępując do seminarium? Nic na to nie wskazuje. Jednak wcale nie musiało być mu lekko.

W przyszłości powie: *„Samo wstąpienie do seminarium czy do zakonu jeszcze nic nie znaczy, ale dotrwać do końca, wytrzymać – to trudna szkoła. Człowiek jest pod ciągłą obserwacją. Na początku jest jak w niebie, a potem może być jak w piekle"*[113].

„W seminarium najbardziej interesowało mnie czytanie i egzegeza Biblii. Musiałem także zdawać egzaminy z logiki, filozofii i teologii. Nie mam umysłu spekulatywnego filozofa. Teologia była mi potrzebna raczej na użytek innych. Nieraz ksiądz musi pouczyć kogoś, kto ma wątpliwości w wierze"[114] – mówił po latach.

I ta konieczność rezygnacji z siebie. On, niezależny poeta i reporter młodzieżowego pisma, wolny student, który dyskutował godzinami o literaturze i lekką ręką rozdzielał recenzje, zbuntowany przeciw ojcu, nagle musiał wykonać woltę i wejść w rolę pokornego kleryka, którą przyjmował każdy, kto przekraczał progi seminarium. W prośbach o dopuszczenie do kolejnych seminaryjnych święceń pisał standardową formułę: *„Z synowskim oddaniem się i czcią nabożną"*, *„Z najgłębszą czcią całuję ręce Waszej Eminencji"*, *„Niniejszym mam zaszczyt zwrócić się do Waszej Eminencji z pokorną prośbą o łaskawe udzielenie mi święcenia Prezbiteriatu"*.

Nauka w seminarium powinna trwać sześć lat, ale w kościołach brakowało księży, wielu zginęło w czasie wojny.

---

[113] Jan Twardowski, *Łaską zdumiony*, dz. cyt., s. 37.

[114] Marian Schmidt, dz. cyt., s. 36, 37.

„Zorientowaliśmy się rychło, że zamierzają nas wyświęcić trochę wcześniej" – wspominał ksiądz Andrzej Luft[115].

Alumni kończyli więc seminarium, w drodze wyjątku, po czterech latach. Jan Twardowski był jeszcze krócej. Dzięki temu, że miał magisterium z filozofii w zakresie filologii polskiej, dopuszczono go do święceń po trzech latach.

Święcenia

W niedzielę, 4 lipca 1948 roku, o godzinie ósmej rano, w warszawskim kościele Prokatedralnym (Pokarmelickim) Jan Twardowski, wraz z kolegami z seminarium, przyjął święcenia z rąk biskupa Wacława Majewskiego, sufragana warszawskiego.

Minęły dokładnie trzydzieści trzy lata od 4 lipca 1915 roku, kiedy Jan Twardowski został ochrzczony w kościele Świętego Aleksandra przy placu Trzech Krzyży.

Miało padać tego dnia. „Życie Warszawy", w niedzielnym wydaniu, zapowiadało, że nad stolicą mogą przejść burze.

W II klasie Loterii padło: 100 000 złotych na nr 6500, 50 000 na nr 47521.

Właśnie postanowiono o budowie fabryki Fiata w Warszawie, która miała rocznie produkować dziesięć tysięcy samochodów.

Dwa i pół tysiąca robotników i tysiąc junaków budowało Trasę W-Z.

Zioła magistra Wolskiego „Gastrosa" regulowały działanie żołądka, kiszek i łagodnie przeczyszczały.

Krem matowy puder Kwiat Białej Róży zapewniał aksamitną cerę.

Pilnie potrzebna była gosposia – opiekunka do dwojga dzieci do Świdra. Piusa 65-6. Zgłoszenia 16–19. Wejście kuchenne.

Buldog przybłąkał się – do odebrania za zwrotem kosztów. Marszałkowska 3/5.

Panu pokój centr. łazienka. Oferty „Rodzina".

Aniela Twardowska przyjechała na uroczystość święceń syna.

„Poza tym w dniu, kiedy zostałem księdzem i nie jadłem obiadu ze wzruszenia, choć podano mi zsiadłe mleko z kartoflami, nie mogłem się nawet porządnie przeżegnać, bo trzymałem stale w rękach pół tysiąca obrazków do rozdawania. Wtedy sama mamusia mnie przeżegnała: »W imię Ojca i Syna i Ducha Świętego«"[116] – napisał lata później w opowiadaniu dla dzieci.

---

[115] Zob. przypis 107.

[116] Ks. Jan Twardowski, *O znaku krzyża*, w: tenże, *Nowe patyki i patyczki*, zebr. i oprac. Aleksandra Iwanowska, Poznań 2009.

Miał co najmniej cztery rodzaje obrazków prymicyjnych. Na każdym wydrukowano napis: „Pamiątka święceń kapłańskich i mszy św. prymicyjnej ks. Jana Twardowskiego. Warszawa, lipiec 1948 r.".

Pierwszy był z wizerunkiem Matki Boskiej, z obrazu włoskiego malarza okresu quattrocento Domenica Ghirlandaia i z sentencją „Święta, czysta i kwitnąca jest piękność Twoja, na wieki zwiędnąć nie może".

Drugi z Chrystusem na krzyżu Diega Velázqueza i z sentencją „Wykonało się".

Trzeci z małym Jezusem z obrazu barokowego malarza Bartolomé Murilla *Dobry Pasterz* i z sentencją „Niech Imię Pańskie będzie błogosławione".

Czwarty przedstawiał świętego Piotra z Werony, człowieka pochodzącego z rodziny manichejskiej, zabitego ciosem noża w głowę przez mordercę wynajętego przez albigensów. Te obrazki były bez sentencji. Ksiądz Twardowski posłał jeden z nich z dedykacją Jerzemu Turowiczowi.

Śląskie dziewczęta witały księdza

Pierwszą prywatną mszę prymicyjną ksiądz Twardowski odprawił w kaplicy Baryczków, jedynej ocalałej ze zburzonej archikatedry Świętego Jana Chrzciciela w Warszawie, u stóp cudownego krucyfiksu. Figura Jezusa słynęła z czynienia łask i z tego, że w dawnych wiekach Chrystusowi wyrzeźbionemu z gruszy w XVI wieku rosły prawdziwe włosy, które mogła obcinać złotymi nożycami tylko prawdziwa dziewica. Przestały, gdy Luter zaczął głosić swe nauki. Mszę prymicyjną dla rodziny Jan Twardowski odprawił w katowickim kościele Świętych Piotra i Pawła, gdzie proboszczem wciąż był ksiądz Karol Mathea. W nocy przed mszą ksiądz Jan spał na plebanii, żeby rano wyjść stamtąd wprost do kościoła.

Halina, siostra Jana, wspominała: „Przed plebanią witały ubranego już do mszy świętej prymicjanta dziewczęta w strojach śląskich. Jedna przemawiała, później, śpiewając, wprowadziły go do kościoła. W orszaku za synem szła matka z najstarszą siostrą, za nimi rodzina i przyjaciele. Msza była bardzo uroczysta. Zawiódł tylko kolega Janka, ksiądz obdarzony pięknym głosem, skutkiem czego brat musiał sam radzić sobie ze śpiewem. Po błogosławieństwie i rozdaniu okolicznościowych obrazków wróciliśmy do mieszkania Knichowieckich, gdzie odbył się obiad, przyjęcie rodziny. Przemawiało kilka osób z Warszawy: siostra mamy z synem, stryjeczni bracia. Po południu wśród gości pojawił się również ksiądz proboszcz miejscowej parafii"[117].

[117] Halina Truszkowska, „Wspomnienia" (spisane w styczniu 2005). Rękopis w archiwum Aleksandry Iwanowskiej, cyt. za: Jan Twardowski, *Autobiografia*, dz. cyt., s. 208.

Tego roku ksiądz Jan napisał wiersz, który zaczynał się od słów: „*Własnego kapłaństwa się boję, / własnego kapłaństwa się lękam / i przed kapłaństwem w proch padam, / i przed kapłaństwem klękam*"...

Tłumaczył po latach: „*Nie klękam przed sobą, tylko przed kapłaństwem Chrystusa i modlę się, bym był tak przezroczysty, aby już Ciebie tylko było widać*"[118].

Wakacje spędził znów w Katowicach. Tam dotarło do niego pismo z Kurii Metropolitalnej, że został mianowany prefektem parafii Żbików dekanatu pruszkowskiego.

„Zechce przeto WJKS Wikarjusz Prefekt udać się do parafii Żbików i objąć obowiązki wskazane mu przez proboszcza. Jednocześnie Kuria Metropolitalna zaznacza, że opłaty pobrane za lekcje winny być dołączone do *iura stolae*".

[118] Jan Twardowski, *Łaską zdumiony*, dz. cyt., s. 44.

Skwer ks. Jana Twardowskiego z widokiem na klasztor Sióstr Wizytek

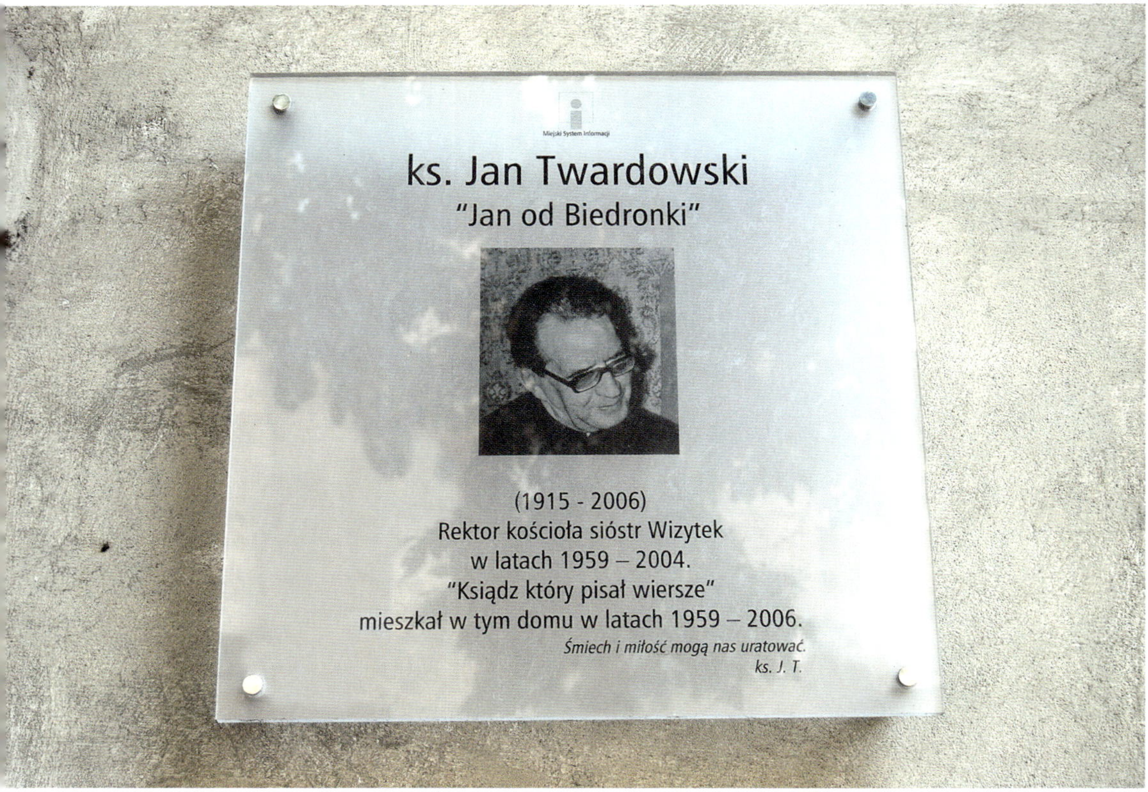

Tablica pamiątkowa

Dom księdza Twardowskiego

Kamień upamiętniający księdza Twardowskiego w jego ogrodzie

Drzwi wejściowe

5

Klęcznik

Schody prowadzące do mieszkania

Ksiądz Twardowski pod portretem swojej matki Anieli

Leżanka księdza, obok piec z autografami gości

Słownik mitów i tradycji kultury
słownik frazeologiczny języka polskiego
SŁOWNIK WYRAZÓW OBCYCH
TWOJE IMIĘ

Biblioteka

Zdjęcie księdza Twardowskiego wraz z podarunkiem od jednej ze szkół jego imienia

Sypialnia

Obwieszona pamiątkami ściana w pokoju

Na drzwiach między pokojami prałacka sutanna księdza

Modrzew w ogrodzie

Na następnej stronie: *Epitafium księdza Twardowskiego w kościele Sióstr Wizytek*

Jezu ufam Tobie
Zamiast śmierci
racz z uśmiechem
przyjąć Panie
pod Twe stopy
życie moje
jak różaniec

Wikary

Nic

– A pani tu czego?!!! – jakiś mężczyzna wrzeszczy na mnie i rozkłada ręce na drzwiach, zasłaniając wejście. – Proboszcz je obiad, a potem wypoczywa!!! Jakby tak każdy chciał tu wejść, to ksiądz by chwili spokoju nie miał.

Na nic moje dyskusje przed plebanią w Żbikowie z tym dziwnym, wychudzonym człowiekiem.

Ja mu, że proboszcz mnie oczekuje. Nic z tego.

Że umówiliśmy się przez telefon. A mam dowód na to?

Że chcę zobaczyć, czy zostały w parafii jakieś pamiątki po księdzu Twardowskim. Nie takie już słyszał rzeczy od ludzi próbujących wtargnąć na plebanię.

W końcu idzie jednak zapytać księdza, czy mnie przyjmie. Zamyka drzwi za sobą. Słyszę, że dla pewności przekręca zamek od środka. Znów wychodzi. Jest niezadowolony. Proboszcz Józef Tchórz mnie oczekuje.

Kancelaria parafialna jest ciasna jak dwa kioski ruchu. Ksiądz Tchórz, spokojny, jakby obojętny na wszystko, przeprasza za zachowanie szwagra. „To dobry człowiek, tylko narwany" – mówi.

Nie ma dla mnie dobrych wieści. Żadnych pamiątek po poecie tu nie znajdę. Ani wierszy w kronice, ani wpisów do ksiąg, które może i są, ale kto by tam szukał, ani żadnej rzeczy, która jego była. Proboszcz nie wie też, które mieszkanie w domu parafialnym Twardowski zajmował. I nie zna nikogo, kto by go pamiętał, bo sam mieszka tu dopiero od trzynastu lat.

Może mnie oprowadzić po kościele pod wezwaniem Niepokalanego Poczęcia Najświętszej Maryi Panny. To neogotyk nadwiślański z czerwonej cegły, postawiony na początku XX wieku w miejscu starego kościoła, pełen wieżyczek i dramatycznych, gotyckich łuków.

Jak chcę, to opuści dla mnie obraz w ołtarzu głównym z wizerunkiem świętego Rocha, namalowanym rzekomo przez Wojciecha Gersona. Ksiądz znika za ołtarzem. Słychać ruch korbki, święty Roch zjeżdża w dół, a ja podziwiam wyłaniający się obraz Matki Bożej Pocieszenia i Dobrej Śmierci, kobiety o sczerniałej, ale miłej i młodej twarzy, która trzyma na ręku małego Jezusa, dziecko o przedwcześnie dojrzałym obliczu. Ubrani są w srebrne szaty, na głowach mają złote korony. I znów ksiądz kręci korbką, Matka z Synem znikają za świętym Rochem.

Proboszcz Tchórz mówi, że gościł tu kiedyś księdza Jana, który podpisywał w tym kościele książki. Prosił potem poetę na plebanię, na herbatę. Ale ten odmówił. „Dziwaczny człowiek" – mówi proboszcz po chwili wahania.

Przypomina sobie na koniec, że księdza Twardowskiego z czasów, gdy był tu wikarym, może pamiętać parafianin Zenobiusz Kaczmarek ze wsi pod Żbikowem.

Bajki

Matka Zenobiusza Kaczmarka była pobożną kobietą, więc dała dziecku drugie imię po papieżu Piusie XII, który zajmował tron apostolski, kiedy w 1945 roku urodziła syna.

Zenobiusz Pius mieszka z żoną Ewą w dużym, przedwojennym domu, na końcu drogi tak dziurawej, że asfalt składa się właściwie z samych wyrw i błota.

Pod nogami kręci się nam kudłaty i mały jak ratlerek piesek, chory od lat na padaczkę. Gospodarze nie mają sumienia go usypiać, więc wciąż leczą u weterynarza. Pełno u nich zabawek, bo opiekują się wnuczką.

Ewa Kaczmarek: „Takie wspomnienie mam, że jak ksiądz Twardowski tu przyjechał, to było jeszcze bidnie, taka wieś".

Zenobiusz Pius Kaczmarek: „Jak dla mnie, to się wokół kościoła nic do tej pory nie zmieniło. Tyle co jezdnia jest, a kocie łby były. A przy głównej drodze stały domy kryte słomą. Byłem po Pierwszej Komunii, jak tu nastał. Zostałem ministrantem. W zasadzie dzieci nie miały tu innych rozrywek. I on nas w nagrodę za to, że się na nieszpory przyszło, taką grupkę ministrantów, brał pod krzyż misyjny przy kościele. I opowiadał różne bajki. Ja już teraz sobie nie przypomnę, jakie to były, ale nie takie typowe, klasyczne o krasnoludkach czy sierotce Marysi. Przypuszczam, że to były takie rekolekcje w formie bajki, z których wynikały jakieś morały.

Był bardzo miły, ciepły, dał się lubić. Nie był dominujący nad wszystkimi, tylko w formie partnerskiej z dziećmi rozmawiał. Spokojny taki, zawsze doradził, cichy. Msze miał normalne".

Kartka księdza Twardowskiego do Anny Kamieńskiej z 1983 roku

Ewa Kaczmarek: „Nie to co proboszcz Dyżewski, który tu był za czasów księdza Twardowskiego. Jak on mówił kazanie, to ludzie klękali. Każdy myślał, że do niego mówi. Nie było nagłośnienia, a słychać go było w każdym zakątku. Księdza Twardowskiego było słychać, tylko on nie dominował, nie zwracało się na niego uwagi".

Zenobiusz Kaczmarek: „Ksiądz Dyżewski podobno czaszkę ludzką miał ukrytą na ambonie i dla wzmocnienia efektu pokazywał ją podczas kazań. Ale ja tego nie pamiętam, choć trzynaście lat do mszy służyłem".

Ewa Kaczmarek: „A ja słyszałam, że tak było, bo mi tata opowiadał".

Zenobiusz Kaczmarek: „Niejednokrotnie byłem w mieszkaniu u księdza Twardowskiego. Chyba to były dwa pomieszczenia. Gdzieś na piętrze, ksiądz Kamiński był po drugiej stronie. Pamiętam ciemną szafę i łóżko. U Kamińskiego też skromnie, ale miał siostrę na mieście".

Ewa Kaczmarek: „Były piece na pewno".

Zenobiusz Kaczmarek: „Dzieci żałowały, jak ksiądz Twardowski odszedł, przepadały za nim. Często, gdy szedłem do szkoły, widziałem go po drodze. A jak wracałem do domu, widziałem, jak szedł sobie na cmentarz. Cichutko, skromnie, zamyślony".

Walizka i tobołek

Dziwne to było miejsce. Z ogromną, przysadzistą jak kwoka świątynią, która zagarnęła pod skrzydła pisklęta – wiejskie, drewnianie chałupki kryte strzechą, z glinianymi garnkami zatkniętymi na żerdziach płotów. A wokół pola i łąki. I cztery kilometry do najbliższego przystanku autobusowego, krzywą, brukowaną drogą.

Kościół wielkością swoją pasował raczej do miasta niż wsi i był pamiątką po dobrych czasach Żbikowa, które skończyły się wraz z pierwszą wojną światową.

Ale wcześniej wieś była zamożna, parafię erygowano tu już w XIII wieku, poprzedni kościół słynął z bogatego wyposażenia w kielichy, ornaty i komże ministrantów.

Do Żbikowa na wakacje przyjeżdżała inteligencja. Żbików zadzierał nosa przed proletariackim Pruszkowem, którego potem stał się ubogą dzielnicą.

Jeszcze z walizką w jednym ręku i tobołkiem w drugim, prosto z drogi, wikariusz Twardowski poszedł za swoim pierwszym proboszczem Franciszkiem Dyżewskim do kościoła, przed główny ołtarz. Ksiądz Dyżewski otworzył tabernakulum i wygłosił homilię o Jezusie Eucharystycznym. Modlili się.

Jana zachwycił kościół i dopiero po latach mówił, że tak naprawdę był w złym smaku, nieogrzewany – zimą wino zamarzało w kielichu – pełen bohomazów i brzydkich przedmiotów. Ale wtedy pisał matce, że trafił do pięknej świątyni. Dziwiła się po przyjeździe gustom syna.

A jeśli źle wybrał?

Jan Twardowski nie pasował tutaj.

Nie potrafił śpiewać.

Nie potrafił głośno mówić.

Wątły, kulejący inteligent słabego zdrowia.

Miał szczęście, że ksiądz Dyżewski uwielbiał wygłaszać kazania i niechętnie dopuszczał do nich swoich wikarych. Jan zawstydzony spoglądał z ambony na parafian oczekujących huczących kazań w stylu łysego jak kolano proboszcza. Sam coś mamrotał z góry.

– To nie kazanie, to bąkanie pod nosem – powiedział ksiądz Dyżewski wikaremu po wysłuchaniu pierwszego wystąpienia na ambonie.

Któregoś roku w pierwszym dniu Wielkanocy rezurekcję odprawiał proboszcz. Następna msza święta przypadła księdzu Twardowskiemu. W kościele było niewielu wiernych. Wszedł na ambonę i stremowany oparł się mocniej o pulpit, pod którym proboszcz chował ludzką czaszkę. Potoczyła się po schodach ambony.

– Amen – powiedział wikary Twardowski i zszedł na dół.

Słabł przy ołtarzu, uginały się pod nim nogi, drżały mu ręce. Badał się u lekarzy, podejrzewano epilepsję albo stwardnienie rozsiane. Okazało się jednak, że jest zupełnie zdrowy.

Wspominał po latach: „*Więc to chyba brało się z wielkiego uczuciowego poruszenia*"[119]. „*Bardzo trudno było mi na początku po prostu być księdzem. (...) Dla mnie oznaczało to całe lata cierpienia. To było życie nieudane w bardzo konkretnym sensie*"[120]. „*Miałem poczucie małej wartości, własnej brzydoty, niedoskonałości. Wydawało mi się, że nikt na mnie nie patrzy, czułem się niedowartościowany i niepewny*"[121]. „*Tak naprawdę jestem od urodzenia wprost chorobliwie nieśmiały. Torturą było dla mnie odprawianie mszy świętej tyłem do ludzi. Myślałem: »Patrzą na mnie, widzą długą tyczkę na chwiejących się nogach. Zaraz zemdleję!«. I mdlałem*"[122]. Był zagubiony.

Z jednej strony miał księdza Franciszka Dyżewskiego, urodzonego jeszcze w XIX wieku czciciela Matki Bożej, który co roku organizował pielgrzymki na Jasną Górę, gdzie dostępował zaszczytu wygłoszenia kazania, który porządkował

---

[119] Helena Zaworska, dz. cyt., s. 72.

[120] Tamże, s. 91.

[121] Jan Twardowski, *Autobiografia*, dz. cyt., s. 230.

[122] Aldona Kraus, *O wszystkim i o niczym. Rozmowy z księdzem Janem Twardowskim*, Warszawa 2009, s. 93.

życie parafian, urządzał im teatr, na którego imieninach stół z zaproszonymi gośćmi sięgał korytarza plebanii.

Z drugiej był ksiądz Aleksander Kamiński, katecheta, tutejszy życzliwy człowiek podwożący na rowerze ministrantom teczki do szkoły.

Ksiądz Jan czuł się przeraźliwie samotny. Nie miał kontaktu z parafianami. Żył jeszcze Stalin, zbyteczny kontakt z księdzem mógł się skończyć wezwaniem na milicję. Chciał odwiedzić kogoś, dawali mu przez okna znak, żeby nie podchodził. Najbliższą mu osobą stała się osiemdziesięcioletnia staruszka ze wsi, która mu usługiwała.

Tęsknił za przeszłością. Pisał o tym wiersze. Bał się trudu, który go czeka. A jeśli źle wybrał?

Pisał w wierszach: „*Wydaje się czasami, że Pan Bóg odszedł, minął (...). Tylko wątpiące serce wciąż spada w przepaść czarną*".

„*Boże, po stokroć święty, mocny i uśmiechnięty (...) dzisiaj, gdy mi tak smutno i duszno, i ciemno – uśmiechnij się nade mną*"[123].

Czasem się wyrywał ze Żbikowa, jechał do Warszawy. Na uniwersytecie, u profesora Borowego, przygotowywał się do pracy doktorskiej.

Miał jednak pecha.

Najpierw, w 1949 roku ciężko zachorował na malarię, która panowała wówczas w podmokłych okolicach Żbikowa. Wyzdrowiał, jednak choroba uszkodziła mu serce i nerki. Do końca życia miał się zmagać z jej skutkami.

Potem, w październiku 1950 roku, zmarł Wacław Borowy. Kierownictwo nad doktoratem przejął profesor Julian Krzyżanowski, historyk literatury, badacz pogranicza i folkloru. Jan Twardowski, choć złożył podanie o ponowne przyjęcie go w poczet doktorantów, pracy doktorskiej nigdy już nie napisał. To nie był dobry czas dla księży.

Katecheta

Chyba nie bardzo wiedziano, co z nim zrobić. Proboszcz Dyżewski rządził niepodzielnie w parafii, ksiądz Kamiński uczył religii w okolicznych podstawówkach.

Jan Twardowski został więc prefektem w szkole podstawowej w Koszajcu, pięć kilometrów od parafii, i w szkole dla dzieci specjalnej troski w Pruszkowie.

Pracę w Koszajcu wkrótce utracił, pod naciskiem władz komunistycznych.

Zostały mu tylko dzieci niepełnosprawne. W pruszkowskiej szkole przy ulicy Narutowicza uczyły się lżej upośledzone, u sióstr samarytanek w internacie przebywały dotknięte dużym stopniem upośledzenia. Uczył obie grupy.

---

[123] Wiersz z incipitem „Wydaje się czasami, że Pan Bóg odszedł" napisany w 1950 roku i wiersz *Suplikacje* z 1950 roku.

Pisarz Jerzy Zawieyski kilka lat po odejściu księdza Jana ze Żbikowa odwiedził pruszkowski ośrodek dla dzieci ciężej upośledzonych. Był wstrząśnięty wizytą.

Notował w dzienniku: „Wrażenie nie dające się opisać. Wypadki ciężkich upośledzeń, sami idioci. W większości wypadków dzieci alkoholików albo weneryków. Praca sióstr budzi najwyższe zdumienie i podziw. (...) Są tam dzieci z wodogłowiem, dzieci zdeformowane, najczęściej nie mówiące, z patologią wszelkiego rodzaju. Dziewczynka w wieku 17 lat wygląda jak niemowlę, ciągle leży, nie mówi, pozbawiona nawet instynktu głodu"[124].

Twardowski nigdy wcześniej nie uczył katechezy. Bał się z początku swoich uczniów i szkoły z trzema klasami, bez dzwonków, bez tradycyjnych godzin lekcyjnych, z zajęciami przerywanymi na życzenie zmęczonych dzieci.

W listopadzie 1949 roku pisał do Jerzego Turowicza: „*Jestem bardzo zapracowany, obowiązki parafialne, 40 godz. tygodniowo lekcji, nie mam czasu przyjrzeć dokładniej się swoim wierszom...*".

Zastanawiał się, jak da radę wyjaśnić uczniom, czym jest dobro, szlachetność i humanizm. Jak mówić, czym jest grzech? Jak wyjaśnić Ewangelię, choćby o jawnogrzesznicy?

Znalazł wtedy swoją drogę katechizacji, której miał się trzymać później. „*Zawsze stosowałem zasadę, którą uświadomił mi Korczak: opowiadać ze szczegółami, a nie ogólnikami. Nazywać świat po imieniu. Nie ptak. Tylko szpak, drozd, słowik. Określić kolory. Nie drzewo, tylko dąb, wiąz*"[125] – wspominał.

Ważny był detal, szczegół, więc liczył z dziećmi pióra w ptasim ogonie, rozróżniał kształty liści, zaczynał rozmowę od pozornie nieważnych rzeczy, na przykład tego, co było dziś na obiad. Magdalena jawnogrzesznica była w jego katechezie kobietą obgadaną przez wstrętne skarżypyty, którą chciano zabić kamieniami, ale za którą ujął się Jezus.

„*Na przykład walkę Dawida z Goliatem przedstawiałem bardzo szczegółowo* – wspominał Jan Twardowski. – *Podawałem, ile każdy z nich miał kamieni. Wtedy dziecko uważało, a jeśli mówiłem ogólnie, nudziło się. (...) Na przykład potop! Jonasz w brzuchu wieloryba! Masa barwnych obrazów, nawet więcej niż w Ewangelii*"[126].

Przede wszystkim jednak okazał dzieciom serce.

---

[124] Jerzy Zawieyski, „Dziennik 1955–1969", maszynopis znajduje się w zbiorach Zakładu Narodowego Ossolińskich, sygnatura 18237/II. Kolejne cytowane wpisy z dziennika, jeśli nie jest to zaznaczone inaczej, pochodzą z tego samego źródła.

[125] Marian Schmidt, dz. cyt., s. 48.

[126] Tamże, s. 112.

Opowiadał: „*Powiedziałem kiedyś do jednego chłopca »kochany Stefku«, a on na to zareagował bardzo żywo: »Jak ładnie ksiądz do mnie mówi! Inni do mnie mówią ty ośle albo zakało rodziny«*"[127].

W Pruszkowie nadal działa szkoła, w której ksiądz Twardowski uczył niepełnosprawne dzieci. Dzwonię, pytam, czy zachowało się coś po nim, choćby wpis do dziennika. Ale słyszę, że nic nie ma. Szkoła dopiero planuje stworzyć izbę pamięci.

„A ja Boga widziałem"

Kupił buty bosej dziewczynce. Na plebanii zjawiła się jej matka.

– Jestem z UB – powiedziała. – Obuł ksiądz moje dziecko. Mam polecenie, żeby księdza śledzić, bo ksiądz nowy. Ale niczego złego nie powiem, mogę zapewnić.

W żbikowskiej parafii dość częste były wizyty ubeków, którym nie podobała się polityczna treść sztuk pisanych przez proboszcza Dyżewskiego i wystawianych w parafialnym teatrze.

Jan Twardowski wspominał, że ksiądz Aleksander Kamiński obiecał komuś przechować paczkę. Położył ją pod swoim łóżkiem. UB akurat zrobiło rewizję w wikariatce. W paczce był karabin maszynowy. Kamiński miał trafić na półtora roku do więzienia. Adwokat wybronił go, sugerując chorobę psychiczną wikarego, któremu recepty wypisywał znajomy psychiatra. Po powrocie ksiądz Kamiński przyznał, że został zmuszony do złożenia donosów na każdego ze znanych sobie duchownych. O Janie Twardowskim powiedział, że pisze wiersze i jest nie bardzo przytomny.

Któregoś dnia funkcjonariusze UB przyjechali po księdza Twardowskiego.

Musiało to być już po październiku 1949 roku, kiedy na zjeździe organizacji kombatanckich zrodził się pomysł stworzenia ruchu księży-patriotów popierających ustrój komunistyczny. Wśród księży-patriotów znaleźli się początkowo kapelani wojskowi, byli więźniowie obozów i ludzie skonfliktowani z władzami kościelnymi. Z czasem zaczęli do nich przystępować księża nie związani z ruchem kombatanckim, często przekupywani, zastraszani lub szantażowani. Księża-patrioci brali udział w „spontanicznych" wiecach i manifestacjach.

„Przyjechało dwóch panów z Urzędu Bezpieczeństwa – wspominał Jan Twardowski – aby zawiadomić nas, że musimy pojechać do stolicy na zebranie dyskusyjne. Wymienili nazwiska proboszcza i mojego poprzednika zamiast mojego. »Tak się nie nazywam – broniłem się – nie mogę pojechać«"[128].

Wrócili. Jan Twardowski ukrył się, zabrali tylko proboszcza.

---

[127] Jan Twardowski, *Łaską zdumiony*, dz. cyt., s. 60.

[128] Marian Schmidt, dz. cyt., s. 49.

Ale UB nie odpuszczało. Następnego dnia rano przyjechali po księdza Twardowskiego. Zabrali go do budynku UB we Włochach pod Warszawą.

Mówił: „*Po trzech godzinach trzymania na korytarzu wpuścili mnie na salę. Przy stole siedziało sześciu panów przygotowanych na przesłuchanie mnie. Byli na mnie źli.*

– Dlaczego nie pojechaliście?

– Bo nie byłem zaproszony.

– A dlaczego ukrywaliście się?

– Bo nie chciałem tam wejść.

Każdy z nich zaczął mi udowadniać, że nie ma Boga, a jeden, widocznie historyk, przypomniał, że za króla Łokietka pewien biskup miał dziecko.

Raptem odpowiedziałem:

– A ja Pana Boga widziałem.

– Tak?

– Tak.

Zamilkli. Po chwili jeden wstał i oznajmił mi: »Ksiądz jest wolny«.

Wypuścili mnie, uważając za wariata, i odtąd więcej nie wzywali. Trudno im było zrozumieć, że dla mnie, wierzącego, Bóg jest oczywisty, że odczuwam Jego obecność przy sobie”[129].

Waldemar Smaszcz tłumaczy: „Mieli do czynienia z księdzem wykształconym, prawie doktorem, który znał języki. On był jednym z bardziej wykształconych księży w tym czasie w Warszawie. A oni mieli po trzy klasy podstawówki i w głowach im się nie mieściło, że ksiądz może rozmawiać z Bogiem. Ciasno myśleli, wziął ich przez zaskoczenie. Dlatego tak łatwo wyszedł".

W Instytucie Pamięci Narodowej składam podanie o wgląd do teczek księdza Jana Twardowskiego. Chcę sprawdzić, czy zachował się ślad tamtej wizyty w Urzędzie Bezpieczeństwa.

Odwiedziny

Gdzieś tam był dom, matka, siostry, krewni, znajomi. Rzadko się widywali z Jankiem.

Stefan Kruś: „Byliśmy raz u niego z mamą. Spędziliśmy popołudnie, pogadaliśmy. To była wtedy najdłuższa z nim moja rozmowa w życiu. Nie pamiętam o czym, ale wiem, że w tamtym momencie byliśmy sobie bliscy jak nigdy przedtem i nigdy potem".

---

[129] Tamże, s. 50.

Bohdan Knichowiecki: „Byłem jeszcze wtedy dzieckiem, gdy babcia mnie zabrała na pierwszą posadę wujka. Ale nie mieszkaliśmy u niego, tylko w pobliskich Gołąbkach, gdzie żyła najmłodsza siostra babci. Potem pojechaliśmy z babcią Anielą na spacer Trasą W-Z. Byliśmy dosłownie dzień po otwarciu, w lipcu 1949 roku".

Prawdopodobnie wtedy też Aniela Twardowska była u lekarza z chorymi nogami. Wciąż cierpiała na niegojące się owrzodzenia. Skorzystała z pośrednictwa Stefana Krusia, studenta medycyny, który pomógł jej dotrzeć do znakomitego dermatologa profesora Mariana Grzybowskiego. Ten jednak niewiele pomógł. Wkrótce aresztowało go UB za rzekome szpiegostwo. Został zamordowany w więzieniu.

Komunizm rozjeżdżał właśnie stryja księdza Jana – Stefana Twardowskiego, właściciela fabryki pomp na warszawskim Grochowie. W sierpniu 1950 roku minister przemysłu ciężkiego wydał zarządzenie o ustanowieniu nad fabryką przymusowego zarządu państwowego. Stefan mógł być wciąż dyrektorem. Jednak rok później stracił stanowisko, jakiś czas potem został przymusowo wysiedlony ze swojego domu przy fabryce.

Próbowała mu pomóc jego córka Irena Domańska, rodzinna komunistka. Przeżyła wojnę we Francji, działała tam w ruchu oporu i po wyzwoleniu wróciła do kraju. W swoim czasie wstąpiła do PZPR, była posłanką na Sejm, a ponieważ świetnie znała języki, wciąż wyjeżdżała za granicę. Kiedy firma jej ojca zaczęła jechać w dół, robiła wszystko, żeby ją uratować. Ale jedyne co mogła załatwić, mimo takich wpływów, to było mieszkanie na Saskiej Kępie, dokąd przeniosła ojca. Sama potem przez wiele lat była prezesem Polskiego Czerwonego Krzyża.

Stefan Twardowski umarł w 1955 roku. Ksiądz Jan wygłosił mowę nad jego grobem.

„Przesadna obawa o godność kapłańską"

Był kilkanaście kilometrów od Warszawy. Był tysiące kilometrów od wszystkiego.

Łaknął rozmów o literaturze. A proboszcz potrafił mówić tylko o życiu parafii, życiu Kościoła i życiu Maryi, księdza Kamińskiego przeważnie nie było, nauczyciele w szkole unikali go. Wprawdzie prosił w każdym liście Jerzego Turowicza o uwagi na temat swoich wierszy, ale stał przed nim w pozycji ucznia, przyjmował pokornie spostrzeżenia redaktora, nie dyskutował z nim.

Pod koniec 1949 roku właśnie od Jerzego Turowicza dostał wiadomość, że pisarz i poeta, autentysta Jan Bolesław Ożóg chciałby nawiązać z nim kontakt.

Ożóg, starszy od Twardowskiego o dwa lata, przez krótki czas był alumnem seminarium duchownego w Przemyślu, czytał przed wojną *Powrót Andersena*, śledził wiersze poety w „Odrze" i „Tygodniku Powszechnym". Przesyłał list, w którym wyrażał podziw dla prac poetyckich Twardowskiego, akcentujących szczerość doznań i intymność wzruszeń kapłańskich.

Wikary odpisał jak najprędzej: *„10.01.1950. (...) Sąd Pański o moich wierszach grzeszy przesadą. Wiersze moje mijają się z ludźmi, albowiem tematyka ich jest b. ograniczona, nie dotyczą ogólnych przeżyć ludzkich, ale poszczególnych. Obawiam się, że może jest Pan jedynym czytelnikiem moich wierszy, ze względu na moją przeszłość – nie spotkałem się bowiem z żadnym zainteresowaniem moimi wierszami.*

List Pański jest jedynym listem mojego czytelnika, przypuszczam, że i ostatnim. Księża takich wierszy nie rozumieją, a ludzie świeccy takich wierszy nie potrzebują. Na szczęście wiersze są dla mnie maleńkim fragmentem mojej działalności kapłańskiej, przyznam się, że nie zależy mi na nich – praca kapłańska jest tak bogata i różnorodna, że może odsunąć pisanie wierszy na bardzo daleki plan. Obcować z duszą ludzką, uczyć drogi Bożej – sprawia więcej radości niż wiersze. (...) Proszę napisać do mnie serdecznie i szczerze, nie ma nigdy spotkań przypadkowych i nigdy przypadkiem nie nawiązuje się korespondencji, widocznie potrzebne jest któremuś z nas nawiązanie znajomości.

Niektórych wierszy swoich się wstydzę i nigdy nie napisałbym teraz podobnych, odczuwam głębokie potrzeby życia wewnętrznego, tęsknotę za świętym kapłaństwem – większość wierszy swoich zaliczam do swoich śmiesznych słabości.

Niemniej jednak nie utraciłem swojej wrażliwości na poezję, lubię czytywać wiersze innych, zachęcam Pana do pisania, chętnie czekać będę w prasie Pańskiego znanego już nazwiska.

Myślę jednak, że nie należy nigdy czynić z poezji czy literatury najważniejszego problemu swojego życia – trzeba umieć postawić ją w odpowiedniej proporcji do innych spraw.

Serdecznie polecając się modlitwom i pamiętając teraz stale o Panu w Mszy świętej, proszę z kolei o łaskawe modlitwy, abym mógł powiązać upragnione duszy mojej – święte i czyste kapłaństwo z prostą serdeczną poezją. Ks. Jan Twardowski"[130].

Jan Ożóg wspominał po latach, że zdziwiło go wtedy zbyt skromne mniemanie Twardowskiego o swojej pracy literackiej. Pisał we wspomnieniach: „Trochę na kokieterię wyglądały mi zwierzenia jego na temat kapłaństwa. (...) Nie znałem jeszcze wtedy siły jego autentycznego przywiązania do tego zawodu. (...) Wydaje mi się, że słowami jego kierowała przesadna obawa o godność kapłańską, jaką dźwigał. (...) jakby chciał się ubezpieczyć przed moim czy czyimśkolwiek posądem o laickie poglądy na moralność"[131].

---

[130] Jan Bolesław Ożóg, dz. cyt., s. 89.

[131] Tamże, s. 90.

Z przyjaźni literackiej, wymiany myśli, burzy mózgów choćby na odległość, na co wyraźnie liczył ksiądz, nic nie wyszło. Jan Ożóg przysłał jeszcze jeden list i korespondencja zamarła.

Namiastkę koła literackiego Janowi Twardowskiemu udało się stworzyć z dwojgiem ludzi – przedwojennym przyjacielem Eugeniuszem Zielińskim i pisarzem katolickim Władysławem Janem Grabskim. Nie spotykali się we trójkę. Ksiądz rozmawiał z każdym z osobna.

Grabskiego poznał już na początku pobytu w Żbikowie. Pisarz, autor powieści historycznych i o tematyce współczesnej, syn przedwojennego premiera, mieszkał w pobliskich Gołąbkach.

Jerzy Zawieyski zanotował w swoim dzienniku: „W parku Grabskiego kilka wspaniałych drzew (...). Więc buki, graby, klony, nade wszystko jakieś dwa dziwne dęby. Okazuje się, że cudzoziemskie, z południa Ameryki. Dom Grabskiego niełądny, zapuszczony, ale otoczenie bardzo miłe, zwłaszcza park. (...) Władysław jest wielkim optymistą, co dodaje mu uroku. Wszystko dla niego jest dobre i takie jak być powinno". Wikary Twardowski znał przedwojenną twórczość Grabskiego, w 1948 roku przeczytał jego powieść *Konfesjonał*. Podobała mu się. Napisał do autora list z prośbą o spotkanie. Został zaproszony do majątku.

Jan Twardowski wspominał po latach: „*Rozmawialiśmy o jego powieści, o sytuacji literatury, o ukazujących się książkach. Pytał mnie, jak się czuję na mojej pierwszej parafii. (...) Byłem oddalony od środowiska literackiego. (...) Dzięki rozmowom z Władysławem Janem Grabskim miałem kontakt ze światem zewnętrznym. (...) Czytałem mu swoje wiersze, słuchał, proponował pewne poprawki*"[132].

To Grabski przekazał mu wiadomość, że Jerzy Pietrkiewicz, serdeczny przyjaciel z „Kuźni Młodych", którego śmierć Jan opłakał w czasie okupacji, jednak żyje i jest na emigracji w Londynie. Wtedy nie mieli najmniejszych szans na spotkanie.

Eugeniusz Zieliński, drugi ze skromnego kółka literackiego Jana Twardowskiego, mieszkał w pobliskim Piastowie, później w Ursusie. Wojna i komunizm odebrały mu wszystko, czym był wcześniej. Przed wojną uważano go za nadzieję poezji polskiej, sam Wierzyński zwał go czule „czarującym prymitywem", na wydanie czekał tomik poezji Eugeniusza złożony u Jakuba Mortkowicza. Teraz był tylko sfrustrowanym urzędnikiem bez perspektyw awansu.

Ksiądz Jan wspominał, że widywali się niemal codziennie w Żbikowie. Rozmawiali wyłącznie o literaturze i poezji.

Byli dla siebie podporą. Potrzebowali się wzajemnie.

Ani duchowny Twardowski, ani Zieliński, piszący wiersze o Piłsudskim, nie liczyli na wydanie swoich wierszy w książce.

---

[132] Jan Twardowski, *Ludzie, których spotkałem*, dz. cyt., wyd. 1, s. 99–101.

Nie mogli przewidzieć, że Janowi się uda i zrobi karierę, a Zieliński już na zawsze pozostanie cieniem Twardowskiego, nocnym niepokojem, wyrzutem sumienia. Że pozostanie mu patrzeć, jak przyjacielowi wydają kolejne tomy poezji, jak staje się sławny i rozpoznawany.

Jan starał się mu pomóc ze wszystkich sił. Znany już prosił Bolesława Piaseckiego, Jana Dobraczyńskiego, Ryszarda Matuszewskiego o uwagę dla wierszy Zielińskiego. Bezskutecznie.

Do Jerzego Turowicza pisał w sprawie przyjaciela już w grudniu 1949 roku: „*Jednocześnie chciałbym zakomunikować, że zaproponowałem swojemu dawnemu znajomemu E. Zielińskiemu przesłać do Szanownego Pana Redaktora kilka swoich prac z prośbą o łaskawą ocenę. P. Eugeniusz Zieliński pisze moim zdaniem ciekawe wiersze. Drukował w pierwszych numerach »Twórczości« i »Odrodzenia«. Obecnie nie chce tam drukować. Jest katolikiem. Zaproponowałem mu przedstawienie swoich prac Szanownemu Panu Redaktorowi*".

Chyba Szanowny Pan Redaktor nie był zainteresowany. Bo osiem lat później Eugeniusz Zieliński pięknym, pełnym zawijasów pismem sam napisał list do Jerzego Turowicza: „W załączeniu przesyłam kilkanaście wierszy. (…) Wierszy nadesłanych nigdzie nie drukowałem jako ktoś pozostający od lat na najdalszych peryferiach życia literackiego". Jan Twardowski dopisał się niewyraźnymi bazgrołami pod spodem: „*Serdecznie popieram prośbę mojego przyjaciela p. Eugeniusza Zielińskiego. Wysoko cenię jego prace, bardzo pragnąłbym zobaczyć je na łamach »Tygodnika Powszechnego«*".

Protekcja na nic się zdała. Wiersze w „Tygodniku Powszechnym" się nie ukazały. Ksiądz Jan jakiś czas potem po raz ostatni napisał list w sprawie przyjaciela: „*Kolega mój przesłał kilka dobrych miesięcy temu parę swoich wierszy do red. »Tyg. Powszechnego«. Czy nie mógłby dostać odpowiedzi w sprawie losów swoich utworów? Ogromnie mi zależy na tym, żeby dostał chociaż odpowiedź, wart jest bowiem tego*".

Za życia Eugeniuszowi Zielińskiemu nie udało się wydać tomiku poezji.

Mówi Waldemar Smaszcz: „Zieliński, umierając na początku lat dziewięćdziesiątych, wygarnął księdzu, że ten zrobił karierę, a jemu nie pomógł. Tak się Jan Twardowski tym przejął, że własnym sumptem wydał mu pośmiertnie, w 1994 roku, zbiorek *Autoportret zmierzchu*. Resztę spuścizny po zapomnianym poecie przekazał do Ossolineum".

Telefon

[10 maja 2010]

Odmawiam rozmowy o księdzu. To ja byłam jego prawdziwą przyjaciółką. A nie że teraz każdy po jego śmierci mówi, że się z nim przyjaźnił. Była przy nim jakaś, jak to się mówi, aha, gosposia. I nagle w prasie wielka przyjaciółka.

Zawieyski

List

Gdyby Jerzy Zawieyski miał wstręt do pisania listów.

Albo gdyby list zaginął na poczcie.

Albo gdyby nierozważny listonosz zgubił go w drodze do Żbikowa.

Wtedy życie Jana Twardowskiego potoczyłoby się zupełnie inaczej.

Być może nie wydałby nigdy tomików poezji. Być może nie zostałby rektorem kościoła Sióstr Wizytek.

Być może skończyłby jako sfrustrowany i zapomniany ksiądz poeta, smutny rezydent w wiejskiej parafii.

Historia zna takie przypadki.

Jednak list przyszedł. Treść nieznana. Możliwe, że tkwi gdzieś w papierach po Janie Twardowskim. Tego się jednak nie dowiem. Spadkobierczyni księdza nie udostępnia ich nikomu.

Łatwo sobie go jednak wyobrazić, bo ksiądz Twardowski opowiadał o nim. List uprzejmy, niezobowiązujący. Że przesyła się serdeczne ukłony. Że w podwarszawskich Laskach właśnie odbył się wieczór wierszy księdza Twardowskiego drukowanych w „Tygodniku Powszechnym". Że wszystkim się podobały. Że załącza się zawiadomienie o wieczorze. Że pisze się w imieniu mieszkańców Lasek: siostry Katarzyny, siostry Teresy Landy i księży Aleksandra i Tadeusza Fedorowiczów. Że warto byłoby się poznać, może ksiądz łaskawie mnie odwiedzi przy okazji wizyty w Warszawie, mieszkam na Mokotowie przy ulicy Bałuckiego. Łączę wyrazy prawdziwego oddania Jerzy Zawieyski.

Data nadania listu też jest nieznana. Wiadomo tylko, że przyszedł do Żbikowa.

Jan Twardowski wspominał: „*Byłem tak wzruszony, że szedłem drogą, trzymając w ręce otwarty list, co jakiś czas patrząc z niedowierzaniem jak na list miłosny. Dla księdza mieszkającego na wsi, oderwanego od stolicy, ten list był wydarzeniem*”[133].

To Jerzy Zawieyski miał postawić na drodze Jana Twardowskiego profesora teologii księdza Stefana Wyszyńskiego, kaznodzieję i teologa księdza Jana Zieję, duchownych i świeckich związanych z ośrodkiem odnowy religijnej w Laskach pod Warszawą.

„Już się z klęczek nie podniosłem”

Zawieyski był starszy od Twardowskiego o trzynaście lat.

Przed wojną był słabym aktorem, ale uznanym pisarzem i dramaturgiem. Zerwał z Kościołem katolickim, bo widział w nim ciemnotę, prostactwo i antysemityzm. Działał w Wiciach, lewicowym ruchu młodzieży wiejskiej. Stworzył związek z nauczycielem wiejskim, później doktorem psychologii Stanisławem Trębaczkiewiczem. Mieli być z sobą już do końca życia pisarza.

Nigdy nie utracił wiary w Boga. I szukał do Niego drogi. Odnalazł ją w Laskach, w których działał Zakład dla Ociemniałych Dzieci założony przez matkę Elżbietę Czacką i które w międzywojniu były ważnym ośrodkiem odnowy religijnej w duchu II Soboru Watykańskiego, na długo przed Soborem.

Centralną postacią Lasek był ksiądz Władysław Korniłowicz. Pomógł zrozumieć Zawieyskiemu, że Kościół to też laicy i niewierzący, to francuski filozof Jacques Maritain i jego rewolucyjne słowa, że każdy człowiek ma swoją godność, nawet ten, który nie jest chrześcijaninem.

Taki Kościół pisarz potrafił zaakceptować. W 1942 roku przyjął w Krakowie komunię świętą z rąk Jana Ziei, związanego z Laskami ubogiego księdza z Polesia, którego poznał w Wiciach. Zawieyski wspominał po latach: „Już się z klęczek nie podniosłem od tamtej chwili”[134].

Także w Laskach zaprzyjaźnił się ze Stefanem Wyszyńskim.

Po wojnie znał wszystkich, wszyscy znali jego. Związany był ze środowiskiem rodzącego się „Tygodnika Powszechnego”, łączyła go przyjaźń z Zofią Nałkowską, jego dramaty niemal nie schodziły ze sceny Teatru Starego w Krakowie.

Euforia skończyła się szybko. W 1949 roku nie poparł socrealizmu i został objęty zakazem druku i wystawiania.

---

[133] Tenże, *Łaską zdumiony*, dz. cyt., s. 98.

[134] Jerzy Zawieyski, *Kartki z dziennika 1955–1969*, Warszawa 1983, s. 14.

Prawdopodobnie wtedy napisał pierwszy list do wikarego ze Żbikowa. Spotkali się Warszawie.

Jan Twardowski wspominał: „*Udałem się do jego mieszkania. Przyjął mnie bardzo życzliwie, a nawet z entuzjazmem. Odniosłem wrażenie, że bardzo potrzebował przyjaźni, kontaktu zwłaszcza z ludźmi ze środowiska literackiego. Zaczął mówić o moich wierszach, bardzo je chwaląc. Było to dla mnie niezwykle ważne w tym czasie, gdy żyłem zupełnie odcięty od świata literatury. (...) Starałem się zapamiętać wszystkie jego uwagi*”[135].

Spotkania stały się dla obu ważne. Mieli utrzymywać kontakt do śmierci pisarza w 1969 roku.

Zawieyski, z rzadka, odnotowywał w swoim dzienniku spotkania z księdzem i wrażenia z lektury jego wierszy.

12.06.1955. „Niezanotowana wczorajsza wizyta u księdza Jana Twardowskiego – była także wypełniona rozmową o Jerzym [Andrzejewskim]”.

28.07.1955. „W drodze powrotnej (z Lasek) zaszedłem na Żoliborz do znakomitego poety, księdza Jana Twardowskiego. Czytał mi swoje wiersze, jeden z nich jest mnie dedykowany. Wiersze są zadziwiające prostotą i pięknością. Jest w nich ogromny urok. Są autentyczną poezją, bardzo dojrzałą, swoistą. Odkrywczość treści – wszystko jest nasycone realiami życia kapłańskiego. To właśnie jest nowe i odkrywcze. Twardowski mówi najzwyklejszym słowem o Bogu, mówi tak, jak się modli. Dlatego jego poezja jest czymś jak modlitwa. I on także, jak siostra Katarzyna, promieniuje swoją świętością. Zetknięcie z nim jest wielkim przeżyciem. Zawsze wychodzę od niego z poczuciem grzechów i win, lecz równocześnie z czymś radosnym, z ufnością wobec Boga. I myślę też zawsze, że pięknie jest być księdzem. Wiele mu zawdzięczam i cieszę się, że i on mnie obdarza sympatią – i jak powiada uznaniem. Wyjaśniał mi też Ewangelię z ostatniej niedzieli. Bardzo mądrze i trafnie. Więc dzień obfity i bardzo ważny”.

5.04.1957. „W tym samym numerze [»Tygodnika Powszechnego«] piękne wiersze księdza Twardowskiego. Pierwszorzędny liryk, autentyczny poeta. Materia jego wierszy składa się z codzienności, z realiów kapłańskich, z prostych przeżyć religijnych. Po raz pierwszy chyba poezja wysnuta z wiary jest antypatetyczna, ludzka, zwykła i niejako zwyczajna. Na tym polega nowość i odkrywczość poezji Twardowskiego. Zdolność wzruszania ogromna, komunikatywność rewelacyjna – mimo iż niejednokrotnie nie są to rzeczy zbyt łatwe. Czasami dużo gadania w tej poezji, ale jest to zawsze gadanie urocze, uroczego człowieka”.

---

[135] Jan Twardowski, *Ludzie, których spotkałem*, dz. cyt., wyd. 1, s. 105.

Chrzęst

Do Lasek Jana Twardowskiego zabrał Jerzy Zawieyski.

Tadeusz Żychiewicz, dziennikarz „Tygodnika Powszechnego", pisał w latach pięćdziesiątych o ośrodku: „Wysypana szutrem dróżka chrzęści pod podeszwami; chrzęst ustanie, jeśli zboczy się z drogi. (...) Dziś dysponują przedszkolem, szkołą podstawową, szkołą zawodową, warsztatami drzewnymi, metalowymi, szczotkarskimi, dziewiarskimi, trykotarskimi. (...) A przecież nie ma tu cudowności. Jest prosta kaplica, pachnąca żywicą nieokorowanych pni sosnowych. Są nowoczesne budynki i baraki, szeroko rozrzucone. Sad, pasieka. Są niewidomi i najzwyklejsze siostry w burych habitach, i zwykłe troski. I jest w tej zwyczajności coś silniejszego niż sceptycyzm, jest w tej ciszy jakaś dynamiczna radość, jakaś wielka prawda obywająca się bez słów, pozbawiona krzty gestu, oszczędna – i bijąca jak taran. Nie, to wcale nie dziwne, że właśnie tutaj ks. Korniłowicz zagarniał – nie dla siebie – ludzi zjeżonych nieufnością i kpiną, splątanych, obolałych, zamkniętych"[136].

Ksiądz Korniłowicz już nie żył, zmarł na raka w 1946 roku. Ale żyli wciąż i pracowali jego duchowi następcy.

Ksiądz Aleksander Fedorowicz, kapelan i wychowawca niewidomych dzieci.

Jego brat Tadeusz, rekolekcjonista.

Zofia Steinberg, czyli siostra Katarzyna, lekarka, poetka, za młodu socjalistka, ochrzczona Żydówka, bezkompromisowa w pomaganiu ubogim i potrzebującym.

Zofia Landy, czyli siostra Teresa, służebnica Krzyża, filozofka, myślicielka katolicka, członkini zespołu redakcyjnego pisma „Verbum", osobista przyjaciółka Jacques'a i Raissy Maritainów, która pod wpływem księdza Korniłowicza przeszła w młodości z judaizmu na katolicyzm.

Twardowski zaprzyjaźnił się z nimi wszystkimi. Siostrze Katarzynie zadedykował wiersz *Świty*, a siostrze Teresie *Dom rekolekcyjny*. Po śmierci księdza Aleksandra w 1965 roku opracował spuściznę literacką po nim.

Maria Dłuska, badaczka języka i literatury polskiej, wersolog, była przyjaciółką siostry Katarzyny jeszcze z czasów szkolnych. Sama marzyła o życiu zakonnym, ale w 1953 roku, u sióstr karmelitanek bosych, wytrzymała tylko dwa tygodnie.

Często przyjeżdżała do Lasek, tu poznała Jana Twardowskiego. Dużo spacerowali i rozmawiali o poezji. Ksiądz Jan pokazywał jej swoje utwory. Bał się oceny znawczyni wiersza polskiego: słynęła z surowości jako nauczyciel akademicki.

---

[136] Tadeusz Żychiewicz, *Otworzyć ludziom świat*, w: *Ludzie Lasek*, red. Tadeusz Mazowiecki, Warszawa 1987, s. 23–33.

Park w Laskach

Wspominał: „*Nie raziły ją moje wiersze. Przyjmowała je z wielką życzliwością. Było to dla mnie prawdziwą zachętą do pisania. Mogę powiedzieć, że to Jerzy Zawieyski, który pierwszy zainteresował się moimi wierszami, i właśnie Maria Dłuska pozwolili mi uwierzyć, że moje pisanie ma sens*"[137].

Zdarzyło im się napisać wspólnie wiersz.

Jan Twardowski: „*Nie pamiętam już, która zwrotka była autorstwa profesor Dłuskiej. (...) Wiersz pozostał w szufladzie. Po latach zaś długo nie mogłem się zdobyć na wydrukowanie go, bo jednak nie był to do końca mój utwór. (...) Pisząc o karmelitance bosej, miałem na myśli moją rozmówczynię, ale oczywiście nie powiedziałem jej tego*"[138].

Ostatnia zwrotka: „*Bo ona deptana niziutka / bez żadnych owoców, bez kłosa / trawo-siostrzyczko moja / karmelitanko bosa*".

Musiał jednak czasami wyciągać wiersz z szuflady i czytać znajomym. Jerzy Zawieyski zanotował w dzienniku 11 sierpnia 1955: „Dużo tu piasku na brzegach, trawa na łąkach niziutka, prawdziwa polna, taka jak w wierszu księdza Twardowskiego »karmelitanka bosa«".

Wizyty Jana Twardowskiego w Laskach pamięta ociemniała siostra Hieronima. Do zakładu trafiła jako dziecko, skończyła tu szkołę, wstąpiła do zakonu laskowskich franciszkanek, została na zawsze. Teraz jest w Laskach bibliotekarką.

Wspomina: „Pamiętam, jak w latach pięćdziesiątych ksiądz Jan miał tu cichy wieczór autorski. Dosłownie cichy, bo przy zgaszonym świetle, w szkole. Nie wolno było wówczas takich wieczorów urządzać. Później odprawiał rekolekcje dla dzieci. Całkiem niedawno odnalazłam ich teksty. Nikt się nie spodziewał, że mogły się zachować. Oddałam je spadkobiercy księdza Jana".

Spacerujemy marszowym krokiem po ścieżkach. Kamyki chrzęszczą pod nogami.

---

[137] Tamże, s. 166.

[138] Tamże, s. 164, 165.

„Nad starą Biblią"

Rzadko pisał tak długie listy jak ten jesienią 1950 roku, do Jerzego Turowicza: *„Szanowny Panie Redaktorze! Przesyłam do łaskawej oceny cykl wierszy* Nad starą Biblią. *Tematyka Starego Testamentu, tak ciekawa – niestety prawie wcale nie poruszana przez współczesnych wierszopisów. Tytuł cyklu zaczerpnąłem z drukowanych swojego czasu wspomnień p. Morstinowej w »Tyg. Powszechnym«. Myślę, że jednak nie obrazi się na mnie za to. Biblję ogromnie kocham i lubię ją godzinami czytać.*

Bardzo gorąco proszę o uważne odczytanie przesyłanych wierszy. Tyle dostałem życzliwości od Pana Redaktora, że nie obawiam się przesłać jedynych swoich wierszy, które lubię, w nadziei nawet, że nie drukując ich, opatrzy je Szanowny Pan Redaktor w cenne dla mnie uwagi swoje i spostrzeżenia. Gdyby Pan Redaktor zdecydował się na druk, prosiłbym o utrzymanie charakteru cyklu z mottem ogólnym. Wiersze poszczególne nie tworzą całości. Porządek wierszy dowolny, byleby wiersz Z brewiarzem w ręku *zaczynał cykl, a wiersz* Rozmowy z Nikodemem *kończył go. Bardzo zależy mi na ocenie Pana Redaktora przesyłanych rzeczy. Może kiedyś będzie mógł Pan Redaktor oderwać się od swojej pracy i napisać kilka słów. Pamiętając stale w modlitwach, prosząc o modlitwę również dla siebie, pozostając z wyrazami głębokiego szacunku ks. Jan Twardowski"*.

Cztery miesiące później pytał Jerzego Turowicza o los swoich wierszy.

Naciskał: *„Ponieważ dostałem propozycję od xx Pallotynów wydrukowania tych wierszy w »Królowej Apostołów«, proszę uprzejmie – kilka słów stwierdzających nieużyteczność wierszy dla »Tygodnika Powszechnego«"*.

To Jerzy Zawieyski, który miał bliskie kontakty z poznańskim wydawnictwem Pallottinum z własnej inicjatywy napisał do księży wydawców list z prośbą o wydanie wierszy Jana Twardowskiego.

Poeta nie zdobyłby się sam na taki ruch. To nie było w jego stylu. Zawsze stał z boku wszelkich konfliktów, nie dołączał się do grup, koterii, zgromadzeń. Prostolinijny, wolałby pisać co miesiąc do Turowicza uniżone listy niż posuwać się do małego szantażu – albo mi wydrukujecie, albo zabieram wiersze.

Pallottinum publikowało głównie książki religijne i Biblię, ale wydawnictwo miało w swojej stajni także pisarzy katolickich – Władysława Jana Grabskiego, Zofię Kossak-Szczucką, Jana Dobraczyńskiego i Zawieyskiego właśnie. Od 1908 roku wydawało miesięcznik „Królowa Apostołów" przeznaczony dla katolików świeckich. Był tam kącik poetycki, w którym zamierzano zamieścić cykl *Nad starą Biblią*.

Jerzy Turowicz odpisał niemal natychmiast. Był zainteresowany drukiem całego cyklu w „Tygodniku Powszechnym".

Jan Twardowski jeszcze w lutym 1951 roku wysłał list do Krakowa: *„Największym moim pragnieniem jest być dobrym księdzem i wstyd mi, że czasem dużo myślę o wierszach i o ich drukowaniu w »Tyg. Powszechnym«. Chciałbym jednak, żeby służyły dobrej sprawie. (...) Przepraszam za złe maszynopisy, zwłaszcza trzy w dzisiejszej przesyłce, ale mam dostęp do niemożliwie popsutej maszyny, poza tym jestem ogromnie zajęty przygotowywaniem kilku serii rekolekcji i nie mogę raz jeszcze wszystkiego porządnie poprzepisywać. (...) Przykro mi, że narobiłem tyle kłopotu taką masą wierszy i że jeszcze teraz wprowadzam pewne zmiany, myślę jednak, że nie są już złożone (...)"*.

Do listu dołożył maszynopis z korektą.

Z wiersza *Z brewiarzem w ręku* wykreślił ołówkiem dwie strofki.

Z *Sulamitki* zniknęła druga zwrotka i długie motto.

W *Potopie* ostatni wers *„goreje szkarłat grzech. Gniew wzbiera. Boże, Boże..."* zmienił na *„jak przed potopem: Ty gniewasz się Boże"*.

Prosił o zastąpienie wiersza *Mojżesz na górze Niebo* utworem *Ziemia święta*.

Dosyłał też wiersz nowy, *Dzieło rąk Kainowych*, który miał zastąpić *Mefistofelesa*, *„który Panu Redaktorowi nie podoba się"*.

Jednak redakcja „Tygodnika Powszechnego" wciąż zwlekała z publikacją.

W połowie czerwca 1951 roku Jan Twardowski podpisał więc umowę wydawniczą z Pallottinum.

Zamiast druku w „Królowej Apostołów" palotyni zobowiązywali się wydać zbiór poezji *Nad starą Biblią*.

W możliwie najbliższym terminie mieli się podjąć starań u władz na wydanie drukiem tomiku w nakładzie do piętnastu tysięcy egzemplarzy.

Właściwą umowę miano podpisać w chwili, gdy Centralna Komisja Wydawnicza zatwierdzi publikację oraz przydział papieru i wyda zezwolenie na druk.

Ksiądz wyrażał zgodę na wykorzystanie wierszy w czasopismach Pallottinum.

Otrzymał siedem i pół tysiąca złotych zaliczki na poczet przyszłego honorarium. Przeciętna płaca wynosiła wówczas 599 złotych.

Wspominał po latach: „*Nie widziałem celowości tego przedsięwzięcia, bo były to ciągle jeszcze czasy stalinowskie i sama myśl, że mogłyby się ukazać wiersze katolickiego księdza, wydawała się niedorzeczna*"[139].

Nie wiadomo, czy poinformował o umowie Jerzego Turowicza.

Latem w „Tygodniku Powszechnym" ukazały się wiersze Twardowskiego.

1 września 1951 roku poeta napisał do redaktora dość chłodno: „*Dziękuję za wydrukowanie dwóch wierszy. Chociaż ten drugi* Ziemia święta *z błędami w korekcie wypadł bardzo słabo. Przesłałem go do redakcji półtora roku temu z cyklem* Nad starą Biblią *i poza cyklem nie zamierzałem go drukować*".

Ale nie potrafił się długo gniewać, bo jeszcze w tym samym liście przesłał trzy nowe wiersze na ręce redaktora.

Cztery miesiące później, w grudniu 1951 roku, zawarł nową umowę z Pallottinum, tym razem na wybór wierszy.

Przyszło mu czekać na ich wydanie osiem lat.

---

[139] Tamże, s. 106.

Dziennik

Pod koniec życia mówił: „*Lubię czytać rozmaite pamiętniki i dzienniki. (...) Zacząłem sam pisać, ale złapałem się na tym, że albo pisałem o sobie dobrze, albo pisałem tak źle, żeby inni mówili, że jest ze mną trochę lepiej. Najgorzej, kiedy naśladując innych, próbowałem pisać na przykład tak: »dzisiaj zasnąłem przy Heglu«, albo: »Paryż. Dnia tego i tego. Patrzyłem przez okno z wiszącym balkonikiem i myślałem o Prouście«. Wreszcie przestałem pisać. Spaliłem zapisane kartki*”[140].

Nie mówił prawdy.

Zapisał co najmniej trzysta czterdzieści stron dziennika. Pierwszy wpis pochodzi z 27 września 1957 roku, ostatni z kwietnia 1968. Strony pamiętnika są luzem, kiedyś były złożone w jednej okładce. Pomiędzy kartki ksiądz Jan wkładał listy od znajomych, nekrologi wycięte z gazet, wycinki informujące o swoich wieczorach poetyckich. Zabłąkał się nawet przekaz pocztowy informujący o tym, że w czerwcu 1971 roku wysłał matce tysiąc złotych.

Pamiętnik Jana Twardowskiego dostaję od nieznanego mi człowieka, zaledwie na kilka dni. Mogę go przeczytać i opisać, nie wolno mi go kopiować ani cytować. A potem muszę pamiętnik księdza Jana oddać.

Nie dowiem się, skąd właściciel dziennika go wziął. Dostał od księdza w prezencie? Jan Twardowski pod koniec życia kompulsywnie rozdawał ludziom rzeczy ze swojego pokoju. Może myślał, że ofiarowuje coś banalnego, i nie zauważył, że oddaje swoje sekrety? A może ten ktoś zabrał sobie na pamiątkę dziennik księdza, nie informując go o tym? Tak też bywało.

Ksiądz Jan na początku pisał codziennie. Zielonym atramentem, który z czasem zmienił na niebieski długopis. Odnotowywał wizyty, spotkania, ciekawe

---

[140] Jan Twardowski, *Niecodziennik cały*, Kraków 2000, s. 5.

rozmowy. Zapisywał stany swojego ducha, wyliczał w punktach postanowienia rekolekcyjne. Na marginesie prowadził arytmetykę wydatków na tramwaj i autobus. Notował młodzieżowe powiedzonka: „Nawiałem z habiry bo mi jareccy nie odkopsnęli sarki na alpagę”, „szamać – jeść”, „Chcesz mieć cizię, chatę, szkło, to oszczędzaj w PKO”.

Zapisywał projekty kazań, które wygłaszał później podczas mszy świętych. Widać, jak bardzo się przykładał do tej pracy. Skreślał całe strony, żeby za chwilę pisać kazania od nowa. Inne dla dzieci, inne dla dorosłych, inne dla artystów podczas rekolekcji, jeszcze inne dla kleryków. Z czasem kazania zaczęły zajmować niemal cały pamiętnik, coraz mniej w nim rozważań o życiu doczesnym księdza. Tu i ówdzie pojawia się jego wiersz, przeważnie nieczytelny. Ćwiczył na kartkach języki obce. Płynnie przechodził w notatkach z języka polskiego na francuski. Jego niemiecki był poprawny, angielskiego dopiero się uczył. Wypisywał pojęcia i zwroty grzecznościowe, tłumaczył na angielski treść formuły ślubnej. Pod koniec lat sześćdziesiątych udzielał ślubów cudzoziemcom.

Dziennik, który czytam, jest chyba fragmentem większej całości. Aleksandra Iwanowska, spadkobierczyni księdza, w książce wydanej po jego śmierci opublikowała stronę zapisków po angielsku z 1970 roku z informacją, że pochodzą z diariusza poety.

Warszawa

Żoliborz

Prowincjonalna żbikowska parafia z nieładnym kościołem była pierwszą miłością Jana Twardowskiego. Spędził w niej tylko trzy lata. Ale tęsknił za nią jeszcze długo. Odchodząc, był rozdarty. W mieście, dokąd go przenoszono, znów mógł być blisko literatury i ludzi z nią związanych. Tu jednak zostawiał wieś, ptaki, drzewa, ukochaną przyrodę. Mówił, że pokarano go miastem.

Żałował niepełnosprawnych dzieci, których nie miał już więcej uczyć religii. Napisał wiersz, który zaczynał się słowami: „*Uczniowie moi, uczennice drogie ze szkół dla umysłowo niedorozwiniętych*", wspomniał Jurka z buzią otwartą, dorosłego głuptasa; Jankę Kąsiarską z rączkami sztywnymi; zmarłą Zosię; Janka bez prawej nogi, garbuska i jąkałę; Wojtka wiecznie płaczącego; Pawełka z wodogłowiem, który położył księdzu żabę na szkolnym dzienniku.

W czerwcu 1951 roku Jan Twardowski został przeniesiony do żoliborskiej parafii Świętego Stanisława Kostki.

Zamieszkał w niej na sześć lat, w budynku na parterze, z oknem na podwórze.

Bohdan Knichowiecki odwiedził wujka Janka w grudniu 1956 roku: „Zajmował dwa pokoje, stołował się u sióstr zmartwychwstanek. Bardzo dobrze gotowały. Zostałem u niego przez kilka dni. Sam zwiedzałem Warszawę, wujek był bardzo zajęty".

Jan Twardowski z Żoliborza na Wolę jeździł zatłoczonym tramwajem. Tam, w Liceum imienia Generała Sowińskiego, przez dwa lata (1952–1954) uczył religii.

Jego uczeń wspominał po latach: „Był nauczycielem wymagającym. Mówił cicho, nie kończył słów. Słuchanie go było bardzo trudne. Ale mówił mądrze"[141].

---

[141] Wypowiedź byłego ucznia pochodzi z filmu dokumentalnego Hanny Terleckiej *Ksiądz, który pisał wiersze* (2006).

W Niższym Seminarium Duchownym przy ulicy Kawęczyńskiej 49 na Pradze był wykładowcą literatury polskiej. Szkoła była prywatna, uczniowie zdawali maturę eksternistycznie.

Ksiądz Waldemar Wojdecki, pisarz i dziennikarz, był uczniem poety. Wspominał: „Przyszedł do szkoły uczyć nas w dziesiątej klasie języka polskiego. Ksiądz-polonista, to nas wtedy bardzo dziwiło. (...) Zamyślony, skromny, jakby z innego świata. Widzieliśmy, jak był skrępowany, kiedy musiał komuś postawić dwóję, kiedy uczeń nie potrafił powiedzieć na zadany temat ani słowa. Wtedy Ksiądz Profesor mówił ze smutkiem, ale i z pewną dozą humoru: »*Konia ci stawiam*«. Kiedyś po takim zdarzeniu, gdy wyszliśmy na przerwę, podszedł do obdarzonego »koniem«, wyraźnie zasmuconego ucznia, przycisnął go do serca i pocałował w głowę. Wiedzieliśmy, że ten »koń« zamieni się przed maturą w trójkę lub czwórkę.

Na lekcjach opowiadał nam o życiu i twórczości pisarzy i poetów zupełnie inaczej, niż to było napisane w podręcznikach. I on, i my mieliśmy ten komfort, że nie musieliśmy zgłębiać tajemnic literatury socrealistycznej, ale za to mogliśmy lepiej poznawać dzieła romantyków, literaturę międzywojenną i emigracyjną: nazwiska i dzieła ludzi, którzy byli na komunistycznym indeksie. To nas bardzo interesowało i byliśmy z tego dumni. Jednego tylko nasz Profesor się obawiał i często powtarzał: »*Jak wy zdacie maturę?*« (...). Gdy wróciliśmy po maturze pisemnej z języka polskiego do naszej szkoły, ksiądz Jan stał przy drzwiach i pytał swoim charakterystycznym głosem: »*No i jak ci tam poszło?*« (...). Kiedy po latach zapytałem księdza Jana, jak wspomina naszą szkołę i lekcje z nami, powiedział: »*Wstydzę się tamtych lekcji. Miałem dużo pracy jako wikariusz parafii Świętego Stanisława Kostki. Często nie byłem do tych zajęć przygotowany*«"[142].

Biskup Józef Zawitkowski, muzykolog i poeta, też był uczniem Jana Twardowskiego w Niższym Seminarium Duchownym.

Opowiada mi: „Były to lata 1954–1956. Ksiądz dojeżdżał z Żoliborza tramwajem numer sześć, a od Targowej numerem dwadzieścia pięć. Guziki sutanny miał zawsze źle zapięte, sweter krzywo zapięty, buty nie zawsze dwa te same, teczka niedopięta, a w niej nasze klasówki. Ale jego wykłady były inne niż wszystkie. Niewyraźnie mówił, ale ciekawie opowiadał. Pisał drobniutkimi literami, maczkiem albo robaczkami. Uczył stawiać w zdaniach kropki. Nie lubił tasiemców – długich zdań bez przecinków. Opowiadał nam zwykle obowiązujące lektury. Już wtedy w czytaniu lektur byliśmy leniwi. Czasem jednak dał się naciągnąć na osobiste opowiadania. Zdarzało się to w czasie ostatnich lekcji przed świętami Bożego Narodzenia lub Wielkanocy.

---

[142] Jan Twardowski, *Rozmowy pod modrzewiem. Ks. Jan Twardowski opowiada, ks. Waldemar Wojdecki notuje*, Warszawa 1999, s. 5, 6.

Nie wiedzieliśmy, że pisze poezje. Raz zrobiliśmy mu jakiś dowcip. Przyszedł inny ksiądz, Zdzisław Dobiecki, również wikariusz z Żoliborza: »Gnoje! Żebyście wiedzieli, że skrzywdziliście największego polskiego poetę!«.

Podrzucił nam kiedyś ksiądz Dobiecki wykradzione z szuflady księdza Twardowskiego wiersze pisane na kartkach. Od tej pory poezja Twardowskiego miała wpływ na wszystko, co się potem zdarzyło w moim życiu.

Ksiądz Profesor bardzo się martwił o nasze matury. Mówił: »*A piłował tak cię będę jak ten Kuba swoją nogę, może z ciebie coś dobędę! Szwedzką lufę ci wstawię jak za Kordeckiego!*«. Lubił dwuznaczniki – Mama myje nogi i ręce. Nie chodzą na bal konie. Oczywiście zawsze było źle, a ksiądz Jan cieszył się poprawkami: Mama myje nogi Irence. Lubił skwitowanie głupiej rzeczy powiedzeniem: »*Koń by się uśmiał*«. Pytany kiedyś: »Co ksiądz sądzi o tym poecie?«, »*Owszem, wieszczuje*«".

Ze szkoły na Pradze jechał na Krakowskie Przedmieście, gdzie od 1952 roku był wykładowcą literatury polskiej w Wyższym Metropolitalnym Seminarium Duchownym. Miał w nim uczyć trzydzieści dziewięć lat.

Ksiądz Roman Trzciński, rocznik 1949, pod koniec lat sześćdziesiątych był alumnem tego seminarium. Wspomina: „Nietypowe to były wykłady, raczej poetyckie gawędy, nawet chyba egzaminu nie było z tego przedmiotu. Mówił dość cicho, a myśmy nasłuchiwali. Trzymał sobie jakąś książkę w ręku, przekręcał kartki, strony przelatywały, a on i tak mówił z głowy. Nawet trudno było cokolwiek zanotować, cytował poetów, dzielił się swoimi odkryciami. Pokazywał nam wymiar chrześcijański i religijny poezji polskiej w czasach, gdy poezja miała służyć czerwonym. Ukazywał nam poetów głęboko zanurzonych w Bogu. Rzadko się uśmiechał, był raczej zasępiony, zamyślony. Ale jak już się śmiał, to rżał całym sobą".

Saska Kępa

Nie wiedział, dlaczego ma być przeniesiony z Żoliborza. Nie chciał opuszczać parafii, gdzie się już zadomowił. Chciano mu dać kapelanię w Wawrze. Odmówił, bo nie wyobrażał sobie męczących dojazdów na lekcje niemal spod Warszawy. Ksiądz Stefan Piotrowski, wikariusz generalny do spraw personalnych w kurii warszawskiej, musiał mieć już powyżej uszu księdza Twardowskiego, który na wieść o translokacji był u niego z wizytą co najmniej dziesięć razy. Jan Twardowski prosił go o najskromniejsze warunki, byle tylko mógł pracować i pisać. We wrześniu 1957 roku przeniesiono go więc do kościoła Matki Bożej Nieustającej Pomocy na Saskiej Kępie.

Nic mu się tam nie podobało. Cierpiał na depresję, czuł się samotny. Pocieszał się tylko, że widocznie Bóg wie wszystko lepiej. Miał żal do księdza Piotrowskiego, który zamiast ojcem okazał się zwykłym urzędnikiem kurialnym i przeniósł go w warunki tłumiące wszystkie jego możliwości. Jan Twardowski wspominał po latach: „*Miałem mieszkanie z pokojem przechodnim. Tak się złożyło, że była budowa plebanii. Przez mój pokój przechodził proboszcz, wikariusz i rezydent. Wtedy uznałem to za krzywdę dla mnie*"[143]. 27 września, dwa tygodnie po przeprowadzce, zaczął pisać dziennik. Zanotował, że kościół wydaje mu się surowy, zimny i jest w nim jakiś błąd konstrukcyjny. Żalił się, że nie czuje życzliwości wiernych, kontakty z nimi określał jako chłodną pustkę. Pod koniec września postanowił, że będzie codziennie odprawiał drogę krzyżową w kościele w ich intencji. Na każdej mszy świętej liczył w tłumie znajomych, którzy przyjechali z Żoliborza. W ostatnią niedzielę września 1957 roku było ich pięcioro, tydzień później doliczył się czworga.

Ambona w kościele była niewygodna, za mała, nie mógł się oprzeć. Nie podobał mu się też jego nowy konfesjonał, w porównaniu z żoliborskim przypominał mu ubogiego Kopciuszka. Stał w chłodnym miejscu, oparty o brzydką ścianę, z niewygodnym krzesłem do siedzenia. Dopiero w grudniu ktoś podłoży mu w konfesjonale grubą słomiankę pod stopy. Ksiądz uzna, że został w ten sposób zaakceptowany przez parafian. No, przynajmniej jednego parafianina.

Pod koniec października 1957 roku Jan Twardowski zanotował, że modli się o wyleczenie ze swojej obawy przed przestrzenią. Nigdzie wcześniej nie trafiłam na informację, że ksiądz Jan cierpiał na lęk przestrzeni. Nigdy, do końca życia, nie wspominał o tym publicznie. Nie mówił, że w żoliborskiej parafii z tego właśnie powodu pozwalano mu odprawiać nabożeństwa przy małym ołtarzu. Msze na Saskiej Kępie były dla niego udręką. W połowie grudnia pisał w dzienniku, że po dwóch latach nasilają się trudności w celebrowaniu mszy na wysokich stopniach. Pisał, że to jego wielkie cierpienie, upokorzenie i Krzyż. Modlił się, ofiarowywał Bogu swoje cierpienie jako pokutę za grzechy najgorszych grzeszników w parafii. Pisał, że w tych warunkach zbliża się do zupełnego wyczerpania i śmierci.

W kwietniu 1958 roku zaczął szukać innej parafii. Pojawiła się możliwość powrotu na Żoliborz w roli kapłana chorych. Przez chwilę był szczęśliwy, ale informacja okazała się nieprawdziwa.

W lipcu 1958 roku znów odwiedził księdza Piotrowskiego z warszawskiej kurii, znów prosił o translokację. Tym razem miał szczęście, bo władze kościelne i tak zamierzały go przenieść. Marzył o pracy w kościele Matki Bożej Loretańskiej na Pradze Północ, gdzie przy małym ołtarzu mógłby odprawiać spokojnie msze święte. Tego samego dnia po powrocie do domu zapisał w dzienniku, że rok spędzony na Kępie był najsmutniejszym rokiem jego kapłaństwa. Czuł się upokorzony, obojętny, życzliwość zyskał jedynie od trzech osób w parafii.

3 września 1958 roku opuścił Saską Kępę.

---

143 Ks. Jan Twardowski, *Być znakiem nadziei. Rozważania o kapłaństwie*, Pelplin 2009, s. 208.

Kartka księdza Twardowskiego do Anny Kamieńskiej z 1983 roku

Śródmieście

Ale nie trafił do wymarzonego kościoła na Pradze. Władze kościelne przydzieliły go do parafii pod wezwaniem Wszystkich Świętych przy placu Grzybowskim, gdzie jego rodzice brali ślub i gdzie ukrywał się z nimi w czasie powstania. Opowiadał po latach, że zakwaterowano go w jednym pokoiku, na czwartym piętrze bez windy. Spać mu nie dawały wrzaski pijaków dobiegające z placu Grzybowskiego.

Jednak polubił swój pokój od pierwszego dnia. Od razu go przemeblował, poczuł się w nim dobrze.

Pierwszej niedzieli w nowym kościele miał msze święte o szóstej i siódmej rano. Zapisał w dzienniku, że teraz jego kościół jest kościołem, otacza powagą, tylko głośniki są w nim słabe.

Pod koniec września, po czterech latach przerwy, wznowił lekcje religii w Liceum imienia Sowińskiego na Woli. Zanotował w dzienniku, że choć wcześniej z trudem uczył w tej szkole, teraz poszedł tam z przyjemnością. Pierwszego dnia miał lekcje z klasą 10 c i 11 a, 11 b nie przyszła.

Był spokojniejszy niż na Saskiej Kępie.

Już wtedy odprawiał msze święte w kościele Wizytek w zastępstwie często chorującego księdza Jana Ziei.

1 czerwca 1959 roku, w dniu swoich czterdziestych czwartych urodzin, został wezwany do Kurii Metropolitalnej Warszawskiej w sprawie objęcia rektoratu sióstr wizytek w Warszawie.

Rozmowa

[15 lutego 2010]

Każdy powinien mieć księdza w pamięci takiego, jakiego znał. Bo teraz dorabiają ludzie legendy. Przychodziła jakaś pani, trzy miesiące, nie dłużej, przebywała w tym kręgu. A potem w gazetach opowiadała, że tylko ją ksiądz kochał. Dlatego ja nie chcę nic mówić. I tak już za dużo powiedziałem.

Człowiek

Kiedy był małym chudym chłopcem z odstającymi uszami, wkładał kamyk do buta, żeby sprawdzić swoją odporność na cierpienie.

Płakał nad losem dziewczynki z zapałkami.

Mieszkał na granicy żydowskiej dzielnicy. Widywał ubóstwo.

W czasie wojny z okien mieszkania obserwował getto, łachmany, smutek, przerażenie i śmierć.

Jan Twardowski poeta chciał zdobyć świat.

Jan Twardowski ksiądz nie chciał od życia niczego. Po Bogu najważniejszy był człowiek.

Dopóki miał siły, odwiedzał ubogich, chorych w szpitalach, jeździł do umierających.

Ryszard Matuszewski pisał we wspomnieniach: „Któregoś dnia spotkałem na Krasińskiego mego dawnego kolegę z »Kuźni Młodych«, poetę, a wtedy już także i księdza. (...)

– A co ty tu robisz? – spytałem Janka Twardowskiego, jeszcze nie wiedząc, że pracuje w mojej parafii.

– Idę od profesora Dobrowolskiego. Powiedziano mi, że jest ciężko chory, i poszedłem do niego z najświętszymi sakramentami. Ale mnie przepędził, przepędził... – westchnął melancholijnie”[144].

W czerwcu 1963 roku Jerzy Zawieyski zanotował w dzienniku: „Gdy wróciłem do domu na obiad, telefon od Grzegorzewskiej, że Władysław Radwan jest umierający i prosi o księdza. Grzegorzewska zażądała, abym zawiózł do Zalesia albo księdza Fedorowicza, albo księdza Twardowskiego. Zamiast odpoczynku odbyłem

---

[144] Ryszard Matuszewski, *Alfabet*, dz. cyt., s. 88.

drogę do Zalesia. W Zalesiu otoczenie Radwana było przerażone przyjazdem księdza Twardowskiego, bo chory nieprzygotowany i nie wie, że ksiądz przyjedzie. To głupie nieporozumienie przerwał sam ksiądz Twardowski. Poszedł do chorego, mówiąc, że sam sobie poradzi. Po pół godzinie ksiądz wyszedł, Radwan wyspowiadał się i przyjął Komunię Świętą. Rozmawiałem chwilę z Radwanem. Był szczęśliwy, czuł się lepiej i dziękował mi za tę przysługę. Wracaliśmy z uroczym i mądrym księdzem Twardowskim bardzo radzi z tej wyprawy".

Kiedyś nie zdążył do umierającej.

Opowiadał: *„Przyjaźniłem się długie lata z panią historyczką sztuki. (...) Wiernie do niej przychodziłem, kiedy była już ciężko chora. Raz nie poszedłem, bo ktoś do mnie przyjechał, a ona miała atak i właśnie umarła. Nie sprawdziłem się w najważniejszym momencie, a taki moment decyduje o wszystkim, pozostawia wyrzuty sumienia nie do starcia z duszy*"[145].

Tuż przed Wigilią 1962 napisał w liście do znajomej, że przed Świętami ma wiele spraw na głowie, lubi odwiedzać ludzi chorych i starych, których jest zawsze za dużo. Biedy ludzkiej jest wiele, nie tylko chorób, ale różnych moralnych powikłań, w jakich ludzie się męczą – samotności, namiętności, bezsenności, czarnych rozpaczy i tak dalej. Pisał, że chce im pomóc, ale czasem to trudne, więc chce chociaż z nimi współczuć. Dodawał, że kocha swoją pracę i kontakty z ludźmi, choć czasem jest bezradny.

Halina Świerszczewska była prezeską Stowarzyszenia Pań Miłosierdzia. Opiekowała się ubogimi i chorymi, miała pod swoją pieczą ponad sto osób. Uczyła matematyki w liceum na Woli w czasie, gdy ksiądz Jan był tam katechetą. Zaprzyjaźnili się. Ksiądz Jan Twardowski z jej polecenia przejął opiekę nad niektórymi z jej podopiecznych.

W latach dziewięćdziesiątych, sam już wiekowy i schorowany, troszczył się o swoją dawną nauczycielkę angielskiego.

Aldona Kraus, okulistka, która leczyła księdza i była z nim w przyjaźni, mówi mi, że była u niej z księdzem trzy razy. Opisała wizytę we wspomnieniach: „Nauczycielka księdza Jana była bardzo, bardzo stara, całkowicie niedołężna. Drobna, bardzo szczupła, okutana w swetry i koce leżała na łóżku. Nie widziała prawie nic. (...) – Janku – powiedziała kilka razy, a jej uczeń pomodlił się nad leżącą i z prawdziwie synowską miłością karmił ją kanapką i pomarańczą wyjętą z torby oraz częstował przyniesioną w termosie herbatą. – *Najtrudniej z toaletą, choć dziś już łatwiej. Pampersy to prawdziwe dobrodziejstwo. Czesać zupełnie nie potrafię* – mówił dobrze zasapany"[146].

---

[145] Helena Zaworska, dz. cyt., s. 96. Ksiądz Twardowski miał na myśli Marię Rogoyską.
[146] Aldona Kraus, dz. cyt., s. 17, 18.

Waldemar Smaszcz pamięta, że po upadku komunizmu Jan Twardowski opiekował się dwiema bezrobotnymi rodzinami. Niestety nic o nich nie wie, ksiądz nie chwalił się tym.

Do końca życia trzymał portfel pod poduszką, żeby mieć pod ręką pieniądze.

„Gdziekolwiek się pojawił, zaraz byli potrzebujący i naciągacze. Pieniądze dawał z rozmysłem – mówi Waldemar Smaszcz. – Jak przychodziło prawdziwe dziadostwo, dostawało dwadzieścia złotych, a jednej pani dawał tylko dziesięć. Pytałem, czemu ją tak wyróżnia. »*A, bo w futrze i przychodzi*« – odpowiadał".

Siostra Nepomucena, rocznik 1924, zakonnica, do wizytek trafiła w połowie lat sześćdziesiątych. Pod koniec życia opiekowała się księdzem Twardowskim.

Mówi: „Ksiądz czasem wyjął portfel i szukał drobnych przy pijakach, nie chciał dać im grubych. Ja mówię: »Nie wolno, ojcze. Pijak widzi, że ojciec ma pieniądze, schowa się w krzakach i w łeb da«. Posłuchał mnie. To było krótko przed jego śmiercią. Łobuz wszedł do zakrystii i porwał siatki księdza ze stołu. Już nie pamiętam, co tam było w środku, książki chyba. Ksiądz chciał te siatki wydostać i szarpał się z nim. »*Siostro, siostrooo!*« – wołał mnie. Ja wbiegłam, pomyślałam, co się będę szarpać z pijakiem. Plastikowa siatka, dziurę w niej palcem zrobiłam, wyjęłam ze środka te książki, a trzymaj sobie te siatki, pijaku. Jak zobaczył, że nie ma się o co szarpać, to sobie poszedł".

Twardowski do żadnej rzeczy nie przywiązywał wagi. Miał dwie stare sutanny, z oberwanymi guzikami. Oddawał je do prania w wakacje.

Smaszcz: „Raz sprawił sobie nową sutannę i płaszcz. Mieliśmy jechać do Łodzi. Przychodzę i mówię: »Ale ksiądz elegancko wygląda«. On: »*Aż tak widać? To idę się przebrać*«. Nie dałem. I raz jeden wystąpił w tym stroju. Za tydzień nie było już sutanny ani płaszcza".

Dostał sweter, zaraz komuś oddał. Miał pomarańcze, czekoladę i mydło z darów, przekazywał dalej.

Dwa nowe płaszcze, prosto od krawca, oddał ubogiemu. Wisiały w szafie, która stała w przedpokoju kapelanii. Twardowski dzielił ją ze swoimi sąsiadami Czesławem i Tadeuszem Olszewskimi. Płaszcze były własnością braci. Ksiądz tłumaczył potem, że uznał palta za nikomu niepotrzebne.

Siostra Nepomucena: „Miałam tu w zakrystii moją kapotę na zimę. Wchodzę z dworu, a u księdza ktoś siedział przy tym stoliku. Patrzę, a ksiądz zdejmuje moją kapotę z haka. »Ksiądz – mówię – to moja kapota«. »*Taak?* – zdziwił się. – *A ja myślałem, że niczyja. Jemu chciałem dać*«".

Waldemar Smaszcz: „Nauczył mnie niczego nie pożądać, niczego nie pragnąć. Do dziś nie mam samochodu ani telefonu komórkowego. I jestem szczęśliwy. Ksiądz powtarzał: »*Jak nie będziesz na nic czekał, to dostaniesz za dużo. Jak na cokolwiek będziesz czekał, to dostaniesz za mało*«".

Duchy

Wszyscy prosili go o pomoc i modlitwę. Nie tylko żywi.

Mówi jeden z zaprzyjaźnionych z nim księży: „Ksiądz Jan miał kontakt z duchami, z tymi, którzy odeszli. W Żbikowie na poddaszu plebanii był jeden pokój, w którym nikt nie mógł przebywać, a tym bardziej nocować. Ksiądz Twardowski chodził tam, modlił się i oczyścił plebanię".

Jan Twardowski wspominał inne zdarzenie ze Żbikowa: *„Pewnego wieczoru, bodajże w październiku, pojawił się u mnie młody człowiek, który powiedział, że chce zamówić mszę świętą w intencji swojej siostry. Było już późno. Ponieważ miałem klucze do kościoła, weszliśmy razem. Wpisałem jego intencję na miesiąc później na godzinę siódmą rano. Msza miała być w intencji Ewy Salomońskiej, przypomniałem sobie, że pochowałem tę osiemnastoletnią dziewczynę na cmentarzu żbikowskim. Umarła na gruźlicę w Warszawie. (...) Ten młody człowiek poszedł za mną. Mówił, że chce porozmawiać. (...) Intuicyjnie zrozumiałem, że ta dziewczyna nie była jego siostrą. Pokazał mi jej zdjęcie. (...) Przyznał się, że była jego wielką sympatią, a nie siostrą. Powiedział też, że stale przychodzi około godziny jedenastej w nocy na cmentarz i tam siedzi, modląc się przy jej grobie. Pomyślałem sobie, czy czasem nie mam przed sobą jakiegoś chorego. (...) Popatrzyłem na trzy róże w wazonie, które trzymałem w moim pokoju. Powiedziałem mu: »skoro pan stale tam chodzi, to niech pan tam teraz pójdzie i zaniesie ode mnie te trzy róże«. (...) Pewnej nocy przyśniła mi się Ewa Salomońska. Rozpoznałem ją, bo pamiętałem jej fotografię. (...) Podziękowała mi za róże i powiedziała, że odprawię mszę w jej intencji. Sprzeczałem się, że ktoś inny tę mszę odprawi. Pamiętałem, że msza miała być o siódmej rano, a o tej godzinie zawsze odprawiał mszę świętą mój kolega. Następnego dnia rano wszedłem do kościoła i dowiedziałem się,* *że nastąpiła zmiana. Mój kolega nie mógł przyjechać i musiałem za niego odprawić mszę w intencji Ewy*"[147].

Mówi siostra Hieronima z Lasek: „To było w latach pięćdziesiątych. Ksiądz Jan obudził się wcześniej niż zwykle, z imperatywem, żeby iść do pani Ireny Stattlerówny. Nie miał pojęcia, dlaczego tak było, i chyba nie uznał tego za znak, że ona potrzebuje pomocy. Pobiegł do niej i zastał przed drzwiami mieszkania w płonącym szlafroku, wołającą o pomoc. To była starsza osoba, nie znałam jej wcześniej. Ale właśnie zamierzałyśmy się poznać. Pracowałam wówczas w wydawnictwie, pani Irena miała mi czytać na głos książki. Znalazłam ją w szpitalu. Umierała. Przyniosłam jej dwa złote jabłka. Nie mogła ich już jeść. Ale prosiła, żebym zostawiła na stoliku, bo były piękne".

Jerzy Zawieyski pod datą 28 lipca 1955 roku zanotował w dzienniku: „Ksiądz Twardowski opowiadał też o nawróceniach, między innymi o nawróceniu Ireny Stattlerówny, którą znam od dawna. Jest ona umierająca, pojednana, uspokojona. Całe życie była niechętna wierze i Kościołowi".

Historię o duchu milicjanta zaprzyjaźniony ksiądz usłyszał od księdza Bronisława Bozowskiego: „To już było u wizytek. Ksiądz Bronek zauważył, że Twardowski chodzi nieprzytomny, niewyspany. I w końcu go zapytał: »Co się z tobą dzieje?«. Usłyszał: »*Wiesz, ten milicjant przychodzi do mnie w nocy*«. Mianowicie w domu, w którym mieszkał Twardowski, w mieszkaniu na dole, bliżej ulicy Karowej, mieszkało po wojnie jakieś małżeństwo. Mąż bił żonę, były częste awantury i interwencja milicji. Tak się stało, że między milicjantem a tą żoną coś się zaczęło dziać. I pewnego razu – opowiadał mi Bozowski – widzi, że milicjant przychodzi do tej kobiety, a potem słychać strzał. Przyjeżdża na podwórko radiowóz czy pogotowie i wynoszą milicjanta, a kobietę aresztują. On się zastrzelił przy niej czy to ona jego? Nie wiem, osnute tajemnicą. I okazało się, że w nocy duch milicjanta zaczął przychodzić do księdza Jana i wchodzić do niego do łóżka. To ksiądz wychodził z łóżka, siadał na krześle i modlił się za niego. To się powtarzało, w związku z czym ksiądz Twardowski noce miał nieprzespane. Zdaje się, że Bozowski powiedział to siostrom, które wniosły mu wtedy drugie łóżko, ławę po paziu Jana Kazimierza. W końcu duch poszedł. Ksiądz Twardowski zawsze powtarzał, że trzeba się modlić za dusze cierpiące w czyśćcu".

[147] Marian Schmidt, dz. cyt., s. 44, 45.

„Akurat nic nie piszę"

Wiersze były z nim wszędzie. W tramwaju, w drodze do chorego, przy kolacji. Miał wyrzuty sumienia. *„Wstyd mi Boże, ogromnie, że jak grzesznik piszę, / że z czasem zapomniałem Tomasza z Akwinu, / że gdy w maju litania – słowika wciąż słyszę, / a jadąc do chorego – sławię dzikie wino"*.

Chciał być tylko księdzem, musiał się pogodzić z tym, że jest też poetą. Tak jak w młodości, pomniejszał swoją twórczość. Do końca życia będzie zabraniał mówić o sobie – poeta. Nazywał siebie księdzem piszącym wiersze.

Już wtedy zaczynał nabierać zwyczaju pisania na leżąco. Podginał kolana, opierał o nie zeszyt i bazgrał po kartkach. Pisał coraz mniej wyraźnie (w końcu dojdzie do swoistej stenografii, gdzie dwie litery będą zastępowały wyraz). Śmiał się, że czasem sam nie potrafi odczytać swoich notatek.

Aniela Twardowska słała synowi wyciętą z gazet każdą wzmiankę o nim.

Bo czasem pisali o nim recenzenci. Ale nie tak, jak by chciał.

Adam Włodek w „Dzienniku Polskim" w 1949 roku poświęcił felieton jego wierszowi *Piosenka o rzeczach pięknych*. Twardowski napisał w nim, że piękniejsze od prac doktorskich są rzeczy proste i ubogie *„różaniec, mszał i noc czerwcowa, / i żebrak błagający o buty na dworze"*. Włodek skarcił poetę. Niedopuszczalna była chęć przywrócenia na ulicach żebraków i lekceważenie prac doktorskich, kiedy na uniwersytetach zdobywa wiedzę młodzież robotnicza i chłopska[148].

Dwa lata później Jan Prokop z PAX-owskiego „Dziś i Jutra" w przeglądzie poezji katolickiej wprawdzie wyróżnił Twardowskiego, ale napisał: „przy czytaniu

[148] Zob. Andrzej Lam, *Poezja i doświadczenie: ucznia, powstańca i księdza*, w: *A to co na krótko może być na zawsze... Pokłosie spotkania poświęconego pamięci księdza Jana Twardowskiego*, red. Ewa Hoffmann-Piotrowska, Jadwiga Puzynina, Warszawa 2007, s. 65.

jego wierszy prześladuje mnie taki oto obrazek – grzeczny ministrant w czystej komży modli się przed niebieską, gipsową figurką Matki Bożej. Jego katolicyzm to troszkę (tak mi się wydaje) ucieczka od złego życia do dobrego Pana Boga"[149].

Ksiądz Twardowski był lojalny wobec władz kościelnych i redaktora Turowicza. Szalał z niepokoju, gdy w 1952 roku w „Słowie Powszechnym" przedrukowano z „Tygodnika Powszechnego" bez jego zgody wiersz *Nad mapą Ziemi Świętej*.

Napisał szybko do kurii: „*Ogromnie zdumiałem się, odnajdując swój wiersz pt.* Nad mapą Ziemi Świętej *w »Słowie Powszechnym« nr 82, 1952 r., drukowany w »Tygodniku Powszechnym« nr 242, 1949 r. Oświadczam, że redakcja »Słowa Powszechnego« nie porozumiewała się ze mną w sprawie drukowania tego wiersza, ponadto zniekształciła go, skracając go samowolnie. Umieszczenie wiersza na łamach wspomnianego pisma było bez mojej zgody, wbrew mojej woli. Jeżeli Prześwietna Kuria Metropolitalna uważa za konieczne przeprowadzenie dalszych kroków w tej sprawie, proszę o dyrektywy*".

Poinformował też Jerzego Turowicza: „*Sprawę oddałem w ręce mecenasowi Olchowiczowi*".

„Słowo Powszechne" należało do kolaborującego z komunizmem katolickiego stowarzyszenia PAX, na którego czele stał Bolesław Piasecki. Prymas Stefan Wyszyński zabraniał swoim księżom jakiejkolwiek z nim współpracy. Nie wiadomo jednak, czy mecenasowi Olchowiczowi udało się coś wskórać.

Poeta bardzo pilnował, żeby nie wydrukowano go w nieodpowiednim miejscu. Był podejrzliwy. Prosił redaktora Turowicza o pomoc w odzyskaniu kilku wierszy, które posłał autorowi powstającej właśnie antologii: „*Obawiając się jednak, że te wiersze mogą pójść w niepowołane ręce – bardzo serdecznie proszę o wycofanie ich i o przesłanie mi nazwiska człowieka zajmującego się sprawą tej antologii. Chciałbym osobiście zakomunikować mu, że nie chcę brać udziału w antologii i żądam odesłania mi przesłanych prac*".

Prawdopodobnie chodziło o wydany w 1954 roku przez PAX zbiór młodej poezji katolickiej „*... każdej chwili wybierać muszę*".

W marcu 1953 roku umarł Josif Wissarionowicz Stalin. Redakcja „Tygodnika Powszechnego" odmówiła wydrukowania nekrologu po śmierci generalissimusa. Dotychczasowi twórcy pisma stracili je. W maju gazetę przejęło stowarzyszenie PAX i do 1956 roku wydawało „Tygodnik Powszechny" pod identyczną winietą i z zachowaniem ciągłości numeracji.

Ksiądz Twardowski nie zamierzał współpracować z PAX-em.

Po trzech latach, w grudniu 1956 roku, Jerzy Turowicz odzyskał swój tygodnik. Miesiąc później Jan Twardowski napisał do niego: „*Szanowny Panie Redaktorze!*

---

[149] Cyt. za: tamże, s. 65, 66.

Uprzejmie dziękuję za łaskawy list, który sprawił mi tyle radości. Tak długo, jak nie wychodził Pana »Tygodnik Powszechny«, niczego nie drukowałem. W odpowiedzi na łaskawe zaproszenie – przesyłam gromadkę swoich wierszy. Gdyby Szanowny Pan polecił je drukować, prosiłbym, o ile to jest możliwe, o wydrukowanie całego cyklu wierszy w jednym numerze Tygodnika Powszechnego. Proszę się nie przerażać, są one krótkie. (...) Polecając się modlitwom i pamiętając w modlitwach ks. Jan Twardowski. PS: W razie druku, proszę o ogólny tytuł Wiersze. *Nazwisko tak jak dawniej bez »ksiądz«*".

Jan Turnau, rocznik 1933, pisarz i dziennikarz, poznał poetę w czasach, gdy „Tygodnik Powszechny" był w rękach PAX-u.

Mówi: „To było niedługo po zamknięciu »Tygodnika«. Przyjechałem do księdza Twardowskiego z »Wrocławskiego Tygodnika Katolików«, wydawanego przez PAX. Ksiądz mieszkał wtedy na Żoliborzu. Prosiłem go o wiersze dla naszego pisma, już wtedy uważaliśmy go za dobrego poetę. Ale odmówił mi. Powiedział, że nic już nie pisze. Wiedział, że jestem z pisma PAX-owskiego".

Ksiądz skłamał. Cały czas pisał wiersze, choć tylko do szuflady. Czytał je najbliższym.

Kiedy Prymas jesienią 1955 roku został przewieziony na południe Polski do ostatniego już miejsca odosobnienia w klasztorze sióstr nazaretanek, ksiądz Twardowski napisał wiersz *Komańcza*.

Wspominał po latach: „*Ciągle nie było wiadomo, mimo zmian zachodzących w kraju, kiedy będzie uwolniony, czy powróci do Warszawy. Wiersz powstał z potrzeby ducha, z tęsknoty do Prymasa. Nie myślałem, że dotrze do Komańczy, po prostu napisałem, nie myśląc, co z nim zrobię. (...) Zostawiłem go siostrze Katarzynie [z Lasek]. (...) Dopiero po pewnym czasie przekazano mi wiadomość, że ks. Prymas czytał mój wiersz*"[150].

Znał kardynała Wyszyńskiego już wcześniej, z oficjalnych spotkań w kurii i pasterskich wizyt Prymasa w parafiach. Prawdopodobnie bliżej poznał ich ze sobą Jerzy Zawieyski, który jako jeden z nielicznych był z Wyszyńskim po imieniu.

Kardynał lubił się otaczać zaufanymi ludźmi.

W 1958 roku mianował księdza Jana Twardowskiego cenzorem ksiąg treści religijnej w Archidiecezji Warszawskiej. Cenzorów było siedemnastu, ich kadencja trwała trzy lata. Poszczególni księża odpowiadali między innymi za teologię moralną, książki do nabożeństwa, historię Kościoła, filozofię. Janowi Twardowskiemu przypadła literatura.

Niewykluczone, że to Zawieyski podpowiedział kardynałowi nazwisko Jana Twardowskiego na następcę księdza Ziei.

---

[150] Jan Twardowski, *Ludzie, których spotkałem*, dz. cyt., wyd. 1, s. 140, 141.

Rektor

Krakowskie Przedmieście 34

Zieja i Twardowski znali się już wcześniej.

14 czerwca 1959 roku ksiądz Jan Twardowski odwiedził księdza Jana Zieję w szpitalu. Pierwszy, w sutannie i okularach, w ręku trzymał pismo z kurii i był nieziemsko zakłopotany. Drugi, po operacji, leżał w piżamie na łóżku. Zaskoczony tym, co usłyszał, uniósł się na łokciu.

Nie istnieje zapis ich rozmowy. Ale mogła wyglądać tak.

Ksiądz Twardowski: – Księże Janie, prymas Wyszyński mianował mnie rektorem kościoła Sióstr Wizytek. Mam zastąpić księdza na stanowisku. I wprowadzić się do mieszkania po księdzu. Ksiądz dużo chorował, potrzebuje teraz odpoczynku.

Ksiądz Zieja: – Bzdura! Czuję się bardzo dobrze, operacja się udała i usunęła źródło choroby. Wezmę urlop, dojdę do siebie i niedługo zamierzam wrócić do przerwanej pracy.

Ksiądz Twardowski: – Ale...

Ksiądz Zieja: – Żadnych ale. Pozostaję na swoim stanowisku i nadal będę korzystał ze swojego mieszkania na piętrze kapelanii.

Ksiądz Twardowski: – Dobrze. Przekażę stanowisko księdza w kurii i wycofam się.

Dzień później Jan Twardowski w liście do Kurii Metropolitalnej Warszawskiej napisał, że warunki pracy przy kościele Sióstr Wizytek jednak mu nie odpowiadają, a obowiązki szkolne nie pozwolą na skuteczną pomoc wizytkom. Poprosił o odwołanie decyzji.

Odpowiedź z kurii przyszła po tygodniu: „Władza Archidiecezjalna zwolniła WKsiędza Magistra ze stanowiska rezydenta parafii Wszystkich Świętych

Kościół Sióstr Wizytek przy Krakowskim Przedmieściu 34

w Warszawie i mianowała Go Rektorem kościoła SS. Wizytek w Warszawie (ul. Krakowskie Przedmieście 34). Zechce przeto WKs. Rektor zamieszkać przy kościele SS. Wizytek w Warszawie i z dniem 1 sierpnia 1959 r. rozpocząć pełnić powierzone sobie nowe obowiązki".

Od takiego pisma nie było odwołania.

Buntownik Zieja

Jan Zieja powiedział po latach: „byłem w szpitalu, kiedy otrzymałem wiadomość, że do Wizytek już nie wrócę. Należało mi się, bo sprawy ze zdrowiem były już bardzo ciężkie. (...) Później [zadecydowały] także inne względy"[151].

Nie wyjaśnił jednak, o jakie względy chodziło.

Jan Twardowski raz mówił, że ksiądz Zieja sam ustąpił ze stanowiska. *„Rząd Gomułki groził, że tu przebiją drogę i zburzą domy dla księży. Ksiądz Zieja w to uwierzył i znalazł sobie inny kościół. Ja zaryzykowałem"*[152].

---

[151] Ks. Jan Zieja, *Życie Ewangelią. Spisane przez Jacka Moskwę*, Kraków 2010, s. 224.

[152] Marian Schmidt, dz. cyt., s. 58.

To nie mogła być prawda. Ksiądz Jan Zieja nie bał się nikogo i niczego.

Innym razem Twardowski opowiadał: *„Okazało się, że ksiądz Jan, wielki przyjaciel Prymasa Wyszyńskiego, popadł u niego w niełaskę”*[153].

I to już była prawda.

Ksiądz Zieja, rocznik 1897, syn ubogich rolników z Podlasia, studiował judaistykę, żeby nawracać Żydów. W łachmanach i bez paszportu wyruszył do Rzymu, w proteście przeciwko granicom. Nie pobierał pieniędzy za śluby, chrzty i pogrzeby. Pochował przed wojną samobójczynię, czym się naraził władzom kościelnym. Choć podczas wojen bywał kapelanem, wielbił Gandhiego, był skrajnym pacyfistą, a jego zawołaniem było: „Nie zabijaj nigdy nikogo”. Żył zgodnie z Ewangelią, która dla niego znaczyła prawdę, miłość i ubóstwo. Słynął z płomiennych kazań, lgnęli do niego poszukujący Boga. Dzięki niemu nawrócił się Jerzy Zawieyski. Był mentorem Stefana Wyszyńskiego. Po wojnie związał się ze środowiskiem „Tygodnika Powszechnego”.

Kiedy Stefan Wyszyński został prymasem Polski w 1948 roku, ściągnął Jana Zieję ze Słupska do Warszawy. Dwa lata później mianował go rektorem kościoła Sióstr Wizytek przy Krakowskim Przedmieściu.

We wrześniu 1953 roku władze aresztowały Prymasa, ogłaszając, że stało się to za zgodą biskupów. Episkopat nie zaprzeczał.

Ksiądz Zieja z ambony u Sióstr Wizytek skrytykował biskupów.

Władze komunistyczne zażądały usunięcia księdza Ziei z Warszawy, jako „uciążliwego obywatela”.

Wspominał: „Wyjechałem wtedy na parę miesięcy poza Warszawę, a potem na rok do Zakopanego, zgodnie z zaleceniami lekarzy. Bardzo źle się czułem po operacji”[154].

Wrócił jesienią 1955 roku. Odmówił złożenia przyrzeczenia na wierność PRL. I jeszcze napisał list do Komitetu Centralnego PZPR z żądaniem uwolnienia Stefana Wyszyńskiego.

Władze Warszawy nie mogły go znieść. Domagały się usunięcia Ziei z kościoła Wizytek. Kuria Metropolitalna zakazała mu wygłaszać kazania. W maju 1956 roku został zwolniony z funkcji rektora.

Prymas Wyszyński wyszedł na wolność w październiku 1956 roku.

Było już po czerwcowych wydarzeniach w Poznaniu, gdzie zginęły pięćdziesiąt trzy osoby.

Towarzysz „Wiesław” Gomułka wrócił w chwale i został wybrany na pierwszego sekretarza, deklarując przywrócenie prawdziwych zasad leninowskich w życiu państwa i partii.

---

[153] Jan Twardowski, *Łaską zdumiony*, dz. cyt., s. 65.

[154] Ks. Jan Zieja, dz. cyt., s. 223.

„Tygodnik Powszechny" powrócił do swoich twórców.

W Sejmie ukształtowało się Koło Posłów Katolickich Znak.

Pisarz i dramaturg Jerzy Zawieyski został posłem z ramienia Znaku, wszedł do Rady Państwa i miał pełnić niewdzięczną rolę łącznika między Prymasem a Gomułką.

A prymas Wyszyński przywrócił księdza Jana Zieję ponownie na stanowisko rektora kościoła Sióstr Wizytek.

Potem jednak wszystko się między nimi zepsuło.

Ksiądz Zieja skrytykował „ósemki" prymasowskie, czyli najbliższe współpracownice Stefana Wyszyńskiego, świeckie zakonnice, żyjące w silnym kulcie maryjnym i stawiające sobie za cel odnowę duchową Polski. Kardynał ufał im całkowicie.

Ziei nie podobał się też ludyczny charakter Ślubów Jasnogórskich i Wielkiej Nowenny, napisanych przez Prymasa podczas uwięzienia w klasztorze w Komańczy. W 1957 roku zaproponował mu poświęcenie Polski Sercu Bożemu, a nie Matce Bożej. To się Wyszyńskiemu nie spodobało.

Rok później Jan Zieja stanął po stronie Jerzego Zawieyskiego, który popadł w konflikt z Prymasem. Wyszyńskiemu nie spodobał się tekst pisarza *Droga katechumena* wydrukowany z miesięczniku „Znak", w którym opisał swoje dochodzenie do wiary.

Zawieyski zanotował w dzienniku z 5 kwietnia 1958 roku: „Zieja jest po mojej stronie. Nie chciałem go dłużej męczyć, bo leżał w łóżku, ciężko chory".

Zdaniem X, człowieka, który twierdzi, że wiele wie o Kościele, ale woli pozostać anonimowy, do odejścia księdza Ziei ze stanowiska rektora przyczyniły się też siostry wizytki: „Siostrom nie odpowiadała jego osobowość. Chciały nim rządzić, a ksiądz Zieja nie zamierzał być rektorem malowanym. Wygłaszał im kazania polityczne, ściągał na głowę ubecję. Był kłopotliwy. Więc się go pozbyły. Ksiądz Twardowski o wszystkim wiedział. I już do końca życia drżał, że jeśli czymś się narazi zakonnicom, to też się go pozbędą".

Jan Twardowski nigdy w ten sposób nie mówił o siostrach publicznie. Kilka lat przed śmiercią powiedział: *„Uważam, że to dla mnie łaska Boża. Siostry zatrzymały mnie, nie odesłały gdzie indziej"*[155].

O nie najlepszych stosunkach z wizytkami pisał tylko w pamiętniku. W sierpniu 1961 roku w postanowieniach rekolekcyjnych obiecywał być przygotowanym na obojętność sióstr. Cztery lata później notował, że zakonnice są mu niechętne, a jedna z nich nawet nieżyczliwa.

Mówi X: „Ale trzeba przyznać, że kilku z nich zawdzięczał naprawdę wiele. Nagrywając i spisując jego kazania, ocaliły od zapomnienia jego prozę".

---

[155] Helena Zaworska, dz. cyt., s. 116.

Dwa tygodnie po wizycie Jana Twardowskiego przy szpitalnym łóżku Jana Ziei, 1 lipca 1959 roku, prymas Polski kardynał Stefan Wyszyński odwołał dotychczasowego rektora kościoła Sióstr Wizytek.

Tego samego dnia Jan Twardowski wystąpił do kurii z podaniem o miesięczny urlop. Zamierzał wyjechać na odpoczynek do Katowic i Wisły. Trzy dni zamierzał spędzić, modląc się na Jasnej Górze. Czekała go też redakcja własnego tomiku poezji. Pallottinum, po latach, uzyskało zgodę na druk.

Władze kurii nie widziały przeciwwskazań.

Tablica upamiętniająca księdza Jana Zieję w kościele Sióstr Wizytek

Wiersze

Trzy tysiące egzemplarzy

Szara, papierowa okładka zamykała w całość dwa tomiki wierszy. Jak układanka. Wolałeś poetę Twardowskiego? Jego zbiór kładłeś na wierzchu. Byłeś miłośnikiem księdza Pawła Heintscha? Twardowski lądował pod spodem.

Okładkę od strony tomiku księdza Jana ozdobiono zielonymi gałązkami z bladoróżowymi kwiatkami i figurą Matki Bożej z Dzieciątkiem. U księdza Pawła na obwolucie kostropatą gałęzią targał wiatr.

Jan Twardowski zastanawiał się, czy nie wydać wierszy pod pseudonimem Jana od Biedronki. Zdecydowano inaczej. Tytuł jego zbioru – *Wiersze*. Osiemdziesiąt osiem stron i siedemdziesiąt utworów. Cykl *Nad starą Biblią* umieszczony zgodnie z życzeniem autora osobno, na końcu książki.

Tytuł zbioru Pawła Heintscha – *Niepowrotne godziny*. Sto osiemdziesiąt cztery strony i sto jeden wierszy. Wydawnictwo opatrzyło jego tomik wstępem. „Jest to prawdziwy poeta, liryk dużej miary" – zachęcano do czytania.

Druk obu rozpoczęto w poznańskim Pallottinum 18 sierpnia 1959 roku, zakończono 1 września.

Nakład – trzy tysiące egzemplarzy. Cena trzydzieści sześć złotych. Przeznaczone w całości na subskrypcję.

Zgodę na publikację wyraziła Władza Duchowna w Warszawie, o czym informowano na końcu.

Tropiciel rymów

Bohdan Knichowiecki podsuwa mi ciastka tortowe. Klepie otwartą dłonią w blat dużego stołu. Herbata drży w filiżankach. Mówi: „Przy tym stole, latem, robiliśmy korektę szczotek tomiku wierszy wujka. Był akurat u nas, w Katowicach. Miałem czas, więc pomagałem. Pamiętam, że naniósł mnóstwo poprawek tymi swoimi małymi literkami. Był perfekcjonistą. Zastanawiał się długo, jakiego słowa użyć. Z wydawnictwa pisali, żeby się zlitował z nadsyłanymi poprawkami. Gnębiło go, że wychodzą mu rymy częstochowskie. Tropił je i wyrzucał. Zmieniał kolejność słów na końcach wersów".

W wierszu *Kochanowskiego przekład psalmów*, wersy: „*herbaty gorzkiej łyk w manierce / i umarłego ojca list, / sweter od siostry, matki serce*" zmienił na: „*sweter od siostry, serce matki*".

W utworze *Do moich uczniów* słowa: „*Janko Kąsiarska z rączkami sztywnymi, / z noskiem, co się tak uparł, że został króciutki – / za oknem wiatr czerwcowy, z pannami ładnymi*" zastąpił: „*za oknem wiatr czerwcowy z ładnymi pannami*".

W *O łasce Bożej w brzydkim kościele* zwrotkę: „*I nagle cud się zdarzył, / że w to straszne wnętrze – / szły na mnie jakieś dłonie od winnic gorętsze – / i uniosły mą duszę nad rude aniołki / pod Matki Bożej oczu szafirowe pąki*", zmienił na: „*I nagle cud się zdarzył, / że w to straszne wnętrze – / szły na mnie jakieś dłonie gorętsze od winnic – / i uniosły mą duszę nad rude aniołki / pod Matki Bożej oczów pąki szafirowe*".

Waldemar Smaszcz, krytyk literacki: „Miał ucho do poezji. To było już po debiucie Herberta i innych. Zaczął się martwić, że jego wiersze są zbyt melodyjne, kataryniarskie".

Dopiero pod koniec życia przywracał dawnym wierszom odebrane rymy.

Cenzor sam podlegał cenzurze kościelnej.

Mówił: „*Kłopoty, małe, też były. Ksiądz piszący wiersze to trochę niepokojąca jednak postać. Z mojego pierwszego tomiku coś tam powykreślano, ja pamiętam, że wyrzucono zdanie: »nie wierzę w sądy ostateczne«, bo ono zabrzmiało heretycko. Wykreślono też wyznanie, że »jako grzesznik klękam«. Ksiądz nie powinien demonstracyjnie przedstawiać się jako grzesznik*"[156].

---

156 Tamże, s. 64.

Recenzje

To było okropne. Tyle lat czekania na tomik własnych wierszy i taka przykrość. Dwóch poetów w jednej okładce, wspólne wydanie.

Waldemar Smaszcz: „Janowi Twardowskiemu to się nie podobało. Ale starał się tego nie pokazywać. Był pokornym księdzem. Schował próżność poety".

Potem było jeszcze gorzej. Recenzenci jednego poetę chwalili, drugiego krytykowali. Ksiądz Twardowski z trudem to znosił.

Powiedział po latach: „*martwiła mnie sytuacja. Ale co mogłem zrobić?*"[157].

Jan Dobraczyński w „Słowie Powszechnym" napisał o tomiku Twardowskiego: „Ta poezja wygląda tak, jakby autor, ślizgając się po powierzchni najzwyklejszych spraw, nagle sięgnął w siebie i wydobył stamtąd przeżycia tak intensywne, jakie nie śnią się nawet poetom ze »szkół«".

I ani słowa o wierszach Pawła Heintscha.

Józefa Hennelowa w „Tygodniku Powszechnym": „Gdyby szukać odpowiedniego przymiotnika, narzucałoby się od razu określenie: poezja franciszkańska. (...) Każdy wart jest, by go zauważyć, by nań patrzeć, nazywać po imieniu. (...) Poeta nie lęka się posługiwać staroświecką zwrotką i rymować po prostu – ale czasem, jakby w obawie, że zbytnia muzyczność zaklajstruje prawdę, wprowadza w porządek słów niespodziewaną szorstkość, urywa wiersz w środku frazy".

Ona zauważyła drugi tomik w jednej okładce. Niestety.

„Nad *Niepowrotnymi godzinami* ks. Heintscha ciąży grzech pierworodny jakże wielu pomyłek pisarskich. (...) Powstaje chaos w nadmiarze słów, obrazów (...) mglistość i anemiczność zawartości myślowej, poznawczej".

Krytyk Zdzisław Jastrzębski napisał recenzję w „Więzi".

O Twardowskim: „Pierwsze wrażenie z lektury *Wierszy* Twardowskiego to liryka sentymentalno-banalna, staroświecka, a przy tym wcale nie anachroniczna. Skąd ten paradoks? Stąd, że owa staroświecka atmosfera, te wyliczenia, rekwizyty, wyznania... służą jako czynnik ekspresji".

O Heintschu: „Autor wyszedł poza poetyzację, a nawet przekroczył granicę egzaltacji (...) jego utwory cechuje autentyczność, wrażliwość i szczerość widzenia, pozostała jednak jakaś granica, której autor nie mógł przekroczyć. (...) Złą przysługę oddała autorowi przedmowa. Bo jest to twórczość ciekawa, ciekawsza od niejednego debiutu, tymczasem po przeczytaniu wstępu oczekuje się rewelacji. Stąd jako reakcja rodzi się zawód".

---

[157] Jan Twardowski, *Łaską zdumiony*, dz. cyt., s. 99.

Mleczny brat Herberta

Twardowski mawiał o sobie, że jest księdzem piszącym wiersze. Heintsch nazywał siebie poetą-kapłanem.

Był młodszy od Jana o dziewięć lat. Jego mlecznym bratem był Zbyszek Herbert, ich rodzice tak bardzo się przyjaźnili, że spędzali ze sobą nawet Wigilie. Ojciec Pawła, znany lwowski lekarz, trzymał do chrztu siostrę Zbigniewa Herberta.

Podobnie jak Jan Twardowski, Paweł Heintsch święcenia kapłańskie otrzymał już jako dojrzały człowiek. Był rok 1955, miał trzydzieści lat i studia polonistyczne za sobą.

Dwanaście razy zmieniał parafie, schorowany, pod koniec życia jeździł na wózku. Napisał jeszcze wiele tomików poezji, nigdy nie zyskał wielkiej sławy. Przeżył Jana Twardowskiego o dwa lata. Zmarł w 2008 roku w Domu Księży Emerytów w Otwocku.

Waldemar Smaszcz: „Gdyby go pani znała. Cierpiący, zgorzkniały, ani ksiądz, ani poeta. Nie mógł zrozumieć, czemu Twardowski, a nie on".

W internetowym wspomnieniu o księdzu Heintschu znajduję zdanie: „Poróżniony przez wiele lat z drugim wielkim poetą, ks. Twardowskim, zdążył się pojednać przed śmiercią"[158].

Jan Twardowski nigdy nie wspominał o jakimkolwiek konflikcie z Pawłem Heintschem, nie przypominają sobie niczego podobnego jego przyjaciele.

Mówi X: „Prymas Wyszyński nie lubił poezji, nie rozumiał jej. W ogóle Kościół jako instytucja nie znosi poezji, bo to nieprecyzyjny język, nie wiadomo, co taki poeta wymyśli. Heintscha na prowincję zesłał Stefan Wyszyński. Twardowskiego od zsyłki uratował zapewne wiersz *Komańcza* i być może Zawieyski".

---

[158] *Wspomnienie o ks. Pawle Heintschu*, www.okolica.wgr.pl, dostęp: 26.09.2010.

Wizytki

Klasztor

Pierwszy klasztor Wizytek był mały i drewniany.

Dwanaście kobiet z klauzurowego zakonu Nawiedzenia Najświętszej Maryi Panny, potocznie zwanych wizytkami, nie ukrywało zachwytu. Wyjechały z Francji w 1654 roku na daleki wschód. Nie spodziewały się niczego dobrego. A tu luksusy. Wymalowane ściany, wielkie obrazy, spiżarnia, rozmównice, kuchnia, szatnia, osiemnaście cel, w tym jedna dla polskiej królowej, kapy, ornaty, naczynia liturgiczne, złote monstrancje, kryształowy krzyż oprawiony w srebro oraz tabernakulum z hebanu.

Siostry z zakonu założonego we Francji przez świętą Joannę de Chantal i świętego Franciszka Salezego ściągnęła do Warszawy królowa Ludwika Maria Gonzaga, żona króla Władysława IV, a później jego brata Jana Kazimierza. Też była Francuzką. Miała na imię Maria, ale w Polsce mogła je nosić tylko Matka Boska, musiała więc je zmienić na Ludwika. Za młodu była piękna, po trzydziestce przytyła i zbrzydła. Pierwszy mąż jej nie lubił, drugi uwielbiał, choć zdradzał. Przewyższała inteligencją obu. Klasztor kazała postawić niedaleko pałacu, nazwanego później Kazimierzowskim, swojej ulubionej siedziby.

Potem jednak wizytkom było już tylko gorzej. Klasztor przez wieki plądrowali Szwedzi i Rosjanie, żołnierze napoleońscy urządzili w nim szpital, Niemcy w czasie drugiej wojny światowej okradli kościół i robili siostrom ciągłe rewizje w poszukiwaniu „polskich bandytów". Zakonnice co rusz musiały wyprowadzać się z klauzury.

Nie lepiej było z budową kościoła. Fundatorki umierały, pożyczki się kończyły, budowa się przeciągała, zawalało się lub płonęło to, co zdołano postawić. Dopiero w 1761 roku biskup kijowski Józef Andrzej Załuski dokonał konsekracji świątyni pod wezwaniem Świętego Józefa Oblubieńca.

Wnętrze kościoła Sióstr Wizytek

Ksiądz Jan Twardowski lubił swój kościół – barokowo-rokokowe puzdro, nieco mroczne, pełne zakamarków, zakrętów i tajemnic – który jako jeden z niewielu warszawskich zabytków przetrwał niemal bez zniszczeń okupację niemiecką.

Poeta czytał ściany epitafiów, zatrzymywał się przed figurą patrona swojego gimnazjum Tadeusza Czackiego, sprawdzał godzinę na rokokowym zegarze – podobno prezencie od samego króla Jana Kazimierza – zawieszonym na kracie dzielącej zakonnice od świata. Lubił siąść w zdobnej szafie konfesjonału albo wspiąć się na ambonę – biało-złotą łódź zawieszoną nad ołtarzem.

Matką przełożoną, która powitała księdza Jana, była siostra Maria Ładysława Łukaszewiczówna.

Pieśni jednym palcem grane

Którejś z pierwszych niedziel lata 1959 roku rektor Twardowski wdrapał się na chór.

Tadeusz Olszewski był tutaj już szósty rok organistą. Wspomina: „Mieszkaliśmy drzwi w drzwi, ale jakoś na początku mijaliśmy się z nowym rektorem. Grzeczne dzień dobry i to wszystko. Któregoś dnia grałem akurat Bacha czy coś takiego. Było się jeszcze studentem, to repertuar się miało ambitny. Myślałem, że ksiądz Twardowski wchodzi na chór, żeby spojrzeć z góry na swój nowy kościół. A on podszedł do mnie: »*Proszę pana, czy pan może zagrać jakąś pieśń nawet jednym palcem?*«. Troszkę urażony grałem dalej. Ksiądz postał trochę i poszedł, a ja grałem swoje do końca. Zaraz potem ksiądz jechał na wakacje. Spotkaliśmy się w drzwiach do mieszkania. Ja wychodziłem, a on nagle: »*Ja bardzo pana przepraszam*« i pocałował mnie w rękę.

A kilka lat później przeczytałem w „Tygodniku Powszechnym" jego wiersz »*Panie Jezu chyba nie lubisz jak Cię męczą organami w kościołach / dość masz muzyki Bacha...*«".

Dom wiódł ukryte życie

Do mieszkania ścieżka wiodła zaułkiem, wzdłuż murów klasztoru. Trzeba było przejść pod łukiem bramy i wkroczyć do tajemniczego ogrodu z rozłożystym modrzewiem pośrodku. Nieduży kwadrat zieleni otaczały ze wszystkich stron mury.

„Z Krakowskiego Przedmieścia wchodzi się na ukryty dziedziniec, jak do innego świata, innego miasta, nawet innej epoki" – pisał w dzienniku Jerzy Zawieyski.

Szedł człowiek na zewnątrz skwerem, w stronę ulicy Karowej, i widział wysoki, gładki mur. Ani mu przychodziło do głowy, że z drugiej strony są przylepione do ściany, jak jaskółcze gniazda, drewniane, piętrowe domki z murowanym parterem.

Jakby chłopcy sklecili coś naprędce w wakacje. Jakby dziewczynki zbudowały pokoje dla dużych lalek. Sztukowane, koślawe, ubogie. Jakby to wszystko miało zaraz runąć, choć stało od lat. Poetka Anna Kamieńska przyrównała je do ptasich domków drewnianych.

Zielone drzwi, tak niskie, że rektor Twardowski niemal zahaczał głową o futrynę, z maleńkim szkaplerzem w miejscu numeru mieszkania, wiodły do środka. Na parterze wspólna łazienka. Zaraz za nią koślawe schody w górę. Szesnaście stopni.

Na piętrze były trzy mieszkania. Organista zajmował pokój na prawo od schodów, ksiądz Bronisław Bozowski pośrodku, Jan Twardowski zajął dwa pokoje po księdzu Ziei, na wprost schodów.

Wszystko małe, mikroskopijne. Podłogi uginały się, okna nie domykały, piece kaflowe zajmowały za dużo miejsca. Dom wiódł swoje ukryte życie.

Na początku u rektora Twardowskiego były tylko białe ściany, drewniane deski w podłodze, biedermeierowski sekretarzyk, stolik na nóżkach w kształcie lir i lampa z mieszkania na Elektoralnej. Jeszcze półki na książki, bieliźniarka i łóżko po księdzu Ziei. W sypialni stanął kufer na skarby.

Rzeczy dochodziły powoli. Klasztorne łóżko, z czterema wysokimi słupkami, na których zakonnice wieszały plisowane zasłonki, Jan Twardowski wyprosił u wizytek.

Długą, drewnianą ławę z wysokimi bokami siostry dostarczyły same. Sypiał na niej podobno sługa króla Jana Kazimierza.

Obrazy, świątki, drewniane żyrandole, ikony, głowa poety wyrzeźbiona z bryły węgla, szafy, krzesła, zdjęcia, figurki z porcelany, kicz, tandeta, dzieła sztuki, obraz Wyczółkowskiego, klęcznik, modlitewniki, butelki z nalewkami, pluszowe biedronki, witrażyki w oknach, suszone zioła, ptaszki gliniane i drewniane – wprowadzały się przez lata. Radia ani telewizora nie było.

Tomasz Sławiński, architekt, przyjaciel poety, był małym chłopcem, gdy w latach sześćdziesiątych zaczął przychodzić do mieszkania księdza Jana na katechezę: „Wtedy, na lewo od wejścia, stała ściana pełna książek. Zniknęła, gdy zakładali centralne ogrzewanie. Mnie się to nie podobało, ale ksiądz powiedział, że ten pierwszy pokój teraz będzie jak cela.

Ksiądz miał swoje miejsce na krześle, w rogu przy oknie, tam gdzie stolik z lirami. Na stoliku lampa. Drewniane łóżko stało pod prawą ścianą. Siadali na nim goście albo dzieci, które przychodziły na religię. Z czasem awansowałem do drugiego pokoju – sypialni. Ksiądz leżał tam na łóżku, w pozycji rzymskiego cesarza, miał podręczny stolik, na nim notatki, ja siadałem na krześle".

Jan Twardowski gromadził przedmioty, ale lubił je rozdawać. W 1962 roku opisywał znajomej lekarce „*serdeczne drobiazgi*", które chciałby jej podarować: trzydzieści dwie kolorowe koperty z portretami zwierząt; barwne abstrakcje; pierścionek z zielonym oczkiem, pamiątka po dawnej koleżance z klasy 3 b; dwie orzechowe ramki; fotografia pomnika Prusa na Powązkach z napisem „Serce Serc"; spodeczek ze złotymi brzegami z posagu mamusi; chiński ołówek; pamiętnik; mały, zamszowy pokrowiec na listy; figurka Jezusa Frasobliwego z pieskiem; szpulka angielskich nici (białe); lusterko okrągłe z twarzą Grety Garbo, do której pisywał listy; szarotki; podstawka do szklanki z tajemniczym lotosem; trąbka (łatwo przesłać – nieduża); fotografia trzech jego sióstr; wazonik z francuskiej glinki (od biedy do dużej szarej koperty się wciśnie); nóż do papieru ze szkłem powiększającym do czytania napisów na znaczkach; muszelka z Morza Czerwonego; przedwojenne pudełko zapałek; plan Łazienek; klosz z papieru do pakowania; pałeczka laku.

Siostra Nepomucena: „A gdzież by tam ojciec rektor wiedział, jak odkurzać! Na początku sprzątała i prała mu, póki żyła, siostra wizytka Andrzeja. Pod koniec życia wynajęte panie. I taka ciocia do niego przychodziła, też już nieżyjąca. Była co niedzielę na dziesiątą na mszy świętej i po kościele szła mu robić porządek w szafach. Mówiła potem: »Tak się upracowałam, a on wszystko poprzewracał. Bo jak szuka czegoś, to wywala całą resztę. Brudne i czyste, wszystko trzyma razem«".

Sobór

Zaledwie trzy lata po tym, jak Jan Twardowski objął stanowisko rektora, rozpoczął się II Sobór Watykański. Miał trwać do 1965 roku i wiele odmienić.

Zwrócił księży ku wiernym. I to dosłownie. Od tej pory nabożeństwa odprawiano „przodem do ludu". U Wizytek nie było to nowością, ksiądz Zieja zwykł tak czynić na długo przed soborem. W końcu ludzie mieli zacząć się modlić w swoim języku, nie po łacinie. Przede wszystkim Kościół katolicki zdecydował się na dialog ekumeniczny z innymi wyznaniami i uznał, że nie jest jedyną formacją religijną, w której możliwe jest zbawienie.

W obradach Soboru wzięli udział także biskupi polscy, w tym kardynał Stefan Wyszyński i Karol Wojtyła.

Ksiądz Jan śledził w gazetach relacje z soborowych sesji, czytał o kłótniach teologów. Dokuczał im w swoich wierszach. W 1963 roku napisał: *„nie będę podskakiwał w dyskusji jak indor / z czerwoną kapką na nosie (...) nie zacznę panu wlewać do ucha świętej teologii łyżeczką"*, rok później: *„Dogmatycy hałasują po łacinie / moraliści brzęczą nad korytkiem ludzkiego sumienia / apologeci skrzypią – porozpinani na krzyżu wiary"* i *„nie przeglądajcie mszy / nie dotykajcie za bardzo sumień – nie odczytacie ich paluchami / wyjmijcie z siana pazurek teologa – żebym się nie zaziębił od złota / mały Jezusek prosi cichutko jak świerszcz"*. W 1965 roku: *„Wreszcie na szarym końcu / zbaw teologów / żeby nie pozjadali wszystkich świec i nie siedzieli po ciemku (...) nie krajali ewangelii na plasterki. Nie szarpali świętych słów za nerwy (...) nie kłócili się między sobą / nie zajeżdżali na hipopotamie łaciny / żeby się nie dziwili/ że do nieba prowadzi / bezradny szczebiot wiary"*[159].

[159] Jan Twardowski, *Wyjaśnienie*; wiersz z incipitem „Dogmatycy hałasują po łacinie"; *Szept*; *Na szarym końcu*.

Po latach mówił: „*Tutaj chciałbym się wytłumaczyć, że w moich dawnych wierszach nie zawsze były pozytywne uwagi o teologach. Pisałem tak tylko w okresie Soboru Watykańskiego II, kiedy to teolodzy atakowali się publicznie i wzajemnie. O tych sporach pisano w prasie i to mnie ośmieliło do pisania takich wierszy – nie potrafiłem być obojętny. Po Soborze nigdy nie krytykowałem teologii, bo uważam, że jest to potrzebna nauka dla ludzi, którzy szukają intelektualnego wytłumaczenia wiary. Myślę, że jest teologia wielka i mała. Odpowiada mi ta wielka*"[160].

Musiał lubić Jana XXIII, papieża, który nie zważał na konwensanse i etykiety, palił fajkę, był dowcipny, uśmiechnięty, skromny i jako pierwszy od 1870 roku papież odbył oficjalne spotkanie poza Watykanem. Mimo sprzeciwów współpracowników zwołał sobór, który miał odmienić oblicze Kościoła. Zmarł na raka w 1963 roku. Jego następcą został Paweł VI.

Anna Kamieńska, poetka, kilka lat później powie o księdzu Janie: „Gdyby na dworach papieskich i biskupich istniał do dziś nadworny urząd poety, Jan Twardowski byłby poetą Jana XXIII"[161].

---

160 Tenże, *Łaską zdumiony*, dz. cyt., s. 89, 90.

161 Cyt. za: Jan Turnau, *Teologia Jana Twardowskiego*, w: tenże, *Zdaniem laika*, Kraków 1979.

„Jak włożyć ogniwo łańcucha?"

Miał czterdzieści cztery lata, gdy został rektorem.

Zapobiegliwy stary kawaler. Lubił, żeby wszystko było tak samo.

Wakacje zawsze na wsi.

Wigilia zawsze samotnie. Matka przysyłała z Katowic opłatek w kopercie. Chodził ulicami i zaglądał w okna ludziom.

Wstawał codziennie po czwartej rano. Golił się. Śniadanie jadł u siebie lub w betanii, czyli małej jadalni przy zakrystii, punktualnie o szóstej.

Raz zaspał. Siostra Nepomucena zapukała do drzwi mieszkania. Zerwał się z łóżka zmartwiony. Rozpaczał: „*Zaspałem, jakie to jest męczące. Bo widzi siostra, moje życie jest jak łańcuch, składa się z ogniw. Jak zaspałem, to jedno ogniwo już wypadło i jak je teraz włożyć?*".

Zaraz po śniadaniu ksiądz Jan szedł do zakrystii. Wkładał ornat.

Siostra Nepomucena: „Przy ołtarzu jest krata i drzwiczki. Za nimi mała kaplica klauzurowa. Siostry się tam modlą, przez kratę widać księdza. Tam jest tabernakulum, do którego chowa się na noc, po ostatniej mszy, najświętszy sakrament. Główne tabernakulum zostawia się otwarte. Gdyby przyszedł złodziej, zobaczy, że nic w środku nie ma".

Wchodził do kaplicy po puszkę z najświętszym sakramentem, przenosił ją do kościoła. Mógłby przychodzić później, ale mawiał, że to najpiękniejszy moment dnia, gdy jest sam na sam z Chrystusem.

Pierwszą mszę odprawiał o siódmej dwadzieścia.

Potem pracował. Uczył polskiego, odwiedzał chorych i umierających, odprawiał pogrzeby, udzielał ślubów, chrzcił, przyjmował dzieci na katechezę. W każdą środę, najpóźniej w czwartek, zaczynał pisać kazanie na niedzielę. W te dni niechętnie wyjeżdżał poza Warszawę.

Stolik w przedsionku zakrystii

Wypełniał zadania rektora.

Siostra Nepomucena: „U nas jest kościół zakonny, rektorski, nie parafia. Rektor jest opiekunem kościoła. Ksiądz Twardowski mniej się angażował w sprawy kościoła. Ale zawsze była to jakaś władza. Jak coś się działo – to on powinien wiedzieć o wszystkim. U nas jest biuro kancelaryjne, siostry je prowadzą. U franciszkanek na Piwnej to rektor przejął całość. U nas, jak ktoś chce ślubu czy chrztu, idzie do kancelarii. Ale jak ma być chrzest w inny dzień, to rektor musi się zgodzić, bo pracuje i nie zawsze ma czas. O remontach też musiał wiedzieć".

Obiady jadł w klasztorze.

O godzinie szesnastej siadał w przedsionku zakrystii, w kącie na krześle przy kaloryferze. Tu najczęściej rozmawiał z ludźmi.

Albo spowiadał. Ulubiony konfesjonał księdza Jana Ziei stał tuż przy zakrystii. Jan Twardowski wybrał konfesjonał po przeciwnej stronie, na prawo od ołtarza. Szedł do niego wolnym krokiem, dygał przed tabernakulum, bo ze względu na chorą nogę trudno mu było uklęknąć, i wchodził do drewnianej budki. Marzł w środku. Owijał szyję szalikami, wkładał ciepłe swetry, siostry wstawiały mu grzejnik elektryczny.

O siedemnastej odprawiał ostatnią mszę świętą. Zanosił Najświętszy Sakrament do tabernakulum w kaplicy.

Siostra Nepomucena: „Kolację dostawał w koszyczku. Kefir lubił. Kaszę, jakąś lepszą wędlinkę. Niedużo. Ziemniaki smażone. Czasem, jak miał w gościach przyjaciela, to prosił: »*Siostro, niech tam więcej chleba dadzą*«. Lubił poczęstować".

Odkąd Tadeusz Olszewski kupił telewizor, każdego wieczoru musiał obejrzeć *Dziennik telewizyjny*. Zaprzyjaźnionych gości zabierał ze sobą do małego pokoju organisty. Obcych zostawiał na chwilę samych.

Koszyk, w którym siostry wizytki dostarczały księdzu Twardowskiemu posiłki

Sztambuch

Zbierał etykiety z pudełek na zapałkach. Tworzył zielniki. Kolekcjonował stare pocztówki z czasów młodości swoich rodziców. Jeśli były zapisane, wycinał starannie prostokąt z czystego papieru i zaklejał pozdrowienia sprzed stu lat. Wysyłał potem te kartki przyjaciołom. Lubił mieć dużo takich samych przedmiotów. Kilkadziesiąt długopisów, kilkanaście dużych, płaskich ołówków stolarskich, z wyrzeźbionym przez jakiegoś hobbystę Jezusem Frasobliwym na szczycie.

Sztambuch był jego największą kolekcjonerską miłością. Chował go na dnie skrzyni, która stała w sypialni. Wyjmował, kiedy przychodzili ważni goście. Bohdan Knichowiecki uważa, że sztambuch zaczął powstawać krótko po przeprowadzce Jana Twardowskiego do sióstr wizytek.

Najpierw to były luźne strony złączone spinaczem, na których wpisywali się goście kapelanii. Czasem Twardowski prosił kogoś znajomego o zdobycie autografu, na którym mu zależało.

Waldemar Smaszcz: „Był tam wpis Marleny Dietrich. Nigdy nie chciał zdradzić, jak go zdobył".

Jan Twardowski wspominał: „*Często dzięki protekcji, czasem dzięki własnej zaradności, odnajdywałem różnych autorów. Umawiałem się z nimi, pokazywałem album i prosiłem o kilka słów albo rysunek*"[162].

Bohdan Knichowiecki: „Około 1963 roku kartek było już pełno, więc ktoś je wujkowi zszył i oprawił w skórę. Niemal natychmiast zaczęły się zapełniać kolejne strony. Jak już było tego naprawdę dużo, zamówił taką tekę, grubą na trzydzieści centymetrów i wszystko w niej chował".

---

[162] Jan Twardowski, *Łaską zdumiony*, dz. cyt., s. 122.

Niedługo przed śmiercią, w 1963 roku, Pola Gojawiczyńska napisała w sztambuchu: „Księdzu Janowi Twardowskiemu z podziękowaniem za wielką pomoc, jaką mi okazał w chorobie".

Stanisław Szenic, varsavianista, wpisał się w lutym 1963 roku: „Na pamiątkę rozmów o heraldyce i Kanoniczkach z podziękowaniem za miły wieczór".

Jarosław Iwaszkiewicz, rok później: „Między Wierzyńskim a Marleną Dietrich, jak nieudolny stawiam tutaj dystych!".

W lipcu 1974 roku Władysław Tatarkiewicz: „Cieszę się, że tu jestem – pierwszy raz! – u ks. Jana Twardowskiego i że mogę wpisać parę słów serdecznych do jego księgi".

W lutym 1983 roku do sztambucha wpisała się Matka Teresa z Kalkuty: „*Jesus loves You. Love others as He loves You. God bless You*".

Jan Twardowski włączał też do albumu zdjęcia, listy i rysunki.

Wkleił kartę pocztową, z grudnia 1959 roku, od prymasa Stefana Wyszyńskiego: „Drogi Księże Janie, całym sercem dziękuję Bogu za to, że Ci dał wypowiedzieć w Twoich wierszach wielką Twoją miłość ku Słowu Bożemu, ku Kościołowi, ku małym dzieciom i ku małym sprawom. Jest w nich dowód, jak wiele daje modlitwa. Kiedyś miałem Ci za złe, gdy podczas wizytacji w Żbikowie, pozwoliłeś Dzieciom swawolić przy służbie ołtarzowej, podczas gdyś sam się modlił. Dziś myślę, że miałeś prawo się modlić, bo to było potrzebne i Tobie, i Dzieciom (...)".

Stronę, na której przyrodnik Gustaw Wuttke rysował księdzu podstawy mineralogii.

Podziękowanie Jana Pawła II z lutego 1979 roku: „Drogi i Czcigodny Księże. Ucieszyłem się ofiarowaną mi książką *Zeszyt w kratkę*, bardzo dziękuję za nią i za list. Życzę »Szczęść Boże« w pracy i serdecznie błogosławię".

W roku 1990 Jan Twardowski pokazał sztambuch w filmie dokumentalnym.

Grubą tekę położył na kolanach. Rozwiązał z czułością troczki okładek. Spojrzał do kamery: „*Mam album pamiątkowy. Prosiłem ludzi, żeby się wpisywali. Są tu duże nazwiska i małe nazwiska, sentencje albo rysunki. Mam wiersz Anny Kamieńskiej o moim mieszkaniu. Mam fotografię Ojca Świętego w czasie wakacji. Zofię Małynicz, jak moje wiersze przez radio mówiła. Kobylińskiego rysunek. Witolda Lutosławskiego wpisy. »Z szacunkiem i uwielbieniem – Tadeusz Konwicki«. Słonimskiego, Estreichera, Michnika. Bilet wizytowy prezydenta Mościckiego. Wpis Wajdy, Holoubka. Tyle wspomnień żywych ludzi*"[163]. Zamknął sztambuch.

Kilka wpisów ze sztambucha znalazłam w *Autobiografii*, wydanym po śmierci poety zbiorze wcześniej drukowanych wspomnień. Jednak samego albumu nie mogę obejrzeć. Po śmierci księdza trafił w ręce spadkobierczyni. Nie udostępnia go nikomu.

---

[163] Wypowiedź Jana Twardowskiego pochodzi z filmu dokumentalnego *Wiaro malutka* w reżyserii Grażyny Banaszkiewicz (1990).

Maszynopisy

Jeszcze nie otaczały go tłumy wielbicieli, nie był drukowany w milionach nakładów, nie trafił do kalendarzyków, zeszytów z aforyzmami i na pocztówki świąteczne.

W latach sześćdziesiątych do męczącej popularności celebryty było mu daleko.

Ale już tomik *Wiersze* rozszedł się błyskawicznie, wznowień nie przewidywano. Kto chciał mieć wiersze Twardowskiego dla siebie, przepisywał je do zeszytów. Kto miał maszynę do pisania i kalkę, mógł na tym zarobić.

Bohdan Knichowiecki: „Studiowałem w Warszawie dziennikarstwo. W 1965 roku znalazłem na Bazarze Różyckiego stoisko bukinistyczne. Ktoś sprzedawał tam poezje Jana Twardowskiego przepisane na maszynie. Trzydzieści złotych za tomik kilkunastu popularnych wierszy. Kupiłem i przyniosłem wujkowi. Okropnie się wzruszył. Poszedłem na drugi dzień, żeby dokupić, ale już nie było".

Aldona Kraus, okulistka, przyjaciółka: „Na początku lat sześćdziesiątych miałam piętnaście lat i często recytowałam wiersze podczas różnych uroczystości. Któregoś razu wezwał mnie do siebie ksiądz Tadeusz Kozłowski, proboszcz Komorowa, gdzie mieszkałam, i wręczył mi maszynopis z wierszami księdza Twardowskiego. Czytałyśmy je z moją mateńką i pokochałyśmy je".

Wiersze do „Tygodnika Powszechnego" wysyłał zwykle jesienią. Rzadko odstępował od tego zwyczaju.

W lutym 1965 roku pisał do Jerzego Turowicza: „*W połowie listopada przesłałem do redakcji trochę swoich wierszy na ręce pani redaktor J. Hennelowej. Wydrukowano mi dwa w gwiazdkowym numerze, co do pozostałych nie otrzymałem wyraźnej odpowiedzi. Zapytałem listownie, ale przez 6 tygodni nie odpowiedziano mi na list. Czy mógłbym się czegoś dowiedzieć o swoich wierszach? Ośmielam się prosić o to, tym bardziej że doświadczałem życzliwości z Waszej strony, poza tym przesyłam wiersze tylko raz na rok (wyjątkowo dwukrotnie w roku ubiegłym)"*.

Rok później pisał: „*Jednocześnie korzystam z okazji i zapytuję, czy mogę przesłać kilka swoich wierszy, nie czekając września. Zwykle bowiem przesyłam swoje wiersze raz na rok, około września"*.

Coś jednak zaczynało się wokół niego dziać. Na razie wciąż tylko w katolickim getcie, jak mówił.

Zygmunt Lichniak, związany z PAX-em, w 1964 roku w tomie *5:0 dla ideologii* określił poezję Twardowskiego jako niesztampową, prostą, ale nie prostacką, godzącą emocje z myślą.

W katolickim tygodniku „Za i przeciw" w 1965 roku ukazała się mała notka zakończona słowami: „Liczni wielbiciele poezji ks. Twardowskiego z niecierpliwością oczekują od autora decyzji wydania nowego tomu".

Marek Skwarnicki, poeta, publicysta „Tygodnika Powszechnego", który zamieszczał w piśmie felietony pod pseudominem Spodek, wspomina: „Dotarła do nas wiadomość, że ksiądz Twardowski stara się podobno, żeby wydać swoje wiersze w tomiku. Wymyśliliśmy z Bronkiem Mamoniem lub Józefą Hennelową, już tego nie pamiętam, że trzeba go wydać w Wydawnictwie Znak. Ale doszły nas wieści z Warszawy, że Jan Twardowski ma problemy z Prymasem. Wyszyński uważał, że księża nie mają prawa pisać wierszy. Diabli mnie wtedy wzięli i napisałem felieton. I zrobiła się burda".

Tekst Spodka ukazał się w połowie 1969 roku, pod tytułem *Sztuka przemilczania*: „Żyje wśród nas poeta, który pisze jedne z najlepszych wierszy religijnych w historii współczesnej literatury polskiej. Z tego powodu nikt o nim nie wspomina ani go nie analizuje, ani nie gani, ani nie chwali, w ogóle nikt z nim nic nie robi. (...) Nigdy też nie odznaczaliśmy się dbałością o żyjących i niejednemu przyszło już czekać dziesiątki lat, zanim jego utwory ktoś nagle »odkrył« i umieścił w większej lub mniejszej antologii. Zdaje się, że podobny los spotka również i te wiersze. Autor ich bowiem posiada dodatkowo dwie niewybaczalne wady: jest księdzem, piszącym na dodatek religijne poematy. (...) Gdy się kogoś popiera, momentalnie większość ludzi wietrzy w tym jakiś osobisty interes. Ale ja wierszy Jana Twardowskiego nie popieram (zbyt małe wpływy, proszę państwa), ja je podziwiam. Raz w życiu widziałem tylko ich autora na jakimś spotkaniu publicznym. Jak wszyscy autorzy nie wyglądał nadnaturalnie (...)"[164].

Do redakcji „Tygodnika Powszechnego" napłynęły listy z kraju.

A. Markowski z Krakowa pisał: „Chciałbym tu jeszcze dodać, że grupa studentów polonistyki na KUL-u dość żywo interesowała się tą poezją. Świadczy

---

[164] Spodek, *Sztuka przemilczania*, „Tygodnik Powszechny", 16 listopada 1969.

o tym choćby obszerny referat koleżanek: siostry Janiny Stręciwilk i Marii Wójcickiej, pt. »Liryka J. Twardowskiego«, który został wygłoszony w ramach odbytego w Poznaniu w 1966 roku XII Ogólnopolskiego Zjazdu Młodych Polonistów. Nad referatem »szanowne grono słuchaczy« oczywiście nie dyskutowało. Dlaczego? Kto to raczy wiedzieć.

Ponadto Jerzy Cieszkowski (też z KUL-u) ogłosił artykuł pt. *Nad wierszami ks. Jana Twardowskiego* w tygodniku »Za i przeciw« z 29 września 1968 roku. W czasie wieczoru autorskiego na KUL-u sam poeta zastanawiał się, dlaczego nie ma w ogóle liryki religijnej (...)"[165].

Maria Szypowska, Myślibórz: „Zwracam się jednocześnie z uprzejmą prośbą do redakcji: drukujcie częściej i w większych ilościach wiersze ks. Jana Twardowskiego"[166].

A.W.: „Felieton Spodka z 43 nru »TP« powinien być przysłowiowym kijem w mrowisku. Ważne jest, aby poezją ks. Jana Twardowskiego zainteresowali się krytycy, ale nie mniej ważne jest nowe wydanie jakiegoś zbiorku jego utworów. Wiem, że na przykład studenci w czytelniach odpisują (oczywiście z »Tygodnika«) wiersze ks. Twardowskiego. Ja sama dostałam zbiór tych wierszy przepisanych na maszynie, z czego powstało siedem nowych »wydań« dla użytku własnego i przyjaciół. Trochę to jednak dziwne, że w dobie lotów na Księżyc musimy zadowalać się rękopisami czy maszynopisami..."[167].

Talmira Grzegorzewska, Warszawa: „Nasi poeci tłumacze powinni się zainteresować tą poezją i przetłumaczyć na języki obce"[168].

Jednak nie wszyscy byli zachwyceni wierszami księdza rektora.

W maju 1969 roku dwoje prawników z Warszawy napisało list do redaktora naczelnego „Tygodnika Powszechnego". Kopię pisma posłało także do kurii z prośbą o przekazanie jej Prymasowi.

Maszyna do pisania, której użyli magister Maria R.K. i magister Tomasz K., była popsuta i miała wyczerpaną taśmę z atramentem. Litery na kartce były więc blade i ogryzione.

„Jesteśmy oboje wierzącymi katolikami i czytelnikami »TP«. W imię szczerości (...) musimy wyrazić nasze rozczarowanie i uczucie głębokiego zawodu, jaki doznaliśmy, czytając w świątecznym numerze »Tygodnika« (...) wiersze Jana Twardowskiego.

---

[165] „Tygodnik Powszechny", 16 listopada 1969.

[166] Tamże.

[167] „Tygodnik Powszechny", 30 listopada 1969.

[168] Tamże.

Choć bowiem oboje mamy ukończone wyższe studia prawnicze nie mogliśmy się dopatrzeć w tych wierszach ani pięknej formy ani głębokiej treści.

Zdawałoby się, że wiersze drukowane w katolickim czasopiśmie powinny wznosić serce i duszę ludzką ku Bogu. W danym przypadku wiersze Jana Twardowskiego są naszym zdaniem dalekie od tego wzniosłego celu, a raczej posłannictwa (...). Stosunek autora tych wierszy do Boga, do Świętych, do aniołów, nie jest wyrazem należnej Im czci – którą wpajano nam od dzieciństwa – ale przejawem jakiejś niezrozumiałej poufałości, zabarwionej bądź ironią, bądź sceptycyzmem. (...)

Nie możemy na przykład zrozumieć, dlaczego wierzący katolik ma się bać miłości Boga, dlaczego na końcu świata ma być *dęta orkiestra i niebieskie tupanie*, dlaczego Bóg ma być tak *pięknie bliski i inny jak mrówka przed niedźwiedziem.* Czy nie za daleko posunięta *licentia poetica*? (...)

Nie możemy odmówić autorowi bujnej wyobraźni, gdy np. w wierszu *Za szybko* przedstawia nam Boga jako telefonistę, który w pewnym momencie – zapewne znudzony – odkłada słuchawkę (wbrew temu, co Kościół uczy, iż Bóg zawsze słucha modlitwy ludzkiej). (...) W tymże wierszu dowiaduje się czytelnik, że obłazi go *chude milczenie* (czy może być tłuste milczenie?) i że *skomli chłód zrozumienia* (dlaczego chłód i dlaczego skomli, tego autor nie wyjaśnia).

A wszystko po to, *żeby nie widzieć jeszcze, a już uwierzyć.*

Ze skruchą przyznajemy, że Boga nie widzieliśmy, ale wbrew konkluzji tego wiersza wierzymy już w Jego istnienie.

Tych kilka przykładów wystarczy według naszego skromnego przekonania dla zilustrowania zamętu, jaki w najlepszym razie zapanuje w umyśle przeciętnego czytelnika po przeczytaniu omawianych wierszy.

Będziemy bardzo zobowiązani za łaskawą informację – w możliwie krótkim terminie – czy wydrukowanie tych wierszy nastąpiło za wiedzą i zgodą całego Zespołu redakcyjnego »Tygodnika Powszechnego« czy też było wynikiem jakiegoś przeoczenia. Łączymy wyrazy poważania”[169].

Nie wiadomo, czy adresaci otrzymali odpowiedź na list. Nie ma też żadnych źródeł informujących, czy dowiedział się o nim poeta.

Wiadomo tylko, że rok później Jan Twardowski wydał własny tomik wierszy.

---

[169] List znajduje się w zbiorach Archiwum Archidiecezjalnego Kurii Metropolitalnej Warszawskiej.

Duszpasterz

„Oda do głośnika”

Nadal mamrotał z ambony.

Paweł Śpiewak, socjolog, syn poetki i przyjaciółki księdza Anny Kamieńskiej: „Miało się wrażenie, że połykał słowa. Znikały początki i końcówki wyrazów”.

Stefan Kruś, kuzyn: „Z ambony to było Janka jeszcze słychać. Mówił cicho, drobno, ale stary wynalazek działał. A potem wprowadzono do kościoła nowoczesność, czyli mikrofony przy ołtarzu, i nic już nie można było zrozumieć. Takie pa pa pa pa. Na pewno to było ciekawe, bo on mówił lekko, na wesoło. Krótko, parę minut. Chodziliśmy w latach sześćdziesiątych z synkami, ale nie było sensu. Nic nie słyszeliśmy”.

Ksiądz Twardowski nie miał szczęścia do techniki. Głośniki nagle zaczynały piszczeć i zgrzytać. Mikrofon milkł i rektor znów był niesłyszalny.

W 1960 roku napisał *Odę do głośnika, który zniekształca kazania*. *„Cóżeś nawyrabiał z moimi kazaniami – głośniku / Ryczałeś, piszczałeś jak młodziutki Mojżesz w koszyku / bywało, że umilkłeś jak księżyc w uliczce”*...

Wiedział, że ledwo go słychać. Nie mógł się z tym pogodzić do końca. Aldona Kraus w latach dziewięćdziesiątych przypadkiem powiedziała poecie, że mamrotał podczas ostatniej mszy świętej. Zmartwił się: *„Mamrotałem. Tak, tak, mamrotałem! Masz rację! Nie udałem się Panu Bogu, ani tu, w tym kościele... Po takich wielkich kaznodziejach. Gdzie mi do krasomówstwa księdza Ziei, gdzie mi do Bronka Bozowskiego. Mamroczę!”*[170].

[170] Aldona Kraus, dz. cyt., s. 32.

Lekarka mówi: „Jak już naprawdę źle go było słychać, z grupą przyjaciół gromadziliśmy się po mszy w kapelanii, w pokoju księdza albo u panów Olszewskich, i prosiliśmy, żeby powtórzył nam swoje kazanie".

Jan Zieja słynął z kazań w stylu Piotra Skargi. Nie bał się mówić o polityce. Znany był z tego, że bardzo powoli czytał Ewangelię, tak żeby dotarła do każdego w kościele.

Gorące kazania księdza Bronisława Bozowskiego, sąsiada z kapelanii, starszego od Jana o pięć lat, trwały nierzadko po czterdzieści minut.

Jan Twardowski mówił po latach: „*Ja z lękiem wybrałem sobie msze dla dzieci. Dzieci początkowo było mało, bo to przecież nie jest kościół parafialny, tylko kościół klasztorny. (...) Potem ta grupka się powiększała, miałem więc jakieś swoje zajęcie*"[171].

Zwracał się do nich i ich rodziców: „*Kochane dzieci. Te małe i te duże, co za prędko urosły*".

Paweł Śpiewak: „Jego kazania były jak jego wiersze. Dwuwersowe haiku. Miał najszybsze msze na świecie. Zaczynał o siedemnastej. Za dwadzieścia pięć minut był koniec".

Stefan Kruś: „To było coś fantastycznego. Tłum dzieci. Rozmawiał z nimi. Pamiętam, jak raz zadał pytanie, za co się kocha swoją mamusię. I mój Pawełek, który ma dziś pięćdziesiąt lat, a wtedy sześć, zgłosił się i powiedział: »Bo mamusia bardzo dobrze gotuje«. Cały kościół ryknął śmiechem".

W tygodniu ksiądz Jan uczył dzieci religii.

Siostra Nepomucena: „Kiedyś szykował je do komunii. Pogoda była nie taka, dzieci senne. Wziął i przeszedł na temat kotków. »*Och, kotki. A ty masz kotka?*« Dzieci się ożywiły. A po skończonej lekcji ustalał z nimi termin następnego spotkania. Nie mógł w jakiś dzień, zaproponował inny. A wtedy wyszedł na środek taki szkrabek: »W ten to ja nie mogę, proszę księdza«. Uszanował go: »*A, skoro w ten nie możesz, poszukamy innej daty*«".

W połowie lat sześćdziesiątych na religię do Jana Twardowskiego zaczął chodzić Tomasz Sławiński: „Miałem osiem lat, gdy rodzice zaprowadzili mnie do księdza. Znali jego poezję, był dla nich osobowością, a religia w naszym parafialnym kościele była średnia. Spotykaliśmy się grupką dzieci raz w tygodniu, po południu w przedsionku zakrystii. A potem prowadził nas, zaułkiem, do siebie do domu.

Zawsze starał się uwzględnić sposób rozumowania osoby, z którą rozmawiał. Jak mówił do dzieci, to dociekał, jak kojarzą, co je ciekawi, jaki może być punkt zaczepienia. Rozmawiał o szczegółach, w bardzo prosty sposób, nie używał niezrozumiałych wyrazów. Gdy mówił nam o teściowej z Ewangelii, która od razu

---

171 Helena Zaworska, *Rozmowa z księdzem Twardowskim*, dz. cyt., s. 115.

Kartka księdza Twardowskiego do Anny Kamieńskiej z 1983 roku

po uzdrowieniu nakarmiła Jezusa, to zgadywaliśmy, co ona mogła ugotować. Pozornie szedł w inną stronę, ale dochodził do sedna".

Kazania, które wygłaszał dzieciom, zapisywał na kartkach. Przepisane na maszynie, krążyły w odpisach wśród katechetów.

W 1968 roku trafiły w ręce Józefy Hennelowej z „Tygodnika Powszechnego". Napisała o nich artykuł *To nie są landrynki*.

„(...) dostałam do ręki kilkudziesięciostronicowy maszynopis, zatytułowany *Opowiadania dla dzieci*. Autor: ks. Jan Twardowski, dobrze znany od lat poeta religijny. Wielu katechetom teksty te są na pewno znane, ponieważ bywają wykorzystywane jako pomoc lekcyjna przy katechizacji".

Zacytowała fragmenty opowiadań, pochwaliła je, że są serdeczne, ciepłe, franciszkańskie, proste i niezakompleksione. Ale nie słodkie i nie łatwe. Pełne realiów z dziedziny malarstwa, przyrody, techniki.

Jan Twardowski wyda je po kilku latach w tomiku *Zeszyt w kratkę*.

Lato na wsi

Legendy

Nagle przestał pisać wiersze. Stało się to, o czym marzył. Był już tylko księdzem. Nie wiadomo, kiedy się to wydarzyło, prawdopodobnie w latach sześćdziesiątych. Poetyckie myśli przestały mu przychodzić do głowy. Tak mówił.

Poetą stawał się tylko w czasie wakacji. Brał urlop, wyjeżdżał na wieś i pisał. Około piętnastu wierszy przez miesiąc. Tak mówił.

We wrześniu przepisywał je na maszynie i słał do „Tygodnika Powszechnego".

Tadeusz Olszewski, organista, sąsiad, przyjaciel Jana Twardowskiego, macha ręką: „Legendy".

Ale Waldemar Smaszcz mówi: „Niektórzy to negują i sprzeczają się ze mną, ale moim zdaniem to był rygorystyczny podział. Jedenaście miesięcy wyłącznie ksiądz, jeden miesiąc poeta. Mówiono, że to niemożliwe, żeby pisać wiersze z rękawa, jak się cały rok nie pisze. Ale on był cały rok w dyspozycji literackiej. Pisał przecież kazania, zwłaszcza te dla dzieci, nad którymi pracował jak nad wierszami".

Dopóki żyła matka, tydzień wakacji spędzał u niej w Katowicach. Resztę w zapadłych dziurach, wioskach lub klasztorach.

Wybierał lipiec lub sierpień. Pisał podania do kurii o zgodę na miesięczny wyjazd, prosił o *litterae passus* (zgodę na odprawianie nabożeństw poza swoim kościołem), podawał nazwiska swoich zastępców.

Jednym z nich bywał młody ksiądz, doktorant Józef Życiński. Wspominał: „Zaczęło się w 1973 roku, w moje pierwsze kapłańskie wakacje, rok po święceniach. Miałem zastąpić siostrom rektora, a w bibliotece Uniwersytetu Warszawskiego przeglądać materiały do doktoratu. Ksiądz Jan nieoczekiwanie został dłużej, zaprzyjaźniliśmy się, tocząc nocne Polaków rozmowy. Później, już systematycznie, zastępowałem go podczas wakacji".

„Czasem nie mógł wyjść z pokoju"

Byle było mało ludzi, dużo przyrody i blisko Warszawy.

Runów pod Piasecznem, lata sześćdziesiąte, siedem razy z rzędu.

Loretto pod Wyszkowem, kilkanaście pobytów w ciągu trzydziestu lat.

Lipków pod Laskami, lata dziewięćdziesiąte, co najmniej cztery razy.

Odwiedzam miejscowości, gdzie Jan Twardowski zwykł spędzać wakacje.

Myślę, że ucieszyłby się z tego, co znajduję. Bo niemal zawsze trafiam w pustkę.

O Runowie mówił: „*Była to wieś przy niewielkim PGR. Ponieważ siostry były pielęgniarkami, to kierownictwo uznało, że są przydatne i potrzebne, a więc mogły zostać na swoim dotychczasowym miejscu*"[172].

Trzy razy wygłaszał rekolekcje w okolicznych parafiach. Napisał tu *Znaki ufności*. W dzienniku pisał na bieżąco, że chodzi po polach wśród łubinu, modli się na różańcu, w miejscowej kaplicy odprawia codziennie mszę świętą.

Ale dziś nie ma już pegeeru ani sióstr szarytek, u których się zatrzymywał. Ich modrzewiowy, dwustuletni dwór kupił miejscowy weterynarz i otoczył wysokim płotem. Tylko jakiś człowiek koszący trawę przed swoim domem przypomina sobie, że chodził kiedyś po wsi ksiądz Jan i rozmawiał z ludźmi.

W Lipkowie plebania nasiąkła wilgocią, kościół grozi zawaleniem, domek, w którym ksiądz Twardowski mieszkał w wakacje, jest składzikiem niepotrzebnych gratów. Parafianie modlą się w baraku z blachy falistej.

Bronisław Chodorowski, kolega z gimnazjum, wspomina: „Kilka razy woziłem go tam na wakacje. Plebania jest w dworku, który należał do teścia Henryka Sienkiewicza. Pisarz umieścił tu słynną scenę pojedynku Wołodyjowskiego z Kmicicem. Miejscowy proboszcz Wacław Kurowski zrobił tam nawet małe muzeum Sienkiewicza. Janek bardzo lubił przyjeżdżać do Lipkowa. W 1992 roku zdarzyło się, że telefonowałem, co tam u niego się dzieje. Odebrał: »*Słuchaj, zupełna klęska. Wyobraź sobie, że ten proboszcz zmarł i oni doszli do wniosku, że będę pełnił jego funkcje*«. Miesiąc tak było".

Młody ksiądz o koszykarskim wzroście otwiera drzwi plebanii. Jest nowym proboszczem. Mówi, że nie znajdę w Lipkowie żadnych śladów poety. Proboszcz Kurowski był grafomanem i dlatego zapraszał Twardowskiego i stworzył muzeum

---

[172] Jan Twardowski, *Łaską zdumiony*, dz. cyt., s. 93, 94.

Sienkiewicza. Ale jego następcy nie przepadali za poezją, woleli konkret, a muzeum zamknęli.

Jedynie w sanktuarium maryjnym w Loretto pamięć po nim wisi w powietrzu. Miał tu wszystko, o czym marzył. Głębokie lasy, płynącą opodal leniwą rzekę Liwiec i spokój. Mieszkał w gościnnym domku niedaleko klasztoru. Dużo spacerował.

Przyjeżdżał tu przez trzydzieści lat, ale nieregularnie, z czasem coraz rzadziej. Okolica stała się modna, wokół wyrosły domki letniskowe i ośrodki wypoczynkowe.

Narzekał: *„Zniknął zupełnie dawny spokój, nawet na leśnych ścieżkach trudno było o samotność. Można powiedzieć, że dawne przysłowie nabrało nowego sensu – im dalej w las, tym więcej samochodów*"[173].

Siostra Salezja ze Zgromadzenia Sióstr Matki Bożej Loretańskiej jest w Loretto od początku lat osiemdziesiątych. Wygląda jak młoda dziewczyna, ma gładkie policzki, rozmarzone oczy i cichy, czysty głos ze wschodnim zaśpiewem. Matka przełożona pozwoliła nam na rozmowę. Przysiadamy na chwilę na ławce w parku.

Siostra Salezja mówi: „W latach dziewięćdziesiątych czasem nie mógł wyjść z pokoju, bo każdy czegoś chciał: a to podpis pod książką, a to rozmowę. Tabuny dzieci na mszę przychodziły. Jak tylko ludzie się zwiadywali, że przyjechał, to całe rodziny go tu odwiedzały i zabierały na działki. Jechał z nimi, bo chciał im sprawić radość.

Ale czasem udało mu się iść samemu po parku. Szedł jak nieobecny, widać było, że wierszyk jakiś tworzy. Patrzył się, ale ludzi nie widział. Pamiętam, raz padał deszcz, a on w sutannie i prochowcu stał na ścieżce i jakoś tak w siebie się patrzył. Siadał potem na ławce i notował coś na kartkach".

Miał spowiednika w Loretto. Zabierał tam przyjaciół na jednodniowe pobyty. W czerwcu 1976 roku przyjechał z poetką Anną Kamieńską i młodym poetą księdzem Jerzym Czarnotą. Kamieńska zapisała w wydanym później notatniku: „Loretto z ks. J. Tw. i ks. Jerzym Czarnotą. Rzeka Liwiec. Piękne są te zwyczajne, wiejskie rzeki. Strachy na wróble stojące tłumnie w kartofliskach. Wiejski miód u sióstr. Chodzę boso, czuję ciepły piach, ziemię pod stopami. W drodze powrotnej księża odmawiają głośno różaniec"[174].

---

173 Tenże, *Ludzie, których spotkałem,* dz. cyt., wyd. 2, s. 119, 120.

174 Anna Kamieńska, *Mały notatnik*, wybór i oprac. Henryka Andrzejczak, Bytom 2002.

Kolekcjoner

„Segregował nas do różnych celów"

Kolekcjonował przyjaciół. Wysyłał im liściki, zabawne zdania na przedwojennych pocztówkach. Pielęgnował stare przyjaźnie, zawierał nowe. Z małżeństwami, którym udzielał ślubów; dziećmi, które uczył katechezy; penitentami, którzy przychodzili do spowiedzi; lekarzami, którzy go leczyli.

Mówił, że jest tak nieśmiały, że nie potrafi natychmiast zjednywać sobie przyjaciół.

Janina Januszewska-Skreiberg, polska pisarka i dziennikarka, która od kilkudziesięciu lat żyje w Norwegii, wspomina, że po ślubie, którego udzielił jej ksiądz Twardowski pod koniec lat sześćdziesiątych, zaczęła bywać u niego w mieszkaniu. Z początku nie było między nimi serdeczności. Prowadzili suche rozmowy, zdaniem pisarki widać było, że ksiądz się męczy spotkaniem. Czuła, że najdalej po pół godzinie powinna wyjść. Ale z czasem, kiedy tylko przyjeżdżała do Polski, przesiadywała u księdza coraz dłużej. Zaczął ją nazywać siostrą, w 1991 roku zadedykował jej wiersz: *„Siostro Janino Kochana / z Oslo / jakie licho Ciebie tak daleko poniosło…"*.

Ale inni, którzy go poznali, twierdzą, że już po godzinie miało się wrażenie, że jest się zaprzyjaźnionym z poetą od wieków. Nie potrafią jednak sobie przypomnieć szczegółów rozmów.

Tadeusz Olszewski, organista, mówi: „Odprowadzałem kiedyś do bramy pana, który siedział u księdza kilka godzin, choć wpadł na chwileczkę. Był szczęśliwy. Przeżywał: »Jak wspaniale się z księdzem rozmawiało, takie niesamowite dyskusje«. Powiedziałem potem księdzu o tym. »*To był jego monolog*« – powiedział ksiądz".

Jan Twardowski potrafił słuchać. O sobie mówił niewiele.

Bronisław Chodorowski, kolega gimnazjalny, służył mu do mszy do końca życia. Wspomina: „Z Janka nie było łatwo coś wydobyć, a ja jestem przeciwnikiem wydobywania na siłę. Mieliśmy ogromną liczbę tematów do rozmów. Ale polegało to na tym, że on pytał, ja opowiadałem. On pielęgnował przyjaźnie, powiedziałbym, pojedynczo".

Tomasz Sławiński, architekt, przez niemal czterdzieści lat odwiedzał księdza raz w tygodniu. Mówi: „Wielu z jego przyjaciół nigdy nie poznałem. Segregował nas do różnych celów i różnych tematów. Byliśmy porozkładani na poszczególne dni, w każdy dzień inny, najpierw przychodziłem w środy, później w soboty. Ja służyłem mu do rozmów, pomocy przy układaniu kazań, czasem do zapisywania czegoś. Nie miał skłonności do zwierzania się, choć czasem lubił wspominać czasy przedwojenne. Nie był czułostkowy. Szalenie wrażliwy, nigdy nie pokazywał na zewnątrz, że akurat cierpi".

Waldemar Smaszcz: „Wybrał mnie tylko i wyłącznie do mówienia o literaturze. I on to narzucił od początku. Inne tematy między nami w zasadzie nie istniały. Żartowałem czasem, że jest jak Zygmunt Krasiński, który pisał ogromne ilości listów i każdego ze swoich adresatów brał do innego tematu. W każdy piątek byłem u niego, przez te wszystkie lata. Wracałem do Białegostoku pociągiem przed północą".

Poczet przyjaciół

Przyjaciele byli jak święci. Każdy czemuś patronował.

Anna Kamieńska była od Boga.

O Kamieńskiej często opowiadał. Ich przyjaźń trwała aż do nagłej śmierci poetki w 1986 roku. Na początku lat siedemdziesiątych napisał dla niej swój najsłynniejszy wiersz zaczynający się od słów „*Śpieszmy się kochać ludzi*".

Znajomość zaczęła się w połowie lat pięćdziesiątych.

Co za zbieg okoliczności! Ksiądz Twardowski przystanął przed wystawą księgarni i wpatrywał się w okładkę książki – Józef Czechowicz *Wiersze wybrane*. Ukochany przedwojenny poeta wydany po raz pierwszy po swojej śmierci w 1939 roku. Wiersze opracowali Jan Śpiewak i Seweryn Pollak.

Wszedł do sklepu, kupił książkę, wspominał po latach.

Nie. Książki nie było, egzemplarz z wystawy został już sprzedany. Chciał go mieć, mówił.

Zadzwonił więc do poety Jana Śpiewaka do domu i został zaproszony, opowiadał.

Nie. Zdobył adres i pojechał bez uprzedzenia.

Poezji Kamieńskiej i Śpiewaka nie znał za dobrze. Oni pewnie też nie czytali dotąd jego wierszy.

Powiedzieli mu, że są ateistami i że jest pierwszym księdzem w Warszawie, którego poznali osobiście. Jan Śpiewak dodał, że jest Żydem z niepraktykującej rodziny. Nie przyznał wtedy, że został kiedyś ochrzczony. Ksiądz poznał Janka i Pawła, synów Anny i Jana, małych chłopców w łóżkach ze szczebelkami.

Pożegnał się. Pierwsze wizyty powinny być krótkie.

Mówi Paweł Śpiewak, syn: „Mama była wojującą ateistką, postępową, liberalno-progresywną. Ojciec, nawet jak był niewierzący, nawet jak był ateistą, to i tak bił się z Bogiem".

Twardowski i Śpiewakowie widywali się czasem. Raczej wtedy nie rozmawiali o Bogu, chyba bardziej o przyrodzie. Anna znała się na ptakach, prowadziła zielnik, przedstawiła księdzu przyrodnika Gustawa Wuttkego.

Jan Śpiewak zachorował na raka pod koniec lat sześćdziesiątych. Ksiądz Twardowski odwiedzał go w szpitalu. Był też dzień przed śmiercią.

Wspominał: „*Dowiedziałem się, że był ochrzczony. Namaściłem go olejami świętymi i udzieliłem rozgrzeszenia. Następnego dnia umarł*"[175].

Kamieńska zanotowała trzy lata później: „Janek leżał na łożu śmierci, już nieprzytomny. Ksiądz Jan Twardowski modlił się przy Nim półgłosem. Gdy ksiądz wyszedł, Janek obudził się i powiedział nagle wyraźnie: – Ksiądz się modlił. Jestem szczęśliwy".

I to był początek prawdziwej przyjaźni z Kamieńską.

Jan Twardowski: „*Nasza przyjaźń zaczęła się utrwalać. Razem chodziliśmy na cmentarz wojskowy na Powązki. Zapalaliśmy świece na grobie Jana Śpiewaka, kładliśmy wieńce i modliliśmy się*"[176]. „*Poznanie Anny Kamieńskiej było dla mnie wielkim przeżyciem, które wpłynęło na moje życie wewnętrzne. Łączyła nas wiara i wiersze. Wprawdzie była niewierząca, ale wychowana w tradycji chrześcijańskiej, zachowała żywe zainteresowanie wiarą. Nie nawracałem Anny, nigdy nie potrafiłem tego robić. (...) Wiele rozmawialiśmy o Ewangelii, o Piśmie Świętym. W jej życiu wewnętrznym zachodziły ogromne zmiany. Wiara sama budziła się w jej duszy. (...) [mówiła, że] straciła męża, ale odnalazła Pana Boga*"[177].

Do końca życia miała już tęsknić za zmarłym mężem. Zawsze już w żałobie.

Paweł Śpiewak: „To była trochę taka mitologia miłości. Nie chcę tego demaskować, bo to było jej zapewne potrzebne, ale na co dzień nie byli idealną parą. Nieprawdopodobnie związani ze sobą, ale bez picia z dzióbków. Straszne

[175] Jan Twardowski, *Łaską zdumiony*, dz. cyt., s. 103.
[176] Tenże, *Rozmowy pod modrzewiem*, dz. cyt., s. 47.
[177] Tenże, *Łaską zdumiony*, dz. cyt., s. 104.

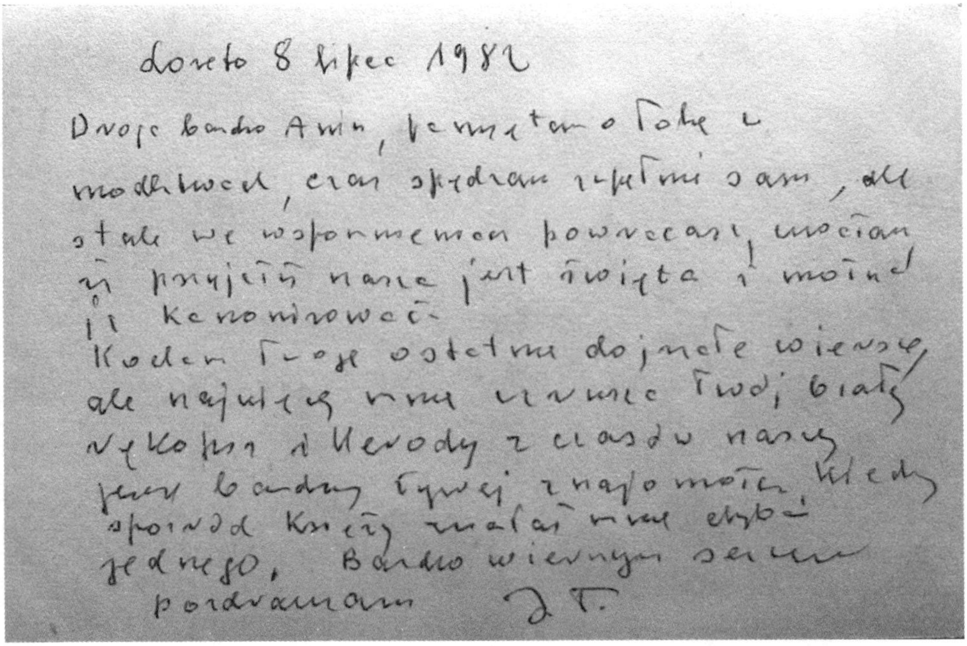

Kartka księdza Twardowskiego do Anny Kamieńskiej z 1982 roku

kłótnie pamiętam z domu. Niedobre kłótnie, wyczerpujące psychicznie. Jeśli jako dziecko czułem, że jest niedobrze, to znaczy, że było w nich coś destrukcyjnego".

Twardowski odwiedzał Kamieńską w domu. Modlili się wspólnie.

Paweł Śpiewak: „Mijaliśmy się przeważnie. Przychodził w porach, gdy byłem w szkole, na uczelni, w bibliotece. Ale też nie szukałem z nim kontaktu. Był przesiąknięty duchowością, półobecny, w chmurach, nie był charyzmatyczną osobą. Ale nie miał w sobie nic z prymitywnego klechy. Mówił mojej mamie, że jest szczęśliwym księdzem, bo wierzy w Boga. Siadał na kanapie, przy nodze stawiał torbę. Zawsze miał torbę. W rozmowie sprawiał wrażenie człowieka, który nie wiadomo, czy słyszał, co się do niego mówi. Z nim się nie siadało i gadało cudnie godzinami. Tylko tak, jakby maszyna się zacinała. Ale nie było to nic krępującego czy złego. Moja mama też miała takie zacięcia, więc on musiał jej dawać poczucie akceptacji, bezpieczeństwa".

Pisała o nim w swoim notatniku.

[1966] „Wizyta w domu Leca, opustoszałym, po jego śmierci. (…) Podobno dopominał się o księdza Twardowskiego".

„– Myślę, że nienawiść najbardziej rani tego, kto ją chowa w sercu. »– *A ja uważam*, mówi ksiądz J., *że to miłość najbardziej rani*«".

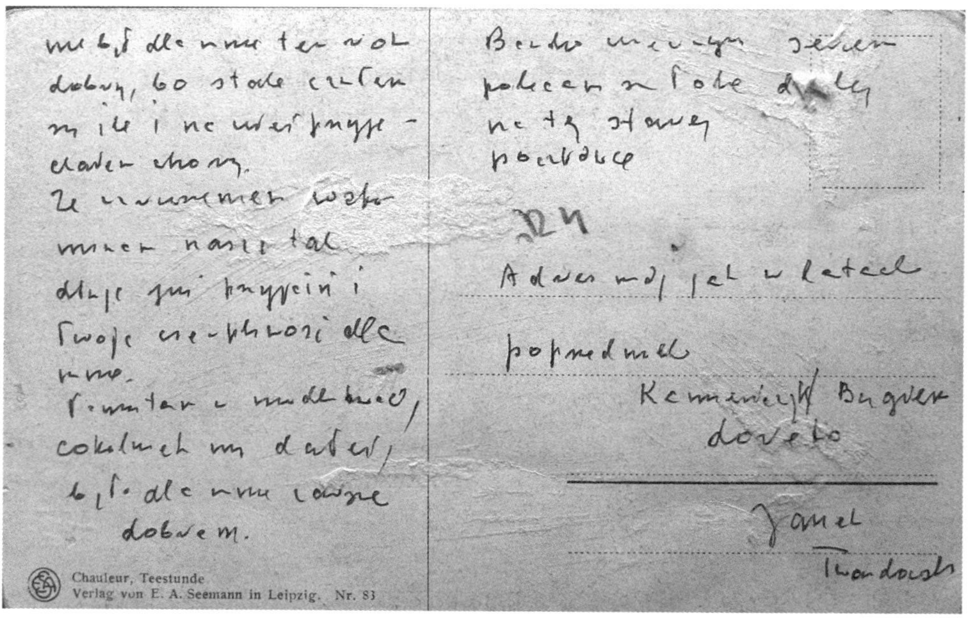

Kartka księdza Twardowskiego do Anny Kamieńskiej

[1969] „Ksiądz odprowadzał do grobu zmarłą dziewczynkę. Chciał iść w białym ornacie, ale według przepisów tylko dzieci do lat sześciu chowa się w białej szacie. Nagle, w czasie pogrzebu zaczął sypać śnieg i ksiądz szedł cały w bieli".

[1970] „Ksiądz J. mówi o swojej teorii, że na pytania wewnętrzne odpowiada mu zawsze niespodzianie ktoś wchodzący do pokoju lub rozmowa zasłyszana przypadkiem".

„Wracam z kościoła Wizytek, gdzie byłam na ceremonii ślubów wieczystych młodziutkiej zakonnicy. W pięknym przemówieniu zwrócił się do niej ksiądz Jan Twardowski. Ukazał jej bardzo przekonująco ziemskie wartości, które straci po to, aby otrzymać wszystko w zamian od Boga. Ale ta pierwsza część przemówienia była bardziej przekonywająca. Siostra była szczęśliwa; miała czystą, młodą łagodną twarz w okularach. (...) »*Wyprawimy ci tu piękny pogrzeb*« – mówił ks. Twardowski".

„Pasterka u Wizytek. Miasto pełne pierwszego śniegu. Biegniemy razem z Pawłem przez całą Warszawę. Bóg się rodzi. Smutne kazanie ks. Jana o samotności i biedzie świętej rodziny. (...) Przed kościołem zakonnica odgarnia śnieg szuflą zrobioną z portretu Przywódcy".

[1973] „Ks. J. był dzisiaj w szpitalu u dziesięcioletniej dziewczynki chorej na raka. Został jej jeszcze miesiąc życia. Dzieci umierające są dojrzałe. Mają w sobie spokój duchowej dojrzałości. »– *Wstyd mi – przychodzę do nich jako ten, który ma ich czegoś nauczyć, a sam się od nich uczę*«".

[1974] „W kościele Zbawiciela po mszy żałobnej wyszedł do katafalku ks. J. w białej komży włożonej na zimowe palto. Beret przekrzywiony na bakier, w ręku nieodłączna czarna torba z plastiku, torba, jakie noszą gospodynie na targ. Wydawał się bezradny, zakłopotany, jakby nie wiedział, co ma robić z rękami, nachylony gorliwie ku tej trumnie".

[1975] „Wczoraj ks. J. skarżył się, że musi ciągle chodzić do swojej ciotki, która już dwa lata choruje na raka. Nie wiadomo, jak będzie mógł w tej sytuacji wyjechać na wakacje. Trudno mu będzie ją zostawić. (...) A wieczorem zadzwonił, że dziś właśnie umarła. Sama sobie umarła, nie sprawiając nikomu kłopotu".

[1976] „Rozmowa z ks. J. na Powązkach. Dzień prawie ciepły i jasny. (...) Mówimy wiele o ciele i duszy. Wszystko, co złe, zwalamy na ciało. Trzeba uniewinnić ciało. To nie ono jest winne. Ciało obżartuch chce tylko kotleta, a dusza, ta subtelna dusza, pragnie rzeczy o wiele gorszych – sławy, władzy. »– *We śnie* – mówi ks. J. – *ciało jest podobne do duszy. Już tak 10 lat chodzimy wśród grobów. Wczoraj* – opowiada J. – *umarła zakonnica – wizytka. Umierała tak pięknie. Przed śmiercią wszystkich przepraszała i dziękowała za wszystko*«".

[1977] „Sięga do kieszeni po grzebień. Wypadają mu różaniec, papier toaletowy, chustka do nosa, 100 złotych".

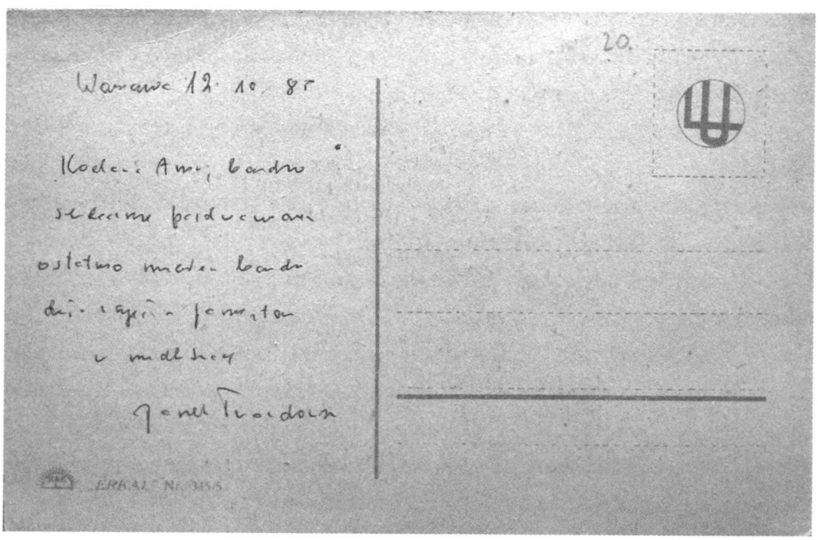

Kartka księdza Twardowskiego do Anny Kamieńskiej z 1985 roku

Wysyłał jej krótkie listy na odwrocie stuletnich kart pocztowych. Ona odpisywała mu długie epistoły. Paweł Śpiewak, syn poetki, pożycza mi brązowy album z kartkami pocztowymi, które Jan Twardowski słał Annie Kamieńskiej pod koniec jej życia.

Czytam je.

Gustaw Wuttke był od przyrody.

Szli łąką albo lasem. Jeden w kapeluszu, drugi w sutannie. Pierwszy to Gustaw Wuttke, przyrodnik i geograf, drugi – ksiądz Twardowski na wakacjach. Przystawali przed drzewem.

Przyrodnik zdejmował kapelusz, kłaniał się: „Witaj, brzozo *Betula*". Albo: „Witaj, topolo *Populus*. Witam cię, *Fraxinus excelsior*, jesionie wyniosły".

Poeta z przejęciem kłaniał się drzewu i powtarzał jego nazwę.

Czasem profesor zadawał księdzu pytania. Na przykład o rolę jarzębiny w życiu ptaków. Jeśli nie było odpowiedzi, martwił się: „Jak ty sobie dasz radę w życiu? Przecież nawet na jarzębinie się nie znasz".

Spotykali się w mieście, najwięcej czasu mieli dla siebie na wsi, w czasie wakacji poety.

Wuttke, rocznik 1887, był już na emeryturze. Przed wojną uczył geografii w warszawskim Gimnazjum imienia Batorego, po wojnie był kierownikiem pracowni dydaktyki geografii w Instytucie Geografii Uniwersytetu Warszawskiego. W powstaniu stracił dwóch synów, żołnierzy batalionu „Zośka". Nigdy nie mówił o swojej stracie, nie miał w domu fotografii zmarłych synów.

Jan Twardowski mógł uważać się już wcześniej za znawcę przyrody. Przyznawał jednak, że prawdziwych lekcji udzielił mu dopiero Gustaw Wuttke.

Poeta wspominał: „*Profesor Wuttke widział i ukazywał jedność wszystkiego, co nas otacza. A przy tym było to widzenie konkretne. Przecież świat dany jest nam w sposób rzeczywisty, a nie tylko wyobraźniowy. (...) Jest zbiorem rzeczy egzystujących. I dlatego trzeba nazywać po imieniu drzewa, kwiaty, kamienie. Nauczył mnie tego właśnie prof. Wuttke. Nie mówię więc: ptak, zwierzę, ryba, liść, kwiat. Widzę bowiem dzięcioła, kosa, bociana, słonia, pstrąga, ślaz, borsuka, wrotycz, makolągwę – konkretny, nie anonimowy świat. Wiem, że liść wiązu drapie, że gryka rośnie na czerwonej łodydze, że gile mają nosy grube, a dudki krzywe, że pstrągi są szaroniebieskie, a wilcza jagoda brunatnofioletowa*"[178].

Ksiądz Jan uczył się od przyrodnika odróżniać zioła i kwiaty, odczuwać zapachy, rozpoznawać drzewa po szeleście liści. Zapisywał wiadomości, wykorzystywał je w wierszach.

---

[178] Tamże, s. 186.

Dwie studentki profesora pomogły poecie założyć własny zielnik. Pożyczył komuś, już do niego nie wrócił.

Ale nie tylko o przyrodzie rozmawiali. Gustaw Wuttke przez wiele lat tworzył kolekcję modlitw różnych czasów i różnych kultów.

Długo tracił siły. Zmarł w 1975 roku. Ksiądz Jan Twardowski był przy jego śmierci.

Varsavianista Stanisław Szenic był przyjacielem od Warszawy i Powązek.

Poznali się w kościele, w którym Szenic często bywał, bo jego teściowa wstąpiła do zakonu wizytek. Zaprzyjaźnili się.

Poeta odwiedzał pisarza, który był kolekcjonerem dzieł sztuki. Uczył się od niego rozpoznawania mebli, szkła, obrazów.

Spacerowali wiele po Powązkach, gdy Szenic pisał książki o tym cmentarzu. Twardowski napisał motto do drugiego tomu. Wspominał, że nikt tak dobrze nie nauczył go Powązek jak Szenic.

Anna Świderkówna była przyjaciółką od Ewangelii.

Znajomość z wybitną papirolożką i biblistką poeta uważał za jedną z najważniejszych w życiu. Poznali się w 1961 roku.

Świderkówna wspominała: „Miałam jakąś sprawę do księdza Twardowskiego, ale go nie zastałam, zostawiłam więc list. Potem, gdy poszłam do niego po raz drugi, zaprosił mnie do siebie, mówiąc, że ma do mnie wiele pytań. Okazało się, że są to pytania z historii starożytnej. Wtedy mu powiedziałam, że wydaje mi się, iż mogłabym mu bardziej pomóc w teologii niż w historii. I zaczęło się... Jeśli byliśmy oboje w Warszawie, to musiałam odwiedzać go co tydzień. Nigdy mi nie przepuścił. Najczęściej to była sobota, jakieś dwie godziny. Trwało to ponad trzydzieści lat, aż do chwili, kiedy miał ciężki zawał. Potem jeszcze od czasu do czasu telefonował i pytał, co ma powiedzieć na kazaniu. Bo (...) wszystko polegało na tym, że miałam mu pomagać w układaniu homilii, kazań czy rekolekcji. (...) Ksiądz Twardowski często, nawet publicznie, mówił, ile mi zawdzięcza. Prawda jest taka, że uczył się ode mnie, a ja od niego. A naprawdę oboje nas uczył Duch Święty"[179].

Jan Twardowski mówił: *„były też tematy, które zrodziły się w czasie spotkania i nagle coś się przed nami otwierało, odkrywaliśmy wspólnie rzeczy nowe, zdawałoby się, że dobrze znane. (...) Spotkanie to też było dla mnie rodzajem cudu. Nagle przychodził ktoś, kto mi jest potrzebny, kto mnie czegoś uczy"*[180].

---

[179] Anna Świderkówna, *Chodzić po wodzie. Z Anną Świderkówną rozmawia Elżbieta Przybył*, Kraków 2003, s. 236, 237.

[180] Jan Twardowski, *Łaską zdumiony,* dz. cyt., s. 107, 108.

Poeta zadedykował profesor Świderkównie wiersz *Sprawiedliwość*.

Mówiła: „I ten wiersz jest najbardziej mój. Zaczęło się od mojego sformułowania, że to, co mam, i to, czego nie mam, mam dla innych. To, co mam – mam, żeby dać innym, a to, czego nie mam, żeby mi inni dali. No a potem z tego wyrosło coś więcej"[181].

Waldemar Smaszcz wspomina: „Bał się jej. Kiedy zrobiłem z księdzem wywiady do książki o ludziach, których znał, tekst o profesor Świderkównie był jedynym, jaki chciał autoryzować. Żartował: »*No, jak tam będzie coś nie tak, to nie chciałbym jej widzieć*«. Ona była niezwykle pryncypialna. Na ich spotkania ksiądz zawsze się przygotowywał, jak dobry uczeń".

Zmarła w 2008 roku, dwa lata po swoim przyjacielu księdzu.

Jerzy Zawieyski był przyjacielem od kontaktów ze światem literackim.

W latach sześćdziesiątych widywali się rzadziej. Pisarz był zajęty twórczością, swoim nowym domem w Konstancinie i działalnością polityczną.

W kwietniu 1968 roku bronił w sejmie studentów pobitych przez milicję podczas wydarzeń marcowych. Stanął też w obronie Stefana Kisielewskiego pobitego przez „nieznanych sprawców". Nikt go nie poparł, odwrócili się od niego koledzy z katolickiego koła poselskiego Znak, nie szczędzono mu obelg, odebrano mandat poselski. Dziesięć dni później doznał wylewu krwi do mózgu.

Leczył się w szpitalu, miał zaniki pamięci, rok później zginął, wypadając przez szpitalne okno z trzeciego piętra. Oficjalnie uznano jego śmierć za samobójstwo. Jednak lekarz stwierdzający zgon nie zgodził się podpisać dokumentów, twierdząc, że doszło do morderstwa.

Zawieyski został pochowany na cmentarzu w Laskach. Ksiądz Twardowski brał udział w koncelebrze ceremonii.

Ksiądz Bronisław Bozowski był bratem łatą.

Miał już swoje grono wielbicieli, kiedy Jan Twardowski był jeszcze nieznany. Słynny kaznodzieja nie odrzucał nikogo. Spowiadał w parkach, na dworcu, w autobusie, przy drodze. Nawróconych nazywał swoimi synkami, ich fotografiami okleił cały pokój. Były ich tysiące.

Bezkompromisowy – kobiety nazywał oślicami, mężczyzn osłami, starsze panie – antykami. Nie obrażali się.

Został księdzem jeszcze przed wojną, okupację spędził we Francji, wrócił do kraju w 1947 roku. Miał opinię serdecznego, przyjaznego i dowcipnego człowieka głoszącego fascynujące kazania, choć nie wszyscy byli nimi jednakowo zachwyceni.

---

[181] Anna Świderkówna, *Chodzić po wodzie*, dz. cyt., s. 238.

Jerzy Zawieyski w 1955 roku zanotował w dzienniku: „Miał kazanie u Wizytek ksiądz Bozowski – wręcz okropne. Mówi jak w salonie, używa zwrotu »proszę państwa« – wszystko to płytkie, efekciarskie, plotkarskie".

Obaj księża byli warszawiakami, obu nie interesowały sprawy materialne. Przekazywali sobie znajomych. Drzwi od ich pokoi były wciąż otwarte na korytarz, a na schodach czekały kolejki ludzi do obu kapłanów.

Brat Marian, który opiekował się księdzem Twardowskim przed śmiercią, znał obu kapłanów od lat sześćdziesiątych. Wspomina: „Jeśli do księdza Bozowskiego trafiała dusza poetycka, odsyłał ją do Twardowskiego. A jeśli do księdza Jana przychodził spragniony kontaktu artysta lub hipis, wtedy był odsyłany do księdza Bronka".

Lubili żartować z siebie.

Telefon stał w kapelanii w przedpokoju, na półce. Któregoś dnia dzwonił częściej niż zwykle. Jan Twardowski wychodził ze swojego pokoju, podnosił słuchawkę i mówił: „*Dziś nie mogę, proszę pani*". Pań zadzwoniło kilka, poeta za każdym razem dawał tę samą odpowiedź. Ksiądz Bozowski zawołał więc ze swojego pokoju przez otwarte drzwi: „Oto ksiądz, wieczny impotent!".

Twardowski odwdzięczał mu się, mówiąc, że Bronek to hipochondryk, bo ciągle wmawia sobie choroby.

Ksiądz Bronisław Bozowski zmarł w 1987 roku. Ksiądz Jan Twardowski powiedział nad jego grobem: „*Umarł ksiądz, ale pozostanie we wzruszeniu i anegdocie. W niebie powita go szwaczka z zakrwawionym palcem*".

Zadedykował mu po śmierci wiersz *Do księdza Bronisława Bozowskiego*: „*księże Bozowski patronie przyjaźni / z nosem swym i uśmiechem ukryłeś się w niebie / ktoś dzwoni długo stuka / znów pyta o ciebie*".

Bolesław Piasecki, twórca PAX-u, był przyjacielem od zrozumienia bliźniego.

Spotkali się w lutym 1958 roku w kościele Wizytek.

Minął zaledwie rok od porwania Bohdana, szesnastoletniego syna Piaseckiego. Miało minąć jeszcze jedenaście miesięcy, zanim odnalazły się okaleczone zwłoki chłopca.

Bolesław Piasecki szukał w kościele księdza Jana Ziei, przyszedł do spowiedzi. Kapłan czuł do niego sympatię, choć odcinał się od jego poglądów politycznych. Znali się jeszcze z czasów wojny.

Jan Zieja wspominał: „Przyjeżdżał aż z Mokotowa (...) na moje kazania. Pobożnie ich słuchał, a także spowiadał się; był wdzięczny za to, że jakoś umiałem – przy tym wszystkim, co potępiałem – uszanować w nim chęć ratowania różnych rzeczy z kultury katolickiej"[182].

[182] Ks. Jan Zieja, *Życie Ewangelią*, dz. cyt., s. 222.

Ksiądz Jan Twardowski z księdzem Bronisławem Bozowskim

Ksiądz Jan Twardowski celebrujący pogrzeb Bolesława Piaseckiego

Jednak Ziei tego dnia nie było, chorował. Zastępował go ksiądz Twardowski.

Jarosław Piasecki, syn Bolesława, fizyk, profesor Uniwersytetu Warszawskiego, rocznik 1943, pisze do mnie w liście: „To pierwsze spotkanie ksiądz Jan opisywał mi bardzo dokładnie, podkreślając, iż zdał sobie od razu sprawę, iż ma do czynienia z człowiekiem wstrząśniętym cierpieniem, z człowiekiem z dramatem. Dlatego też podszedł od razu do mojego Ojca, nie wiedząc, z kim ma do czynienia, i ucałował go".

Na spotkaniu syn Bolesława Piaseckiego mówi mi: „Przejąłem tę przyjaźń po tacie". I kładzie przede mną kilka kartek maszynopisu. Napisane przez Jana Twardowskiego po śmierci Bolesława Piaseckiego.

Czytam fragment: „*Znałem go tylko ze słyszenia i przez kilka kolejnych spotkań nie wiedziałem, że rozmawiam z działaczem społecznym. Rozmawialiśmy tylko o sprawach bożych. Był człowiekiem religijnym, interesował się bardzo wiarą w Boga. Wielostronnie oczytany w literaturze ascetycznej. (...) Jego ideologia była mi obca. Jako człowiek bardzo mnie interesował*".

Obraz Chrystusa ukrzyżowanego, prezent od Bolesława Piaseckiego, ksiądz Twardowski zawiesił nad drzwiami wejściowymi.

Aldona Kraus wspominała: „– Proszę mi opowiedzieć o tym obrazie – poprosiłam z oczami utkwionymi w Ukrzyżowanym. – *To Wyczółkowski* – wyjaśnił ksiądz. (...) *Dostałem to płótno od Bolesława Piaseckiego.* (...) *Pewnego dnia zjawił się z tym obrazem u mnie w wikariatce. Wszystko wskazywało, że jest po dużym przyjęciu. »Musi go ksiądz przyjąć« – mówił, wciskając mi obraz. – »Musi!« »Nie mogę!« – broniłem się, choć serce rwało się do tego dzieła.* (...) – *»Musi ksiądz i już – nalegał ofiarodawca. – Przez mój gabinet w PAX-ie przewija się różne towarzystwo, ot chociażby dziś, nie zawsze pasujące do powagi tego płótna. Tu jest jego miejsce«*"[183].

[183] A. Kraus, dz. cyt., s. 11, 12.

Bolesław Piasecki zmarł w 1979 roku. Ksiądz Jan Twardowski odwiedzał go w szpitalu, chory nie mógł już mówić, wspólnie odmawiali „Ojcze nasz". Piasecki pokazywał księdzu list z pozdrowieniami od prymasa Wyszyńskiego.

Jan Twardowski koncelebrował ceremonię pogrzebową.

Wojciech Żukrowski był przyjacielem od zwyczajnych rozmów i wspominania młodości.

Mówi Katarzyna Żukrowska, córka pisarza: „Ojciec mieszkał od 1973 roku całkiem po sąsiedzku, na ulicy Karowej. Ksiądz wiedział czasem więcej o moim ojcu niż my, rodzina. Na przykład o ojca chorobie – miał cukrzycę i osłabione serce. Pamiętam ich rozmowy o jedzeniu i kulinariach. Ojciec zawsze żartował: »Znowu ksiądz szybciej mszę zaczął, pewnie się na podwieczorek spieszył«. Ksiądz bywał też gościem u nas w domu. Kłócili się, kogo się uważa za dobrego pisarza, a kogo nie. Pisali do siebie ogromne ilości listów. Ta korespondencja była zwłaszcza intensywna podczas pobytu ojca w Indiach 1956–1959, kiedy był *attaché* do spraw kultury w naszej ambasadzie w New Delhi. Ojciec pisał długie listy wystukane na maszynie, ksiądz krótkie, lakoniczne, drobniutkim pismem. Nie wiem, czy to była przyjaźń, ale tak to wyglądało. Bardzo przeżył śmierć ojca".

Wojciech Żukrowski zmarł w 2000 roku. Ksiądz Jan odprowadził przyjaciela na cmentarz.

Tadeusz i Czesław Olszewscy zastępowali rodzinę.

Tadeusz Olszewski, organista i dyrygent, parzy herbatę. Stawia dzbanek na małym stoliku w sypialni księdza Jana.

Dla mnie to muzeum, śmierć poety. Nie dotknąć niczego, nie przesunąć, waham się przez chwilę, gdzie położyć torebkę.

Dla braci Olszewskich to dom, życie. Torebkę każą położyć na łóżku księdza. Odsuwają poduszki z biedronkami, przesuwają po podłodze nieładne, toporne buty poety. Jego ostatnie buty.

Czuję się świętokradczo.

Tadeusz Olszewski podsuwa mi filiżankę z biedronką. Czy to ta sama, z której zwykła pić herbatę profesor Świderkówna? Przed wizytą biblistki ksiądz Jan ustawiał ją na środku stołka.

Czesław Olszewski, ekonomista, przynosi kruche ciasteczka na tacy.

Życzliwe uśmiechy i nieufność w oczach.

Trzy razy prosiłam ich o spotkanie. Odmawiali. W końcu zgodzili się. Mogą oprowadzić po mieszkaniu. Ale broń Boże żadnych wspomnień, żadnych nazwisk, żadnych historii. Bracia lojalni.

Herbata powoli paruje z filiżanek. Jedno zdanie o przyjaźni z księdzem, naciągam.

Tadeusz Olszewski: „Nasza przyjaźń nie przyszła od razu. Ksiądz to była jakaś sprzeczność. Był samotnikiem, choć otaczało go tak wielu ludzi".

Czesław Olszewski: „Byliśmy bardziej związani ze sobą niż niejedna rodzina. Pół wieku codziennego obcowania. Nawet łazienkę wspólną mieliśmy, dopóki nie zrobiono osobnej u księdza. Żadnych konfliktów, poza tym pierwszym z bratem, przy organach. Za wszystko z góry przepraszał".

Tadeusz Olszewski: „Zawsze czekał, żeby przepuścić kogoś przy wąskich schodach w domu".

Czesław Olszewski: „Prawie wszystkie wieczory u nas spędzał. Lubił filmy kryminalne. Wieczorne wiadomości oglądał obowiązkowo. Nie pozwalał wtedy nic mówić. Tylko czasem słowo komentarza rzucił albo mruknięcie, machnięcie ręką. Bardzo wymowne".

Tadeusz Olszewski: „Czasem żałujemy z bratem, że sobie tego nie zapisywaliśmy. Ale nie, to tylko tak powiedziałem. Źle byśmy się czuli, tak pisząc, co ksiądz powiedział. Nielojalnie".

Czesław Olszewski: „Swojego telewizora nie miał. I tak by nie umiał włączyć. Nawet jak mu pomalowaliśmy guzik na czerwono w pilocie, to wciskał dwa naraz. »*Eeee, dziś tylko groszek leciał*« – żalił się".

Tadeusz Olszewski: „Byłem z księdzem po imieniu. Ale tu, w domu. Przy obcych *per* »ksiądz«".

Czesław Olszewski: „Ja nie, mimo prośby księdza. Wołał mnie – Czesiu".

Koniec rozmowy. Herbata wypita, ciasteczka zjedzone. Uśmiechy nadal życzliwe, nieufności w oczach mniej. Umawiamy się na kolejne spotkanie.

Krewni

Dlaczego z własną rodziną nie potrafił się zaprzyjaźnić?

Jeden z bliskich krewnych wspomina: „Pogrzeby i śluby – to były nasze spotkania. Raz był u nas, po śmierci mojego ojca. »Zjadłbyś coś Jasiu?« »*Tylko żeby mi nie zaszkodziło*«. »Może jajko?« »*A na pewno nie zaszkodzi?*« Zjadł i poszedł. My byliśmy u niego dwa razy. I mieliśmy wrażenie, że nie mamy o czym mówić. On sobie leżał, albo coś tam robił, był czymś zajęty. Jakbyśmy mu przeszkadzali. Nie pamiętam naszych rozmów. On niczego od nas nie chciał. Nie było sensu dalej się spotykać, rozmijaliśmy się".

Bohdan Knichowiecki, siostrzeniec: „Widywaliśmy się prawie codziennie, kiedy studiowałem w Warszawie w latach sześćdziesiątych. Rozmawialiśmy o literaturze, rzadko o polityce. Nigdy nie powiedział, że coś go boli, co czuje, jak się miewa". Po śmierci Anieli związki z katowicką rodziną osłabły.

Tęsknota

„Nie myślę o nich źle"

„Ulegałem fascynacjom kobietami i nie wstydzę się tego"[184]– sześć lat przed śmiercią poeta rozmawiał o kobietach z Moniką Redłowską, dziennikarką „Nowego Państwa".

Nie bał się o tym mówić. Nie oburzył się, gdy podczas innego wywiadu usłyszał stwierdzenie: „Wiem, że się dobrze czujesz w obecności kobiet i kochasz dzieci"[185].

Kiedy był młody, nazywał je swoimi przyjaciółkami. Na starość otaczał się gronem „wnuczek".

Profesor Jadwiga Puzynina, językoznawca i badaczka literatury, poznała Jana Twardowskiego w latach sześćdziesiątych, dzięki znajomości z księdzem Bozowskim. Mówi: „On miał wiele przyjaźni z kobietami. Odczuwał, jak się zdaje, wyraźną potrzebę relacji z kobietami, nie w sensie seksualnym, ale duchowym. A także rodzinnym. Bardzo tęsknił do rodziny".

Reporterka „Nowego Państwa" pytała: „– A czy ksiądz się kiedyś zakochał? – *Całe życie kochałem, myślę, że nie można bez tego żyć. (...)* – Taka miłość czysto duchowa? – *Tak, ale też bardzo ważna. Każda miłość mężczyzny do kobiety jest dobra, zwłaszcza w dzisiejszym świecie. (...)* – Czy ksiądz pisał w młodości wiersze dla kobiet, pod ich natchnieniem? – *Oczywiście. (...)* – Jakie w takim razie są kobiety? – *(...) W kobietach jest taka wielka odległość, coś szalenie subtelnego, a zarazem trywialnego. To nie znaczy, że myślę o nich źle*"[186].

---

[184] *Anioł czy zwierzę. Rozmawiała Monika Redłowska*, „Nowe Państwo" 2000, nr 10, s. 14, 15.

[185] Marian Schmidt, dz. cyt., s. 34.

[186] *Anioł czy zwierzę*, dz. cyt., s. 14, 15.

Zimą 1958 roku Jan Twardowski podjął się stworzenia w swoim dzienniku listy kobiet, które znał w życiu bliżej. Zanotował, że było ich kilka, jedne odeszły, niektóre już nie żyły. Chwalił się, że żadnej nigdy nie skrzywdził, żadnej nigdy sam nie opuścił, kiedy popełnił jakiś błąd – przepraszał, za wszystkie się modlił, był gotów do ofiar w ich intencji.

Ale na owej liście umieścił tylko Gabrysię, koleżankę z lat szkolnych, potem zaniechał spisu z przeszłości.

Kobiety otaczały go także w czasie, gdy pisał dziennik. Występowały w jego codziennych notatkach.

Gabrysia

Brat trzech sióstr, mieszkający z matką i babką, nigdy nie miał śmiałości do kobiet. Podobały mu się różne dziewczęta, ale one, jak twierdził, nie zakochiwały się w nim.

Wspominał po latach: „*Jak żyję, nie miałem powodzenia u kobiet! Na przykład udawało mi się umówić z dziewczyną, a ona na ławce w parku zwierza mi się z kłopotów ze swoim chłopcem! Zawsze miałem szczęście do zwierzających się kobiet, szukających jakiejś rady. Bardzo je lubiłem, współczułem, no ale (...) trudno to nazwać powodzeniem*"[187].

Choć nie wymieniał imion dziewcząt, które szukały u niego rady, jedną z nich musiała być Gabrysia. Odezwała się pod koniec lat pięćdziesiątych. Napisała z Syberii, że od dawna go szuka. Wzruszył się jej listem. Była jego miłością z czasów szkolnych. Wspomniał w dzienniku, że czytali kiedyś razem w Łazienkach *Anhellego* Juliusza Słowackiego. Zapamiętał jej wyznanie, że lubi go dlatego, że pozwala jej się przyjaźnić z każdym innym kolegą, zawsze jej ufa i nie śmiałby oddalić od kogoś innego. Zanotował, że cieszyła go miłość innych do Gabrysi, zawsze był gotów ustąpić, byle było jej dobrze. Zapamiętał też, że kiedyś, gdy surowsza zima przysypała im czapki i tarcze szkolne, martwił się, że jej nos zmarznie.

W liście na Syberię Jan Twardowski posłał Gabrysi swoje najcieplejsze rękawiczki. Więcej już o niej nie napisał.

W.

Tak naprawdę to przez nią zaczął pisać dziennik we wrześniu 1957 roku. Był nieszczęśliwy z powodu translokacji na Saską Kępę, ale jeszcze bardziej cierpiał z powodu burzliwego końca przyjaźni z W.

---

[187] Helena Zaworska, dz. cyt., s. 43.

Kim była? Nie wiadomo. Nigdy nie wspominał, w jakim była wieku, gdzie pracowała, skąd pochodziła, jej imię zapisywał pierwszą literą. Znali się od sześciu lat, oboje łączyła przyjaźń z G. (tak go poeta nazywał w dzienniku), który był młodszym kolegą Jana z seminarium.

Nie wiadomo, dlaczego Jan Twardowski i W. się poróżnili. W maju 1957 roku doszło między nimi do konfliktu. Ksiądz pisał w dzienniku, że popełnił wobec W. największy błąd w życiu i ona jedna ma prawo o nim źle myśleć. Przyznawał, że ich przyjaźń zawsze była bezinteresowna i dopiero w maju zapomniał się, chciał od niej czegoś dla siebie. Nie otrzymał tego. Nigdy jednak nie wyjaśnił, co miał na myśli. Prosił W. o zachowanie dyskrecji, ale ona przekazała wszystko G., który rozniósł plotki w środowisku księdza Jana, wyolbrzymił całą sprawę. Twardowski pisał w dzienniku o awanturze, o zerwaniu stosunków ze swoim ojcem duchownym, o wzięciu całej winy na siebie.

Niemal codziennie przeżywał sprawę na nowo. Analizował swój stosunek do W. Kochał ją, lubił tylko dla niej samej, modlił się za nią. Prosił Boga o wybaczenie wszystkiego, co było złe w tej sprawie. Jako pokutę zadał sobie dziesięć mszy świętych w jej intencji i codzienne odmawianie dziesiątki różańca.

Wybaczył G. Dziękował Bogu za spotkanie go w swoim życiu. Modlił się, żeby udało mu się wyjechać do Rzymu, gdzie miał napisać pracę o Kościele. Prosił o zdrowie dla niego i życzliwość ludzką.

Tęsknił za W., choć udawał przed sobą, że jest mu obojętna. Ale gdy się widywali – bywał złośliwy. Pisał potem z żalem w dzienniku, że kolejny raz zrobił z siebie smarkacza, bo myślał tylko, jak sprawić jej przykrość. Słał listy z przeprosinami, żeby następnym razem znów powiedzieć o parę słów za dużo.

Na początku grudnia 1957 roku W. odwiedziła księdza Jana. Postawiła sprawę jasno. Przez wszystkie lata ich przyjaźni prawdziwym zaufaniem darzyła tylko G., choć mówiła coś innego. Odwiedzała Twardowskiego tylko za zgodą G., pisała do niego listy, tylko gdy G. dawał przyzwolenie, przekazywała G. każde słowo, które Jan Twardowski jej powiedział. Po jej wyjściu ksiądz Jan zapisał, że dobrze się stało, bo stracił wobec niej wszelkie złudzenia.

Pod koniec stycznia 1958 roku pisał, że sprawa z W. już dawno pozytywnie załatwiona. Pojednał się z nią, przesłali sobie skrzynki dobrych listów, nie mają już do siebie żalu. Pogodził się z ojcem duchownym. Wróciła przyjaźń z G., który szykował się do wyjazdu do Rzymu na sześć lat.

W. wyjechała do Włoch trzy lata później, pisała stamtąd listy do księdza Jana.

Tak naprawdę dopiero latem 1962 roku Jan Twardowski zanotował w dzienniku, że zmora W. minęła i larwa spadła. Zapisał, że znów zaczął się modlić po kapłańsku.

M.

Marychnę przeważnie nazywał w dzienniku M. Dopiero po kilku miesiącach odważył się napisać jej pełne imię. Pojawiła się w jego życiu jesienią 1957 roku, kiedy przeżywał zerwanie przyjaźni z W. Znał ją z Żoliborza. Pisał w dzienniku, że tam jej nie zauważał. Dopiero na Saskiej Kępie spojrzał na nią inaczej.

Nigdy jej nie opisał. Była młoda, pracowała w jednym z warszawskich wydawnictw. Notował, że w życiu strasznie dużo przecierpiała. Jakie to były przeżycia? Nie wiadomo. Często popadała w smutne nastroje, przygnębienie. Liczył każdy dzień, gdy chodziła uśmiechnięta, parzyła mu herbatę, kroiła cytrynę. Była samotna, a on chciał znaleźć jej rodzinę. Szukał wśród znajomych, M. była z tego zadowolona.

Pochodziła z Kalisza. Pod koniec października 1957 roku Jan Twardowski śnił, że jechał z M. autobusem, a potem pociągiem do jej rodzinnego miasta. Byli sobie we śnie bliscy, mieli wspólny dom, wiedzieli, że pójdą do niego i odnajdą wszystko na swoim miejscu. Na stacji w Kaliszu zgubił M. Obudził się. Opisał sen w dzienniku.

Uczyła go francuskiego, przetłumaczyła jego wiersz *U źródła* na ten język. 25 października 1957 roku podczas lekcji rozmawiali o renesansie w literaturze francuskiej, notował nieznane sobie wyrażenia. Trzy dni później omawiali współczesną literaturę francuską, innym razem skupili się na jednym z dramatów Racine'a. Rozmawiali ze sobą tylko po francusku, nawet podczas jazdy tramwajem. Któregoś razu zauważył, że francuszczyzna dodaje im powagi w mieście. Zapisał, że chociaż obcuje swobodnie z kobietą na ulicy, budzi tym razem życzliwość, nie plotki.

M. zastąpiła mu W. Dziękował Bogu za jej obecność i za to, że zyskał jej przepiękną, subtelną duszę. Cieszył się w dzienniku, że w stosunku do M. nie miał ani jednej nieuporządkowanej myśli. Pisał, że M. pomaga mu piękniej kochać Boga. Po jednej z lekcji francuskiego notował na gorąco, że między nim a M. wytworzył się chyba najbardziej bezpośredni stosunek, jaki miał kiedykolwiek w życiu, chociaż są oboje wobec siebie strasznie delikatni, przewrażliwieni, skłonni do „ceregielów". Modlił się za nią codziennie we mszy świętej.

Pod koniec października 1957 roku napisał wiersz dla M. Nazwał ją szkatułką, tak długo przed nim zakopaną, posyłał zdrowaśkę szeptaną co rano. Kilka miesięcy później stworzył kolejny wiersz, trochę podobny do poprzedniego. W nowym oddawał Marychnę w opiekę Matce Boskiej Poczajowskiej.

W grudniu 1957 roku na osobnej kartce, wyraźnym pismem, zielonym atramentem, Jan Twardowski spisał historię ich znajomości. Skrupulatnie, w rządku, jak księgowy, odnotował wszystkie daty ich spotkań między 27 września 1957 roku, kiedy pierwszy raz odwiedził M., a 8 grudnia 1957, gdy odbyli szesnastą lekcję języka francuskiego. Widywali się co dwa–trzy dni. Najczęściej spędzali czas na nauce, ale spacerowali też razem po Powązkach (23 października). Ksiądz Jan zapamiętał także, że 20 października zaczął mówić jej „ty". W tym czasie napisał sześć wypracowań po francusku i zadzwonił do niej kilka razy.

Ostatniego dnia grudnia 1957 roku M. powiedziała księdzu Janowi, że mogą być trudności z telefonami. Ktoś może coś nam ująć nawet w myślach o nas – powiedziała. Może w parafii pojawiły się plotki, że nowy wikariusz zbyt często jest widywany w towarzystwie kobiety?

Dziwił się temu. Przecież między nimi był Chrystus, komunia święta, Matka Boska Poczajowska, nauka! Napisał, że muszą strzec swojej znajomości jak płonącej żywej lampki, którą może tyle rzeczy przygasić. Z bólem zgodził się na ograniczenie telefonów tylko do koniecznych, na co dzień mieli się posługiwać kartkami pocztowymi.

Tęsknotę za nią postanowił przemienić w modlitwę za najbardziej osamotnionych na świecie.

Prosił Boga, żeby pozwolił mu się uczyć francuskiego z M., bo dzięki temu będzie lepszym księdzem. Zwierzał się Mu, że w jego sercu obudziło się uczucie dla M., że cieszy się, gdy ją widzi, lubi z nią przebywać, tęskni za nią.

Dziękował Bogu za M. Prosił Go, żeby był zawsze w jego sercu, kiedy myśli o niej, rozmawia z nią, żeby wszystko między nimi było czyste i święte. Żeby umieli kochać Chrystusowym sercem. Żeby każda praca, jaką wykonują razem, służyła ludziom i Bogu. Żeby dawali sobie wielki spokój. Żeby Matka Boska była przyczyną ich radości. Żeby po śmierci spotkali się z Bożym i Matki Boskiej sercem.

W marcu 1958 roku przestał o niej pisać. Pojawiła się ponownie 5 sierpnia. Chyba się pokłócili, ksiądz Jan pisał o bezrozumnym rozstaniu.

Nigdy więcej nie napisał już nic o M.

Janina P.

O Janinie P. nie powiedział nigdy słowa. Ani w wywiadach, ani w książkach, nie ma jej w listach do innych, przyjaciele księdza, których pytam o warszawską lekarkę, mówią, że nie słyszeli.

Jakby nigdy nie istniała. Zniknięcie idealne.

A przecież była. Napisał do niej trzydzieści siedem listów w 1962 i 1963 roku. Koperty ozdabiał rysunkami zwierząt i wizerunkami dziewczynek (jedna z kotkiem, druga w sukience w grochy ze skakanką, trzecia karmi gołębie przez okno). Doklejał przy znaczkach etykiety z pudełek z zapałkami, w święta dorysowywał małe choinki, raz wsunął do listu zasuszoną szarotkę, innym razem liście.

Wszystko, czego się o niej dowiaduję, pochodzi z listów, na które trafiłam przypadkiem, i z paru zdań w dzienniku. Wiem, jak wyglądała Janina P., bo raz ją narysował w liście. Brunetkę z włosami do ramion i grzywką. Młodą kobietę w krótkiej granatowej spódnicy, różowym golfie, szarych rajstopach i botkach. Ma na rysunku miłe oczy, rumiane policzki, skromny uśmiech. Siedzi na stołku, przechyliła lekko głowę w lewo, w ręku trzyma książkę. Napisał pod rysunkiem, że namalował jej buzię wszystkimi kolorami.

Pracowała w szpitalu kolejowym w dzielnicy Międzylesie. Znała księdza Bronisława Bozowskiego. Być może to on poznał ich ze sobą. Niewykluczone jednak, że poeta zaprzyjaźnił się z lekarką podczas wizyt u chorych w szpitalu.

Bywała u niego w domu. Ksiądz Jan odwiedzał ją. Mieszkała z matką na Pradze, przy ulicy Targowej. W Wigilię, kiedy samotnie krążył po Warszawie, zachodził pod jej dom. Spoglądał w okno. Widział jej postać i niebieskie oczy. Tak pisał.

Idę tam. Naciskam guzik domofonu. Odzywa się kobiecy głos: „Janina P. nie żyje. Nie znałam jej. Mieszkanie kupiłam potem. Nie widzę potrzeby, żeby pani tu wchodziła".

Naciskam guzik sąsiadki. Wpuszcza mnie do środka. Wspinam się na piąte piętro po brudnych schodach. Starsza kobieta w fartuchu, rocznik 1926, czeka już przed drzwiami swojego mieszkania. Pokazuje, gdzie mieszkała doktor P., i mówi: „Ona nie żyje już z dziesięć lat, miała chyba siedemdziesiąt pięć, jak umarła. Z matką mieszkała, tak. Nie wyszła nigdy za mąż, rodzinę w Krakowie miała. Jakiego księdza tu widziałam? Twardowskiego? Poetę niby? Nie, pani, nie kojarzę takiego poety. Mieszkał tu u niej ksiądz, pokój wynajmował, ale nazwisko na G. Kazania dawał na Skaryszewskiej, a potem go milicja szukała".

Janina P. lubiła zwierzęta. Kolekcjonowała znaczki i etykietki.

Wysyłała mu drobne podarunki. Słał jej swoje wiersze. Zwierzał się, że są inaczej pisane niż w tomiku, że razi go zwrotka, rym, szuka nowego, bardziej współczesnego wyrazu.

Nazywał ją Dzieckiem, Szanowną Panią Doktor, Siostrą i Dobrą Mamusią.

Całował na pożegnanie jej recepty na szkaradne maści, pamiętał o niej w modlitwach.

Zwierzała się, że jest samotna. Pisał, że wie o tym i rozumie jej wielką potrzebę kochania. Prosił jednak o zrozumienie, że każde z nich ma inne powołanie i że nigdy nie będzie mógł wypełnić jej samotności. Pocieszał, że w granicach, w których może – zawsze będzie jej wierny, pamiętający i oddany.

Wzruszał się jej dobrocią i przywiązaniem do niego, choć nigdy nie będzie mógł stać się jej narzeczonym ani mężem, nigdy nie będą się całować na spacerach w Łazienkach Królewskich. Życzył jej męża.

Pisał, że jest mu bliska jak róża w ogrodzie botanicznym, na którą wolno patrzeć, ale nie można uskubać nawet listka.

Że jest dla niej – jako kobiety – nierealnym eksponatem za grubym szkłem.

Że po śmierci, nie mając już swoich głupich ciał, będą fruwać razem.

11 października 1962 roku zanotował w dzienniku, że napisał zbyt serdeczny list do Janiny P. Obok dopisał słowo „uważaj", podkreślił je, dodał wykrzyknik.

W tym liście prosił, żeby nie gorszyła się, bo pisze czasem jak zakochany, ale nigdy nie umiał żyć w pustce uczuciowej, zawsze musiał kogoś kochać, kimś się zachwycać, czasem kilkunastoma osobami naraz, choć zawsze to było niegroźne dla obu stron. Uczucie przyjaźni budziło w nim tęsknotę za Bogiem.

Między kartkami dziennika znajduję list do księdza Twardowskiego, wysłany 5 grudnia 1963 roku. Duże, niemal dziecinne litery, staranny charakter pisma. Podpisała go jakaś J. – prawdopodobnie Janina P. „Wspaniały, Najdroższy, Mój Najmilszy, Najbardziej Uroczy – Niepowtarzalny mój Janku! W marzeniach i tęsknotach jesteś mi tak b. bliski – prawie dotykalny – cały sensie uroku mego ziemskiego pielgrzymowania! – dzięki Tobie istnieję! – bo wierzaj mi, że w codziennych zajęciach zagubić się – nie wystarczyłyby same teorie o nieśmiertelności i boskości po przebyciu tego wszystkiego. Zresztą i Bóg nie skazał człowieka na samotność. Podaj mi tylko rękę – pamiętaj o mnie. Listu każdą literkę całuję, a za nią ukrytego Ciebie – twoja J."

Korespondencja urywa się nagle w 1963 roku.

Nie napisał nigdy nic więcej? Przestraszył się jej miłości? Zerwał z nią kontakt? Wyrzucił pozostałe listy?

Nie dowiem się.

„Raptem wielkie urazy"

W dzienniku Jana Twardowskiego tkwi jeszcze jeden list od kobiety. Napisany na maszynie. Pełen żalu i złości. Niepodpisany i bez daty. Raczej nie pisała go Janina P. ani W., ani M. Z nimi wszystkimi był po imieniu, a tu autorka tytułuje poetę „Księdzem": „»*Wydaje mi się* – powiedział Ksiądz – *że nasza znajomość nie ma sensu*« i dla wytłumaczenia siebie czy oskarżenia mnie (nie wiem) dodał: *»bo pani jest inna... taka inna*«. Nie wiem, czy można to nazwać zdradą, ale wydaje mi się, że Ksiądz zdradził naszą przyjaźń. A jeśli jej nie było, jeśli była tylko moim wymysłem, jeśli istniała tylko w mojej fantazji – to Ksiądz zdradził zasadę *fair play*, jaka powinna obowiązywać w stosunkach międzyludzkich. Nie wolno wypowiadać posady nawet służącej – »bez czternastki«; nie wolno wypowiadać posady urzędnikom i robotnikom w innym dniu, jak ostatnim dniu miesiąca. Ksiądz wypowiedział mi przyjaźń bez ostrzeżenia, w momencie kiedy najmniej się tego spodziewałam. O tym, że jestem »inna«, wiadomo było od samego początku. Przecież nigdy nie zanosiło się na to, że obcować będziemy na zasadzie »ksiądz i penitentka«. Powiedziałam Księdzu szczerze i otwarcie, że widzę w Księdzu poetę, człowieka o atrakcyjnym intelekcie, mężczyznę, który mi się podoba. (...) Ale dziś »nasza znajomość przestała mieć sens«... i dlatego nie wiem, co mam uważać za »*Dichtung*«, a co za »*Wahrheit*«. Nie wiem też, co tu jest do wybaczenia, bo przecież co się stało, już się nie odstanie. Nie chciałabym być cyniczna, ale wydaje mi się, że moje poczucie humoru (»przecież pani jest taka wesoła...«) i jakaś może naprędce sklecona »miłość zastępcza« – pomogą mi wrócić do równowagi. Ale czy nie Ksiądz głosi, że najważniejsze to męskie poczucie odpowiedzialności... Proszę mi wybaczyć, że piszę w tonie ofensywnym, może dla złagodzenia zakończę Włodkowym wierszem: »Może te słowa zbyt palą / Może niesłuszne są – nie wiem / Ale pisałam je w żalu – / Ale pisałam je w gniewie«".

Podczas rekolekcji przed święceniami kapłańskimi Jan Twardowski powiedział w 1974 roku: „*Ksiądz nie może angażować się w sprawy »nie Boże«. Nie może mieć swojego prywatnego świata poza światem swojego kapłaństwa. (...) Ale kto szuka przyjaciółki w kapłaństwie, ten ma często podwójne życie. (...) Kobieta wszystkie krzywdy mężczyźnie przebaczy, ale jednego nie przebaczy: jeśli będzie się dla niej poświęcał, a potem odejdzie. (...) Przyjaźnie księdza, te najczystsze, kończą się nieporozumieniem. Ksiądz przywiązuje się, potem wycofuje – i raptem wielkie urazy z tamtej strony. Czy naprawdę tylko takie przyjaźnie trzeba przeżywać?*"[188].

Jego ostatnie słowa przed śmiercią będą brzmiały: „Ja nigdy nie miałem kontaktu z kobietą".

Telefon
[16 listopada 2009]

Długo myślałam. Proszę zmienić plany i odwołać wizytę u mnie. Nie chcę jej, nic z tego nie będę miała. Już miałam kłopoty.

[188] Jan Twardowski, *Być znakiem nadziei*, dz. cyt., s. 17, 113.

Znaki ufności

Szaleństwo. Wąska, mała książeczka nawet nie trafiła do sklepów. Była tylko na zapisy. Zaraz ją pokradli z bibliotek. Znów ruszyły maszyny do pisania i kalki do kopiowania. Biedniutka. Sto siedem stron szarawego papieru, osiemdziesiąt dziewięć wierszy za dwadzieścia sześć złotych.

Jan Twardowski, *Znaki ufności*, Wydawnictwo Znak, Kraków. Trzy tysiące egzemplarzy. Druk ukończono w grudniu 1970 roku. Zaraz w kwietniu 1971 roku dodrukowano następne trzy tysiące. Rozeszły się natychmiast.

Czytelnicy byli zachwyceni. Pisali do gazet, że przepisują wiersze.

Waldemar Smaszcz pamięta, jak odwiedził wówczas profesora Konrada Górskiego, rocznik 1895, znanego badacza Mickiewicza, który korespondował z Janem Twardowskim: „Wchodzę do profesora, siedzi nad jakąś książką. »Zna pan tego autora?« – pyta mnie i pokazuje tomik Jana Twardowskiego. Przyznałem, że nie, bo wtedy interesował mnie tylko Lechoń, był przedmiotem moich studiów. Na to Górski: »Koniecznie musi pan poznać, bo za dwadzieścia lat to będzie największy polski poeta«".

Krytycy też byli zachwyceni.

Anna Kamieńska w „Tygodniku Powszechnym": „Poezja ta bowiem przeciwna jest wszelkiej konwencjonalności".

J. w „Za i przeciw": „Tom *Znaki ufności* jest zjawiskiem niezwykłym w naszej poezji (...). Sięga więc nerwu naszej współczesności. Dlatego dotrze nie tylko do ludzi wierzących, idąc śladami współczesnych papieży, którzy »klękają na schodku łzy«".

Jan Turnau w „Więzi": „Jest w poezji ks. Twardowskiego wszystko, co w soborowej odnowie najlepsze. I równie stare jak Ewangelia".

Julian Rogoziński w „Poezji": „Od czasów Lieberta nie czytałem chyba ani jednego polskiego wiersza z tej dziedziny, który nie przyprawiłby mnie o mdłości – w najlepszym razie. Dlaczego z Twardowskim jest inaczej?".

Stefan Frankiewicz w „Kierunkach": „trochę zaskakująca może się wydać czytelnicza recepcja tej twórczości, będąca szczególnym potwierdzeniem prawdy wyrażonej kiedyś przez marksistę Ignacego Fika: »Nie po to jest literatura, by z jednej strony stał spirytualista, a z drugiej materialista i pukali do siebie nawzajem inwektywami«".

Zygmunt Lichniak w „Słowie Powszechnym": „Już dwanaście lat temu, gdy pisałem o *Wierszach* ks. Jana Twardowskiego, wyśmiewałem tych, którzy w odwadze jego postawy chcieliby dopatrzyć się antynomiczności postaw kapłana i poety".

Zbigniew Bieńkowski w „Słowie Powszechnym": „Jest mądrość poezji, do której poeta dochodzi, mądrość sceptycyzmu Szymborskiej. Jest mądrość poezji, którą poeta porzuca, mądrość racjonalizmu Przybosia".

Waldemar Smaszcz: „To, co Jan Twardowski zrobił w poezji religijnej, dotąd nie istniało, stworzył zupełnie inny język. *Znaki ufności* pisał w jakiejś mierze dla krytyków i badaczy. Chciał w tych wierszach pokazać swoją wizję kapłaństwa i chrześcijaństwa w kontekście soborowym. Ale wydaje mi się, że to bardzo bliskie mu nie było. Jego serce było po stronie liryki czystej. *Znaki ufności* są wyjątkowe, potem wrócił jednak do skamandryckiej melodyki. Gdyby nie trafił wtedy na swój czas, być może nigdy byśmy go nie zauważyli".

Grób

„Warszawa 15 grudnia 1970 rok. Do Zarządu Cmentarza Powązkowskiego w Warszawie.

Uprzejmie proszę o przydzielenie mi miejsca na Cmentarzu Powązkowskim w Warszawie. Jestem warszawianinem od urodzenia, mam na tym cmentarzu groby rodzinne: rodziny matki (grób mający ponad sto lat) i grób rodziny ojca (mający ponad pięćdziesiąt lat). Groby te jednak są już zapełnione. Ponieważ matka moja przekroczyła lat osiemdziesiąt i chciałaby spoczywać na tym cmentarzu, chciałbym zabezpieczyć miejsce dla mnie i dla niej. Jednocześnie bardzo proszę na wypadek przydzielenia miejsca o rozłożenie kosztów na raty. Raz jeszcze ponawiam moją prośbę i proszę o jej uwzględnienie. Pozostaję z szacunkiem ks. Jan Twardowski, Rektor Kościoła Sióstr Wizytek, profesor Seminarium Duchownego"[189].

Grób przydzielono Janowi Twardowskiemu już 16 grudnia 1970 roku. Kosztował cztery tysiące osiemset złotych. Opłatę rozłożono na raty. Pierwszą, w wysokości tysiąca pięciuset złotych, uiścił w styczniu 1971 roku. Następnej raty nigdy już nie wpłacił.

---

[189] Podanie znajduje się w Archiwum Archidiecezjalnym Kurii Metropolitalnej Warszawskiej.

Obrazek w trumnie Anieli

Przyjechał do Katowic kilka dni przed śmiercią Anieli.

Bohdan Knichowiecki: „Choroba babci była ciężka. Jakieś sprawy krążeniowe, nie pamiętam już dokładnie. Wiadomo było jednak, że nie przeżyje".

Był grudzień 1971 roku, Jan Twardowski zaledwie rok wcześniej cieszył się ze *Znaków ufności*. Matka pisała do niego w styczniu 1971 roku: „Kochany mój Janku, dzisiaj dostałam tomik twoich wierszy. Bardzo, bardzo dziękuję. Siedzę sama, czytam wiersze. Ze wzruszenia płaczę, modlę się gorąco, prosząc Boga o zdrowie i siły dla Ciebie do pisania tak pięknych wierszy. I jak zawsze polecam Ciebie opiece Matki Bożej"[190].

A teraz miało jej nie być?

Bohdan Knichowiecki: „Kochał ją nad życie. Ona też go uwielbiała". Pisał o niej czule w wierszach.

Aniela nigdy nie wróciła po powstaniu do ukochanej Warszawy. Jednak nigdy nie stała się katowiczanką. Utknęła gdzieś na zawsze na przedwojennej ulicy Elektoralnej. Lubiła ze swoją najmłodszą córką Marią wspominać tamtą Warszawę.

Bohdan Knichowiecki: „Ciotka Marysia była nieszczęśliwa poza Warszawą. Miała książki o Warszawie, prenumerowała »Stolicę«, kolekcjonowała książki z felietonami Wiecha. Babcia już mniej, ale obie potrafiły godzinami się spierać o to, w którym miejscu przed wojną był usytuowany jakiś sklep. One wciąż tam żyły nad Wisłą".

Aniela Twardowska zmarła 7 grudnia 1971 roku. Miała osiemdziesiąt lat. Do końca życia cierpiała na niegojące się rany na nogach, zawsze nosiła bandaże.

---

[190] Cyt. za: Jan Twardowski, *Autbiografia*, dz. cyt., t. 2: *Czas coraz prędszy 1959–2006*, Kraków 2007, s. 142.

Pogrzeb matki odprawił syn. Kazał ją pochować na cmentarzu w Katowicach, obok jej męża Jana. Do trumny włożył swój obrazek prymicyjny.

Na swoim powązkowskim grobie w Warszawie kazał położyć tablicę z piaskowca i wyryć na niej nazwiska swoich rodziców.

Pierwszą Wigilię bez matki spędził jak zwykle, na samotnym spacerze po Warszawie. Potem napisał w wierszu: „*z mamusią, co od nieszczęść zasłonić chciała łzami – / podając barszcz czerwony, co śmieszył nas uszkami…*”[191].

---

[191] Jan Twardowski, *Dawna wigilia*.

Ośla szczęka

„Bóg jest całkiem inny"

„Przysłuchiwałem się kazaniom księdza Twardowskiego. Kupiłem nawet magnetofon – wydatek niesamowity, ciężkie dolary – żeby je nagrywać. Zanosiłem go do Sióstr Wizytek, a one podstawiały u siebie pod głośnik. Odbierałem potem taśmy i w gronie kolegów z seminarium spotykaliśmy się na interpretacji wierszy i kazań Twardowskiego. Uczyliśmy się od niego, jak nauczać – wspomina ksiądz Roman Trzciński, który na przełomie lat sześćdziesiątych i siedemdziesiątych był alumnem Warszawskiego Seminarium Duchownego. – U Wizytek w niedziele było trzech księży, każdy inny. Nagrywałem wszystkich.

O dziewiątej była msza Twardowskiego dla dorosłych. Przychodzili pisarze ze środowisk katolickich, Dobraczyński, Żukrowski, Brandys, hrabinie różne. Jego kazania to były króciutkie perełki, mistyka, poezja i teologia.

O dwunastej odprawiał Bozowski. Miał kazania gawędy, po pięćdziesiąt minut. Snuł opowieści, ludzie spoza Warszawy przyjeżdżali ich słuchać.

A o siedemnastej mszę odprawiał ksiądz Tadeusz Gogolewski. Był wykładowcą seminaryjnym, uczył nas teologii fundamentalnej, miał podejście bardziej akademickie, teologiczne. Na jego kazania przychodzili studenci z Akademii Teologii Katolickiej i Seminarium Duchownego.

Ksiądz Twardowski powiedział kiedyś ciekawą rzecz o kapłaństwie. Przyrównał księdza do oślej szczęki w ręku biblijnego Samsona, który pokonał nią tysiąc Filistynów. Nieważny jest ksiądz, tylko Pan Bóg, który trzyma go w rękach jak oślą szczękę.

Ksiądz miał niezwykły wpływ na moją wizję Boga. Człowiek poprzez różne doświadczenia, kontakty z rodzicami, surowość ojca kształtuje sobie obraz Boga wymagającego, karzącego, pamiętliwego, który się z nami policzy na Sądzie Ostatecznym. Większość katolików taką wizję w sobie nosi, tak było przynajmniej w moich czasach. I nagle trafił do mnie ksiądz Jan z Bogiem po stokroć uśmiechniętym. To było niesamowite, odkrywcze, nie mieściło się dotąd w żadnych traktatach teologicznych.

Pamiętam też taką historię. Miałem kryzys wiary. Studiowałem teologię, byłem już na piątym roku, Bóg w seminarium był poszatkowany, zamknięty w traktatach. Stwierdziłem nagle, że ja w takiego Boga nie wierzę. Byłem w dużej duchowej rozterce. Poszedłem do Twardowskiego, nie pamiętam, do domu czy do konfesjonału. Zaczynam mu tłumaczyć, pytam, co robić, a on mi mówi: »*To bardzo proste. Bóg jest całkiem inny*«. Tylko tyle, a ze mnie spadło wszystko, co było moją emocją, kryzysem. Zrozumiałem, że teologia jest tylko sposobem opisania Boga.

Powiedział mi kiedyś, żebym pamiętał, że Bóg jest poza, jest dalej. Można na niego patrzeć jak przez witraż, który pokazuje nam rzeczywistość Kościoła. Ale nie zatrzymujmy wzroku na kolorowej szybie, Bóg nie jest witrażem, on jest właśnie dalej.

Pewnego razu, jeszcze w seminarium, potrzebna była moja metryka chrztu. Pojechałem do rodzinnej parafii w Żbikowie, gdzie okazało się, że szafarzem mojego chrztu był właśnie ksiądz Jan Twardowski. Powiedziałem mu o tym po powrocie, przejął się.

4 lipca 1973 roku w żbikowskim kościele odprawiłem swoją mszę prymicyjną. Mijało dokładnie dwadzieścia pięć lat od dnia święceń kapłańskich księdza Jana. Przyjechał do Żbikowa, powiedział kazanie na moim nabożeństwie: »*tak się złożyło, że ochrzciłem w pieluchach tego dzisiejszego prymicjanta. Wydarzenie niepowszednie! Widocznie tak porządnie ochrzciłem, że został księdzem*«.

Nowy ksiądz na obrazek prymicyjny wybiera motto z Pisma Świętego, ważne dla niego. I mnie się wydaje, że ja wybrałem pod wpływem księdza Twardowskiego słowa ze świętego Pawła: »Przechowujemy zaś ten skarb w naczyniach glinianych«.

On był jak to naczynie gliniane, niepozorny, utykający, a Bóg działał przez niego".

Jan Twardowski powiedział kiedyś Tomaszowi Sławińskiemu: „*Ksiądz powinien być zupełnie normalny, bez żadnej pozy klerykalnej, bez żadnych namaszczeń, bez wynoszenia się. Przy tym powinien mówić boskie rzeczy, wtedy zrobi wrażenie. Być zupełnie normalnym, ale mówić rzeczy, które trafiają w sedno. Skąd on to wie? Nie z siebie, tylko od Boga. Gdybym w tej rodzinie, do której jeżdżę, zaczął wszystkich pouczać, jak być żoną, mężem, dzieckiem, to koniec ze mną i koniec z obiadami przy okazji. Nie od razu hop, na człowieka. Są tacy księża, co od razu moralizują. Od samego wejścia. Martwią się, że obiadu nie zjedzą, bo od razu kaznodzieja z nich wyłazi*".

Arcybiskup Józef Życiński: „Miał styl kapłański odmienny od innych. Na dwudziestą piątą rocznicę święceń, w 1973 roku, wydrukowano mu obrazki z cytatami z jego wierszy. Odmówił ich rozdawania. »*Jak by to wyglądało?* – pytał. – *Jakbym przy okazji jubileuszu promował sam siebie*«".

Waldemar Smaszcz mówi: „Kapłaństwo było dla księdza Twardowskiego kotwicą, poręczą, bez niego się nie poruszał. I raz miałem takie zdarzenie. Z okazji pięćdziesięciolecia kapłaństwa księdza, w 1998 roku, PAX wznowił tomik poezji *Blisko Jezusa*. To było już chyba szóste wydanie. Ale tym razem wydrukowano je z informacją, że to „W roku Złotego Jubileuszu kapłaństwa Autora". Boże! Był krzyk, tupanie, ciśnięcie książką o podłogę, niemal zdeptanie. Ksiądz krzyczał: »*Jak można coś, co jest najintymniejsze, najświętsze, tak dla handlu wykorzystać!*«. Ja: »Oni to z szacunku dla księdza«. On: »*Nigdy w to nie uwierzę! To po to, żeby więcej sprzedać!*«. Dla księdza Jana kapłaństwo było znakiem Bożym, nie chciał, żeby było wykorzystane. Potem przysłał mi kartkę z przeprosinami: »*Daruj, to hormony*«".

„Tatuś umiera, a był w Biurze Politycznym"

Siostra Katarzyna z Lasek, przedwojenna socjalistka, znała wszystkich członków Komitetu Centralnego. W latach pięćdziesiątych portierzy wpuszczali ją do komitetu, kiedy tylko, gruba i zmęczona, stawała w progu i witała się głośno: „Niech będzie pochwalony Jezus Chrystus!". Nie znosiła sprzeciwu. Szła po pomoc dla swoich ubogich podopiecznych, a potem, przy okazji, podrzucała księdzu Twardowskiemu adresy urzędników, członków KC, politruków, których jej zdaniem powinien nawracać.

Nie wiadomo jednak, czy chodził do nich. Był chyba zbyt nieśmiały na to. Nie był nachalnym kapłanem. W wierszu *Wyjaśnienie* w 1963 roku napisał: „*Nie przyszedłem pana nawracać (...) po prostu usiądę przy panu / i zwierzę swój sekret / że ja, ksiądz / wierzę Panu Bogu jak dziecko*".

Czasem sami się do niego zwracali. W listopadzie 1961 roku profesor leśnictwa Rudolf Fromer prosił księdza Jana o przygotowanie do chrztu. Był Żydem, aktywnym komunistą, stracił w getcie rodzinę, trafił na Syberię, gdzie ciężko zachorował. Nie dawano mu szans na przeżycie, więc z braku miejsc w szpitalu został wyrzucony przez okno. Przeżył, bo ugryzł go komar, którego jad miał właściwości antybiotyku. Po tym zdecydował się zostać katolikiem.

Jan Twardowski mówił po latach: „*Kiedy umarł, byłem na jego pogrzebie. (...) Po przemówieniu ministra nieśmiało wydostałem się z tłumu i wyjąkałem: »Profesor miał jeszcze jedną tajemnicę. Był człowiekiem wierzącym. Przyjął chrzest*«"[192]. Wraz z profesorem chrzest przyjęła jego żona Teofila.

---

[192] Marian Schmidt, dz. cyt., s. 62.

Twardowski próbował namówić na powrót do Kościoła Irenę Domańską, swoją kuzynkę komunistkę. Ale to mu się nie udało. Zmarła w 1985 roku jako ateistka, choć za życia zdarzało się jej zamawiać u niego msze.

Tomasz Sławiński, architekt, wieloletni przyjaciel księdza, opowiada mi historię o kobiecie, która przyjęła przed śmiercią komunię z rąk Jana Twardowskiego, ale nie chciała, żeby ktokolwiek o tym wiedział. Ugięła się przed Bogiem, nie chciała przed ludźmi. Pogrzeb miała świecki. Ksiądz Twardowski stał w tłumie, ktoś go rozpoznał i zrobił awanturę, że nie uczestniczy w ceremonii jako kapłan.

Swoje dzieci podsyłali mu aktywni politycznie pisarze i poeci, którzy w latach komunizmu nie chcieli oficjalnie przyznawać się do Kościoła. W jego ręce trafiały dzieci działaczy partyjnych. Przygotowywał do Pierwszej Komunii wnuka sekretarza KC, później znanego dziennikarza.

Ksiądz Roman Trzciński wspomina: „Byłem przed święceniami. Ksiądz Jan mówi do mnie: »*Słuchaj, ty mi pomożesz. Dam ci takiego gościa, będziesz go przygotowywał do chrztu*«. Powiedział mi, co mam robić. I rzeczywiście, spotykałem się u Wizytek z jednym mężczyzną, dwudziestopięcioletnim. Był to syn kierowcy Bolesława Bieruta. Mnóstwo takich ludzi się do niego ze świata komunistycznego zgłaszało. Dzwonili: »Proszę księdza, co robić. Tatuś umiera, a był w Biurze Politycznym«".

Do Jana Twardowskiego trafiali też zwyczajni ludzie, którzy z różnych przyczyn nie mieli do tej pory kontaktu z Kościołem.

Arcybiskup Józef Życiński wspominał: „Kiedy wyjeżdżał na wakacje, trochę tych osób przechodziło pod moją opiekę. Byli tacy, którzy chcieli się ochrzcić w wieku dwudziestu pięciu lat, i tacy, co nie chodzili na normalną katechizację, ale chcieli przystąpić do Pierwszej Komunii".

Ada Schollenberger, lekarz weterynarii, nauczyciel akademicki, w 1976 roku z rąk Jana Twardowskiego przyjęła Pierwszą Komunię. Opowiada: „Byłam zbuntowana przeciwko Bogu. Miałam pretensje, nie wierzyłam. Trochę po dziecinnemu kłóciłam się z Nim – jak mogłeś pozwolić na tyle zła, na wojnę. Jako jedyna w klasie nie chodziłam na lekcje religii, a mama akceptowała moje wybory. Interesowałam się filozofią, ale wybrałam weterynarię. Na trzecim roku studiów poznałam Antoniego Schollenbergera, w którym się zakochałam. Wyłoniła się perspektywa zamążpójścia, zaczęłam się zastanawiać, jak to ma być. Po długim namyśle postanowiłam pójść do kościoła Świętego Aleksandra na placu Trzech Krzyży, żeby porozmawiać z księdzem.

Było lato 1976 roku. W pustym kościele był tylko jakiś pan. Powiedział mi, że księdza nie ma, że wróci wieczorem, ale jeśli chcę z kimś porozmawiać o sprawach wiary, mam iść do Wizytek i pytać o księdza, który był żołnierzem i ma dobry kontakt z ludźmi. Jemu chodziło o księdza Bozowskiego, ale ja tego wtedy nie wiedziałam.

Wchodzę do zakrystii u Wizytek, siedzi tam w kąciku na krześle ksiądz, stuła zwisa mu krzywo z szyi, przydeptuje jeden jej koniec butem. Od razu widać, że żaden z niego żołnierz, ale spytałam, czy był nim. Uśmiechnął się, zaprzeczył i zaczął ze mną rozmawiać. Po dłuższej chwili przedstawiliśmy się sobie. To był ksiądz Twardowski! Znałam jego wiersze, bo czytałam »Tygodnik Powszechny«. Taki był początek naszej znajomości.

Ja wcale wtedy nie wiedziałam, czy chcę pogodzić się z Bogiem, byłam tysiące kilometrów od spowiedzi, ale coraz częściej spotykałam się z księdzem i rozmawialiśmy.

On mnie do niczego nie przekonywał, po prostu był. Nie podawał gotowych definicji. Mówił mało, ale wszystko, co powiedział, było ważne. To raczej ja byłam osobą, która usiłuje wszystko ponazywać. Powiedział raz: »*Wiesz, ja mimo wszystko wierzę w Boga*«. Dawał mimowolne świadectwo, przez samo swoje życie.

Do spowiedzi poszłam w grudniu 1976 roku. Moja Pierwsza Komunia była bardzo ładna. Miałam na sobie zwyczajne ubranie, kościół był pusty. W lutym 1977 roku wzięliśmy z Antonim ślub. Udzielił go nam ksiądz Jan.

Umiałam spowiadać się już tylko u niego. Często przychodziłam porozmawiać do jego kącika przy kaloryferze w sieni zakrystii. Wiedział, czym się zajmuję, i pytał, a jak to jest z kotami, a jak to jest z bożą krówką, która zjada mszyce, a jak to jest z wirusami, że mniejsze od bakterii, a takie złośliwe, zastanawiał się nad czułkami owadów. Kiedyś spytał, jak to jest z koniem, że może spać na stojąco. Wiele rzeczy i tak wiedział, ale czasem sobie coś notował. Nigdy nie mówił o sobie, ja nie pytałam. Był smutny w kolejne rocznice powstania warszawskiego".

Krzysztof Murawski, doktor filozofii, poznał księdza pod koniec lat siedemdziesiątych. Wspomina: „Nie byłem pobożnym człowiekiem. Ale miałem problem osobisty. I któregoś dnia mój promotor profesor Jarosław Rudniański z Instytutu Filozofii i Socjologii PAN powiedział: »Idź do księdza Twardowskiego, pomoże ci«. Znali się dość dobrze. Spotykałem się z księdzem Janem w zakrystii. Byłem wdzięczny, że poświęca czas zwykłemu doktorantowi. Po niedługim czasie odbyłem u niego spowiedź generalną. On mnie wtedy przyjął powtórnie na łono Kościoła.

Był ciekawy współczesnej psychologii, robiłem akurat doktorat o Jungu i Kępińskim, rozmawialiśmy o tym. Z tym, że to on pytał, ja udzielałem odpowiedzi. Przekładał to, co się mówi na ogół językiem hermetycznym, na słowa potoczne. Sprawiał wrażenie, jakby się rozmawiało z człowiekiem prostym. Ale on nie był prosty, miał szalenie dociekliwy i inteligencki umysł. Przeinterpretowywał treści i mówił: »*No niech pan spojrzy. Jakie to dziwne. Dlaczego tak, a nie inaczej*«. Nie robił wrażenia, nie wyrażał się skomplikowanie, ale zawsze *ad rem*, w sposób zaskakujący.

Na pewno miał, jak wszyscy, kłopoty, choroby. U niego to było jednak zredukowane, świętofranciszkańskie.

Wkrótce przestałem do niego chodzić, bo myśmy sobie porozmawiali wystarczająco na ważne tematy. W 1985 roku udzielił mi ślubu, ochrzcił moje dzieci. Zawsze wiedziałem, że mogę do niego iść w potrzebie. Polecałem go znajomym".

Chrzcił dzieci małżeństwom bez ślubu kościelnego i samotnym matkom.

Wspomina Anna S., znana polska dziennikarka: „To było na początku lat siedemdziesiątych. Zależało mi na ładnym chrzcie, nie chciałam zbiorowego, bo skoro dziecko miałam nieślubne, to chociaż niech będzie przy głównym ołtarzu i z takimi chrzestnymi, jakich chcę. Od razu poszłam do księdza Twardowskiego, bo wiedziałam, że jest liberalny, ale z lekkim lękiem, bo nie miałam w Kościele żadnych układów, nie wiedziałam, jak on potraktuje moje roszczenia. A on od razu powiedział: »*A co szkodzi, że nieślubne? Będzie chrzest jak należy*«. Wtedy powiedziałam, że chrzestny ma drugą żonę i jest niewierzący. Ksiądz Jan się zmartwił i powiedział, że w takim razie tu już muszę do proboszcza kościoła Świętego Krzyża, bo formalnie Wizytki podlegały tej parafii. Ale dodał, że proboszcz to się na coś takiego raczej nie zgodzi. Poszłam i powiedzieli mi tam, w sposób dość nieprzyjemny, że ten kandydat na chrzestnego musi się rozwieść ze swoją drugą żoną. Więc wróciłam do księdza Jana, a on zapytał, czy nie mam innego przyjaciela, moralnego, który by się nadał na chrzestnego. Ja na to, że bym znalazła, ale chciałam akurat tego. To on wtedy mówi: »*Niech pani da w papiery tego moralnego, a tego, co go pani chce, niech poprosi prywatnie na chrzestnego i dziecko będzie miało dwóch.*« »A kto ma trzymać?« – pytam. »*Trzymać musi ten moralny, a niemoralny usiądzie blisko ołtarza*«. Tak było. Chrzest był niesamowicie uroczysty, u Wizytek, pięknie. Chciałam się jakoś odwdzięczyć. Urządzałam bardzo skromne chrzciny, zaprosiłam więc księdza. Ale odmówił. Byłam mu za to wdzięczna, bo tak bardzo nie miałam wtedy pieniędzy, że nie było mnie nawet stać na lampkę wina dla gości".

„Kwiat na oknie Bożym"

Jedni mi mówią, że ksiądz Jan lubił spowiadać. Że to był jego charyzmat.

Inni, że nie bardzo. Szczególnie wtedy, gdy zaczynał być już popularny. Gdy chodzenie na msze przez niego odprawiane stawało się modne. Gdy rozgrzeszenie z jego ręki – nobilitowało.

Rzadko spowiadał siostry wizytki. Zgodnie z przyjętym zwyczajem zakonnice są przeważnie penitentkami księdza spoza przyklasztornego kościoła.

Obcych przyjmował w kościele. Wierni ustawiali się w kolejce. Zdarzało się, że po rozgrzeszeniu siadali na chwilę w ławce i znów szli na koniec ogonka.

Konfesjonał księdza Twardowskiego w kościele Sióstr Wizytek

W 1974 roku opowiadał podczas rekolekcji dla księży: „*Kiedyś nawiedzała mnie psychopatka i spowiadała się za każdym razem z godzinę. Miała grzechy spisane w zeszycie w kratkę, w specjalnym brulionie, i tak: po kolei, po kolei... Nie wytrzymywałem tego. Trwało to długo. Uciekałem nawet, ale stale biegała za mną... Potem mam telefon (...). Mówią, że jakaś kobieta jest w zakładzie dla nieuleczalnie chorych i moje nazwisko podaje. Złapałem taksówkę, pojechałem, patrzę: ona! Powiedziała mi: »Męczyłam księdza, ale dziękuję za każde spotkanie«. I umarła*"[193].

Ksiądz Roman Trzciński: „Siedział w konfesjonale i się kiwał. Nawet jak spowiadał, to się kiwał i nie trzymał ucha przy kratkach. W ręku trzymał różaniec, którego koraliki przelatywały między palcami. Krótkie miał pouczenia, ale one były jak rodzynki. Pamiętam, kiedyś dostałem od niego pokutę: »*Módl się o to, żebyś był życzliwy dla ludzi, których spotkasz. O dar życzliwości*«".

Przyjaciół i bliskich spowiadał u siebie w mieszkaniu albo w kącie przy kaloryferze w sieni zakrystii, lub w głębi zakrystii, w celi tak małej, że mieścił się tam tylko stary fotel dla księdza i stołek dla penitenta. Rozmawiali sobie, człowiek się nawet nie orientował, a to była spowiedź właśnie. Rozgrzeszał, błogosławił, zadawał pokutę.

---

193 Ks. Jan Twardowski, *Być znakiem nadziei*, dz. cyt., s. 81.

Fotel księdza Twardowskiego w zakrystii

Ada Schollenberger mówi: „Spowiedź u niego miała zawsze puentę. Miał dość charakterystyczny sposób podejścia do trudności w rodzinie, do napięć. Zamyślał się i mówił: »*No wiesz, a ja myślałem, że to kapłaństwo jest trudniejsze*«".

Krzysztof Murawski: „Nie pytał o szczegóły, wszystko szybko załatwiał. Nagle okazywało się, że jestem już po drugiej stronie bariery. Spowiadał pozornie niedbale. A potem mówił jedno słowo tak trafne, że wiedziałem, że mnie uważnie wysłuchał".

Krzysztof Śliwiński, biolog, działacz opozycji, były ambasador Polski w Maroku i RPA, był stałym penitentem poety: „Jako student miałem ówczesny obyczaj pobożności i często spowiadałem się u księdza Ziei. A potem, siłą rzeczy, spowiadałem się u księdza Twardowskiego. On nigdy nie stał się moim przewodnikiem duchowym. Nie szukałem w konfesjonale u Wizytek takiego. Ja nie lubię w takim miejscu zajmować księdzu czasu rozprawami. W tym kierunku szedł za to ksiądz Bozowski, bo czasem, gdy nie było księdza Jana, szedłem do niego. I bardzo mi nie odpowiadał ten rodzaj spowiednika, który nieproszony staje się mentorem. Trzyma mnie na kolanach godzinę i roztrząsa coś, bo go bardziej interesuje przewodnictwo duchowe młodego człowieka niż słuchanie grzechów starszych pań".

Siostra Nepomucena wspomina: „Swego czasu mikroport księdzu Twardowskiemu zakładałam, żeby go było słychać na mszy głośniej. I ktoś przyszedł do księdza po spowiedź. Zamknęli się w tej małej celi, a do mnie jakiś człowiek mówi w kościele: »Siostro, takie gadanie słychać z głośników«. O Boże kochany! Nie wyłączyłam księdzu mikroportu, spowiedź szła na kościół! Wpadłam do nich, prędko, muszę wyłączyć ojca! Na szczęście słychać było tylko takie mruczenie, słów nie".

Jan Twardowski mówił: „*Księdzu grozi rutyna, sformalizowanie. Wtedy spowiedź dla penitenta też staje się często formalna. Rachunek sumienia sformalizowany i pytania księdza formalne. Cała spowiedź jest sztywna i urzędowa. Trzeba modlić się w intencji penitentów. Jeśli ktoś prosi o stałe kierownictwo – zgodzić się, choć nie jest to wcale takie łatwe. Nie narzucać nigdy samego siebie i zawsze pamiętać: ja tylko mam ten kwiat postawić na oknie Bożym, gdzie świeci światło Boże. Jestem tu właściwie niczym*"[194].

„Były tam babcie, które spały"

Mówił, że w modlitwie chodzi o przebywanie z Bogiem, milczenie w jego obecności.

Krzysztof Murawski: „Byłem neofitą, na klęczkach szedłem do ołtarza, a on siedział w swoim kącie zakrystii z nogą na nodze i odmawiał różaniec.

---

[194] Tamże, s. 82.

Pomyślałem: »widocznie nie ma to znaczenia«. Wszystko, co robił, było przepojone modlitwą. Tuptał sobie Krakowskim Przedmieściem, nieobecny, nie patrzył na boki, nie rozpoznawał ludzi i modlił się. Pozbywał się samego siebie, do atomów. Był już tylko Bóg".

Zawsze modlił się z różańcem. Miał kilka ulubionych – w kieszeni, w łóżku, na półce. Bardzo źle się bez nich czuł. Jeśli zapomniał zabrać je na wakacje, ktoś musiał mu dowieźć z domu.

Aldona Kraus: „Kiedyś przyznałam mu się, że zasypiam przy modlitwie różańcowej, a co gorsza, zdarzyło mi się to także w Ziemi Świętej. Ofiarował mi wtedy swoją książkę z dedykacją: »*Aldonko, nie śpij przy różańcu, lepiej pośpij w tańcu*«".

Ksiądz Jan wspominał: „*Kiedyś wszedłem przypadkiem do obcego kościoła, gdzie odmawiano różaniec. Były tam babcie, które spały i nie spały, drzemały, jakiś pan, który się mylił. (...) Wolę różaniec mówiony właśnie takim zmęczonym głosem niż mądrymi rozważanymi tajemnicami. Jest w tej modlitwie urok, bo ona jest w naszej podświadomości*"[195].

Ktoś zauważył, że ksiądz Jan bardzo szybko modli się na różańcu. Paciorki przemykały mu między palcami, nie zdążyłby powiedzieć nawet początku „Zdrowaś Mario".

Ksiądz Roman Trzciński zapytał o to księdza Twardowskiego. Usłyszał: „*A, bo ja na każdym paciorku mówię tylko: »Jesteś, jesteś, jesteś...«*. Trzymam w ten sposób Boga za rękę".

---

[195] Tamże, s. 233.

Podróżnik

Po dziewięciu miesiącach otrzymuję wiadomość z Instytutu Pamięci Narodowej. Archiwiści odnaleźli dwie teczki, które dotyczą księdza Jana Twardowskiego. Pierwszą mogę zobaczyć już dziś, na drugą przyjdzie mi jeszcze poczekać.

Siadam w czytelni z chudym, przybrudzonym skoroszytem w dłoni. To tak zwana paszportówka, czyli cała dokumentacja obywatela księdza Jana Twardowskiego związana z jego wyjazdami za granicę.

Pierwsza była Szwajcaria.

Zaproszenie przyszło od Alfreda Loepfego zimą 1973 roku.

Loepfe był starszy od Jana Twardowskiego o dwa lata. Nauczyciel gimnazjum w Lucernie, studiował polonistykę na fryburskim wydziale slawistyki, przed wojną był stypendystą na Uniwersytecie Warszawskim. Tłumaczył Norwida, Miłosza, Prusa, Tatarkiewicza i Parandowskiego. Cierpiał na parkinsona, zamiast odręcznego podpisu stawiał pieczątkę,

Przetłumaczył *Znaki ufności*. Znalazł kilkudziesięciu sponsorów, którzy złożyli się na druk.

W lutym 1973 roku wysłał Twardowskiemu oficjalne zaproszenie, niezbędne do otrzymania paszportu. W odpowiedniej rubryce napisał: „Jednocześnie zobowiązuję się zapewnić wyżej wymienionej osobie całkowite utrzymanie przez okres jej pobytu w Szwajcarii oraz pokryć wszelkie koszty związane z ewentualną chorobą lub wypadkiem oraz koszty podróży".

W kwietniu 1973 roku Jan Twardowski złożył w Warszawie podanie o paszport. Rysopis: wzrost średni 175 cm, oczy niebieskie, znaki szczególne – nie ma.

Kupił znaczki skarbowe za sześćdziesiąt złotych i dołączył pismo z kurii, w którym zezwalano mu na wzięcie urlopu, od 1 do 31 sierpnia 1973 roku.

W maju 1973 roku Wydział Paszportów i Dowodów Osobistych Komendy Stołecznej Milicji Obywatelskiej zwrócił się do Wydziału do spraw Wyznań Prezydium Rady Narodowej Miasta Stołecznego Warszawy o zajęcie stanowiska odnośnie do wyjazdu do Szwajcarii obywatela Jana Twardowskiego syna Jana.

Zastrzeżeń nie było.

O wyjeździe księdza poinformowano jeszcze towarzysza Bączyńskiego z IV Stołecznego Wydziału Spraw Wewnętrznych, zajmującego się sprawami Kościoła.

Paszport o numerze 51458 ksiądz Twardowski odebrał 18 czerwca 1973 roku.

To był pierwszy w życiu wyjazd zagraniczny Jana Twardowskiego. Alfred Loepfe odebrał poetę na dworcu w Lucernie. Padał deszcz, parasol drżał w ręku tłumacza, poszli do kawiarni.

Pewnie rozmawiali po polsku, choć Jan Twardowski znał świetnie język angielski i język francuski, w którym zwykł wygłaszać kazania dla cudzoziemców u Wizytek.

Ksiądz zwiedził niemieckie kantony Szwajcarii. Dziwił się, że w domach nie zamyka się drzwi na noc, szokowało go bogactwo tego kraju, gdzie w restauracji można zjeść rybę wskazaną chwilę wcześniej w akwarium. Ludzie, gdy słyszeli, że jest z Polski, wciskali mu do ręki drobniaki wygrzebane z portfeli.

Podobał mu się Kościół katolicki, elitarny, mały, ale na wysokim poziomie. Wrócił do Polski przez Wiedeń. Paszport zwrócił.

Dzień po powrocie włożył do koperty przywieziony ze Szwajcarii, przetłumaczony przez Loepfego tomik swoich wierszy *Ich bitte um Prosa*, które ukazały się nakładem wydawnictwa Johannes Verlag.

Posłał go Jerzemu Turowiczowi z listem: „*Szanowny i drogi Panie Redaktorze. Przesyłam swoje* Znaki ufności *w niemieckim przekładzie. (...) Nie piszę o tym, żeby się trochę pochwalić, po prostu cieszę się (...) a jednocześnie wyrażam moją wdzięczność do Pana Redaktora, który był tak pobłażliwy i życzliwy, że drukował moje wiersze w »Tygodniku«. Tłumacz mój pewne wiersze w moim zbiorze* Znaki ufności *pominął, natomiast zamieścił trochę wierszy drukowanych później. (...) Może to nie wypada, ale prosiłbym o notę na temat tego przekładu, taką notę obiecano mi również w »Twórczości«. Proszę o to nie tylko w swoim imieniu, ale w imieniu mojego tłumacza. (...) Najmocniej przepraszam za swój snobizm, ale sam tłumacz namówił mnie do napisania tego listu. Polecam się modlitwom i pamiętam ks. Jan Twardowski. PS: Jeśli to możliwe, proszę o odpowiedź*”.

Tomik *Ich bitte um Prosa* zyskał rozgłos w Szwajcarii, Niemczech i Austrii. W wiedeńskim tygodniku „Die Furche” zwracano uwagę na franciszkański rodowód wierszy polskiego księdza. Znany krytyk austriacki Franz Richter postawił

Twardowskiego wśród odnowicieli poezji religijnej, zbiór chwalił sławny teolog szwajcarski Urs von Balthazar[196].

Loepfego Jan Twardowski spotkał raz jeszcze. W rok po podróży przywitał go na lotnisku Okęcie, gdy tłumacz przyleciał do Polski odebrać nagrodę polskiego oddziału Pen Clubu. Wśród witających Szwajcara był też Jan Parandowski, u którego gość miał się zatrzymać, i profesor Władysław Tatarkiewicz. Twardowski zaprzyjaźnił się wtedy z filozofem, spotykali się od tej pory regularnie, planowali wspólnie napisać filozofię dla dzieci. Śmierć Tatarkiewicza w 1980 roku zniweczyła te plany.

Drugie były Węgry.

W lipcu 1975 roku Jan Twardowski otrzymał wkładkę paszportową do dowodu osobistego, upoważniającą do podróżowania przez Bułgarię, Czechosłowację, Rumunię, Węgry i Związek Radziecki.

Cztery dni na początku września gościł w benedyktyńskim klasztorze w Budapeszcie.

Po latach wspominał: *„Działało tam świetnie wyposażone gimnazjum, które władza tolerowała po to, żeby pokazać Zachodowi, że w komunistycznych Węgrzech jest wolność religijna. Budapeszt mnie naprawdę zauroczył"*[197].

Trzecia była Wielka Brytania.

W kwietniu 1978 roku zaproszenie do Londynu przysłał Ryszard Zakrzewski, szkolny kolega Jana, który wyemigrował tuż po wojnie.

Jan Twardowski odebrał paszport w czerwcu.

W lipcu lub w sierpniu był w Niemieckiej Republice Demokratycznej. Podróż była prawdopodobnie związana z pracą nad tłumaczeniem w tym kraju jego *Zeszytu w kratkę*. Nie zachowały się jednak wspomnienia z tej podróży.

W sierpniu pisał do Anny Kamieńskiej: *„W pierwszych dniach września wylatuję do Londynu na dwa tygodnie na zaproszenie kolegi szkolnego, który na stare lata żyje tylko wspomnieniami naszej młodości i chce mnie zobaczyć. Tym razem dostałem paszport po pewnych trudnościach, odwlekających sprawę"*[198].

Wyjechał 1 września 1978 roku. W Londynie był gościem honorowym. Zatrzymał się w domu Ryszarda Kaczorowskiego, przyszłego prezydenta RP na uchodźstwie. Odwiedzał polskie parafie, głosił kazania w czasie mszy świętych, zwiedził

---

[196] Wiadomości o odbiorze poezji księdza za granicą podaję za: Edmund Rosner, *Dobry pan ze Szwajcarii*, „Twórczość" 1992, nr 1, s. 146, 147.

[197] Marian Schmidt, dz. cyt., s. 59.

[198] Listy Jana Twardowskiego do Anny Kamieńskiej pochodzą z archiwum Pawła Śpiewaka.

Uniwersytet Londyński, miał w Polskim Ośrodku Społeczno-Kulturalnym wieczór literacki, na którym stawił się niewidomy już i niesłyszący Edward Raczyński, prezydent RP na uchodźstwie, w towarzystwie ministrów.

Miasto zrobiło na poecie duże wrażenie, choć niektóre pomniki uznał za przykład złego gustu.

Odwiedził też przedwojennego przyjaciela z „Kuźni Młodych" poetę Jerzego Pietrkiewicza w jego londyńskim domu.

Pietrkiewicz, przed samą wojną agresywny antysemita, który atakował Tuwima i Słonimskiego za pochodzenie, po wojnie osiadł w Anglii i używał tam łatwiejszej formy swojego nazwiska – Peterkiewicz. Zrobił doktorat z anglistyki, wykładał literaturę polską na Uniwersytecie Londyńskim i pisał powieści w języku angielskim.

Ryszard Matuszewski wspominał: „Wiem, że po wojnie Pietrkiewicz nie tylko się zmienił, zrozumiał własne błędy, ale również miał cywilną odwagę, by się do nich publicznie przyznać, a prywatnie pojawił się u Antoniego Słonimskiego z nieśmiałym pytaniem, czy zechce mu wybaczyć niemądre wystąpienia dwudziestolatka z dobrzyńskiego zaścianka. Słonimski mu oczywiście wybaczył i był jego zachowaniem ujęty. Tuwim nie zdążył. Za wcześnie umarł. Zdążył się tylko na młodym Pietrkiewiczu zemścić, wykpiwając go w *Kwiatach polskich* (»polski poeta Pierd-Pierdkiewicz«)"[199].

To nie było pierwsze spotkanie przedwojennych przyjaciół. Pietrkiewicz, o którego śmierci fałszywą pogłoskę Twardowski opłakał w czasie okupacji, odezwał się do księdza już w 1956 roku, podczas swojej pierwszej podróży do Polski. Od tej pory widywali się niemal każdego roku. Jerzy czcił Matkę Boską Skępską, patronkę Mazowsza i Ziemi Dobrzyńskiej, skąd pochodził. Jan Twardowski napisał o niej wiersz *Skępe*: *„Panienko Najświętsza / Nastolatko ze Skępego / z rączkami na sercu..."*, jeździł z przyjacielem do Skępego na odpust 8 września.

Jedną z wizyt Pietrkiewicza w mieszkaniu księdza zapamiętał Tomasz Sławiński, przyjaciel poety. Zanotował wtedy w swoim dzienniku: „Bardzo ciekawa postać. Średniego wzrostu, szpakowaty, o krzaczastych brwiach i dziwnych oczach. Bardzo sympatyczny, wesoły. Opowiadał o Gombrowiczu, Iwaszkiewiczu. Antysemita, wierzy w duchy. Miał wielką, futrzaną czapę".

Jan Twardowski wspominał wizytę w Londynie u przyjaciela: *„Ma ładne mieszkanie w domu wiktoriańskim, pełne tajemniczych przedmiotów, z wielką magiczną kulą na pierwszym planie. Zachwyciłem się jego biblioteką, może nie tak wielką, ale za to niebywale wysmakowaną"*[200].

---

[199] Ryszard Matuszewski, *Alfabet*, dz. cyt., s. 362.

[200] Jan Twardowski, *Ludzie, których spotkałem*, dz. cyt., wyd. 1, s. 51.

Czwarte były Stany Zjednoczone.

Alfred Jurzykowski uważał, że należy się dzielić z ludźmi swoim bogactwem. Powojenny emigrant, właściciel fabryki samochodów w Brazylii, ufundował w Nowym Jorku nagrodę, wzorując się na Alfredzie Noblu. Od 1964 roku Fundacja Jurzykowskiego przyznawała wybitnym Polakom i Brazylijczykom nagrody w dziedzinie kultury, nauki i sztuki.

W 1985 roku przedstawiciele fundacji przyjechali do Polski, aby ostatecznie zdecydować, komu przyznać nagrodę literacką za ten rok. Mieli trzech kandydatów – Annę Kamieńską, Artura Międzyrzeckiego i Jana Twardowskiego. Poprosili Zbigniewa Herberta, laureata nagrody w 1965 roku, o pomoc w wytypowaniu zwycięzcy. Wskazał na księdza.

Twardowski podziwiał Herberta. Pod wpływem jego twórczości zaczął wykreślać rymy w swoich wierszach. Nie był jednak wobec niego bezkrytyczny. Powiedział: *„W poetyckiej modzie jest unikać siebie, zasłaniać się kimś. Na przykład Pan Cogito Herberta. Poeci nie mówią już w pierwszej osobie, wstydzą się. A ja mówię w pierwszej osobie, bo uważam, że ksiądz nie powinien zasłaniać się kim innym*”[201].

Poznali się osobiście po śmierci Jerzego Zawieyskiego, na spotkaniu przyjaciół w domu pisarza. Herbert gościł w kapelanii, złożył podpis w sztambuchu księdza.

W 1984 roku Zbigniew Herbert kończył sześćdziesiąt lat. Jan Twardowski napisał dla niego wiersz na zamówienie „Tygodnika Powszechnego": *„żaba skrzeczy dlatego, że Pan Bóg ją kocha / a Pan Bóg jest tak prosty, że musi być duchem / Pan Cogito zdumiony meandrami świata / niech wybaczy wiersze rwane prosto z krzaka*”[202].

Jubilat podobno przyjął wiersz z radością. A czternaście lat później napisał wiersz *Pica pica L.*: *„wynajmę księdza Jana Twardowskiego / piewcę rodzimego drobiu / jako Egzorcystę Natury / do specjalnych poruczeń / kiedy ksiądz wyjdzie nagle z cienistego / konfesjonału zagajnika / ptaszysko może dostać / zawału serca ze strachu / i na miejscu skonać / zresztą księdzu przyda się także / trochę ruchu / na świeżym powietrzu*”[203].

Waldemar Smaszcz uważa, że pamiętliwy Herbert wziął odwet na Twardowskim za wiersz o Panu Cogito.

Ale Katarzyna Herbert, żona poety, zaprzeczała temu: „Miłośnicy księdza Twardowskiego się na ten wiersz oburzają, bo myślą, że to przeciwko niemu. A chodziło o sroki. Ksiądz Twardowski dostał się tam przypadkiem. Po prostu mieliśmy najazd srok. Było lato. Zbyszek nie wstawał już z łóżka. Bardzo cierpiał, z trudnością oddychał, więc okno w jego pokoju było prawie zawsze otwarte. A w ogródku, od

---

[201] Helena Zaworska, dz. cyt., s. 92.

[202] Jan Twardowski, *Wiersz z dedykacją*.

[203] Zbigniew Herbert, *Pica pica L.*, w: tenże, *Epilog burzy*, Wrocław 1998.

rana do wieczora, setki srok robiły dziki, potwornie męczący hałas. Nie można było sobie z nimi poradzić. Zbyszek ich nienawidził. I zemścił się na nich wierszem"[204].

Do Ameryki ksiądz wyruszył 25 stycznia 1986 roku. Miał tam spędzić tylko dziesięć dni. Nowy Jork oszołomił go. W klasztorze, gdzie się zatrzymał, księża spowiadali przez telefon.

Przywiózł do domu pięć tysięcy dolarów nagrody, którą odebrał w Nowym Jorku.

Jeden dolar kosztował wtedy oficjalnie 197 złotych, ale na czarnym rynku 900. Średnia pensja wynosiła 24 tysiące złotych, kilogram pomarańczy kosztował 1500 złotych, a pralka 45 tysięcy złotych.

Sto dolarów Jan Twardowski pożyczył Bohdanowi Knichowieckiemu. Siostrzeniec wspomina: „Pracowałem w redakcji gazety i pierwszy raz miałem wyjechać na Zachód. Napisałem do wujka, czy mógłby pożyczyć mi sto dolarów, żebym w Londynie nie umarł z głodu. Na to Janek oczywiście odpisał czy oddzwonił, że jak tylko będę w Warszawie, mam do niego przyjść. Przyszedłem przed wyjazdem, sto dolarów na mnie czekało. Potem zadzwoniłem, spytałem, kiedy mam oddać. Chciałem odkupić na czarnym rynku. Powiedział: »*Nie zawracaj sobie głowy*«, więc nigdy mu tej pożyczki nie oddałem".

Część pieniędzy ksiądz zdeponował u sióstr wizytek w specjalnej teczce na swoje oszczędności i na koncie w banku. Resztę prawdopodobnie rozdał, jak to miał w zwyczaju.

Piąty był Paryż.

Jeszcze tego samego roku co Nowy Jork. Zaproszenie przyszło od palotyna księdza Stanisława Rysia, mieszkającego we Francji od 1976 roku. Chociaż duchowny zapraszał Jana Twardowskiego na trzy miesiące, poeta zdecydował się wyjechać tylko na osiem dni, w połowie grudnia 1986 roku. Zatrzymał się u ojców palotynów przy ulicy Surcouf 25, gdzie od trzynastu lat działał ośrodek odczytowo-dyskusyjny dla Polaków z kraju i emigracji – Centrum Dialogu. Twardowski miał w ośrodku wieczór autorski, wygłosił rekolekcje dla palotynów, zwiedził paryski cmentarz Père-Lachaise. Zatrzymał się nad grobem Edith Piaf, nie wiadomo, czy odwiedził na tym samym cmentarzu grób Mieczysława Domańskiego „Dubois", męża swojej kuzynki komunistki, bohatera wojny domowej w Hiszpanii.

Znajoma księdza, która chce pozostać anonimowa, wspomina: „Był u nas wtedy w Paryżu. Mieliśmy z mężem malutkie mieszkanie, jednak mogliśmy go ugościć, bo mąż miał też pracownię. Ale Jan Twardowski wolał mieszkać u księży, zawsze

---

[204] *Pani Herbert. Z Katarzyną Herbert rozmawia Jacek Żakowski*, „Gazeta Wyborcza", 30 grudnia 2000.

czuł się lepiej w kadrze religijnym. Przyszedł do nas, pobłogosławił naszą kuchnię i pokój. Spytaliśmy, co by zjadł. »*No, kartofelki i sałatkę*« – powiedział po chwili wahania. A potem tak jadł i nie jadł. Przyglądał się najpierw jedzeniu: »*O, jak to ładnie wygląda*«".

Czuł się już globtroterem. Po powrocie z Francji udzielał porad, jak sobie radzić za granicą. Marii Kędzierskiej, znajomej studentce, którą nazywał żartobliwie swoją wnuczką, tłumaczył w liście: „*Chyba się wszystkiego dowiedziałaś, jak nadać bagaż i jak go odebrać w Paryżu. Bagaże są przesyłane na przesuwających się taśmach na sali lotniskowej. Dobrze jest zaznaczyć bagaż kawałkiem kolorowej włóczki, bo mogą być walizki podobne. Czasem się długo czeka, nie trzeba się denerwować. Samolot jedzie po ziemi kilka kilometrów, zanim się ustawi na pasie startowym, dopiero chyba po 1/2 godziny startuje od chwili ruszenia z miejsca. W samolocie dają dobrze jeść w cenie biletu. Najpierw soki owocowe ile się chce, w samolocie francuskim nawet małą buteleczkę wina. Drugie śniadanie tak jak obiad. Przed przylotem do Paryża podają do wypełnienia karty z tekstem francuskim – najważniejsze podać adres, tam gdzie się jedzie, ta karta jest potrzebna przy formalnościach przy wyjściu do miasta. (...) Myślę, że wyjęłaś sobie z konta trochę dolarów we frankach francuskich. Nie oszczędzaj. (Dziadek dostał nagrodę w USA). W Paryżu w razie biedy odszukaj proboszcza polskiej parafii koło Luwru ks. Jacka Pająka, powołaj się na mnie. Jeśli nie jest na urlopie. W razie największej biedy pomoże ambasada polska w Paryżu*"[205].

Szósty raz był znów Londyn.

Z okazji wydania *Patyków i patyczków*, w styczniu 1989 roku, ksiądz wyjechał na zaproszenie obywatela brytyjskiego Zdzisława Wałaszewskiego, dziennikarza, dyrektora wydawnictwa Veritas, pisarza.

Poeta wspominał: „*Odniosłem wrażenie, że [polscy emigranci] powoli się wynaradawiają, a ich dzieci słabo znają język polski*"[206].

---

[205] Ten i następne cytaty z dziennika Marii Kędzierskiej pochodzą z: Jan Twardowski, *Otulona dobrocią. 99 listów księdza Jana Twardowskiego do „wnuczki" Maryli i jej zapiski z dziennika*, red. Ewa Hoffmann-Piotrowska, Warszawa 2007.

[206] Marian Schmidt, dz. cyt., s. 57.

Tupecik

Któregoś dnia ksiądz Twardowski wyszedł ze swojego mieszkania w sztucznych włosach na głowie. W brzydkim tupeciku o kasztanowym odcieniu, z nietwarzowym przedziałkiem i strzępiącymi się końcówkami. Nie wiadomo, gdzie go kupił i kto mu go dopasował.

Podobno już pod koniec lat sześćdziesiątych ksiądz przychodził w peruce na wykłady do seminarium.

Jednak mogło to być dopiero w latach siedemdziesiątych, po powrocie księdza ze Szwajcarii. Ktoś mi opowiada, że to życzliwy Alfred Loepfe, sam łysy jak kolano, doradził poecie założenie tupecika.

Jan Twardowski zawsze uważał się za nieładnego człowieka, ale słynął od dziecka z gęstej czupryny. Teraz łysiał. To mogło być nie do zniesienia dla kogoś, kto codziennie staje przed ludźmi, jak aktor na scenie, kto w młodości, jeszcze z wszystkimi włosami, mdlał podczas mszy na myśl, że ktoś na niego patrzy.

Udawał przed ludźmi, że to jego prawdziwe włosy. Swoje prawdziwe, siwiejące, wystające spod peruczki, kazał farbować znajomej fryzjerce. Z czasem miał kilka tupecików, w różnych kolorach – od rudego po czerń. Fryzjerka miała w zanadrzu kilka tubek farb.

Okłamywał nawet urząd paszportowy. Do 1985 roku, w podaniach o paszport, w rubryce „rysopis" omijał linijkę „włosy". Do Stanów Zjednoczonych jechał jako „siwy", ale już cztery lata później do Anglii wybierał się jako „szatyn".

Ludzie udawali przed nim, że to jego prawdziwe włosy. Ale kpili za jego plecami.

Mówi Bogusława Ch., znajoma księdza: „Słyszałam, jak się z niego wyśmiewał znany dominikanin".

Paweł Śpiewak, syn poetki Anny Kamieńskiej, mówi: „Mama śmiała się z jednej rzeczy u księdza, że choć niesłychanie religijny, oddany Bogu, to jednocześnie nosił tupecik. Że miał w sobie męską kokieterię, mimo wszystko chciał się podobać. To w sumie było miłe i ludzkie, taka słabość".

Jan Turnau, dziennikarz katolicki: „Dziwaczył z tą peruką. Po co mu była? Marzł w kościele w głowę? Przecież narażał się na śmiech innych księży i zdziwienie świeckich".

Siostra Salezja z Loretto: „Słyszałam, że był ranny w głowę podczas wojny i podobno miał nieładny ślad na czaszce. Ukrył to pod peruką".

Bał się wyglądać staro. Zwierzył się kiedyś przyjacielowi, że udaje młodszego, niż jest, żeby siostry wizytki nie wyrzuciły go do domu starców dla księży, kiedy już przejdzie na emeryturę. Nie cierpiał zdjęć, na których wyglądał poważnie i dostojnie. Nie pozwalał na fotografowanie się bez peruki.

Aldona Kraus: „Mówił do mnie: »*Próżność jest na mojej głowie. Spowiadam się z tego i innych grzechów w Loretto pod Wyszkowem*«".

Waldemar Smaszcz: „Ale jednocześnie miał dystans do siebie. Przecież nosząc peruczkę, stworzył opowiadanie o włosach".

W nowelce *O włosie* Jan Twardowski pisze: „»*Nie bójcie się, bo wam włos z głowy nie spadnie«. Chyba powiedział Pan Jezus te słowa tylko do dzieci (...). Tylko dzieci nie boją się o włosy, bo nawet jak się je obetnie, to zaraz odrosną. (...) Tylko starzy boją się o włosy. – Jakiego pan lekarstwa używa na wypadanie włosów? – zapytał pan profesor pana profesora. Odpowiedział: – Żadnego, bo same wyszły. Jakim cudem jest włos dziecka! Niby cienki, kruchy, a stale odrasta. Rzucają się na niego z nożycami, z nożyczkami, z maszynkami – a on dalej rośnie*"[207].

Bogusława Ch.: „Męczył się w tych sztucznych włosach, odparzały skórę, było mu w nich gorąco. Czasem podpisywał książki setkom ludzi, a pot płynął mu spod peruki".

Mógł zapiąć krzywo sutannę, włożyć płaszcz na lewą stronę albo dwa różne buty, ale nigdy nie założył odwrotnie tupecika. Raz widziano, jak wyszedł z domu bez peruki, przed wejściem do kościoła złapał się za głowę i biegiem wrócił po włosy. Najbliższych gości przyjmował w domu w białej czapeczce uszytej na kształt piuski przez siostry wizytki.

Żeby peruka się nie przesuwała, ksiądz przyklejał ją do głowy za pomocą kleju Mastix Spirit Gum firmy Kryolan, używanego przez charakteryzatorów i wizażystów. Zapas trzymał w litrowej butelce w szafce w sypialni, a małą fiolkę na łazienkowej półce.

Mówi jedna z opiekunek księdza, które zajmowały się nim pod koniec jego życia: „Nawet jak już chorował i nie wstawał z łóżka, to krępował się bez peruki. Był kłopot z tym tupecikiem, bo trzeba go było kleić. Prosił mnie: »*Proszę poszukać,*

---

[207] Jan Twardowski, *Najnowszy zeszyt w kratkę*, dz. cyt., s. 7, 8.

tam w łazience jest klej«. Szłam tam, pełno butelek, lekarstw było. Coś znalazłam, przyniosłam, pokazałam. Denerwował się: »*Nie, to nie to. Proszę szukać jeszcze*«. Poszłam, znowu przewracam butelki, znalazłam. Głowę musiałam mu tym klejem posmarować i dopiero nasadzić perukę".

Mniej więcej rok przed śmiercią zdjął tupecik.

Nie wiadomo, czyja to zasługa.

Podobno stało się to już w lutym 2005 roku. Ksiądz leżał w szpitalu. Ofuknął go lekarz: „Jak można w tym wieku nakładać coś takiego?". Jan Twardowski zdjął rudawą perukę, spod której wystawały dawno niefarbowane siwe włosy. Kiedy odwiedził go znajomy, zapytał: „*Kochany, ile czasu jestem już w tym szpitalu?*". Usłyszał: „Dwa tygodnie". Ksiądz zażartował: „*To niemożliwe, musi być dłużej, zobacz, całkiem osiwiałem*".

Podobno wpływ na zdjęcie tupecika miał następca księdza Jana, ksiądz Aleksander Seniuk, sam łysy.

Siostra Nepomucena pamięta: „Ksiądz rektor raz spytał: »Po co ksiądz tę perukę zakłada? To niepotrzebne«. Posłuchał, ale bardzo to przeżywał. Ludzie, jak przychodzili, to mówili, że wygląda piękniej. Lusterko miał na stoliku przy łóżku. Brał je i mówił: »*Ale naprawdę piękniej?*«".

Podobno to dzięki Barbarze Wyszkowskiej, kobiecie, która zaczęła przychodzić do księdza ostatni rok przed jego śmiercią.

Mówi Bogusława Ch.: „Pani Basia przyniosła jakąś poduszkę czy pledzik, milutko się do niego odnosiła i nagle powiedziała: »No, ale peruka to księdzu jest niepotrzebna«. Zdjął. Bez tupeciku wyostrzyły się rysy. Ale zyskał godność".

Podobno zrezygnował z niej po 1 czerwca 2005 roku, w swoje dziewięćdziesiąte urodziny.

Aldona Kraus wspomina: „Chcieliśmy z przyjaciółmi kupić księdzu na urodziny nowy tupecik. Jest taki zakład perukarski, na ulicy Targowej, naprzeciwko Teatru Powszechnego. Poszłam tam, zobaczyłam, że można zamówić perukę z prawdziwych włosów, ale kosztowała cztery tysiące złotych. Z żalem powiedziałam księdzu, że w takim razie nas nie stać na nową imitację włosów dla niego. I wtedy on sam zdecydował się chodzić z odkrytą czaszką. Choć często biadolił, że jest łysy, miał piękną, polską głowę".

Ksiądz Jan Twardowski został pochowany bez sztucznych włosów.

W jego mieszkaniu leżą wciąż rudawe peruczki złożone razem jak jesienny bukiet.

W szafce w sypialni nadal stoi klej do peruk. Już przeterminowany.

„Naprawdę ktoś czyta moje wiersze?”

Wywiad

Nie było łatwo. Pytania długie. Odpowiedzi krótkie, jakby niechętne. Nic o sobie.

Pierwszego w życiu wywiadu Jan Twardowski udzielił w sierpniu 1978 roku Krystynie Nastulance z tygodnika „Polityka”.

„N.: A czy ma Ksiądz jakiegoś własnego pierwszego czytelnika, któremu ufa, pokazuje swoje wiersze przed oddaniem do druku?

T.: *Tak, mam.*

N.: Ale nie jest to nikt z oficjalnych krytyków czy kolegów po piórze?

T.: *Nie.*

(...)

T.: *Mnie się wydaje, że w poezji liczy się dopiero to, co powstaje z perspektywy doświadczeń i przemyśleń. Nie mówię więc o swoich starych wierszach, bo to tylko próby rymotwórcze, które pani tak życzliwie nazywa poezją.*

N.: To żart, oczywiście. Bo przecież Ksiądz czyta prasę literacką i wie, co się o tych wierszach pisze, a ponadto, o czym Ksiądz też jest na pewno poinformowany, zarówno *Znaki ufności*, jak i zbiór wierszy wydany w Pallottinum (...) zniknęły z księgarni, właściwie nim się ukazały... A co więcej – co już jest największym tytułem do chwały dla autora – poginęły w bibliotekach.

T.: *Bo to niskie nakłady, które rozchodzą się właściwie wśród subskrybentów.*

(...)

N.: Ma więc Ksiądz jakieś kontakty ze swoimi czytelnikami?

T.: *Tak. Miałem również spotkanie w ZAiKS-ie, raz w ZLP w Krakowie. Nawet była pełna sala.*

N.: Księdza to naprawdę dziwi?

T.: *No tak, bo jak już pani mówiłem, moje książki wychodzą w małych nakładach, kto je może przeczytać?*"[208]

Pomniejszał się, jak zwykle. Swoim czytelnikom, wielbicielom i wydawcom najczęściej zadawał pytanie: „*Naprawdę ktoś czyta moje wiersze?*".

A przecież wiedział, że jest popularny i zaczyna być sławny.

Bywał na wieczorach literackich ku swojej czci.

Zdawał sobie sprawę, że wydane w Znaku (1973 rok i 1978 rok) opowiadania dla dzieci – *Zeszyt w kratkę* – które pierwotnie wygłaszał jako kazania, przeszły przez księgarnie jak przeciąg. Że były tłumaczone na niemiecki.

Że ludzie wciąż przepisują sobie jego wiersze na maszynie.

Że klerycy na spotkaniach we własnym gronie analizują jego twórczość.

Że trafił nawet do prasy kobiecej. W 1975 roku w „Zwierciadle" napisano o jego poezji: „Rzecz w tym, że twórczość tego poety jest bardzo ludzka, serdeczna, taka, w której odnajdzie siebie niekoniecznie nawet katolik"[209].

Że trzech młodych, warszawskich księży – Aleksander Seniuk, Zdzisław Prus i Tadeusz Huk – odbiło na powielaczu w kilkuset egzemplarzach jego wiersze z tomiku *W kolejce do nieba*.

Na pewno czytał coraz bardziej skomplikowane analizy swojej twórczości w pismach krytyczno-literackich.

Powiedział po latach: „*Zdarzało się, że omawiając moje wiersze, pisano o dialektyce, antynomiach, Pascalu, Heraklicie, Heglu, koegzystujących realiach. Przeraziłem się. Otworzyłem tom moich wierszy i natrafiłem na takie teksty: »polna myszka siedzi sobie, konfesjonał ząbkiem skrobie«, »kto bibułę buchnie, temu łapa spuchnie«... – uspokoiłem się. Zapewne wszyscy pisali w najlepszej intencji. Jestem im wdzięczny za to, że chcieli zwrócić na mnie uwagę. Niestety, przeważnie pisali niezgodnie z moją wrażliwością*"[210].

Rzadko mówiono źle o jego wierszach.

Dziennikarka „Polityki" pytała:

„N.: Przywiązuje Ksiądz wagę do opinii krytyki?

T.: *Bardzo cenię krytykę. I tym bardziej, im ostrzejsza, im większe stawia wymagania.*

N.: Przyznam się, że nie zdarzyło mi się czytać żadnej negatywnej oceny Księdza poezji.

T.: *A mnie – tak. Jej autorem był felietonista »Kultury«, Hamilton. I choć ta recenzja była przykra dla mnie, była potrzebna. To w końcu słuszne, żeby poezji religijnej stawiać najwyższe wymagania*".

---

[208] *Świat jest naprawdę cudowny... Z księdzem Janem Twardowskim rozmawia Krystyna Nastulanka*, „Polityka", 26 sierpnia 1978.

[209] *Kto winien*, „Zwierciadło", 13 listopada 1975.

[210] Jan Twardowski, *Łaską zdumiony*, dz. cyt., s. 6.

Pod pseudonimem Hamilton ukrywał się znany krytyk literacki i felietonista Jan Zbigniew Słojewski. W 1977 roku napisał: „Poezja księdza Twardowskiego uchodzi za religijną, gdy w rzeczywistości jest przeciwieństwem religijności mimo religijnego rynsztunku. Twardowski... wygania Boga z nieskończoności, pakuje do pudełka z zapałkami. Jego Bóg to wróbelek, który ćwierka. Żeby jeszcze w dużym parku. Ale on ćwierka na działce. Ksiądz nie może być poetą religijnym. Poeta religijny musi jak Mickiewicz buntować się przeciwko Bogu i szarpać papieża za rękaw, a księdzu tego robić nie wolno"[211].

Wycinanki

„Poza to katolickie getto wydawnicze udało mi się wyjść, publikując Poezje wybrane *w Ludowej Spółdzielni Wydawniczej*"[212] – powiedział po latach.

Twierdził, że pomogła mu redaktorka wydawnictwa Jadwiga Bandrowska-Wróblewska, która była tuż przed emeryturą, nie obawiała się cenzury i zaopiniowała pozytywnie wiersze do druku. Zdaniem poety ukryła to, że był księdzem. *„Gdyby cenzura o tym wiedziała, skierowano by mnie znowu do Znaku albo PAX-u, abym tam publikował*"[213].

To jednak mało prawdopodobne. Ksiądz Jan Twardowski był już wtedy zbyt znany, żeby można było ukryć jego tożsamość.

LSW wydała wiersze Twardowskiego w 1979 roku w tomiku *Poezje wybrane*, w nobilitującej serii Biblioteka Poetów. Sto dziesięć utworów, z czego tylko dwanaście pochodziło ze *Znaków ufności*, pozostałe były nowe.

Poeta napisał we wstępie: *„Pochłania mnie wiara, ale wiara, która nie jest statyką, zatrzymaniem się, lecz ciągłym odkrywaniem na nowo tajemnicy*".

Poezje wybrane nie trafiły do księgarń. Serię sprzedawano tylko prenumeratorom.

Krytycy byli zgodni. Jan Twardowski wielkim poetą jest. Chwalili go, szukali jego inspiracji w Słowackim i Mickiewiczu. W notkach biograficznych o poecie podawali złą datę urodzenia, mylili czas przedwojennego debiutu. Nigdy niczego nie prostował.

Ryszard Matuszewski pisał w „Kulturze": „Humor Twardowskiego! Traktacik można by o nim napisać. Splątany z liryzmem, czasem trochę sentymentalny,

---

[211] Hamilton, *Niebo w płomyku zapałki*, „Kultura" 1977, nr 21, s. 16.

[212] *Zobaczyć od nowa. Rozmowa z ks. Janem Twardowskim. Rozmawiała Barbara Gruszka-Zych*, „Gość Niedzielny" 1990, nr 15.

[213] *Pisać wiersz niczyj dla wszystkich. Bardzo lubię ludzi. Z księdzem Janem Twardowskim rozmawia Robert Azembski*, „Tygodnik Solidarność" 1991, nr 42.

czasem świadomie księżowsko rubaszny, bo się tą rubasznością próbuje bronić przed wzruszeniem, a już zwłaszcza przed patosem"[214].

Wtórował mu poeta Bronisław Maj w „Tygodniku Powszechnym": „Jaka czysta jest ta poezja! Takie wrażenie z nieodpartą siłą i oczywistością narzuca się po lekturze"[215].

Ksiądz Twardowski śledził recenzje. Wycinał je i wkładał do koperty. Dziękował recenzentom. Napisał do Jerzego Turowicza: „*Podziękowałem listownie autorowi recenzji, ale wiem, że od Pana Redaktora zależał dobór recenzenta i decyzja druku. Jestem Panu Redaktorowi wdzięczny za dobroć dla mnie*".

Laureat

Śnieżna kula powodzenia i sławy zaczynała się toczyć coraz szybciej.

Pod koniec 1978 roku, w hotelu Orbis-Solec w Warszawie, ksiądz Jan odebrał Nagrodę imienia Brata Alberta, którą przyznało mu Chrześcijańskie Stowarzyszenie Społeczne i Ars Christiana za religijną twórczość poetycką.

W czerwcu 1980 roku, w warszawskim lokalu Pen Clubu, otrzymał nagrodę poetycką Roberta Gravesa za tom wierszy *Poezje wybrane*. Teksty interpretowała aktorka Maja Komorowska.

Już w sierpniu Polskie Radio w programie drugim, o godzinie 22.15, wyemitowało audycję *Szkic do portretu Jana Twardowskiego*.

W grudniu 1980 roku poeta odebrał Medal imienia Janusza Korczaka, przyznany przez Międzynarodowe Stowarzyszenie imienia Janusza Korczaka i Polski Komitet Korczakowski. „Słowo Powszechne" odnotowało, że nagrodę wręczył poecie przewodniczący stowarzyszenia, minister Urzędu do spraw Wyznań Jerzy Kuberski. Musiał dość długo przemawiać, bo w gazecie opisano, że nawiązał do przedwojennej twórczości poety, opisał jego drogę po wojnie i podkreślił, że „wybitny poeta, czuły na nieszczęście i tak silnie rozumiejący duszę dziecka, wyjątkowo bliski jest postawie J. Korczaka i jego ideałom".

„Słowo Powszechne" podało też, że ksiądz Twardowski powiedział: „*6 grudnia, dzień świętego Mikołaja, tak radosny dla dzieci, staje się dla mnie dniem Korczaka*".

Katarzyna Żukrowska, córka Wojciecha Żukrowskiego, przyjaciela księdza: „Mój ojciec zasiadał wtedy regularnie w jury konkursów literackich. Pamiętam, że w co najmniej dwóch ksiądz dostał nagrody dzięki poparciu ojca. Myślę, że Twardowski wiedział o tym, choć ojciec pewnie mu się tym nie chwalił. Ale wszystko to było szczere. Ojciec czytał zawsze to, co ksiądz napisał, i naprawdę się tym

---

[214] Ryszard Matuszewski, *Radość, że się kocha to, co niemożliwe*, „Kultura", 1 czerwca 1980.
[215] Bronisław Maj, *Świat tak dobry, że niedoskonały*, „Tygodnik Powszechny", 13 lipca 1980.

zachwycał. Te nagrody więc nie były przyznawane na zasadzie »znam go, dam mu«, tylko dlatego, że nagrodzony był wielkim artystą".

Jeszcze w tym samym 1980 roku krakowski Znak wydał kolejny tom poezji Jana Twardowskiego – *Niebieskie okulary*. Stały się, obok wierszy Czesława Miłosza, najbardziej poszukiwaną książką roku.

Jadwiga Bandrowska-Wróblewska pisała w „Słowie Powszechnym": „Niemały to kłopot pisać o poecie, którego tomików można szukać jak przysłowiowego wczorajszego dnia"[216].

Jerzy Kwiatkowski, krytyk literacki, użalał się w „Twórczości": „Tomiki wierszy Jana Twardowskiego rozchodzą się w mgnieniu oka (...) niełatwo więc tomiki te zdobyć i – co za tym idzie – napisać o nich. W nieustającym wyścigu po książki, w którym obecnie bierzemy udział, a który – z łaski nieznanych sił rządzących ruchem wydawniczym i decydujących o wysokościach nakładów – rozwija wprawdzie kulturę, ale fizyczną, tym razem zostałem zdystansowany".

Udzielanie wywiadów miało się stać codziennością poety. Marek Zieliński z pisma „Nowe Książki" rozmawiał z nim w związku z wydaniem *Niebieskich okularów*.

„M.Z.: Który to tomik przyczynił się ostatecznie do uznania księdza jako poety? Czy Jan Twardowski jest nade wszystko poetą, czy może...?

J.T.: *Chciałbym przypomnieć. Nie uważam siebie za literata. Nigdy nie zabiegałem o to, żeby należeć do Związku Literatów, chociaż zachęcano mnie do podjęcia w tym kierunku starań, zwłaszcza wtedy, kiedy dostałem nagrodę Pen Clubu.*

(...)

J.T: *Lubię piętrzyć paradoksy; miłości, wiary, śmierci – dotyczące wymiarów naszej egzystencji. Uważam, że ich rozwiązanie leży tylko w naturze Boga. Tylko Bóg może rozwiązać cały zdumiewający »przypadek starannie zaplanowany«. Kiedy tak myślę, nawiązuję do tradycji poezji metafizycznej, liryki baroku, biblijnego języka. Podziwiam kolędę Franciszka Karpińskiego* Bóg się rodzi – moc truchleje *(...). Tylko język paradoksów może wypowiadać to, co przerasta nasz rozum, mówić o Bogu.*

M.Z.: Teraz się nie dziwię, że wiersze religijne Jana Twardowskiego są aż tak bardzo zawstydzone, pełne nieśmiałości (...).

J.T.: *Moje wiersze tylko pozornie są zawstydzone i nieśmiałe. Jeśli mogę ocenić własną twórczość, to obok momentów niepewności, zamykania się przed innymi, ma ona cechy liryki walczącej. I z formalizmem w wierze, i ze sztywnością dogmatycznego myślenia, nie troszczącego się o drugiego człowieka*"[217].

---

[216] Jadwiga Bandrowska-Wróblewska, *Liryka dla wszystkich*, „Słowo Powszechne", 5–7 kwietnia 1980.

[217] Marek Zieliński, dz. cyt.

„Kiedy spośród księży znałaś mnie chyba jednego"

Coś się psuło między Anną Kamieńską a księdzem Janem. Niezauważalnie.

Jan Twardowski po latach powiedział: *„Poznała również innych księży. Przy końcu nie miała dla mnie czasu. Każda znajomość powoli wygasa"*[218].

Słała listy do niego. On jej odpisywał na kartkach ze swojej kolekcji przedwojennych widokówek. Troszczyli się o siebie wzajemnie.

Katowice, 6 grudnia 1981. *„Droga Aniu, pozdrowienia z Katowic. J.T."*

Warszawa, 17 lutego 1982. *„Droga Aniu, niestety mój telefon często nie działa. Bardzo wiernym sercem na starej pocztówce. Janek Tw."*

Loretto, 8 lipca 1982. *„Droga bardzo Aniu, pamiętam o Tobie w modlitwach, czas spędzam zupełnie sam, ale stale we wspomnieniach powracasz (...). Przyjaźń nasza jest święta i można ją kanonizować. Kocham Twoje ostatnie dojrzałe wiersze, ale najwięcej mną* [nieczytelne] *Twój* Biały Rękopis *i* Herody, *z czasów naszej jeszcze bardzo żywej znajomości, kiedy spośród księży znałaś mnie chyba jednego. Bardzo wiernym sercem pozdrawiam J.T."*

Warszawa, 31 marca 1983. *„Kochana Aniu, nie mogę się do Ciebie dodzwonić, bo stale telefon Twój odpowiada tak, jakby był zajęty. (...) Niestety, przed świętami nie mogę wpaść do Ciebie, bo jestem stale w kościele albo u chorych. Przesyłam życzenia wiernego, wdzięcznego serca. (...) Nigdy nie umiem podziękować za Twoją przyjaźń. Janek T."*

Warszawa, 20 kwietnia 1983. *„Droga Aniu, witam Ciebie po powrocie do Warszawy. Nie podałaś adresu, myślałem, że chcesz odpocząć od korespondencji. (...) Pamiętam w modlitwach, bardzo oddany od tych lat Janek Tw."*

---

[218] Jan Twardowski, *Łaską zdumiony*, dz. cyt., s. 105.

Warszawa, 2 lipca 1983. *„Droga Aniu, bardzo mi przykro, że nie widzieliśmy się przed wakacjami, ale tak się złożyło. Ostatni miesiąc z papieżem* [pielgrzymka JPII do Polski – M.G.] *był bardzo dla mnie trudnym. Pamiętam wiernym sercem. Janek"*.

Warszawa, 12 września 1983. *„Kochana Aniu, przepraszam, że nie byłem słowny, ale nie dałem sobie rady z czasem. W ostatnim numerze »Literatury« K. Pieńkosz pisze o Twoim dzienniku. Zadzwonię. Janek T."*

Warszawa, 28 września 1983. *„Droga Aniu, dziękuję za ostatnią pocztówkę. Dzwoniłem w czwartek, ale nikt nie odpowiadał. Bardzo chciałbym się spotkać. Mam trochę innych* [nieczytelne] *zajęć i nie zawsze mam czas rano. Pozdrawiam całym sercem J.T."*

Warszawa, 14 grudnia 1983. *„Droga Aniu, nie podziękowałem Tobie za pocztówkę i pamięć o mojej Matce. Byłem w Katowicach tym razem trochę dłużej. Zawsze pamiętam o Twojej świętej rocznicy grudniowej* [rocznica śmierci Jana Śpiewaka – M.G.], *msza święta jak zwykle. Tyle nas łączy wspólnych wspomnień. Chciałbym powrócić do naszych dawnych, tak czystych spotkań. Czytam Twoje wiersze coraz dojrzalsze, naprawdę religijne. Wszędzie spotykam Twoich czytelników tak bardzo serdecznych dla Ciebie. Wdzięczny sercem J."*

Warszawa, 14 listopada 1984. *„Droga Aniu przesyłam pocztówkę, którą oglądam ze wzruszeniem, bo w rodzinie czworga dzieci się wychowałem i rodzice byli tak młodzi jak na obrazku. Jedna ze znajomych położyła w zakrystii pocztówkę od Czecha, poety, i kopertę z jego wierszami, ale koperta nie była zaadresowana. Otworzyłem i znalazłem w niej Czecha wiersze bez wzmianki o Tobie, myślałem więc, że przysłał je dla mnie. Gdyby było napisane, że dla Ciebie, zaraz bym je odesłał. Oczywiście kopertę z wierszami mam i w każdej chwili ją oddam. Leżę jednak chory. Wszystko powiem przez telefon, ale na razie to – wdzięcznym sercem, wdzięcznym za tyle wielkiej dobroci dla mnie. J.T."*

Warszawa, 29 listopada 1984. *„Kochana Aniu, wprawdzie inne święta przychodzą niż te na pocztówce, ale Alleluja zawsze można mówić* [na kartce są motywy wielkanocne – M.G.]. *Przepraszam, że błyskawicznie nie podziękowałem za tom wierszy, ale nie jestem zdrowy i z wielkim wysiłkiem działam na półobrotach. Wiele wierszy genialnych, prawdziwych parad liryki. (...) Nie trafia do mnie tylko* Drugie szczęście Hioba, *sam pomysł świetny, ale za dużo słów. Jednak na pewno innym to się też podoba. Ogromnie jestem szczęśliwy, że Twoje wiersze wychodzą, bo ludzie ich potrzebują. (...) Proszę o modlitwę, bo nie wiem, czy już niedługo pożyję. Mam niedobre choroby. Całym sercem x. Jan Twardowski"*.

Warszawa, 4 stycznia 1985. *„Droga Aniu, dziękuję za Twój serdeczny, dobry list, dzwoniłem od razu z odpowiedzią, chciałem Cię odwiedzić, ale przyszły mrozy – niebawem do Ciebie zadzwonię, bo stęskniłem się za Tobą. Janek T."*

Warszawa, 2 lutego 1985. *„Kochana Aniu, piszę tę kartkę z tęsknoty za Tobą, bo wiele razy chciałem Ciebie odwiedzić. Ale tak się już* [nieczytelne], *że poza moimi*

Kartka księdza Twardowskiego do Anny Kamieńskiej z 1984 roku

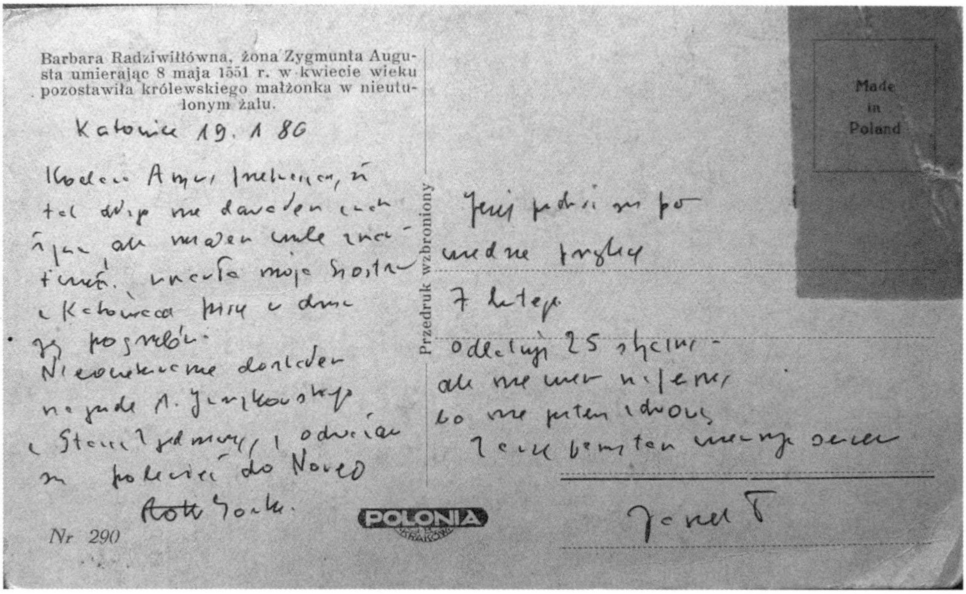
Barbara Radziwiłłówna, żona Zygmunta Augusta umierając 8 maja 1551 r. w kwiecie wieku pozostawiła królewskiego małżonka w nieutulonym żalu.

Katowice 19. 1 86

Kochana Aniu przepraszam, że tak długo nie dawałem znaku życia, ale miałem wiele zmartwień. Zmarła moja siostra w Katowicach piszę w dniu jej pogrzebu. Nieoczekiwanie dostałem nagrodę A. Jurzykowskiego w Stanach Zjednoczonych i odważam się polecieć do Nowego Jorku.

7 lutego

Odlatuję 25 stycznia – ale nie wiem nic jeszcze bo nie jestem zdrowy

Janek T

Nr 290

POLONIA

Przedruk wzbroniony

Made in Poland

Kartka księdza Twardowskiego do Anny Kamieńskiej z 1986 roku

obowiązkowymi zajęciami nie mam już sił. (...) Nieraz zaglądam do Twoich mądrych i uroczych wierszy – tyle wiąże mnie z Tobą wspomnień. Nie zapominaj o mnie, bo połączyła nas przed laty boża sprawa. (...) Janek Twardowski”.

Katowice, 19 stycznia 1986. „*Kochana Aniu, przepraszam, że tak długo nie dawałem znaku życia, ale miałem wiele zmartwień. Zmarła moja siostra w Katowicach, piszę w dniu jej pogrzebu. Nieoczekiwanie dostałem nagrodę A. Jurzykowskiego w Stanach Zjednoczonych. Odważam się polecieć do Nowego Jorku. (...) Odlatuję 25 stycznia, ale nie wiem nic jeszcze, bo nie jestem zdrowy. (...) Janek T.*”

Paweł Śpiewak, syn poetki, nie zna przyczyn, dla których przyjaźń księdza i matki osłabła. Zastanawia się: „Czy to nie było tak, że ksiądz był troszkę zazdrosny? Im mama robiła się bardziej religijna, tym więcej osób wokół niej krążyło. Przychodził ksiądz od sakrosongu, żeby mu coś napisała. Pracowała dla założonego przez dominikanina ojca Marcina Babraja miesięcznika »W drodze«, w którym pisał ojciec Jacek Salij. Pismo stało się dla niej bardzo ważnym punktem odniesienia, jeśli chodzi również o więzi ludzkie. Należała do kręgu ludzi, którzy spotykali się i mieli wewnętrzne seminaria o Biblii. Musiało to być coś w stylu walki o duszę – ma się czas dla tego albo dla tego. Może moja mama z tamtymi ludźmi związała się bardziej? Ale naprawdę o co poszło, to nie wiem. Ona była potwornie samotna, a pod koniec życia źle słyszała, wstydziła się tego, kontakt z nią był utrudniony. W każdym razie nie pamiętam księdza w otoczeniu mamy w ostatnim roku”.

Na początku maja 1986 roku Anna Kamieńska nagle zasłabła. Znajoma zawiozła ją do szpitala. Wyniki badań serca wypadły pomyślnie, wróciła więc do domu i tam zmarła 10 maja.

Kilka dni przed śmiercią napisała do księdza Jana ostatni list: „Warszawa. 30 kwietnia 1986. Kochany Janku! Bardzo Ci dziękuję za kartkę wysłaną z Poznania, a teraz jeszcze za piękny tomik pt. »Jan Twardowski na osiołku«. Tak może się czytać, bo małe »n« (na osiołku). Tomik czysty i prześwietlony jak okładka (nawet zjawa bez głowy nie razi). Wiesz, dawniej bardzo lubiłam czytać wiersze. Teraz – zniechęcona – już nie mogę czytać oprócz Twoich wierszy. Są i mądre, i piękne, i zabawne. Do każdego trzeba się uśmiechnąć inaczej. Dziękuję za każdy wiersz, powtarzam sobie wiele razy niektóre zwroty i cieszę się nimi. Pamiętam, jak czytaliśmy je razem".

Tomasz Sławiński, architekt, przyjaciel księdza, zanotował w swoim kalendarzu trzy dni po śmierci poetki: „Trzynasty maja. Czekałem u pana Tadeusza Olszewskiego, bo u księdza byli krewni zmarłej Anny Kamieńskiej. Podobno przewróciła się i umarła na miejscu. Ksiądz myślał o niej jak o poetce mądrej. Kiedyś bardziej się przyjaźnili, ale potem wszedł między nich ojciec Salij – żartuje ksiądz".

Wiersz ze słowami *„Śpieszmy się kochać ludzi / tak szybko odchodzą / zostaną po nich buty i telefon głuchy"*, który Jan Twardowski zadedykował Annie Kamieńskiej na początku lat siedemdziesiątych, stanie się przekleństwem poety. Trafi z nim na epitafia, nagrobki, pomniki, plakaty, billboardy, do kalendarzy i języka potocznego.

Twardowski będzie żartował z siebie po latach: *„Do zakrystii przyszła do mnie młoda dziewczyna i powiedziała stanowczo: »Proszę o ślub. Jak najszybciej«. Spojrzałem na nią podejrzliwie i zapytałem: »Skąd ten pośpiech?«. »Słyszał ksiądz to powiedzenie – Śpieszmy się kochać ludzi, tak szybko odchodzą? Śpieszę się, żeby mi nie uciekł«"*[219].

Do końca życia będzie się już tłumaczył, że nie napisał go po jej śmierci i że ona sama odpowiedziała mu swoim wierszem: „Nikogo nie zdążyłam kochać / choć tak się spieszyłam / jakbym musiała kochać tylko puste miejsca".

---

[219] Tenże, *Niecodziennik cały*, dz. cyt., s. 77.

„Tylko Bóg jest ważny"

13 grudnia 1981 roku czytano w kościołach Ewangelię według świętego Jana. „Człowiek imieniem Jan został posłany przez Boga. Przyszedł na świadectwo, aby świadczyć o światłości, aby przez niego wszyscy uwierzyli. On nie był światłością, ale [przyszedł], aby świadczyć o światłości"[220].

Nie wiadomo, co dokładnie Jan Twardowski powiedział tego dnia podczas kazania. Nigdy wcześniej nie nawiązywał w homiliach do polityki, na pewno było tak i tym razem.

Wszystkie kazania poety, niemal od samego początku, nagrywały siostry wizytki.

Siostra Nepomucena wspomina: „Najpierw nagrywała niewidoma siostra Regina, potem Małgorzata Maria. Podziwiałam zawsze tę niewidomą siostrę. Ona nic nie widziała, po operacji straciła wzrok. A była nauczycielką, jako świecka pani. Ona sobie palcem odgradzała linijkę, puszczała kasetę i tak prościutko pisała. Zatrzymywała kasetę, znowu sobie paluszkiem odgrodziła i dalej pisała. I nikt się nie domyślał, że była niewidoma".

Kasety do końca spisała późniejsza edytorka twórczości poety Aleksandra Iwanowska.

Kazania zostały potem opublikowane, ale nie są datowane. Można więc tylko przypuszczać, że w niedzielę, gdy wybuchł stan wojenny, ksiądz Jan mógł powiedzieć: *„Jan Chrzciciel jest takim wciąż aktualnym, wstrząsającym dowodem transcendencji Pana Boga. Bóg jest ponad wszystkim. (...) Wszystko jest nieważne, tylko Bóg jest ważny i to świadczenie o Bogu w świecie"*[221].

---

[220] *Pismo Święte. Stary i Nowy Testament*, red. ks. Michał Peter, ks. Marian Wolniewicz, Poznań 2007.

[221] Jan Twardowski, *„... Niech Cię wielbią, kochają i słyszą". Kazania i homilie. Wybór z lat 1975–1985*, wybór i red. Maria Piwocka, Warszawa 1999, s. 15.

Zaraz po mszy świętej przybiegł do księdza Tomasz Sławiński. Wspomina: „Ksiądz siedział i był ciekawy, co będzie dalej".

W trzecim dniu stanu wojennego przyjaciel Twardowskiego Wojciech Żukrowski wystąpił w telewizji. Zarzucono mu, że jednoznacznie poparł Wojciecha Jaruzelskiego. Pisarz się bronił, że nawoływał jedynie do spokoju. Po latach tłumaczył swoje wystąpienie w telewizji: „Znałem dobrze skutki »bratniej pomocy«. Jeśli ktoś pamięta powstanie w Budapeszcie i rozpacz Pragi pełnej czołgów, wie, o czym mówię. (...) Wkroczenie musiałoby się zakończyć bratobójczym rozlewem krwi. Przecież publikowane w prasie zachodniej fotografie z satelitów pokazywały koncentracje wojsk wokół naszych granic"[222].

Jednak wtedy środowisko solidarnościowe odwróciło się od pisarza. Zorganizowano bojkot jego książek i akcję podrzucania ich pod próg mieszkania. Akcja nie wypaliła. Na wycieraczce mieszkania Żukrowskich wylądowało zaledwie kilkanaście egzemplarzy.

Tomasz Sławiński mówi: „Żukrowski okropnie się przejął tym bojkotem i zaraz przyleciał do księdza Twardowskiego. Już nie pamiętam, co ksiądz mu powiedział, ale wiadomo było, że go nie odrzuci. Nigdy nie odtrącał nikogo. Uważał, że grzesznicy mają w sobie coś lepszego niż ci idealni. W doskonałości widział coś podejrzanego".

Józef Baran, poeta, znajomy księdza, w latach osiemdziesiątych zapytał go, czemu często gości u siebie w domu bojkotowanego Artura Sandauera, członka popierającej Wojciecha Jaruzelskiego Narodowej Rady Kultury. Twardowski odparł wówczas, że wśród dewotek i bigotów ksiądz katolicki nie ma nic do zrobienia i że jego miejsce jest wśród grzeszników.

Bywali u księdza w domu także ludzie z opozycji. Tomasz Sławiński minął się kiedyś w wejściu do mieszkania z chudym, młodym księdzem. „*To był Jerzy Popiełuszko*" – usłyszał od księdza Jana.

Maria Twardowska-Bielecka, krewna księdza, działaczka podziemia, w 1985 roku była przetrzymywana ponad rok w areszcie przy ulicy Rakowieckiej w Warszawie. W dniu jej zatrzymania radio podało, że do więzienia trafiła bratanica księdza Jana Twardowskiego, poety. Po wypuszczeniu przyszła odwiedzić księdza z mężem, także działaczem opozycji, Czesławem Bieleckim. Obiecała następnym razem przyprowadzić ze sobą Zbigniewa Bujaka.

Znajomą księdza była Marianna Borucka, historyk sztuki, teściowa Jacka Kuronia. Opowiedziała kiedyś poecie, jak rabusie zwrócili jej nienaruszoną, skradzioną wcześniej torebkę ze słowami: „No, jeśli ma pani tam w środku gazetki, to co innego".

---

[222] *Zauroczenie kobylim zadem. Rozmawiał Stefan Jurkowski*, „Przegląd Tygodniowy" 1996, nr 28, cyt. za: *Wojciech Żukrowski we wspomnieniach Córki i Przyjaciół*, red. Maciej Andrzej Zarębski, Warszawa 2009, s. 117.

Twardowski przyjaźnił się też z poetką Barbarą Sadowską, matką Grzegorza Przemyka. Znał wiersze jej syna, podobały mu się.

Tomasz Sławiński wspomina: „Ksiądz, sam niepraktyczny, nie potrafił pomagać praktycznie. Ale mimo to czasem wspinał się ponad to ograniczenie. Pamiętam, siedzieliśmy w kościele, gdy przyszedł posłaniec z kurii z kopertą. I ksiądz powiedział, że załatwił komuś przez prymasa operację w Szwecji. Po latach się dowiedziałem, że chodziło o Barbarę Sadowską". W 1986 roku ksiądz Jan odwiedzał umierającą na raka płuc poetkę w szpitalu w Otwocku.

Nie mówił publicznie o swoich sympatiach politycznych.

Aldona Kraus: „Podziwiał sztukę prowadzenia wojny u Józefa Piłsudskiego, był fanatykiem Solidarności, całym sercem za Wałęsą. Lubił i znał osobiście obu braci Kaczyńskich".

W jego wierszach trudno znaleźć ślad zaangażowania politycznego.

Tylko raz opowiedział się przeciwko komunizmowi. W 1982 roku napisał wiersz: *„Teraz się rodzi poezja religijna / co krok nawrócenia / lepiej nie mówić kogo nastraszył / buldog sumienia / ale Ty co świecisz w oczach jak w Ostrej Bramie / nie zapominaj / że pisząc wiersze byłem Ci wierny / w czasach Stalina"*[223].

Próbował czasem igrać z cenzurą. W 1983 roku pisał: *„znowu uśmiech jak osioł z pretensją do osła / cenzor który sam wpadł pod nożyczki"*[224]. Ten utwór pozwolono wydrukować w „Tygodniku Powszechnym". Ale już wiersz: *„baranku wielkanocny coś wybiegł czysty / z popiołu / prawda, że trzeba dostać pałą / by wierzyć znowu"*[225], został prewencyjnie usunięty.

Mówił po latach: *„Przypominam sobie z czasów stanu wojennego jeden z dyskretnych wieczorów poetyckich w Warszawie, kiedy mówiono wiersz* Matka Boska trzyma na kolanach zabitego robotnika. *Ale muszę powiedzieć, że ja nie potrafię takich wierszy pisać, choć bardzo szanuję poezję patriotyczną"*[226].

W połowie lat osiemdziesiątych tomik jego poezji *Rwane prosto z krzaka* ukazał się w podziemnym wydawnictwie związanym z kościołem na Żytniej, na warszawskiej Woli.

Orientował się doskonale w sytuacji politycznej. Nigdy nie opuszczał wieczornego *Dziennika telewizyjnego*, słuchał w radiu relacji z procesu zabójców księdza Popiełuszki, czytał gazety.

---

[223] Jan Twardowski, *Teraz*.

[224] Tenże, *Spójrz*.

[225] Tenże, *Baranku wielkanocny*.

[226] Fragment przemówienia Jana Twardowskiego z okazji otrzymania doktoratu *honoris causa* KUL 22 kwietnia 1999 roku, http://www.pan-ol.lublin.pl/biul_3/Tw.htm, dostęp: 13 października 2010.

Tomasz Sławiński w marcu 1985 roku, po cotygodniowej wizycie w kapelanii, zanotował w swoim dzienniku: „Ksiądz martwi się stagnacją polityczną. Powiedziałem, że przyjdzie coś, kiedy będziemy się tego najmniej spodziewać. »*Jak miłość*« – powiedział ksiądz".

Nie chciał być wykorzystywany przez władze. Tuż przed wybuchem stanu wojennego telewizja nakręciła o nim program. Miał być pokazany w Wigilię 1981 roku. Odwołał. Gdy program miał być wznowiony, ksiądz pojechał do telewizji z adwokatem.

Kiedy w czerwcu 1982 roku radio wyemitowało o nim audycję, opublikował na łamach „Tygodnika Powszechnego" (1982, nr 24) wyjaśnienie: „*Uprzejmie informuję, że nie byłem powiadomiony i nie udzieliłem zgody na zapowiedzianą w Prasie i Radio audycję* Poezja i muzyka: wiersze Jana Twardowskiego".

W lutym 1987 roku w telewizji ukazał się program z profesorem Adamem Łopatką, szefem Urzędu do spraw Wyznań. Jego wypowiedzi przepleciono wierszami Jana Twardowskiego. Maria Kędzierska, studentka, bliska znajoma księdza, zanotowała wtedy w dzienniku: „bardzo zaniepokojony wczorajszym wywiadem. Nie może spać, biedak. Chce napisać sprostowanie w prasie".

Akceptował programy telewizyjne, w których nim nie manipulowano.

Tomasz Sławiński w październiku 1988 roku zapisał: „U księdza. Program w telewizji. Wiersze z Krakowa w reżyserii Szlachtycza. Wystąpili Jerzy Radziwiłowicz, Anna Dymna (...). W tle muzyka jazzowa i przyszpilone owady. Księdzu, nam, Czesławowi i Tadeuszowi bardzo się to podobało".

Jednak nie przyjmował państwowych nagród.

W czerwcu 1984 roku dziennik „Express" opublikował informację, że ksiądz Twardowski otrzymał nagrodę Funduszu Literatury, przyznaną przez Ministerstwo Kultury i Sztuki.

To był dla poety duży kłopot. Maria Kędzierska pisała w dzienniku: „Takie zmartwienie na same imieniny. (...) on przecież nie może jej przyjąć. »*Przecież moje wiersze nie są ugodowe, są o miłości*«. (...) martwiliśmy się wspólnie, co zrobić z nagrodą".

W końcu zdecydował się dać ogłoszenie do „Tygodnika Powszechnego" (wydanie z 1 lipca 1984): „*Dowiedziałem się z prasy, że udzielono mi nagrody z Funduszu Literatury. Bardzo dziękuję za wyróżnienie, ale nagrody nie przyjmuję*".

Jeszcze w czerwcu 1989 roku zamieścił ogłoszenie: „*Dowiedziałem się z prasy, że przyznano mi jedną z wielu nagród Prezesa Rady Ministrów za moje książki dla dzieci. Jestem bardzo zaszczycony tak poważnym wyróżnieniem. Jednak informuję, że wysłannikowi jury konkursowego, który był łaskaw powiadomić mnie o tym, że mogę taką nagrodę otrzymać, powiedziałem, że nie chciałbym być nagradzany. Proszę się za to na mnie nie gniewać*" („Gazeta Wyborcza", 7 czerwca 1989).

54617

Poeta

23 listopada 1987 rok. „Tajne. Specjalnego znaczenia. Nr ewidencyjny 54617. Kwestionariusz.

Część I. Personalia.

Imię: Jan. Nazwisko: Twardowski.

(...)

Zawód wyuczony: duchowny. Wykonywany: rektor.

(...)

Stan rodzinny: kawaler. Dzieci: nie dotyczy.

Bliższa rodzina zamieszkała w kraju: brak danych.

Bliższa rodzina zamieszkała za granicą: brak danych.

(...)

Znajomość języków obcych: francuski, łacina.

Zainteresowania osobiste: literatura, poezja.

Walory osobiste i cechy ujemne: Inteligentny, spokojny, opanowany, posiada uzdolnienia literackie, interesuje się poezją, muzyką poważną.

(...)

Czy kandydat był opracowywany bądź rozpracowywany: nie był.

Czy i kiedy współpracował z organami wywiadu lub kontrwywiadu (naszego lub obcymi): nie współpracował.

(...)

Ocena osobistego zetknięcia się z kandydatem do pozyskania: w/w jest pozytywnie ustosunkowany do obecnej rzeczywistości. Z uwagi na swoje uzdolnienia literackie i posiadane zdolności w tym kierunku jest bardzo inteligentny, oczytany. Do pracownika SB odnosi się z dużym szacunkiem.

Część II. Uzasadnienie pozyskania do współpracy.

Cel pozyskania: Operacyjne zabezpieczenie dopływu informacji w zakresie problematyki pionu IV o wrogiej i szkodliwej działalności kleru i poszczególnych osób z hierarchii kościelnej.

Operacyjne możliwości kandydata: Wymieniony pełni funkcję rektora, oraz dodatkowo wykłada na WSD. Z racji pełnienia tych funkcji ma kontakty z księżmi. Posiada także liczne kontakty wśród osób interesujących się kulturą sakralną.

Motywy pozyskania: Wymieniony reprezentuje krytyczny stosunek do postanowień i polityki hierarchii kościelnej. Do obecnej rzeczywistości posiada stosunek pozytywny.

Sposób realizacji pozyskania: Podczas odbywania spotkań.

Część III. Rezultat pozyskania.

W dniu 16 listopada 1987 roku w miejscu zamieszkania t.w. przeprowadziłem rozmowę werbunkową z wytypowanym kandydatem w wyniku której:

1. Potwierdziłem cel pozyskania do współpracy: Wymieniony był pozyskiwany do współpracy stopniowo, podczas odbywania rozmów na interesujące nas tematy. W toku rozmów udzielał informacji na tematy interesujące naszą służbę. Podczas rozmowy w dniu 16 listopada 87 r. potwierdzono przydatność wymienionego do współpracy z SB.

2. Uzyskałem w czasie rozmowy następujące informacje: Ocena środowiska dotycząca aktualnej sytuacji społeczno politycznej. Sytuacja w Wyższym Seminarium Duchownym. Działalność duszpasterstwa środowisk twórczych prowadzona przez księdza Niewęgłowskiego.

3. Forma zaangażowania do współpracy: Zobowiązania nie pobrano. W kontaktowaniu się ze mną będzie posługiwał się pseudonimem Poeta.

(...)

5. Krótko opisać omówione z tajnym współpracownikiem warunki współpracy: Spotkania będą się odbywały przeciętnie raz w miesiącu, lub częściej jeśli będą takie potrzeby operacyjne. Wynagrodzenia za współpracę nie omawiano. Będzie wynagradzany prezentami okolicznościowymi.

(...)

7. Biorąc powyższe pod uwagę proszę o zatwierdzenie w/w jako tajnego współpracownika i zarejestrowanie go w ewidencji.

Kpt. Grzegorz E."

„Zamykać drzwi po ostatniej mszy”

Drugą teczkę księdza Jana Twardowskiego Instytut Pamięci Narodowej udostępnił mi niemal w rok po złożeniu podania. Zielone okładki, formularze i druki na złej jakości papierze, maszynopisy, notatki odręczne.

Po raz pierwszy podporucznik Grzegorz E., starszy inspektor Wydziału IV Komendy Stołecznej Milicji Obywatelskiej, odwiedził rektora Wizytek 24 października 1980 roku.

Wydział IV podlegał administracyjnie Departamentowi IV Ministerstwa Spraw Wewnętrznych, wchodzącemu w skład Służby Bezpieczeństwa. Pracownicy Departamentu IV zajmowali się wszelką działalnością Kościoła katolickiego i innych wyznań w Polsce. W Wydziale IV analizowano i tworzono prognozy dla kierownictw MSW i PZPR i przeprowadzano sondaże wśród duchownych.

Tego dnia podporucznik E. spotkał księdza Twardowskiego na dziedzińcu kościoła. Przedstawił się, poprosił o rozmowę, ksiądz zaprosił go do ogrodu. W kraju trwała właśnie peregrynacja obrazu Matki Bożej. 26 października obraz miał się zatrzymać w kościele Sióstr Wizytek. E. napisał w raporcie: „Wyjaśniłem ks. JT, że władzom zależy na tym aby uroczystość peregrynacji obrazu MB przebiegała w duchu religijnym oraz w spokoju bez naruszania porozumień, które zostały w tej kwestii zawarte. Dlatego też zwracam się do niego z prośbą, by zwrócił uwagę na sprawy porządkowe tzn. aby zabezpieczył w sposób należyty dojście do mikrofonów tak aby osoby niepowołane nie mogły z nich skorzystać, oraz uczulił cały swój personel na ewentualny kolportaż ulotek propagowanych przez grupy antysocjalistyczne. (...) Ks. JT był zdania, że podczas uroczystości w jego obiekcie nie będzie tego typu wydarzeń z uwagi, że placówka ta nie ma jakiegoś centralnego znaczenia, ale podkreślił, że uwagi moje zostaną przez niego potraktowane poważnie (...). Dziękując ks. JT za te informacje poprosiłem go, by mój fakt bytności u niego i naszej rozmowy pozostał między nami, ponieważ nie należy wzbudzać zbędnych sensacji. Powtórzyłem jeszcze raz swoje nazwisko, pytając go, czy jeśli będę widział taką potrzebę to czy będę mógł go odwiedzić. Otrzymałem odpowiedź twierdzącą, z tym że ks. JT zaznaczył, że najłatwiej jest go zastać w kancelarii zawsze przed południem. Na tym rozmowę zakończono.

Uwagi – Z przebiegu rozmowy wnioskuję, że z ks. JT należy rozpocząć trwały dialog operacyjny zmierzający do pozyskania. W trakcie rozmowy nie był on usztywniony, rozmawiał dość chętnie (...)”.

Kolejną wizytę funkcjonariusz SB złożył księdzu Janowi na początku maja 1982 roku. „Rozmówcę zastałem w mieszkaniu, do którego jednak mnie nie zaprosił w związku z czym rozmowę prowadziliśmy na ławce w ogrodzie przyklasztornym”.

E. prosił Twardowskiego o zamykanie drzwi kościoła po mszy świętej o godzinie osiemnastej. „Następnie przestrzegłem go aby w wypadku próby zamawiania mszy św. której intencje miałyby mieć charakter polityczny, nie przyjmował tego rodzaju intencji, gdyż tego rodzaju nabożeństwa są wykorzystywane do organizacji demonstracji ulicznych. (...) W dalszej części rozmowy ks. T przedstawił pogląd, że zamieszki uliczne wywołane przez młodzież, były zupełnie niepotrzebne i nie służą pokojowi społecznemu. (...) Wyraziłem ze swej strony zadowolenie, że przejawia on tak patriotyczną postawę i przypuszczenie, że nadal będzie reprezentował tę linię".

Podporucznik SB pochwalił się księdzu, że wiele słyszał o twórczości Twardowskiego: „Temat ten sprawił mu wyraźną radość i jednocześnie jakby zakłopotanie. Wyraził też zdziwienie, że się interesuję tymi sprawami. Powiedział, że faktycznie od wielu lat amatorsko pisze wiersze, których tematyka jest związana z religią".

Na początku listopada 1982 roku Grzegorz E. chciał uczulić rektora Wizytek na przewidywane „zaburzenia porządku publicznego" w rejonie Krakowskiego Przedmieścia w związku z rocznicą 11 listopada. Zanotował: „Poprzednio dialog prowadziliśmy w ogrodzie przyklasztornym, gdyż ksiądz T. nie zapraszał mnie ani do kancelarii czy mieszkania. Obecnie zaprosił mnie do swego mieszkania, które znajduje się w głębi podwórza za klasztorem. W rozmowie wyjaśnił, że będzie się starał aby we wszystkich kazaniach głoszonych do dnia 10 listopada zawrzeć myśl o konieczności zachowania spokoju społecznego, czego zresztą nie omija nigdy, bo takie stanowisko reprezentuje również Episkopat Polski".

Trwał stan wojenny. Ludzie układali w całej Polsce przed kościołami, na znak protestu, krzyże z kwiatów i symbole Polski Walczącej. W Warszawie najpopularniejszym miejscem był plac Zwycięstwa – pierwszy kwietny krzyż pojawił się tam w połowie kwietnia 1982 roku. Milicja niszczyła kwiaty nocą, rano ludzie układali krzyż od nowa. W końcu zdesperowane władze, pod pretekstem remontu nawierzchni, ogrodziły plac płotem. Krzyże z kwiatów zaczęły się więc pojawiać w innych miejscach stolicy, między innymi pod kościołem Świętej Anny i Wizytek. Ksiądz Twardowski nie był z tego zadowolony.

W listopadzie 1982 roku esbek zanotował: „Ks T. powiedział, że krzyż kwietny znajdujący się przed klasztorem ss wizytek, jest mu bardzo nie na rękę jak i zresztą samym siostrom. Gromadzą się tu ludzie, dochodzi do różnych zakłóceń porządku co ujemnie wpływa na ocenę całego klasztoru w oczach władz, choć ani zakonnice ani on nic z tym krzyżem nie mają wspólnego. Wiadomo jest mu, że w tym miejscu ma w przyszłości stanąć pomnik zmarłego kard. Wyszyńskiego, ale absolutnie nikt u niego nie był w tej sprawie i nie zamierza się w ogóle w tę sprawę wtrącać. Podkreślił, że jest całkowicie przeciwny tego rodzaju krzyżom kwietnym i nic nie miałby przeciwko, abyśmy ten krzyż usunęli.

Dodał, że podobny krzyż władze zlikwidowały na placu Szembeka i sprawa przestała istnieć".

Podporucznik Grzegorz E. ustalił z księdzem Janem, że 10 listopada po ostatniej mszy świętej o godzinie siedemnastej drzwi kościoła i brama klasztoru zostaną zamknięte, a kościelny spędzi późny wieczór na terenie klasztoru i będzie pilnował, żeby nikt niepowołany nie przeskoczył przez mur do środka.

„Na zakończenie podziękowałem ks. T za właściwe podejście do problemu, jak również wyraziłem pogląd, że w przyszłości być może nie będziemy musieli rozmawiać o tak przykrych sprawach".

E. zanotował w uwagach: „Ks T. jest bardzo układny w rozmowie. Nie ma uprzedzeń do dialogu z pracownikiem SB. Jednak z uwagi na wiek, stan zdrowia, nadaje się jedynie do doraźnego wykorzystania w zależności od potrzeb".

Przez kilka kolejnych lat Grzegorz E., który z czasem awansuje na stopień kapitana, przychodzi do księdza Jana przed 1 maja, choć bywają przerwy w ich kontakcie. Podczas spotkań prosi księdza o pilnowanie porządku wokół kościoła.

W czerwcu 1983 roku do Polski z pielgrzymką miał przyjechać papież Jan Paweł II. Funkcjonariusz SB próbował dowiedzieć się od księdza Jana Twardowskiego, jak będzie przebiegała organizacja pielgrzymki. Wyszedł rozczarowany. Napisał w raporcie: „Powiedział, że nie jest zaangażowany w sprawy organizacyjne (...). Nie będzie także uczestniczyć w nabożeństwie na stadionie X-lecia, bo nie może zostawić kościoła bez księdza. (...) Nie był zorientowany, który z księży jest odpowiedzialny za zabezpieczenie porządkowe trasy przejazdu na wysokości kościoła Wizytek i jakie dekanaty będą usytuowane w tym rejonie. Ks. JT wyraził przekonanie, że wizyta Ojca Świętego będzie przebiegała w duchu religijnym i nie zostanie zakłócona żadnymi ekscesami. Uważa także, że autorytet Ojca Św. i słowa przez niego wypowiedziane przyczynią się być może do utrwalenia sytuacji normalizacji politycznej w kraju".

Po każdej wizycie Grzegorz E. informował przełożonych, że stan zdrowia i mała aktywność księdza Jana sprawiają, że nie jest on ciekawy dla SB „pod względem wykorzystania".

Rejestracja

Najdłuższą rozmowę ksiądz z esbekiem odbyli w połowie listopada 1987 roku. Jan Twardowski przyjął E. w swoim mieszkaniu. Zaczęli niezobowiązująco. A to ksiądz opowiedział o historii klasztoru i zakonnicach, a to funkcjonariusz zachwycił się architekturą całego kompleksu. To znów ksiądz opowiedział gościowi o swojej pracy w Wyższym Seminarium Duchownym i przeprowadzce alumnów, jaka miała wkrótce nastąpić. „Do kościoła seminaryjnego zostanie przeniesione duszpasterstwo środowisk twórczych prowadzone przez ks. Niewęgłowskiego w kościele Nawiedzenia NMP przy ul. Przyrynek 2".

Esbek zapytał Jana Twardowskiego o stosunek do księdza Wiesława Niewęgłowskiego. „Rozmówca, mimo że para się poezją nigdy nie był proszony przez ks. Niewęgłowskiego na spotkanie w tym środowisku, co podkreślił z widocznym żalem".

Byli już może w połowie herbaty, gdy kapitan E. zapytał gospodarza o aktualne przemiany w kraju, „podkreślając ważną rolę jaką w tych wydarzeniach może odegrać Kościół".

Zanotował: „Kościół na pewno zajmie jakieś stanowisko i on osobiście [ksiądz Twardowski] liczy, że będzie to stanowisko poparcia dla władz. Jest zdania, że obecne bardzo dobre stosunki między państwem a Kościołem nie miały miejsca w historii powojennej".

Kapłan zwrócił uwagę funkcjonariuszowi na ciężki los ludzi najuboższych, rencistów i emerytów, którym żyje się bardzo ciężko. Reformy są konieczne, bo sytuacja gospodarcza jest bardzo zła. Widzi to szczególnie gdy odwiedza chorych w szpitalach.

Rozmawiali też o działaniach opozycji. „Jeśli chodzi o jego stosunek do działań opozycji, to osobiście uważa tych ludzi za całkowicie przegranych i potępia niektórych księży, którzy w różny sposób wiążą się z działalnością przez nich propagowaną. Uważa wręcz, że tacy księża szkodzą interesowi Kościoła i opóźniają termin pełnego porozumienia pomiędzy władzą a Kościołem".

Zapewne kapitan Grzegorz E. wkładał już płaszcz i żegnał się, gdy powiedział na koniec do księdza Jana: „że jego postawa świadczy o dużym zrozumieniu obecnej sytuacji i gdyby wszyscy księża reprezentowali taką postawę, to wszystkie trudne sprawy utrudniające dialog, dałoby się załatwić znacznie szybciej. (...) Dlatego też chciałbym te nasze spotkania uaktywnić – zapisał w raporcie – gdyż uważam, że taka wymiana myśli jak to miało miejsce w dniu dzisiejszym jest bardzo pożyteczna dla obu stron".

Ksiądz Jan miał powiedzieć, że nie widzi przeszkód i może się spotykać częściej. Jednak nie jest już zbyt aktywny w swoim środowisku. Woli posiedzieć w domu i pisać wiersze. Czasem wręcz unika kontaktów i nie odbiera telefonów. A od księży woli osoby świeckie.

Przełożeni byli zadowoleni z pracy kapitana E. Ktoś dopisał na pierwszej stronie raportu: „Ks. JT byłby dla nas cenną jednostką z uwagi na Duszpasterstwo Środowisk Twórczych i x. N. Proszę dobrze się przygotować do spotkania grudniowego i pamiętać o prezencie. W zależności od przebiegu tego, widzę możliwość rejestracji jeszcze w tym roku. Rozmowę oceniam bardzo wysoko". Podpis nieczytelny.

Tydzień po wizycie u księdza Twardowskiego kapitan E. wkręcił w maszynę do pisania kartkę papieru i wystukał: „Wnoszę o zarejestrowanie w charakterze tajnego współpracownika Jana Twardowskiego. (...) Pozyskanie księdza Jana ma charakter długofalowy, stopniowy, na zasadzie wiązania go ze Służbą Bezpieczeństwa. Po zarejestrowaniu go w charakterze t.w. zostanie opracowany plan wykorzystania w/w jako t.w. oraz dalszego wiązania go z SB".

Jan Twardowski został zarejestrowany pod pseudonimem Poeta, otrzymał numer ewidencyjny 54617.

Plan wykorzystania księdza Jana został zatwierdzony dopiero w kwietniu 1988 roku.

Pierwszy raport ze spotkania t.w. Poeta z kapitanem E. pochodzi z połowy maja 1988 roku. Ksiądz opowiedział funkcjonariuszowi, że ksiądz Wiesław Niewęgłowski nie jest zadowolony z przenosin do kościoła seminaryjnego. „Jest tutaj ograniczony, nie ma takiej swobody jak na Przyrynku. Planowane uroczystości i spotkania musi uzgadniać, liczyć się z innymi. Na Przyrynku to on dyktował warunki i robił właściwie co chciał".

Esbek zanotował też, że Poeta poinformował go o spokoju w okolicy kościoła w pierwszych dniach maja, że fale strajków w kraju interesują alumnów seminarium, wśród nich niektórzy są bardziej podatni na informacje z drugiego obiegu.

„Innych informacji nie uzyskano. Zadanie: Zbierać informacje dotyczące zbliżających się wyborów, o wszelkich negatywnych przejawach informować na bieżąco".

„Odmawiał kontaktu z pracownikiem"

Nie spotkali się więcej. A przynajmniej brak w teczce raportów na ten temat. W połowie sierpnia 1989 roku Grzegorz E. napisał: „W stosunku do okresu dotyczącego ostatniej charakterystyki w jego sprawach zawodowych nie zaszły istotne zmiany. Pogorszył się natomiast stan jego zdrowia co znacznie ograniczyło jego życie zawodowe, kontakty i możliwości operacyjne. Spotkania z t.w. odbywały się w jego mieszkaniu prywatnym. T.w. nie był wynagradzany ani nie otrzymywał prezentów okolicznościowych. Informacje przez niego przekazane miały charakter bardzo ogólny".

21 sierpnia 1989 roku kapitan Grzegorz E. czarnym atramentem, w kwestionariuszu nr 54617, wypełnił rubrykę Część IV. Postanowienie o rozwiązaniu współpracy. Powód rozwiązania współpracy: „W 1988 znacznie pogorszył się stan zdrowia t.w. Poeta. Z tego względu t.w. odmawiał kontaktu z pracownikiem. W związku z powyższym postanowiono: zakończyć współpracę z t.w. Poeta i materiały złożyć w archiwum Wydziału C Stołecznego Urzędu Spraw Wewnętrznych".

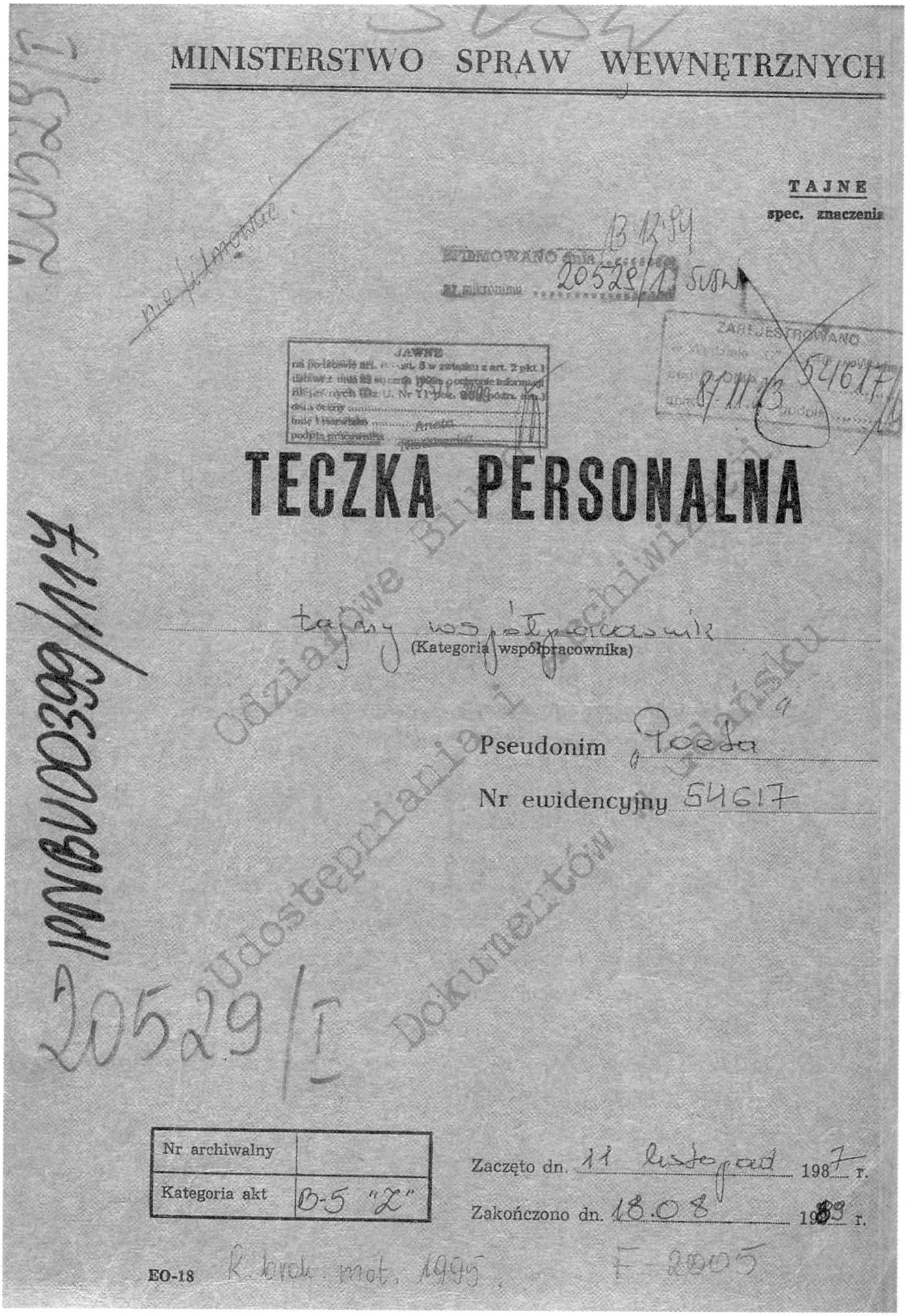
MINISTERSTWO SPRAW WEWNĘTRZNYCH

TAJNE
spec. znaczenia

TECZKA PERSONALNA

tajny współpracownik
(Kategoria współpracownika)

Pseudonim „Poeta"

Nr ewidencyjny 54617

Nr archiwalny	
Kategoria akt	B-5 "Z"

Zaczęto dn. 11 listopad 1987 r.

Zakończono dn. 18.08 1989 r.

EO-18

Teczka księdza Jana Twardowskiego z Instytutu Pamięci Narodowej, sygn. IPN BU00399/117

nr ew. 54617.

SPIS ZAWARTOŚCI

teczki, [illegible] pers. tw. „Poeta" 1

Lp.	~~Nr ewidencyjny rysunku, mapy, szkicu, schematu itp.~~	Nazwa rysunku, mapy, szkicu, schematu itp. oraz symbol	~~Ilość arkuszy~~	Uwagi
1	nazwa dokumentu	data 3	str.	5
1.	Kwestionariusz osobowy	1987r. 11. 23	1-(8)	czysta strona
2.	Karta E-15	16. 11. 1987	9	
3.	Raport	1987. 11. 23	10-11	
4.	Notatka służbowa	1980. 28. 10	12	
5.	Notatka służbowa	1982. 15. 11	13-15	
6.	Notatka służbowa	1982r. 05 11	16	
7.	Notatka służbowa	1983r. 05. 06	17	
8.	Notatka służbowa	1983r. 06. 10	18	
9.	Notatka służbowa	1986r. 04. 28	19	
10.	Notatka służbowa	1986r. 11. 16	20-24	
11	Arkusz kontroli	bez daty	25	czysty druk
12.	Arkusz wypłat i świadczeń	bez daty	26	czysty druk
13	Charakterystyka	1988.04.06	27	
14.	Plan wykorzystania t.w.	1988.04.06.	28	

Wkt-114 Wyd. Akcyd. Olsztyn zam. 864/DW
OZGraf. ZP. Ostróda zam. 664 n. 212000

3/1

1 3

TAJNE
spec. znaczenia

Nr ewidencyjny 54617

ZAREJESTROWANO ... pod Nr ... 87/1123/54617/88 ... podpis

KWESTIONARIUSZ

CZĘŚĆ I

PERSONALIA

1. Nazwisko Twardowski
(w wypadku zmiany nazwiska – podać w nawiasie poprzednio używane)
Imię (imiona) Jan
2. Imiona rodziców Jan, Aniela Kondecka
(nazwisko panieńskie matki)
3. Data urodzenia 1.04.1915 4. Miejsce urodzenia Warszawa
5. Narodowość Polska 6. Obywatelstwo polskie
7. Rysopis: wzrost 170 cm oczy niebieskie włosy siwe
znaki lub cechy szczególne brak
8. Wykształcenie wyższe
9. Zawód: wyuczony duchowny wykonywany rektor
10. Wykształcenie specjalne Wydz. Teologii Uniw. W-ski
11. Służba wojskowa
(kategoria, spec. wojskowa, nr ks. wojsk., stopień wojskowy)
12. Nr dowodu osobistego i przez kogo wydany
13. Miejsce pracy, zajmowane stanowisko, tel. służbowy rektor k-ła ss. Wizytek W-wa, ul. Krakowskie Przedmieście

CZĘŚĆ III

REZULTAT POZYSKANIA

W dniu 16. listopada 1987r. w miejscu zamieszkania t.w.
(określić miejsce)

przeprowadziłem rozmowę werbunkową z wytypowanym kandydatem, w wyniku której:

1. Potwierdziłem *) cel pozyskania do współpracy
(podać krótko rezultat)

Wym. był pozyskiwany do współpracy stopniowo, podczas odbywania rozmów na interesujące nas tematy. W toku rozmów uzyskano informacji na tematy interesujące naszej Służby.
Podczas rozmowy w dniu 16.11.87r. potwierdził gotowość swoją do współpracy z S.B.

2. Uzyskałem w czasie rozmowy następujące informacje ocena środowiska dot. aktualnej sytuacji społ.-polit. Sytuacja w U.S.D. Działalność duszp. środow. twórczych prowadzonego przez x. Niewęgłowskiego.

*) W przypadku nie pozyskania t. w. do współpracy — wyjaśnić to w punkcie 9-tym tej części.

6 8

CZĘŚĆ IV

POSTANOWIENIE O ~~OKRESOWYM ZAWIESZENIU, PRZEKAZANIU LUB~~ ROZWIĄZANIU WSPÓŁPRACY *

T.w. ps. Poeta Nr ewidencji 54617

1. Powód ~~zawieszenia~~, ~~przekazania lub~~ rozwiązania współpracy *) W 1988 r. znacznie pogorszył się stan zdrowia t.w. ps. „Poety". Z tego względu tw. odmawiał kontaktu z pracownikiem.

*) Niepotrzebne skreślić

"Zatwierdzam"

Warszawa, dnia 1987-11-23

Tajne spec. znaczenia

egz. poj.

ZAREJESTROWANO w Wydziale „C" KS MO w W-wie pod Nr OMA 54617 dnia 87.11.23 podpis

ZASTĘPCA NACZELNIKA WYDZIAŁU IV SUSW w Warszawie 87.11.23

Naczelnik Wydziału IV
Stołecznego Urzędu Spraw Wewnętrznych

w/m

Raport

Wnoszę o zarejestrowanie w charakterze tajnego współpracownika n/w:

Ks. Jan Twardowski ur. 1.04.1915 rok W-wa.
s. Jana Anieli Konderskiej.
Poch. społ. inteligenckie, obywatelstwo polskie.
Wykszt. WSD i wydz. teologii UW.
Rektor k-ła SS Wizytek.

Kontakt z ks. Janem Twardowskim utrzymuje od 1980 roku. Podstawą do nawiązania kontaktu była sprawa wykorzystywania k-ła SS Wizytek przez osoby związane z opozycją polityczną, w okresie działania b. związku "Solidarność". W trakcie rozmów stawiano przed w/w sprawę niedopuszczania osób niepowołanych, do wykorzystywaniu tego obiektu do celów politycznych. Do propozycji Służby Bezpieczeństwa ks. Twardowski, jako rektor kościoła odniósł się pozytywnie. Na prośbę pracownika zamykał obiekt po ostatnim nabożeństwie, uniemożliwiając tym samym wykorzystanie obiektu przez osoby niepowołane, co miało istotne znaczenie w okresie naruszeń ładu i porządku jakie miały miejsce w rejonie tzw. szlaku królewskiego.

W trakcie prowadzonych rozmów ks. Jan Twardowski dał się poznać jako lojalny ksiądz, pozytywnie ustosunkowany do obecnej rzeczywistości. Był zdecydowanie przeciwny wykorzystywaniu kościoła do celów politycznych. Krytykował księży głoszących kazania o treści politycznej jak też utrzymujących kontakty z

-2-

działaczami związku "Solidarność".
W trakcie prowadzonych rozmów udzielał informacji ogólnych dotyczących obecnej sytuacji społeczno-politycznej w kraju jak też związanych z różnymi inicjatywami kościoła.
Spotkania odbywały się w miejscu zamieszkania rozmówcy. Nie stwierdzono dekonspiracji prowadzonych rozmów.
W/w jest osobą na wysokim poziomie intelektualnym. Interesuje się poezją, jest także wykładowcą języka polskiego w Wyższym Seminarium Duchownym. Biegle włada językiem francuskim.
Jako tajny współpracownik może być wykorzystywany do zabezpieczenia dopływu informacji o planowanych imprezach k-lnych w rejonie szlaku królewskiego, z terenu WSD jak też dotyczących duszpasterstwa środowisk twórczych prowadzonego przez ks. W. Niewęgłowskiego.
Pozyskanie ks. Jana Twardowskiego ma charakter długofalowy, stopniowy, na zasadzie wiązania do ze Służbą Bezpieczeństwa.
Po zarejestrowaniu w charakterze t.w. zostanie opracowany plan wykorzystania w/w jako t.w. oraz dalszego wiązania go ze Służbą Bezpieczeństwa.

st.insp. Wydz. IV. SUSW

kpt. [redacted]

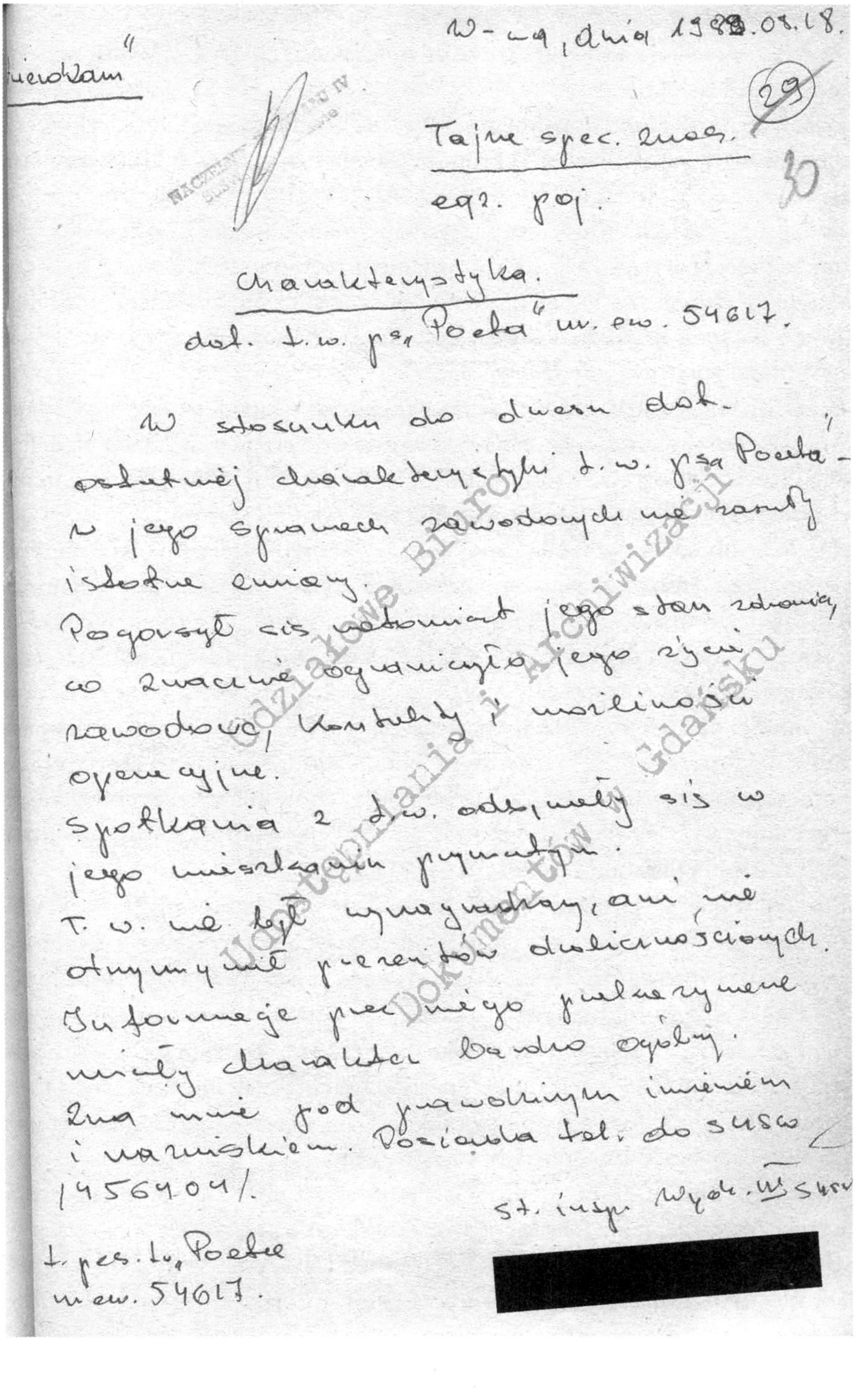

...ierowkam"

NACZELNIK ... U IV ... SUSW ...

W-wa, dnia 1988.08.18.

29

30

Tajne spec. znacz.

egz. poj.

Charakterystyka.

dot. t.w. ps. „Poeta" nr ew. 54617.

W stosunku do chwili dot. ostatniej charakterystyki t.w. ps. „Poeta" w jego sprawach zawodowych nie zaszły istotne zmiany. Pogorszył się natomiast jego stan zdrowia, co znacznie ograniczyło jego życie zawodowe, kontakty i możliwości operacyjne. Spotkania z t.w. odbywały się w jego mieszkaniu prywatnym. T.w. nie był wynagradzany, ani nie otrzymywał prezentów okolicznościowych. Informacje przez niego przekazywane miały charakter bardzo ogólny. Zna mnie pod prawdziwym imieniem i nazwiskiem. Posiada tel. do SUSW /456404/.

St. insp. Wydz. III SUSW

t. ps. t.w. „Poeta" nr ew. 54617.

[redacted]

Wyśrubowane normy w SB

Pokazuję teczkę Poety profesorowi Wojciechowi Polakowi, historykowi i politologowi z Wydziału Politologii i Studiów Międzynarodowych Uniwersytetu Mikołaja Kopernika w Toruniu.

Po lekturze dokumentów jest przekonany, że ksiądz Jan Twardowski nie miał zielonego pojęcia o rejestracji. „Moim zdaniem zrobiono to bez jego wiedzy i zgody – mówi. – To typowe. Esbek przychodził, a on nie miał odwagi go pogonić. Zależało mu na spokoju. Jednak żaden dokument w teczce nie świadczy o świadomej współpracy księdza z bezpieką".

Profesor Polak badał wcześniej przypadek toruńskiego jezuity ojca Władysława Wołoszyna, odważnego kapłana związanego z opozycją w latach siedemdziesiątych i osiemdziesiątych, któremu esbek nadał pseudonim Myśliciel i zarejestrował, bez jego wiedzy, jako tajnego współpracownika.

„Historie obu duchownych są analogiczne – mówi Wojciech Polak. – Spotykali się i rozmawiali z funkcjonariuszami na ogólne tematy, tak jakby podtrzymywanie kontaktów z SB miało zapewnić parasol ochronny nad kościołem Wizytek księdza Twardowskiego i duszpasterstwem ojca Wołoszyna. Trudna jest kwestia oceny moralnej takiego postępowania. Należę do pokolenia wychowanego na *Małym konspiratorze*, działałem w NZS, także podziemnym, i tego typu spotkania były dla mnie niedopuszczalne. Starsze pokolenie miało jednak na to inne spojrzenie. Uważano, że można rozmawiać z każdym dla zachowania wyższych wartości".

Pytam, po co w ogóle zakładano teczki tajnych współpracowników ludziom, którzy nie zamierzali nimi zostać.

Profesor Polak wyjaśnia, że mogło to wynikać z wyśrubowanych norm w Służbie Bezpieczeństwa. W połowie lat osiemdziesiątych każdy oficer z Wydziału IV miał obowiązek prowadzić dwunastu, a nawet czternastu tajnych współpracowników. Funkcjonariusze byli rozliczani ze swojej pracy podczas zebrań kwartalnych, gdzie ustalano plany pracy zakładające czasem konieczność zwerbowania jednego agenta przez jednego funkcjonariusza raz na trzy miesiące. Było to zadanie często niewykonalne. Z tego powodu kapłana, który w ogóle chciał porozmawiać o czymkolwiek z oficerem SB, rejestrowano jako t.w. z adnotacją „pozyskanie księdza ma charakter długofalowy, stopniowy, na zasadzie wiązania go ze Służbą Bezpieczeństwa", jak z księdzem Twardowskim.

„Ile było przypadków rejestracji księdza bez wiedzy i zgody? Nie wiem. Spotkałem się chyba z dziesięcioma" – mówi profesor Polak.

Docieram do księdza, który uczestniczył w pracach kościelnej komisji historycznej badającej teczki duchownych. Przypomina sobie: „Esbeka E. pamiętam z innych teczek. On miał takie same metody pracy nad każdym księdzem. To zręczny konfabulator, typ tak zwanego dobrego esbeka".

E.

W pierwszej wersji rozdziału o księdzu i esbeku zapisałam pełne nazwisko kapitana Grzegorza E. Ale potem, nie mając właściwie już na to nadziei, dostałam wiadomość, że archiwiści IPN odnaleźli jego teczkę.

Mam więc przed sobą przybrudzone, zielone okładki akt osobowych nr 260606 obywatela Grzegorza E., syna Piotra, urodzonego w 1950 roku, młodszego od księdza Jana o trzydzieści pięć lat. A w nich sto pięćdziesiąt jeden stron dokumentów, dwie fotografie legitymacyjne, z których patrzy młody człowiek, postarzony przez uczesanie na boczek, modne pod koniec lat siedemdziesiątych. Z rysopisu wynika, że był wysoki – 178 centymetrów wzrostu, miał zielone oczy, twarz pociągłą i włosy blond.

Najważniejsza wiadomość – kapitan E. jest ojcem syna (1976) i córki (1979). Nie wiem jeszcze, czy Grzegorz E. żyje, czy uda mi się go znaleźć i porozmawiać. Ale wiem już, że gdzieś żyje dwoje ludzi po trzydziestce, o tym samym nazwisku co esbek, który trzydzieści lat wcześniej donosił na pewnego warszawskiego poetę i księdza.

A jeśli dzieci nie znają przeszłości ojca? A jeśli upublicznienie tego zniszczy im życie? Z tych względów redukuję nazwisko funkcjonariusza milicji do litery – E.

„Sumienny, obowiązkowy, zdyscyplinowany"

Grzegorz E. w kwietniu 1977 roku napisał podanie do Komendy Stołecznej Milicji Obywatelskiej w Warszawie o przyjęcie go do służby. Kończył właśnie studia w Wyższej Szkole Pedagogicznej w Kielcach, w Szkole Oficerów Rezerwy otrzymał stopień podporucznika.

Urodził się w Wałbrzychu, podstawówkę i liceum skończył w Warszawie, nie dostał się na Akademię Wychowania Fizycznego. Aktywista szkolny, przewodniczący samorządu klasowego, koszykarz WKS Legia, starosta roku, przewodniczący Związku Studentów Polskich na swojej uczelni, wiceprezes uczelnianego AZS.

Ożenił się w 1973 roku z Krystyną, koleżanką ze studiów. Pochodziła z Siemiatycz, jej rodzice mieli fermę kurzą, ojciec należał do PZPR i jak zaznaczył Grzegorz E. w odpowiednich rubrykach ankiety personalnej – żona powiązań z klerem nie posiadała.

Sam w tych samych rubrykach wpisał, że jest wprawdzie wyznania rzymskokatolickiego, ale nie praktykuje, nie był karany, nie ma rodziny za granicą i tylko raz był w NRD z ekipą sportową.

Szeregi Milicji Obywatelskiej w Warszawie dwudziestosiedmioletni Grzegorz E. zasilił 1 sierpnia 1977 roku. Został zatrudniony w Wydziale IV Komendy Stołecznej. Dwa lata później przeszedł kurs ogólnooperacyjny dla nowo przyjętych funkcjonariuszy Służby Bezpieczeństwa. Zakończył go z wynikiem bardzo dobrym.

Był lubiany i chwalony przez swoich przełożonych. Pisali o nim już w 1978 roku: „oficer sumienny, zdyscyplinowany, o dużym poczuciu odpowiedzialności". Dwa lata później: „Pracuje od początku po linii kleru diecezjalnego (...). W szybkim czasie przyswoił sobie podstawowe zasady pracy operacyjnej, w wyniku czego w okresie 3 lat pozyskał 4 źródła informacji w tym 3 księży. Posiada na łączności 7 t.w. i 3 k.o. [kontakty operacyjne], z którymi b. dobrze pracuje. W pracy przejawia własną inicjatywę, odwagę połączoną z rozwagą i uzyskuje liczące się w pracy wyniki. Jest pracownikiem sumiennym, obowiązkowym, zdyscyplinowanym, pełni obowiązki społeczne szczególnie zaangażowany w propagowanie walorów sportu jako czynnika regenerującego siły. Zrównoważony, stateczny, strona moralno-etyczna bez zastrzeżeń".

Cały czas piął się w górę. W 1982 roku jego przełożeni informowali, że ma już dziesięć źródeł informacji, „z czego pięciu księży pozyskał samodzielnie". Od dwóch lat Grzegorz E. znał już księdza Jana Twardowskiego.

W nagrodę za zasługi został wysłany do Podyplomowego Studium Oficerskiego Akademii Spraw Wewnętrznych. Skończył je z oceną dostateczną. Miał już wówczas stopień kapitana, był kandydatem do PZPR.

W lutym 1984 roku w opinii służbowej naczelnik Wydziału IV pisze o E.: „W roku 1983 przejął prowadzenie sprawy operacyjnego rozpracowania krypt. »Popiel« mającej dla Wydziału i Stołecznego Urzędu wyjątkowe znaczenie. Dzięki jego pracowitości i osobistemu zaangażowaniu uzyskane rezultaty w sprawie zostały pozytywnie ocenione przez Kierownictwo Departamentu IV MSW".

Kryptonim „Popiel" nadano sprawie inwigilacji księdza Jerzego Popiełuszki. Kapłan Solidarności był rozpracowywany przez esbecję od połowy 1982 roku. Został zamordowany w październiku 1984 roku. Jeszcze w grudniu tego roku porucznik J. Bączyński, zastępca naczelnika Wydziału IV, w opinii służbowej pisał o Grzegorzu E.: „W tym roku większą część czasu pracy poświęcił prowadzeniu sprawy operacyjnego rozpracowania mającej na celu udokumentowanie wrogiej działalności ks. Popiełuszki".

Informacji o tym, co dokładnie robił E. w związku ze sprawą księdza Jerzego, w aktach nie ma. Kapitan E. miał ambicje, chciał awansować.

W 1987 roku złożył podanie z prośbą o przeniesienie. Chciał pracować w Departamencie VI MSW, w którym zajmowano się „operacyjnym zabezpieczeniem" sektora gospodarki żywnościowej, leśnictwa i przemysłu drzewnego, ochrony środowiska i zasobów naturalnych. Grzegorz E. musiał być dla swoich przełożonych zbyt cennym pracownikiem, bo podanie rozpatrzono odmownie. Kapitan E. stracił zapał i serce do pracy w Wydziale IV. W opinii służbowej o nim z 15 czerwca 1989 roku pojawia się zdanie: „Stać go na większą inicjatywę i ofensywność podczas wykonywania obowiązków służbowych (...). Stopień wywiązywania się z tych zadań prawidłowy choć w ostatnich miesiącach zbyt pasywny".

To i tak już nie miało żadnego znaczenia. Trzy dni wcześniej Grzegorz E. złożył podanie do Ministra Spraw Wewnętrznych generała broni Czesława Kiszczaka o zwolnienie go ze służby w organach Milicji Obywatelskiej.

W sierpniu 1989 roku E. został zwolniony. Dostał zakaz wyjazdu za granicę na okres dwóch lat. W piśmie do byłych przełożonych informował, że po odejściu ze służby założył agencję ochrony mienia i musi wyjeżdżać za granicę, żeby szukać dostawców części elektronicznych systemów antywłamaniowych. Czas zakazu zmniejszono mu więc do roku.

W tym miejscu teczka akt osobowych kapitana Grzegorza E. się kończy.

„Jeden na sto"

Próbuję dotrzeć do byłego esbeka. Chcę go zapytać, czy sfałszował teczkę Poety. Grzegorz E. ma dziś niewiele ponad sześćdziesiąt lat, powinien wciąż żyć. W jego aktach znajduję adres i numer telefonu. Jednak mężczyzna, który podnosi słuchawkę, mówi, że to pomyłka, nie nazywa się E. i nigdy nie znał księdza Jana Twardowskiego.

Sprawdzam więc, czy E. może stworzył swój profil na portalu społecznościowym Facebook. Strzał w dziesiątkę! Wprawdzie jest kilku Grzegorzów o tym nazwisku, ale tylko jeden z nich na fotografii w Internecie, mimo różnicy lat i kapelusza góralskiego na głowie, przypomina kapitana esbecji, którego fotografia jest dołączona do akt osobowych.

Piszę do niego list, proszę o kontakt. Nie odpowiada. Po kilku dniach decyduję się napisać do jego syna. Nie zdradzam, w jakiej sprawie. Proszę tylko, żeby powiedział Grzegorzowi E., że czeka na niego list w poczcie elektronicznej. Odpisuje niemal natychmiast: „Chodzi o przeszłość mojego ojca?". Piszę: „Nie wiem, ile Pan wie o jego pracy w milicji". Odpowiada: „Znam przeszłość taty, rozmawiałem z nim sporo o tamtych czasach". Proszę go więc o pomoc w kontakcie z kapitanem E. Zawiadamia mnie: „Postaram się nakłonić tatę do rozmowy, choć oceniam szanse jak jeden na sto".

Po tygodniu przysyła list: „Próbowałem, ale nie udało się nakłonić ojca do rozmowy. Przedstawił mi powody, które muszę powiedzieć, są dla mnie zrozumiałe. Ale jednocześnie poprosił, żebym zachował je dla siebie. Niestety, tak jak przypuszczałem, moja pomoc na wiele się nie zdała".

Przedsionek

Ksiądz Twardowski był już zmęczonym człowiekiem. 1 czerwca 1985 roku skończył siedemdziesiąt lat. Często wspominał o śmierci. Żartował przy znajomych, że zamiast mówić, już rzęzi, zamiast ciała ma zwisy, że jest otoczony pleśnią i grzybami.

Chciał odpocząć, ale nie mógł. Życie Jana Twardowskiego jako sławnego poety właściwie dopiero się rozpoczynało.

Kolejka ludzi, którzy chcieli się z nim spotkać w zakrystii po niedzielnej mszy, kończyła się przy ołtarzu. Dawno już było po obiedzie, gdy wciąż z kimś rozmawiał. Wizytki prosiły ludzi o litość i uwolnienie księdza, bo trzeba będzie znów wszystko odgrzewać.

Szedł do domu, czekali już cierpliwie na schodach kapelanii, żeby móc porozmawiać z nim choćby przez kilka minut.

Prosili o autograf.

O pieniądze.

Spowiedź.

Chrzest.

Wypędzenie diabła.

Wsparcie duchowe.

Dostawał setki listów. Odbierał je w zakrystii. Matki pisały, że pod wpływem jego wierszy ich dzieci nawracają się. Lekarze, że jego poezja ma właściwości lecznicze. Stawał nad koszem. Czytał i rwał od razu większość korespondencji. Zatrzymywał listy ważne albo absurdalne. Zachował na pamiątkę zaproszenie na odpłatny wieczór autorski do Zabrza, z adnotacją, że autorka listu, w studium psychotronicznym, napisała pracę „Komunikacja transpersonalna w bioluminescencji słowa poetyckiego księdza Twardowskiego". Uwielbiał takie rzeczy.

Telefon dzwonił do niego bez przerwy. Czasem chciał się ukryć. Nie podnosić słuchawki, nie otwierać drzwi. Ale nigdy tak nie robił. Uważał, że nie ma spotkań przypadkowych i każdy człowiek przychodzi od Boga. Lubił ludzi. Nigdy nikomu nie dał do zrozumienia, że jest niepożądanym gościem.

Czasem ratował sytuację poczuciem humoru. Desperata, który wtargnął do niego do mieszkania ze słowami: „Tu się powieszę!", podprowadził do okna i wskazał na modrzew w ogródku. Spytał łagodnie: „*Takie ładne drzewo w ogrodzie, może tam się pan powiesi?*".

Bywało jednak, że tracił cierpliwość. Jego krewna wspomina: „Kiedyś mi opowiadał, że nachodziła go taka pańcia. »Proszę księdza, czy ja się nie za mało modlę?« A była codziennie. W końcu jej powiedział: »*Za mało?! Do domu! Do garnków! Gotować mężowi!*«".

Nawet gdyby chciał napisać wiersz i tak nie znalazłby na to czasu. Żalił się przyjaciołom, że pomysły przychodzą mu do głowy, tylko brak mu czasu na realizację. Czytał za to cudze. Młodzi poeci, nauczycielki, studentki, uczniowie zasypywali go swoją twórczością. Prosili o recenzję. Zostawiali kartki wyrwane z zeszytów, niewyraźne rękopisy, literki drobne jak mak. Próbował je czytać, ale miał słaby wzrok. Prosił o pomoc sąsiadów, braci Olszewskich. Czasem w połowie lektury machał zirytowany ręką. Dosyć tego! Jak w czasach „Kuźni Młodych" potrafił być bezlitosny dla grafomanów.

Tomasz Sławiński zanotował w dzienniku w 1987 roku: „Potem czytaliśmy i zarykiwaliśmy się ze śmiechu nad wierszami jakiegoś grafomana. Napisał utwór, w którym każda zwrotka poświęcona jest innemu poecie. Mówi tam o księdzu, Miłoszu, Herbercie. Próbka: »Herbert to filozof / ma linię jednolitą / światopoglądu jego Pan Cogito«".

Nawet jeśli ksiądz Twardowski krytykował czyjąś twórczość, zaraz szybko dodawał: „*To na pewno jest dobry człowiek*".

Coraz częściej przychodzili do niego dziennikarze. O wywiady prosili licealiści.

Wydawał coraz częściej i coraz więcej wierszy.

Ludowa Spółdzielna Wydawnicza w 1982 roku wydrukowała zbiór wierszy księdza *Rachunek dla dorosłego* w nakładzie dwudziestu tysięcy egzemplarzy. (Był stan wojenny, nikt z LSW nie pytał poety o zgodę na publikację zbioru).

Rok później Wydawnictwo Literackie wydało *Który stwarzasz jagody. Wiersze wybrane*. Dziesięć tysięcy nakładu.

W 1986 roku ukazał się tomik wierszy *Na osiołku* wydany przez KUL. Pięćdziesiąt tysięcy nakładu.

W następnym roku wybór wierszy *Nie przyszedłem pana nawracać* w Wydawnictwie Archidiecezji Warszawskiej. Nakład – dwadzieścia pięć tysięcy egzemplarzy.

Jeśli wyjeżdżał – to od poniedziałku do środy. Spotkania autorskie, rekolekcje, wizyty w seminariach. Podróże go męczyły. Żelaznym punktem każdego spotkania było zdziwienie księdza, że ktoś jednak czyta jego wierszyki. I żarliwe odpowiedzi: jak ksiądz mógł tak nawet pomyśleć. Taki cudowny poeta, piękne wiersze, czytamy, znamy na pamięć, kochamy. Uwielbienie czytelników było uzależniające.

Występował w kościołach, choć uważał, że akurat w świątyniach nie powinno się urządzać tego rodzaju spotkań.

W czwartki wracał, żeby zacząć przygotowania do kazań niedzielnych. Wtedy też miał czas na spotkania z czytelnikami w Warszawie.

Tomasz Sławiński notował: „22 listopada 1984. Ciekawy wieczór księdza na Żytniej. Scenka w zakrystii z Mają Komorowską i reporterami z »Przeglądu Katolickiego«. Świece oświetlające kartki książek, na sali ciemno. Przed księdzem młody, miły poeta przeczytał swój prolog. Później walka o uratowanie księdza z rąk czytelników.

26 listopada 1984. Wieczór jednego wiersza w kościele Najświętszej Maryi Panny. Wiersze czytali – ksiądz, największe brawa; Kamieńska; Woroszylski; Herbert; Buczkówna. Kościół nabity po brzegi".

Ada Schollenberger, lekarz weterynarii, penitentka księdza, przychodziła czasem na jego spotkania autorskie. Wspomina: „Pamiętam spotkanie w kościele na Żytniej, w jednym z tygodni kultury chrześcijańskiej. Byłam dość wcześnie, usiadłam w pierwszym rzędzie. Ksiądz Jan Twardowski lubił czytać swoje wiersze, ale nie lubił pytań czytelników i nie lubił tłumaczyć, co autor chciał powiedzieć. Był bardzo skromny. Nie chciał wybebeszać się przed tłumem obcych ludzi".

Maria Kędzierska 2 maja 1985 roku zanotowała w dzienniku: „Wieczór autorski (...) w KIK. Czytał swoje wiersze. Bardzo dużo ludzi, niektórzy stali".

Sława, która dosięgła Jana Twardowskiego w latach osiemdziesiątych, była tylko przedsionkiem tego, co go czekało w następnej dekadzie.

Telefon

[16 kwietnia 2010]

Nie powiem nic o księdzu, bo sam o nim książkę piszę. Proszę tu więcej nie dzwonić, bo jeszcze mnie szlag trafi! A ja mam już osiemdziesiąt lat.

„Jak łatwo się wyrzec, jak trudno utracić"

„Ochłapki uczucia"

„Wnuczki" pojawiły się z tęsknoty za bliskością, własną rodziną, drugim człowiekiem. Jednej z nich mówił, że czystość może być krzyżem. Tłumaczył, że wprawdzie działa łaska, ale tęsknota za kobietą jest naturalna, pełno jej w jego wierszach i wcale się z tym nie kryje.

Napisał wiersz: *„No widzisz – mówiła matka / wyrzekłeś się domu rodzinnego / kobiety / dziecka co stale biega bo chciałoby fruwać / wzruszenia kiedy miłość podchodzi pod gardło (...) stukasz w niewidzialną szybę / patrzysz jak czapla w jeden punkt / widzisz jak łatwo się wyrzec / jak trudno utracić"*.

Chciał się kimś opiekować tak zwyczajnie, jak dziadek wnuczką. Żeby mógł podarować jej cytrynę do herbaty lub ciepły sweter na zimę. Napisać dla niej wiersz.

Potrzebował opieki, takiej zwyczajnej. Żeby wnuczka zrobiła mu czapkę na drutach, przyszyła guzik i powiedziała, że kocha dziadka.

Studentki, uczennice, bibliotekarki, nauczycielki w różnym wieku i z całej Polski przychodziły po autograf, poradę, rozmowę. Niektóre już zostawały. Dziękował im w listach za każdy *„ochłapek uczucia"*.

Jedna z „wnuczek" wspominała po śmierci księdza: „W 1996 roku moje drogi i drogi księdza Twardowskiego spotkały się. (...) Bardzo lubiłam spotkania z nim, wspólne rozmowy. Nazywał mnie pieszczotliwie swoją wnuczką, a ja chętnie zwracałam się do niego dziadku. Dziadek Twardowski znał historię mojego życia, znał mnie z rozmów i spowiedzi (...). Do księdza Jana przychodziłam z moimi kłopotami, zawsze wtedy, kiedy nie wiedziałam, jaki kierunek nadać moim życiowym wyborom. Nigdy nie usłyszałam z Jego ust i nie doświadczyłam z Jego strony niczego, co mogłoby zachwiać moje poczucie, że obcuję nie tylko z drogą mi osobą, ale także ze świętym. (...). Takich wnucząt jak ja ksiądz Twardowski miał wiele"[227].

Ziemniaki z termosu, globusik, wiersz

Mówił na nią Marylka. Była pierwszą z „wnuczek". Poznali się w Loretto, w lipcu 1983 roku. On tam był na wakacjach, ona, studentka polonistyki, była opiekunką na koloniach. Zaprosił ją do Wizytek. Łączyła ich wspólna znajoma. Maria Kędzierska była studentką profesor Jadwigi Puzyniny, językoznawcy z Uniwersytetu Warszawskiego, ksiądz znał panią profesor od lat.

Po raz pierwszy nazwał Marylkę swoją wnuczką 16 lutego 1984 roku. Zanotowała to w swoim dzienniku.

Przez pierwsze cztery lata znajomości widywali się kilka razy w tygodniu, często dzwonili do siebie. „Dziadek" słał do „wnuczki" kartki co kilka dni. Każdą odnotowywał i numerował. Przy pięćdziesiątym liście cieszył się z ich „złotych godów".

Napisał dla niej wiersz. W 1987 roku wysłał list z Loretto: „*Marylce z czasu wakacji. Lilie półnagie / chabry nieczesane / kaczeńce jak kaczuszki co biegają boso / wszystkie stare pietruszki gołe, nieubrane / A jednak święty Józef / krzywi się wyraźnie / gdy Matce Bożej różę wystrojoną niosą. PS: Tak Twój dziadek zgłupiał, że takie wiersze pisze*".

Powoli stawała się częścią jego życia. Jednak przyjaciele księdza, którzy bywali u niego przynajmniej raz w tygodniu, nie zapamiętali tej ładnej, szczupłej dziewczyny o nieśmiałym uśmiechu, obciętej na pazia.

Waldemar Smaszcz: „Nigdy jej nie spotkałem. Może mijaliśmy się?".

Tomasz Sławiński: „Nie pamiętam. Może widywałem, ale pewnie ksiądz nas nie przedstawił sobie".

Poeta zapraszał swoją „wnuczkę" na kolacje w kapelanii (w menu przeważnie ziemniaki z obiadu w termosie), byli razem w teatrze na *Mistrzu i Małgorzacie* – w tajemnicy przed wizytkami, kiedy chorowała, leczył ją wodą święconą z Lourdes, odprawiał w jej intencji mszę świętą, spacerowali po Powązkach.

Obdarowywał ją wszystkim, co miał. Odnotowywała każdy podarunek: słoik miodu, kiełbaski, pieprz, proszek, mydełko Fa, miód, szpulka nici, zegarek, indyjska chusta, dżinsy Lee z Ameryki i plecak, bluzka z Francji (za mała!), długopis, bonżurka, sardynki, dwa golfy, globusik z francuskimi napisami.

---

[227] Katarzyna Martowska, *Dziadek Twardowski*, „Gazeta Uniwersytecka", czerwiec 2006, http://gu.us.edu.pl/node/243281, dostęp: 16 października 2010.

Zapisała: „23 lutego 1984 roku (...) gdy prosiłam, żeby mi nic więcej nie dawał, zapowiedział, że będzie mi dawał wszystko po kolei. »*Albo jest rodzina, albo nie*«".

Dwa lata później: „Dziadek dał mi parasol. Mówił, że za mało go proszę, że o nic nie proszę".

We wrześniu 1987 roku: „Pobiegłam rano do dziadka. »*Ja pójdę do piekła, bo mam za dużo. Co ci dać?*«".

Raz wysyłał jej paczkę z podarunkami. Na wszelki wypadek wymienił je w liście: „*10 września 1984. Kochana Wnuczko Marylko (...) Torba, którą posyłam, nie jest najlepsza, ale na razie może się przydać, 2 termometry, żebyś nie złudziła się dobrą temperaturą w pokoju i nie wyskoczyła jak wariatka na mróz. Gąbka niewielka, ale lepszą znajdę. Bardzo dobry płyn do mycia rąk, chińska temperówka do ostrzenia ołówka – b. dobra. Malutki notes trochę bez sensu. (...) Twój strasznie kochający Dziadunio*".

Marylka zrobiła dziadkowi czapkę na drutach, przyszywała mu guziki, naprawiła kaptur, zacerowała rękaw w nowej kurtce z Paryża, przyniosła sznurówki, jogurty, dzwoneczek, porządkowała gazety z artykułami na jego temat, robiła korektę wierszy, myła nogi, gdy jedną złamał.

Proponował jej funkcję swojej sekretarki i asystentki. Obiecywał zostawić spadek. 30 marca 1984 roku zapisała słowa księdza: „*Wszystko ci dam i w testamencie zapiszę*". 13 kwietnia 1984 roku: „Chwilka u dziadka. Coś pisał w swoim kalendarzu. Mówił, że spisuje testament, i pytał, co chcę. Gdy poprosiłam o zdjęcie, stwierdził, że to najgorsze, co może być". 20 maja 1984 roku: „Dziadek żartował, że znamy się już sto lat. »*Zapisałem ci coś w testamencie, ale nie powiem co*«". 1 czerwca 1985 roku: „Radosne spotkanie. Żartował: »*Dziadek powił wnuczkę. Zapiszę ci w testamencie prawa autorskie*«". 17 maja 1986 roku: „Mówił, że zostawi mi w testamencie prawa do wydań książek".

Dopominał się wciąż pamięci, czułości, miłości. Wpisała się do jego sztambucha: „Trwam otulona dobrocią jak ciepłym płaszczem".

Swoją czułość do Marylki przykrywał warstwą ironii. Kpił z niej lekko. W październiku 1985 roku zapisała: „Gdy powiedziałam, że go kocham, stwierdził: »*To teraz mogę umrzeć jak Symeon*«". W styczniu 1988 roku: „Mówiliśmy o śmierci. Obiecał mi miejsce w swoim grobie. »*Masz ochotę? Jest jedno miejsce, ale ty będziesz mnie kopała*«".

Jednak czasem bywał serio. Dziękował jej za „ochłapek uczucia". 3 grudnia 1985 roku: „Byłam u dziadka. Powiedział mi: »*Ja cię autentycznie kocham*«".

W 1989 roku Maria Kędzierska wyszła za mąż za Marka Skoczylasa. Jan Twardowski udzielił im ślubu, rok później ochrzcił ich pierwsze dziecko. Skoczylasowie wyjechali z Warszawy. Więź „wnuczki" z „dziadkiem" osłabła, ale wciąż byli w kontakcie.

Ksiądz nie uwzględnił jej w swoim testamencie.

W rok po jego śmierci Marylka zgodziła się na publikację treści listów, które do niej słał, i fragmentów jej dziennika z czasów przyjaźni z poetą.

Dwieście listów, sześćdziesiąt podróży

„Wnuczką” na odległość była Barbara Arsoba. Mieszkała w Szczecinie, pracowała w Książnicy Pomorskiej na stanowisku kustosza. W maju 1985 roku podeszła do stolika, przy którym ksiądz Twardowski podpisywał swoje książki. Był gościem szczecińskiego duszpasterstwa akademickiego z kościoła Księży Chrystusowców. Odprawił już tego dnia mszę świętą, to było jego trzecie spotkanie z czytelnikami. Bibliotekarka Arsoba podsunęła poecie do podpisu zeszyt z przepisanymi wierszami, nie miała własnego tomiku. Wzruszył się, poprosił o adres, obiecał przysłać zbiór wierszy z Warszawy. Przesyłka przyszła kilka dni później. Był to ten sam egzemplarz *Który stwarzasz jagody*, z którego ksiądz czytał wiersze w Szczecinie, z wciąż pozaznaczanymi przez niego stronami. Tłumaczył w liście, że innego już nie miał. Podziękował „za każdy ochłapek uczucia”. Zaprosił ją do siebie.

Zaczęli pisać listy. Wysłał ich do niej około dwustu. Słał przedwojenne kartki, zaklejone jak zwykle na rewersie czystą kartką i zapisywane od nowa.

Widywali się. On przyjeżdżał do Szczecina bardzo rzadko, ona była u niego ponad sześćdziesiąt razy. Nazywał ją swoją wnuczką, listy podpisywał *Dziadek od Biedronki*, *Dziadek otoczony pleśnią i grzybami*, *Dla wnuczki Barbary od Dziadka poczwary*.

W rok po poznaniu pisał do niej: „*Napisałem dla Ciebie wiersz, może za szybko, za jednym zamachem*”[228]. Dołączył go na kartce wyrwanej z zeszytu: „*Ta jedna chwila dziwnego olśnienia / kiedy ktoś nagle wydaje się piękny / bliski od razu jak dom kasztan w parku (...) nie chciej zatrzymać / rozejdą się drogi – / samotność łączy ciała a dusze cierpienie / ta jedna chwila / nie potrzeba więcej / to co raz tylko – zostaje najdłużej*”.

Zaczęła organizować w Szczecinie spotkania księdza z czytelnikami. Niechętnie przyjeżdżał, to było za daleko od Warszawy, urządzała więc wieczory poezji bez poety. W 1991 roku w Oficynie Drukarskiej Książnicy Pomorskiej wydała tysiąc egzemplarzy bibliofilskiego tomiku wierszy miłosnych księdza *Nie bój się kochać...*

Pisał do niej: „*Kochana wnuczko Barbaro, bardzo dziękuję za ostatnie odwiedziny, za życzliwość, za wydanie moich wierszy, za to, że to, co robiłaś, robiłaś z dobroci dla mnie. Paczkę z tomikami otrzymałem, czy naprawdę nakład wykupiono?*”.

W następnym liście dodawał: „*boję się trochę, czy te moje wiersze nie gorszą kleryków. Bo zebranie samych wierszy o miłości jest jednak ryzykowne*”.

---

[228] Ten i następne cytaty z listów księdza Jana Twardowskiego do Barbary Arsoby pochodzą z jej artykułu *Ksiądz Jan Twardowski w wydawnictwie „Barbara”. Korespondencja z „wnuczką” z lat 1985–2001*, „Bibliotekarz Zachodniopomorski” 2001, nr 4, s. 45–56.

Postanowiła przygotować do druku kolejny, także bibliofilski tomik wierszy *Nie martw się*. Pisał do niej: *„Kochana Wnuczko Barbaro, już jestem za stary na pisanie wierszy, zostały popłuczyny, co chcesz wybierz, przy korekcie można jeszcze poprawić. Twój dziadek J.”*.

Poeta zachęcał Barbarę Arsobę do założenia własnego wydawnictwa. Zarejestrowała je w 1992 roku pod nazwą Barbara. W logo umieściła zegar z kukułką. Najpierw wydała z inspiracji Jana Twardowskiego miniaturową księgę pamiątkową *Czytamy Annę Kamieńską*. Książkę przyjęto dobrze, ksiądz pisał do *wnuczki*: *„Przyjrzałem się dokładnie książce, myślę, że ją za ostro sądziłem. Jest dobra, tylko że nie najlepsza”*.

W 1993 roku w Barbarze ukazał się też zbiór opowiadań, jasełek i wierszy Twardowskiego dla dzieci *Kasztan dla milionera*, poeta przyjechał na promocję do Szczecina. Ale nie był zadowolony z książki.

Wspomina jedna z jego wieloletnich penitentek: „Pamiętam, że ksiądz był wzburzony wydaniem tego. To nie był jego układ. Wydawca wykorzystał jego zaufanie. To miała być książka bibliofilska, przewidywana na tysiąc egzemplarzy, a ukazała się w czterdziestu tysiącach. Wydawnictwo nie radziło sobie z dystrybucją. Książki zalegały”.

Po trzech latach deficytowe wydawnictwo zbankrutowało.

W 2006 roku Barbara Arsoba wyszła za mąż za Tunezyjczyka o nazwisku Naji Haddaji. Mieszkają w Kaliszu Pomorskim.

Sekretarka, edytorka, spadkobierczyni

Aleksandra Iwanowska pojawiła się w życiu Jana Twardowskiego tak samo jak inne wnuczki.

Reporterce miesięcznika „Sukces” opowiadała w 2007 roku, że w księgarni dominikanów w Gdańsku kupiła tomik poezji księdza *Nie przyszedłem pana nawracać*. Wiersze ją bardzo poruszyły. Chciała podarować te książki swoim bliskim, postanowiła jednak, że wpierw zdobędzie dedykację autora.

Miała trzydzieści cztery lata, mieszkała z mamą w Sopocie, dwieście metrów od morza. W pierwszej połowie lat osiemdziesiątych chorowała na serce, dużo czasu spędziła w szpitalach. Ukończyła filologię rosyjską na Uniwersytecie Gdańskim, do niedawna pracowała w bibliotece Polskiej Akademii Nauk, teraz była doktorantką w Instytucie Filologii Polskiej Uniwersytetu Gdańskiego. Często bywała w Warszawie, nocowała wtedy u krewnych.

Z tomikami wierszy poszła do kościoła Wizytek po autografy poety. Wiedziała, kiedy ksiądz odprawia mszę świętą. Niestety nie zastała go. Złamał nogę na wyboistej ścieżce wiodącej z kapelanii do kościoła. Leżał w domu, nie przyjmował nikogo obcego. Włożyła więc książki do koszyka, w którym siostry zanosiły poecie obiad. Dołączyła kartkę z prośbą o podpis i swój sopocki adres.

Zapamiętała, że był październikowy piątek 1987 roku. Książki z autografami odebrała w niedzielę. Trzy dni później do Sopotu przyszła pocztówka od poety, w której pisał, że jest jej wdzięczny za to, że czyta jego wiersze.

Pamięć płata figle, zaciera kontury. Ksiądz Jan Twardowski złamał nogę pół roku później.

„Wnuczka” Marylka zanotowała w dzienniku: „3.03.1988 r. Dowiedziałam się w kościele, że dziadek wczoraj złamał lewą nogę. Pękła mu w kostce, gdy się przewrócił. 9.03.1988 r. Dziadek leży ze złamaną nogą. Zachodziłam dzisiaj, ale nie zostałam wpuszczona. 10.03.1988 r. Byłam u dziadka. Żartował: »*Wypadki chodzą po ludziach, ale ludzie nie chodzą po wypadkach*«. Mówił też, że taki był przemęczony, że nie dałby rady, więc może dobrze, że złamał nogę. Stąpa trochę po domu. 18.03.1988 r. (...) Ciągle martwi się o nogę, czy się zrośnie i czy będzie mógł chodzić. 29.03.1988 r. Zadzwonił dziadek. Jest już bez gipsu”.

Iwanowska chciała podziękować poecie osobiście za kartkę przysłaną do Sopotu. Wybrała się znów do Wizytek przy okazji podróży do Warszawy.

Reporterka „Sukcesu” opisywała: „Już wyzdrowiał. Po mszy otaczał księdza taki tłum, że trudno było się doń przebić. Ściskała w dłoni wcześniej otrzymaną kartkę jak identyfikator. Jan Twardowski spojrzał przenikliwie. »*A ma pani czas dziś po południu?*« – spytał. Powiedziała, że ma, choć była umówiona na rodzinny obiad. (...) Była umówiona z księdzem na piętnastą. (...) Idzie od Krakowskiego Przedmieścia przez plac i widzi, że ksiądz Jan Twardowski czeka na nią przed kościołem. »*Wyszedłem po panią, żeby się pani nie zgubiła*«”[229].

Gdańskiej reporterce „Dziennika Bałtyckiego” Aleksandra Iwanowska w 2007 roku opowiedziała o ich pierwszym spotkaniu: „Mówiliśmy o wierze i życiu, o potrzebie ciekawości świata”[230].

Jak zwykle, ksiądz niewiele mówił o sobie, ale jak najwięcej chciał się dowiedzieć o swoim rozmówcy. Pytał o pracę, życie codzienne, kłopoty. Zwierzyła mu się, że ma wadę serca. Miał powiedzieć: „*O! To jak Poświatowska. Ale ona umarła*”.

Następnego dnia spotkali się przypadkiem na Krakowskim Przedmieściu. Ksiądz uznał to za znak, znów ją zaprosił do siebie.

Nie wiadomo, czy kiedykolwiek Jan Twardowski nazwał Aleksandrę Iwanowską swoją „wnuczką”. Ona sama wspominała, że już podczas trzeciego spotkania spytał, czy może nazywać ją Oleńką. Zgodziła się. Ona mówiła do niego Janku.

---

[229] Magdalena Rozmarynowska, *Oleńka spadła mu z nieba...*, „Sukces”, wrzesień 2007.

[230] Dorota Abramowicz, *Niebiańska poezja i polskie piekiełko*, „Dziennik Bałtycki”, 13 lipca 2007.

Odwiedzała go zawsze, gdy przyjeżdżała z Sopotu. Pisali do siebie listy. Adresował je „Aleksandra Oleńka Iwanowska".

Jeszcze w 1988 roku zadedykował jej wiersz *Kiedy mówisz*: *„Nie płacz w liście / nie pisz że los ciebie kopnął / nie ma sytuacji na ziemi bez wyjścia (...) małe wielkie nieszczęścia potrzebne do szczęścia / a od zwykłych rzeczy naucz się spokoju / i zapomnij że jesteś gdy mówisz że kochasz"*.

Kilka miesięcy po pierwszej wizycie poeta zaproponował Aleksandrze Iwanowskiej opracowanie dla poznańskiego wydawnictwa Księgarnia Świętego Wojciecha antologii swoich wierszy maryjnych.

Wspominała: „Okazało się, że ksiądz napisał kilkadziesiąt wierszy maryjnych. Niektóre były publikowane (czasem ten sam utwór pod różnymi tytułami i w różnych wariantach tekstu), inne jeszcze nie".

W wywiadzie dla „Sukcesu" powiedziała, że ksiądz chciał, żeby wykonała dla niego tę pracę oficjalnie, a jej nazwisko miało się pojawić na karcie tytułowej. Zgodziła się z radością. Tomik poezji maryjnej *Tak ludzka* ukazał się w 1990 roku. Reporterka „Sukcesu" zanotowała, że Aleksandra Iwanowska, mimo bardzo trudnej sytuacji finansowej, swoje pierwsze honorarium przeznaczyła w całości na cele charytatywne. Nie wymieniła jednak jakie[231].

Rok później Aleksandra Iwanowska wysłała do Jerzego Turowicza kartkę z pejzażem zimowym Juliana Fałata. Na odwrocie pocztówki przedstawiła się redaktorowi jako sekretarka księdza Twardowskiego. Równym, okrągłym, nieco dziecinnym pismem prosiła o wprowadzenie poprawek w wysłanych wcześniej do „Tygodnika Powszechnego" wierszach. Przepisując dla księdza wiersz *Dziwią się*, opuściła wyraz w przedostatnim wersie.

W maju 1994 roku, jako adiunkt w Instytucie Filologii Polskiej UG, obroniła doktorat „Michał Abraham Troc (ok. 1703–1769) Edytor – leksykograf – tłumacz" pod kierunkiem profesora Edmunda Kotarskiego z Uniwersytetu Gdańskiego. Otrzymała za nią w konkursie imienia Klemensa Szaniawskiego pierwszą nagrodę za najlepszą pracę doktorską w dziedzinie nauk historycznych.

Przyjaźń z księdzem zacieśniała się. Aleksandra Iwanowska redagowała i przygotowywała do druku kolejne edycje wierszy Jana Twardowskiego, jego homilii, opowiadań dla dzieci. Jeździła z poetą na wieczory autorskie, współorganizowała wystawy. Przedstawiała się jako oficjalna edytorka jego twórczości. Ksiądz coraz bardziej polegał na Oleńce.

Zachwycił się nią poeta Czesław Mirosław Szczepaniak. W 1994 roku w katolickiej gazecie „Słowo" napisał artykuł o Aleksandrze Iwanowskiej.

---

[231] Magdalena Rozmarynowska, dz. cyt.

Cytował ją, gdy opisywała swój dom: „Podnosimy każdy kawałek chleba na ulicy. A w domu z podłogi, jeśli niechcący spadnie, całując na przeproszenie, zaś każdy nowy bochenek przed ukrojeniem piętki przekreślamy znakiem Krzyża. Bułki też!".

Dalej pisał od siebie: „prowadzi bibliografię adnotowaną ks. Jana Twardowskiego. Wszystko zbiera i karmi komputer. (...) Przed laty sekretarzowała księdzu-poecie. Bywała »od kuchni z jego cudownymi pomysłami, lapsusami, humorami (!) i wreszcie papierami« (...). Kiedy zapytałem x. Jana o charakterystykę Oleńki, to powiedział: »*Jest bardzo sumienna. Typ naukowca. Pisze prace monograficzne. Jest perfekcjonistą, tzn. bardzo dokładna w podawaniu szczegółów, informacji*«. (...) Pracuje i zmaga się z chorobą. Zdarza się, że patrzy na świat przez łzy i »bardzo, bardzo trudno podnieść mi opuszczone ręce« (...). A jednak... można na przekór losowi ocalić własne marzenia. Umie Oleńka spojrzeć przez palce na ból i cierpienie. (...) W chwilach radości śle kartki, na które nakleja biedronki, i bajecznie kolorowe listy. (...) Podziwiam Oleńkę, że tak serdecznie się zajmuje tym wszystkim, czego dotknęła ręka x. Jana od Biedronki. Zbiera dokumenty, fiszkuje, niepokoi się, żeby czasami złośliwy chochlik nie narozrabiał. Wzrusza człowieka takie potraktowanie wierszy"[232].

Dzień 4 czerwca 1995 roku Aleksandra Iwanowska zapamiętała szczególnie dobrze. Była niedziela Zesłania Ducha Świętego. Mówiła, że ksiądz zadzwonił do Sopotu po południu i powiedział: *„Będziesz spadkobierczynią moich praw autorskich"*.

Gdańska dziennikarka spytała Aleksandrę Iwanowską:

„ – Nie pomyślała sobie pani »zasłużyłam«?

– Nigdy tak nie myślałam. Potraktowałam to jako dar, który należy przyjąć, czy się należy czy też nie"[233].

W 2002 roku przejęła formalną, potwierdzoną przy notariuszu opiekę nad księdzem Janem. Odtąd miała pilnować jego finansów i troszczyć się o życie codzienne.

Dwa lata później wyszła za mąż. Poeta bardzo to przeżył, odmówił jedzenia. Przyjaciele musieli go pocieszać. Pytał jednego z nich, jak to jest z miłością ojcowską do córki wychodzącej za mąż.

Ksiądz przekazał jej w testamencie całość praw autorskich. Aleksandra Iwanowska nadal mieszka w Sopocie.

Udzieliła trzech wywiadów na temat swojej przyjaźni z poetą. Nigdy nie opublikowała listów Jana Twardowskiego do siebie.

---

[232] Czesław Mirosław Szczepaniak, *I zapomnij, że jesteś, gdy mówisz, że kochasz*, „Słowo Dziennik Katolicki" 1994, nr 22, s. 19.

[233] Dorota Abramowicz, dz. cyt.

Serce po prawej stronie

Lubił dbać o swoje zdrowie. W listach do znajomych informował często, że właśnie choruje, nie ma nawet sił podejść do telefonu, być może to już jego ostatnie chwile na tej ziemi.

Przyjaciele, z którymi rozmawiam, sugerują, że ksiądz Jan czasami przesadzał.

Jeden z nich mówi: „Synuś mamusi, wychowany w otoczeniu kobiet, troszczył się o siebie. Szaliczki, sweterki, polarki. Nie był dziarskim kapłanem, który jak wicher mknie przez kościół. Był zabawnym hipochondrykiem, choć kpił, że to ksiądz Bozowski nieustannie dba o swoje zdrowie".

Wiosną 1972 roku wywołał fałszywy alarm w kurii metropolitalnej. List z pytaniem o stan zdrowia księdza Twardowskiego wysłał sam kardynał Stefan Wyszyński.

Jan Twardowski uspokajał: *„Eminencjo, Drogi Ojcze. Jestem ogromnie wzruszony dobrocią Ojca, oczywiście skorzystam z odpoczynku. Chciałbym jednak powiadomić, że nie było ze mną wcale tak źle. Po prostu omyłkowo połknąłem proszek, na który mam uczulenie. Zasłabłem na chwilę, w takich sytuacjach podejrzewają zawsze serce. Wszystkie jednak badania nie wykazały żadnej choroby serca. Pozwolono mi wrócić do normalnej pracy. Jeżeli jednak Ojciec jest tak dobry, skorzystam z pozwolenia i trochę odpocznę. Ponieważ jednak w Krynicy nie czuję się dobrze, chciałbym pojechać do Otwocka do domu Szarytek i proszę łaskawie o zgodę"*.

Zgody udzielono. Ksiądz Twardowski wyjechał na miesiąc.

Jednak w latach osiemdziesiątych choroby zaczęły dopadać poetę już na dobre.

Trafił do szpitala z powodu choroby mięśnia sercowego.

Tadeusz Olszewski, organista, sąsiad i przyjaciel, wspomina: „Zanieśliśmy księdzu do szpitala pomarańcze i banany zdobyte okazyjnie. Ale kazał je zabrać".

Złamał nogę na przykościelnej ścieżce, którą po jego wypadku wybetonowano.

Cierpiał też na kamicę nerkową.

Tomasz Sławiński zanotował w swoim dzienniku w kwietniu 1984 roku: „Ksiądz miał w piątek kolkę nerkową, skręcał się z bólu. Pan Czesław wezwał najpierw profesora K., potem pogotowie. Szpital na Brzeskiej. Księdzu, który był w szoku, zaproponowano metodę czopkową. Ksiądz przypomniał anegdotę o kimś, kto połknął szklane oko. Zrobiono mu lewatywę, pielęgniarka krzyknęła: »Ona patrzy!«".

Zawał serca przyszedł w 1993 roku.

Tomasz Sławiński wspomina: „Była rejonowa lekarka na Mariensztacie, leczyła lokalnych typków, przesiąknęła ich stylem i językiem. Trochę zwariowana, ale poczciwa. Leczyła też siostry wizytki, chyba dość radykalnymi metodami. Ksiądz źle się poczuł, więc ona przyszła, zbadała go i uspokoiła, że wszystko w porządku. A on się nadal źle czuł. Więc jak usłyszałem, że to ona właśnie była u niego, to natychmiast wezwałem pogotowie. Okazało się, że ksiądz miał zawał".

Mówi Tadeusz Olszewski: „Zastanawialiśmy się z bratem, co my zrobimy, jak ksiądz wróci ze szpitala. Przecież sami nie damy rady. Poszedłem do lekarza i poprosiłem, żeby dał skierowanie do Konstancina, na rehabilitację. Na ten pierwszy okres, żeby księdza postawić na nogi, bo dla nas to wielka odpowiedzialność. Lekarz zapytał: »A ile ksiądz ma lat?«. Powiedziałem, że prawie osiemdziesiąt. On odparł: »Konstancin jest tylko dla młodych«. Poniosło mnie. Zacząłem jeździć i szukać pomocy, akurat byłem w Aninie na kardiologii, gdy pojawił się profesor Stanisław Rudnicki, w którego gestii był Konstancin. Znaliśmy się trochę wcześniej, profesor księdza nie znał osobiście, tylko jego twórczość. Powiedział natychmiast: »Proszę jutro przywieźć księdza, oddaję swój gabinet«. Więc ksiądz pojechał tam i spokojnie doszedł do siebie".

Pierwszy rozrusznik serca wszczepiono Janowi Twardowskiemu dwa lata po zawale, następny po siedmiu latach. Umieszczony był po prawej stronie klatki piersiowej, co było powodem zdumienia i małej dumy księdza, że serce mu bije po innej stronie niż wszystkim.

Słabł też wzrok księdza Jana. Na operację zaćmy w 2000 roku namówiła go, po długich przekonywaniach, Aldona Kraus, przyjaciółka, lekarz okulista. Jedno oko po operacji było sprawne, drugiego nie operowano ze względu na zmiany w siatkówce.

Któregoś wieczoru zadzwonili do niej zaniepokojeni bracia Tadeusz i Czesław Olszewscy. Ksiądz nagle stracił wzrok. Widzenie wracało na chwilę, po czym ksiądz pogrążał się znów w mlecznej mgle. Lekarka opisała tamten wieczór we wspomnieniach: „Poproszony o pomoc Czesław stanął z tablicami do badania wzroku daleko w drugim pokoju. Zoperowanym okiem ksiądz czytał koncertowo ostatni rząd najmniejszych liter. [...] Podałam tabliczkę, ksiądz założył okulary. Milczał, wpatrywał się w tekst, nie czytając.

– *Może mi nie uwierzycie, jednak nie widzę. Oślepłem* – powiedział tragicznym szeptem, podnosząc znad tekstu głowę.

Wszyscy milczeli, gdy zdejmując księdzu okulary, zapytałam:

– Co ksiądz jadł dzisiaj na kolację? (...)

– Straciłem apetyt – odpowiedział szeptem. – *Po co ślepemu apetyt? Ta dzisiejsza kapusta była bardzo dobra, choć to nie bigos* – dodał i otworzył oczy: – *Widzę! Bogu dzięki! Widzę! Na pewno Pan Bóg mnie doświadcza!*

Szybko założyłam księdzu okulary.

– *Znowu! Nic a nic! Znowu!* – krzyknął przerażony"[234].

Okazało się, że w trakcie kolacji okulary wpadły księdzu do kapusty. Gdy lekarka je wyczyściła, ksiądz odzyskał wzrok na dobre.

Kilka dni później okulary napisały do księdza list i dwanaście okularowych przykazań.

„II. Aby świat oczami pić, trzeba okulary myć! III. Na nic okulistek trudy, na nic czary okulistek. Okulary chcą być czyste! Nie straszymy cię niecnoto, ale myj nas, nasze złoto!"

Autorką wierszyka była doktor Aldona Kraus, prywatnie poetka.

Stan zdrowia poety wciąż się pogarszał. Na początku XXI wieku przeszedł operację przepukliny, cierpiał na przewlekłą niewydolność nerek, miał zwyrodnienie kręgosłupa, utrwalone migotanie przedsionków, chorował na zapalenie płuc.

Dwa ostatnie lata życia dzielił między pobyty w szpitalach a mieszkanie na piętrze w kapelanii. Prawie nie wychodził z domu. Nie potrafił się już poruszać samodzielnie.

---

[234] Aldona Kraus, dz. cyt., s. 37–39.

Patron

Myślał, że to żart. Nie był jeszcze nieboszczykiem, więc żadnym patronem szkoły zostawać nie zamierzał. Odpisał żartobliwie, że propozycja spadła mu jak podarunek z nieba. Włożył do koperty *Niecodziennik* – swoją książkę z aforyzmami – i w styczniu 1992 roku wraz z listem odesłał do białostockiej Szkoły Podstawowej numer 2.

Drugi list z Białegostoku, z tej samej szkoły, już go zirytował. Dwie nauczycielki: Ewa Kosińska i Krystyna Wasiluk, pytały, czy mogą się umówić na spotkanie. Chciały omówić nadanie swojej szkole imienia księdza Jana Twardowskiego. Nie wiadomo, co napisał w liście zwrotnym, ale po latach prosił jedną z nauczycielek: *„Spal te niedobre listy"*.

Szkoła nie ustępowała. Do korespondencyjnych kłótni z przyszłym patronem wytypowano Ewę Kosińską. Nauczyciele i uczniowie już kilka miesięcy wcześniej postanowili, że patronem szkoły zostanie właśnie ten poeta. W maju 1992 roku odbyło się w szkole tajne głosowanie. W Radzie Pedagogicznej na czterdzieści osób trzydzieści dwie były za patronem Twardowskim, siedem przeciw, jedna wstrzymała się. Głosowanie odbyło się też w klasach. Komitet Rodzicielski także zaakceptował wybór księdza. Powiadomiono kuratorium oświaty o planach szkoły; powołano komitet organizacyjny; dochód ze szkolnej dyskoteki i loterii fantowej, przeznaczony na organizację uroczystości, wyniósł siedem starych milionów złotych; zorganizowano konkurs recytatorski i prac plastycznych na cześć księdza.

Rzecz w tym, że poeta nie zamierzał wziąć w tym udziału. Odpisywał w listach: *„Jeszcze nie umarłem, więc nie nadaję się na patrona szkoły"*, *„Nie mianuje się na patronów ludzi żyjących, bo to wywołuje wiele sprzeciwów, ocenia się bardzo różnie"*, *„Mogę jeszcze przecież zrobić jakieś głupstwo"* [235].

---

[235] Cytaty z listów pochodzą ze strony www://sp2bialystok.edupage.org/text/?text=text/text5&subpage=1&, dostęp: 21 października 2010.

Ewa Kosińska wspomina: „W grudniu 1992 roku w przypływie desperacji postanowiłyśmy złożyć księdzu niezapowiedzianą wizytę. Przywitał nas słowami: »*No właśnie, przecież to głupie*«. Na szczęście tylko początek tego spotkania był niesympatyczny”[236].

Po długiej rozmowie poeta oświadczył nauczycielkom, że ich życzliwość wzruszyła go do łez i że się w takim razie zastanowi. Ledwie wyszły, zadzwonił do Waldemara Smaszcza z Białegostoku, swojego przyjaciela: „*Były tu u mnie jakieś wariatki* – oświadczył. – *Mówiły, że znają ciebie. Kazałem im się wynosić. To jakaś paranoja! Przecież ja jeszcze żyję*”.

Waldemar Smaszcz wspomina: „Prawdziwa bieda. Co robić? Tu, w Białymstoku, już wszystko gotowe, tylko patron się nie zgadza. Chciałem im jakoś pomóc, obie panie to moje byłe studentki”.

Ksiądz wkrótce znowu spotkał uparte nauczycielki z białostockiej podstawówki, tym razem na spotkaniu autorskim w Książnicy Podlaskiej. Poradził im, żeby szkoła poszukała innego patrona lub poczekała, aż on umrze.

– Ksiądz to nawet po śmierci wychyli się zza obłoku i pogrozi nam palcem – wypaliła rozgoryczona nauczycielka.

– *E, nie. Wtedy już nie będę robił trudności* – odparł.

Waldemar Smaszcz: „Wtedy wziąłem udział w drobnej intrydze. Poradziłem zmartwionym paniom, żeby napisały list do przełożonego księdza Twardowskiego. A był nim prymas Józef Glemp. Ale żeby, broń Boże, nie prosiły go o pomoc, tylko napisały o swojej biedzie. Bez żadnych sugestii, że ma cokolwiek zrobić. Prymas zachował się jak prawdziwy dyplomata watykański. Odpisał, że nie może o nic księdza prosić, bo być może zadałby mu ból. Ale, skoro nie widzi przeszkód cywilnoprawnych, to z całego serca błogosławi temu przedsięwzięciu. Po błogosławieństwie swojego biskupa ksiądz Jan nie miał wyjścia”.

W lutym 1993 roku Jan Twardowski przysłał do szkoły list z rysunkiem dziurawca, o treści: „*Przyjmuję bardzo zaszczytne dla mnie i niezasłużone patronowanie Waszej szkole. Jestem wzruszony Waszą życzliwością dla mnie i uporem. Uważam, że za życia nie powinno się przyjmować takich wyróżnień. Jest to dla mnie zaszczytne, ale i kłopotliwe, bo mogę spotkać się z krytyką. Wiersze są oceniane bardzo różnie*”.

Postawił jednak warunek – nadanie patronatu odbędzie się cicho i bez pompy. I żadnych dziennikarzy.

Pod koniec września 1993 roku Jan Twardowski stał się żyjącym patronem białostockiej szkoły. Powiedział: „*Robię to wbrew sobie, z myślą o was*”.

Zaczęły się zgłaszać do poety kolejne szkoły. Skoro nie odmówił jednej, nie mógł odmówić innym. Za życia księdza około trzydziestu szkołom nadano jego imię.

---

[236] Tamże.

Podarunek dla księdza Twardowskiego od uczniów z jednej ze szkół jego imienia

Po uroczystości w szkole lubelskiej mówił: „*Gdy przyjąłem ten patronat, w jakiejś gazecie ukazał się paszkwil, w którym piętnowano fakt, że człowiek żyjący zostaje patronem szkoły*”[237]. Tłumaczył, że przyjmuje te wyróżnienia nie dlatego, że chce mieć pomniki za życia, tylko dlatego że powołaniem księdza jest być dobrym duchem i przewodnikiem.

Potrafił żartować z siebie: „*W jednej ze szkół podstawowych, które noszą moje imię, uczeń poproszony o wypowiedź na temat pana Twardowskiego, bohatera ballady Mickiewicza* Pani Twardowska, *powiedział: – Na początku jadał, pił, hulał, ale potem nawrócił się i zaczął pisać wiersze*”[238].

Tomasz Sławiński pamięta: „Pod koniec była fala nadawania szkołom jego imienia. Raz mówię: »No, ile to już szkół nosi imię księdza?«. A on: »*E, same podstawówki*«”.

Po śmierci poety kolejnych kilkadziesiąt szkół przyjęło jego imię. Także gimnazja i licea.

---

[237] Jan Twardowski, *Łaską zdumiony*, dz. cyt., s. 128.
[238] Tenże, *Autobiografia*, dz. cyt., t. 2, s. 330.

„Za wiersze o Bogu Nobla nie dają"

Można powiedzieć o nim przeciwstawne rzeczy i wszystkie okażą się prawdą. Taki paradoks.

*

Był przeczulony na punkcie swoich wierszy. Chciał mieć nad wszystkim kontrolę. Bardzo uważał, żeby nie zmieniono mu ani słowa. Dbał o kolejność drukowanych utworów, o jakość tomików i ich oprawę. Swoje stare wiersze uważał za słabe, nie chciał ich wydawać.

Dlatego w 1986 roku chciał wyrwać dwadzieścia dziewięć pierwszych stron ze zbioru *Nie przyszedłem pana nawracać*. Złość poety wywołało to, że nie dostał wcześniej książki do korekty i w druku ukazały się jego starsze utwory, których nie chciał publikować.

Maria Kędzierska: „10 października 1986 rok. Chciał mi napisać dedykację: Fatalnej kobiecie, fatalne wiersze, fatalny mężczyzna... Zadzwoniłam wieczorem, że wcale źle się nie stało, można się zapoznać z pierwszymi wierszami dziadka. Dziękował za pocieszenie. 12 października 1986 rok. Wpadłam w kapeluszu do dziadka. Wciąż zmartwiony ostatnim tomem".

Troszczył się o wygląd książek.

Z dziennika Marii Kędzierskiej: „13 lutego 1987 rok. (...) Złościł się na ilustracje w *Nowym zeszycie w kratkę*. Powiedział, że woli opowiadania dla dzieci niż wiersze. 16 lutego 1987 rok. (...) Twierdził, że biedronki mają nogi schowane, a na *Nowym zeszycie* są jakieś pluskwy czy stonki".

*

Wcale mu aż tak bardzo nie zależało na wierszach. Nie bał się prosić innych do pomocy w ich pisaniu. Lubił czytać znajomym swoje utwory. Słuchał ich rad. Stosował się do nich.

Ksiądz Roman Trzciński zapamiętał, że ksiądz Twardowski, na początku lat siedemdziesiątych, czytał mu swoje wiersze z małych kartek i pytał o ich odbiór: „Pamiętam, że wiersz *Śpieszmy się kochać ludzi* miał ze dwie linijki więcej. To był jakiś lekki, dowcipny komentarz odnoszący się do zmian politycznych. Potem zniknął. Pamiętam też, jak później napisał wiersz o papieżu w krótkich spodenkach. I pytał, czy tak może być, czy to nie jest gorszące, niepoprawne".

Ksiądz Józef Dziekoński, także poeta, duszpasterz w białoruskich Baranowiczach, przyjaciel Jana Twardowskiego, pisze do mnie w liście: „Gdy byłem już diakonem, w 1986 roku, przywołał mnie do zakrystii i powiedział: »*Ty znasz moje wiersze. Szukam tytułu do tomiku. Może* Po prostu, Zwyczajnie«. Tak głośno myślał. Ja na to: »W wierszach księdza jest przyroda, jakiś taki naturalny ogród ZOO«. Ksiądz Jan chwycił ze stołu Nowy Testament i otworzył na chybił trafił. Zaczął czytać tekst: „pokorny jedzie na osiołku". Ja przerwałem mu, konstatując: *Na osiołku*. I tak powstał tomik *Na osiołku*. Podarował mi potem jeden taki tomik i podpisał, ale komuś się spodobał".

Ada Schollenberger: „Kiedyś ksiądz Jan zaszczycił mnie prośbą o korektę tomika wierszy. Miałam sprawdzić, czy nie ma błędów w maszynopisie. Były literówki! Poprawiłam. Byłam cała dumna".

Waldemar Smaszcz na początku lat dziewięćdziesiątych opracowywał dla wydawnictwa Łuk tom poezji Jana Twardowskiego. Wspomina: „Ksiądz dał tytuł tomiku *Niewidzialne ręce*. Wydawca odmówił. Niewidzialne ręce kojarzyły się z książką Arkadego Gajdara *Timur i jego drużyna*. Ksiądz Twardowski mówi do mnie: »*To ty coś wymyśl*«. Ja: »Może *Tyle jeszcze nadziei*?«. I tak poszło, ksiądz był zadowolony. Zażartowałem, że tytuł jest dobry, bo ksiądz go sam napisał.

Był prostolinijny. Kiedy brakowało mu w wierszu jakiegoś słowa czy zdania, potrafił poprosić: »*Podpowiedz*«.

W marcu 1997 roku byłem u księdza jak zwykle co tydzień. Ksiądz cały rozemocjonowany: »*Całe szczęście, że jesteś! Za trzy godziny będzie tu telewizja z programem* Ziarno *i chcą ode mnie wiersz na Niedzielę Palmową. A przecież ja o tej porze wierszy nie piszę*«. »A ma ksiądz coś?« »*No mam, parę frazesów, ale gdzie im tam do wiersza*«. I rozpoczęła się praca. Przytakiwałem księdzu, czasem podrzucałem pojedyncze słowa. W końcu liryk *Dwa osiołki* był gotowy. Nieoczekiwanie ksiądz powiedział: »*Ale podpisujemy razem*«, i naprawdę nie żartował. Mówię: »No, proszę księdza, nic z tego. Po pierwsze, oni chcą wiersz od księdza, nie ode mnie. Po drugie, ja jestem krytykiem, a nie poetą. Po trzecie dwóch autorów do małego wierszyka to niepoważne«. To ksiądz na to, że w takim razie wiersza nie da. Jak tu wybrnąć? Telewizja ma być za pół godziny. Nagle wpadłem na pomysł: »Moja córka ma jutro urodziny. Niech ksiądz Dominice ten wiersz zadedykuje i jakiś Smaszcz przy nim będzie«. Tak się stało".

Dwa lata przed śmiercią, w 2004 roku, oddanie całkowitej kontroli nad swoją twórczością postronnej osobie skończyło się kompromitacją księdza. Aleksandra Iwanowska otrzymała w prezencie ślubnym od poety wiersz *Cień*. Zamieściła go w wydanym w tym samym roku tomie poezji *Zawsze na zawsze* z dedykacją *Aleksandrze i Tadeuszowi*. Promocja odbyła się w Bibliotece Narodowej.

Nauczyciel akademicki, który chce pozostać anonimowy, mówi, że rozdzwoniły się telefony. Do niego zadzwonił kolega jeszcze z korytarza biblioteki: „Słuchaj, straszna chryja w Narodowej. Promują wiersz Lechonia jako Twardowskiego".

Wiersz *Cień* okazał się lekko zmienionym utworem Jana Lechonia *Mickiewicz zmęczony*, który ukazał się po raz pierwszy w nowojorskim „Tygodniku Polskim" w 1944 roku.

Lechoń: „Powróciwszy do domu od Sekwany strony, / Mickiewicz się rozebrał z splamionej czamary / I położył na łóżku. Nie był jeszcze stary, / Lecz bardzo wiele cierpiał i był już zmęczony. // I oto ledwo zasnął, a w tej samej chwili / Zobaczył starą ławkę nad srebrnym jeziorem / I w sukni, którą miała pamiętnym wieczorem, / W lekkiej woni akacji spłynął cień Maryli. // Jej wargi wyszeptały: „Nasza miłość – cmentarz, / Między nami jest morze rozlane ogromnie, / I za dnia tylko bitwy i wodzów pamiętasz, / Lecz kiedy zamkniesz oczy, zawsze myślisz o mnie".

Twardowski: *„Powróciwszy do siebie od Sekwany strony / Mickiewicz się rozebrał ze splamionej sukmany / i położył do łóżka. Nie był jeszcze stary / ale wiele wycierpiał i był już zmęczony. / I właśnie w takiej chwili kiedy zamknął oczy / zobaczył czarną ławkę nad srebrnym jeziorem / i w sukni w której była pamiętnym wieczorem / w rzewnym blasku akacji ujrzał cień Maryli. / Jej usta wyszeptały: – Nasza miłość – cmentarz / między nami rzeki wezbrały ogromne / za dnia tylko bitwy i wojny pamiętasz / lecz kiedy zamkniesz oczy tylko myślisz o mnie"*[239].

Nauczyciel akademicki: „Jan Twardowski znał poezję Lechonia. Przypuszczam, że spisał ten wiersz z pamięci, podarował go pani Iwanowskiej. A ona wydrukowała go jako wiersz księdza. Ale sądzę, że zrobiła to zupełnie nieświadomie".

Wiersz *Cień* ukazał się jeszcze w dwóch innych książkach pod nazwiskiem Jana Twardowskiego, lecz z adnotacją *Śladami Jana Lechonia*[240].

---

[239] Jan Lechoń, *Mickiewicz zmęczony*, w: tenże, *Poezje*, Wrocław – Warszawa – Kraków – Gdańsk – Łódź 1990, s. 101; Jan Twardowski, *Cień*, w: tenże: *Zawsze na zawsze*, zebr. Aleksandra Iwanowska, Warszawa 2004.

[240] Chodzi o zbiory *Zaufałem drodze. Wiersze zebrane 1932–2004*, zebr., oprac. i posł. opatrzyła Aleksandra Iwanowska, Warszawa 2004, oraz *Nadzieja, miłość, spisane pacierze. Wiersze wybrane*, Białystok 2005.

Nauczyciel akademicki: „I to już niedopuszczalne. Przecież wiadomo, że nie był to wiersz księdza Jana, po co więc udawać, że jest inaczej?".

Pytam: „A może ksiądz myślał, że to jego wiersz? Miał już prawie dziewięćdziesiąt lat".

Odpowiada: „Nie, nie. Był już bardzo stary, ale tak bardzo nie mógłby się pomylić".

*

Skromność Jana Twardowskiego była legendarna. Znał jednak swoją wartość jako poeta.

Jan Turnau, dziennikarz katolicki: „Kiedyś przysłał nam do »Więzi« tekst o początkującym poecie, którego chwalił. To był malutki tekścik, słabiutki. Musiałem to przepychać w redakcji, żeby wzięli. Ale jak mu powiedziałem, że są opory, złościł się, choć w ogóle imponował mi skromnością. Należało to wydrukować, bo napisał to ksiądz Twardowski, autorytet pisarski i moralny".

Cenił współczesnych poetów. Lubił poezję Wisławy Szymborskiej. W 1986 roku, po przeczytaniu jej wierszy, zmartwił się, że jego są takie błahe.

„Uważał, że jest mistrzynią formy – mówi ksiądz, który znał dobrze poetę. – Ale jej wiersze były dla niego obce, bo bez Boga. Czytał je jednak uważnie, z zainteresowaniem, poznawał zupełnie inny świat. Gdy dostała Nagrodę Nobla, spytałem: »Kiedy czas na mistrza?«. Odburczał: »*Za wiersze o Bogu Nobla nie dają*«".

Jerzy Illg, redaktor naczelny Znaku, na początku lat dziewięćdziesiątych odpowiadał w wydawnictwie za poezję. Spotykał się wtedy z księdzem Twardowskim. Opowiada: „Właściwie lejtmotywem naszych spotkań było zdanie księdza: »*Ach, pan taki łaskaw dla mnie. A czy pan nie dokłada do mnie, czy to się sprzedaje?*«. Oczywiście miał pełną świadomość tego, że sprzedaje się świetnie. Ale mruczał jak zadowolony kocur, kiedy mówiłem, że nie tylko kupują, ale i kochają. I kiedy mówiło się przy nim o Miłoszu czy Szymborskiej, że te Noble, te splendory, to on, tak wyczuwałem, myślał sobie: »Dobra, dobra, ale to i tak moje książki mają największe nakłady«. Ta jego skromność i pokora maskowały spore *ego*".

W piekle

Sława

Był wszędzie. W setkach tysięcy egzemplarzy. Jan Twardowski w okładkach miękkich, Jan Twardowski w okładkach twardych, z biedronką na obwolucie, zdjęciem ptaka, rysunkiem dziewczynki, z tłoczonymi na płótnie złoconymi literami, w wydaniu bibliofilskim i masowym, w kiosku Ruchu, księgarni, na straganie, na zaproszeniach ślubnych i w nekrologach.

Między rokiem 1980 a 1989 wydano zaledwie jedenaście tomików poezji księdza i dwie książki z prozą dla dzieci.

Między rokiem 1990 a 1995 wyszło około dwudziestu zbiorków poezji, nie licząc wznowień, prozy dla dzieci, zbiorów i wyborów myśli, aforyzmów, anegdot i tomów wierszy łączonych z prozą.

Nikt nie jest w stanie zliczyć, ile tak naprawdę wydano książek z wierszami księdza do 2006 roku. Ale wszystko, co zostało po 1989 roku sygnowane nazwiskiem Twardowskiego – sprzedawało się na pniu.

„Poszedł już!?"

Znalazł się w piekle popularności. Jeszcze się z początku bronił. Zakazywał organizować wystawy na swoją cześć, „bo to bardziej obmówią, niż obejrzą", odmawiał wyjazdów na wieczory autorskie. Powoli się jednak poddawał.

Czytelnicy i wierni szturmowali nieustannie.

Tadeusz i Czesław Olszewscy, bracia sąsiedzi, przyjaciele, starali się zapewnić księdzu spokój. Wspominają: „Zakrystię upodobały sobie szczególnie starsze panie, które zamęczały księdza opowiastkami o wnuczkach i kotkach. A on cierpliwie ich słuchał. Ale bez przesady, były tam i poważne rozmowy".

Siostra Nepomucena pamięta jedną panią, która nie dawała księdzu spokoju. Mówi: „Raz mnie ksiądz poprosił: »*Siostro, nie mam już do niej siły, nie bardzo się czuję. Może siostra z nią porozmawia?*«. Ona była psychiczna, ale ksiądz nigdy nie dał jej tego odczuć, że wie. Zniknął, a ja musiałam z nią godzinę rozmawiać".

Tadeusz Olszewski: „Raz dobija się do drzwi kapelanii młoda dziewczyna. Schodzę na dół, otwieram. Ona mówi, że musi koniecznie teraz się widzieć z księdzem. Ja na to, że ksiądz śpi, musi odpocząć. A ona: »To obudźmy go teraz, a potem sobie znów uśnie. Bo ja napisałam cztery wiersze i ksiądz musi je przeczytać, ocenić i zdecydować, jaką mam dalszą drogę obrać. Studiuję fizykę, właśnie mam okienko«".

Czesław Olszewski: „Takie historie to codziennie. Setki telefonów, nieraz o jedenastej w nocy. Koniecznie muszę poprosić księdza do telefonu, bo to coś bardzo pilnego. No dobrze, budzę go, przychodzi na korytarz gdzie telefon, bierze słuchawkę, a tam jakaś pani: »Proszę księdza, tak się martwię, kotka mi uciekła!«. Po piętnastu minutach ta sama pani, ale ja już księdza nie wołam. »Dobrze, to proszę powiedzieć księdzu, żeby się nie martwił. Kotka wróciła«".

Tadeusz Olszewski: „Jak ksiądz trafiał do szpitali, to zawsze staraliśmy się zapewnić mu spokój. Jeden pan, co pisał wiersze, zamęczał księdza, żeby napisał dla niego wstęp do książki. Przyszedł: »Ale ksiądz musi mi to napisać«. Tłumaczę, że ksiądz w szpitalu, na OIOM-ie, i lekarze nie wpuszczają. On na to: „A ja wiem, jak się tam wchodzi. Trzeba włożyć biały fartuch i udawać lekarza«. Ja: »Za bardzo cenimy zdrowie księdza, żeby na coś takiego pozwolić«. To nas wyzwał. Mówię: »Ksiądz jest śmiertelnie chory«. On: »Dla mnie moje wiersze to też sprawa życia i śmierci!«".

Wciąż miał gości w mieszkaniu.

Mówi jeden z przyjaciół księdza: „Czasem nie mógł nawet pójść do toalety. Posyłał wtedy gościa do kiosku po ołówki, choć wcale ich nie potrzebował, ale zyskiwał w ten sposób chwilę dla siebie".

Tadeusz Olszewski: „Czasem ksiądz był zmęczony albo zajęty pilną sprawą i prosił, żeby nikogo nie wpuszczać. Ktoś pukał, schodziłem, mówiłem, że księdza nie ma. Jeszcze gość nie wyszedł, a ksiądz dekonspirował się wołaniem z góry: »*Poszedł już?! Nie gniewa się?*«".

Krystyna Gucewicz, poetka, przyjaciółka księdza, mówi: „Przychodziło mnóstwo ludzi, całe wycieczki. Basia Stefańska, emerytowana śpiewaczka operowa, opiekunka księdza pod koniec jego życia, dobry człowiek, ale naiwny, wpuszczała wszystkich. Dzieci ze szkół w całym kraju, nawiedzonych turystów, cwaniaków, którzy chcieli wykorzystać nazwisko księdza do swoich celów. Podsuwali mu jakieś papiery do podpisania, nie czytał, tylko z uśmiechem »rozdawał autografy«. Byłam świadkiem takich scen, sama wyprosiłam młodych ludzi, którzy podsunęli

Kafel z pieca w mieszkaniu księdza Twardowskiego z autografem jednego z gości

księdzu manifest zielonoświątkowców. Prosili »tylko« o podpis potwierdzający patronat księdza Twardowskiego".

Bywało, że goście zabierali sobie coś na pamiątkę z wypełnionego przedmiotami pokoju poety bez jego zgody. Ginęły anioły.

Aldona Kraus opisała to we wspomnieniach: „*– Niedawno jednego anioła ukradła mi znajoma pani i do tego na moich oczach* – ksiądz zamyślił się. (...) – Jak to ukradła? – pytałam zdumiona. – (...) *Tego dnia po rozmowie długo oglądała wszystkie moje stojące i wiszące skarby. Nagle jednego anioła schowała do torby. Widząc, co robi, oniemiałem. Patrzyłem na nią jak sroka w gnat. Milczałem. »– Co się tak ksiądz patrzy?« – ofuknęła mnie. – »Po co Twardowskiemu tyle aniołów? Żałuje mi ksiądz czy co?« Dalej milczałem, zdumiony jeszcze bardziej. »– A jednak ksiądz mi żałuje« – powiedziała z przyganą w głosie. – »Czy ten anioł ze złota?« »– Nie ze złota, ale to pamiątka« – nareszcie odzyskałem głos*"[241].

W roku 2000 ktoś ukradł księdzu ludową rzeźbę drewnianej baby z kogutem w objęciach, która zwykle stała na parapecie. Po roku zgłosiła się do księdza znajoma, przyznała, że skradła rzeźbę, i oddała inną, podobną. Jan Twardowski udzielił jej rozgrzeszenia.

---

[241] Aldona Kraus, dz. cyt., s. 53.

Uprzejmy, grzeczny, delikatny, nie potrafił powiedzieć, że często się nudzi z obcymi sobie ludźmi, którzy przyszli go odwiedzić. Lubił wizyty dzieci, choć przyznawał, że są bardzo męczące. Rysowały mu na białych kaflach pieca biedronki, kwiaty, zwierzęta. Z czasem autografy na piecu zaczęli zostawiać także dorośli.

Aldona Kraus wspomina: „Lubił, żeby rozmowa była jędrna. Nie lubił pustych rozmów, takich o pogodzie. Żadnych długich uwielbień. Jak chciał, żeby goście sobie poszli, czasem niczym aktor zapadał w drzemkę. Bywało, że naprawdę zasypiał. Ale nieraz była to drzemka na życzenie".

Otoczony tłumem był samotny.

Dyktafony

Męczyli go dziennikarze. Byli inni niż ci, którzy rozmawiali z nim w latach osiemdziesiątych. Tamci próbowali analizować poezję Twardowskiego, szukali w niej głębi. Tych bardziej interesowało to, co ksiądz jada na obiad.

Wywiady były nużące. Reporterzy zadawali te same pytania o życie, śmierć, miłość, biedronki, zwierzęta. Rzadko zdarzały się interesujące rozmowy.

Nie chciało im się nawet sprawdzić, kiedy dokładnie urodził się poeta. Nieliczni pisali, że w 1915, ale większość, że w 1916. Później różne gazety, w różnych latach, obchodziły hucznie okrągłe rocznice urodzin księdza. Nie prostował tego.

Czasem odmawiał wywiadu. Bywało więc, że reporterzy przychodzili jako zwykli odwiedzający z dyktafonami w ukryciu. Aldona Kraus pamięta dziennikarkę, która po spotkaniu z poetą wyjęła trzy dyktafony.

Media go wykorzystywały do swoich celów. Tomasz Sławiński, zanotował w dzienniku: „21 kwietnia 1993 rok. Rano u księdza. Jest załamany, bo umieszczono jego podpis wśród popierających Marka Edelmana. Jest to jakiś wewnętrzny spór, w który wplątano księdza. Jakaś pani zapytała księdza, co sądzi o Edelmanie, ksiądz powiedział, że wszystko dobrze, a baba wykorzystała to w »Gazecie Wyborczej«. Ksiądz się strasznie tym gryzł. Jego nazwisko umieszczono obok Turowicza, Balcerowicza i innych".

Sławiński mówi: „Ksiądz bardzo nie lubił, jak się go wciągało do różnych rozgrywek. Na jakieś listy. W pewnych sprawach uważał, że nie może występować, bo jest księdzem i to by rzucało cień na Kościół".

Spotkania autorskie przypominały próby bicia rekordu Guinnessa. W której sali domu kultury zmieści się więcej ludzi? Gazety informowały, że do trzystuosobowej sali biblioteki w miasteczku X wcisnęło się osiemset osób. A w miasteczku Y dużo ludzi odeszło z kwitkiem, ale sprytni siadali na parapetach otwartych okien.

Spotkania z poetą, przewidziane na dwie godziny, ciągnęły się do północy. Przez kilka godzin podpisywał książki. Monotonnie maleńkimi literkami wpisywał „*wdzięcznym sercem*", „*pamiętam w modlitwach*". Krystyna Gucewicz zamówiła dla niego pieczątkę z podpisem, żeby ułatwić rozdawanie autografów. Niestety pieczątka szybko zaginęła.

Helena Zaworska: „Poszliśmy kiedyś z księdzem Janem na targi książki w Pałacu Kultury. Miał tam podpisywać jakąś swoją książkę. Wychodzimy z windy, a tam na korytarzu kończy się gigantycznie długa kolejka. »A do czego ta kolejka?« – spytałam. »A do księdza Twardowskiego« – padła odpowiedź. Chwyciłam go za rękę: »Janku, proszę, nie przerażaj się, jakoś to będzie«".

Towarzystwo Miłośników Księdza

W latach dziewięćdziesiątych zaczął się dla księdza czas nagród, plebiscytów czytelników, honorów, uroczystości ku czci, uświetniania swoją obecnością imprez. Trudno to wszystko zliczyć. Otrzymywał nagrody literackie w Polsce i za granicą, został Kawalerem Orderu Uśmiechu, przyznano mu nagrodę wydawców katolickich „Feniks", nagrodę od stowarzyszeń ekumenicznych, order dla osoby szczególnie zasłużonej dla Polski, medal Senatu RP, tytuł Honorowego Maturzysty 2000 od liceum imienia Czackiego, bywał honorowym obywatelem polskich miast.

W 1999 roku został uczczony doktoratem *honoris causa* Katolickiego Uniwersytetu Lubelskiego.

W 2003 roku mianowano go Prałatem Honorowym Jego Świątobliwości.

Waldemar Smaszcz żartuje, że bywał często zastępczym księdzem: „On nie znosił takich imprez. Potrafiłem mieć telefon o dwudziestej trzeciej: »*Słuchaj, trzeba pojechać jutro do Wrocławia. Obiecałem tam być, ale nie mogę*«. Oponowałem, że przecież jestem w Białymstoku, że nie zdążę, nie pojadę. Mówił: »*Nic się nie martw. Przyjedź pociągiem do Warszawy, a tu już będzie na ciebie czekał samochód*«. I jako ten wicekśiądz przejechałem całą Polskę. Od Grudziądza, gdzie w 1996 roku odbierałem Nagrodę imienia Księdza Janusza Pasierba, przyznawaną przez miejscowy Klub Inteligencji Katolickiej – siedziałem w fotelu, a sam biskup mi się kłaniał – po Wrocław, gdzie była sesja poświęcona twórczości księdza Twardowskiego. Ksiądz na sesjach w ogóle nie bywał. »*A jak usnę?*« – pytał. Raz dostał zaproszenie do galerii Porczyńskich na wieczór zorganizowany ku czci zmarłego ambasadora Szwecji, pod tytułem »Śpieszmy się kochać ludzi, tak szybko odchodzą«. Krzysztof Kolberger miał czytać wiersze, wśród gości zaproszony był prymas Glemp. »Idzie ksiądz?« – spytałem. Powiedział: »*No co ty. Prymas będzie, to gdzie ja. A ty byś na moim miejscu poszedł?*«. Ja: »Poszedłbym«. Ucieszył się: »*A to idź, a potem mi wszystko opowiesz*«".

Nie wiadomo, jak poeta zareagował na powstanie w 1998 roku Towarzystwa Miłośników Poezji Księdza Jana Twardowskiego. Na pewno nie był zachwycony. Pomysłodawcą towarzystwa był dawny uczeń poety ksiądz Waldemar Wojdecki, autor modlitewników. „Z zebranych przeze mnie informacji wynika, że publikacje księdza Jana Twardowskiego osiągnęły łączny nakład około miliona egzemplarzy"[242] – pisał ksiądz Wojdecki. Zapowiedział gromadzenie twórczości i spuścizny po Janie Twardowskim w jednym miejscu, budowę Domu Pracy Twórczej towarzystwa i prosił na łamach swojej książki o dotacje na ten cel.

Jan Twardowski jeszcze na własnym pogrzebie został uhonorowany Krzyżem Komandorskim Orderu Odrodzenia Polski. Wyróżnienie odebrała Aniela Truszkowska, siostrzenica księdza.

[242] Jan Twardowski, *Rozmowy pod modrzewiem*, dz. cyt., s. 141.

Wydawcy

„Powiadamiam, że ukazał się na rynku tom moich wierszy pt. 99 wierszy *(wydawnictwo nie ujawniło swojej nazwy i adresu). Tom ten ukazał się bez mojej zgody, bez podpisania umowy. Dołączone posłowie zupełnie wypacza sens moich wypowiedzi. Jan Twardowski"* – „Polityka" 1994, nr 14.

Wydawcy brali wiersze księdza jak swoje. Taki dobry człowiek, na pewno nie odmówi. Jedni drukowali go bez pozwolenia, inni starali się je zdobyć. Nie było to trudne. Szczególnie później, gdy już nie miał sił na jałowe rozmowy. Podsuwali mu jakieś kwity, podpisywał, byle już poszli. Obiecywali, że zapłacą. Uczciwe wydawnictwa płaciły tantiemy. Inni płacili tylko trochę albo wcale. Ci z resztkami sumienia tłumaczyli, że kiedyś oddadzą pieniądze z honorarium autorskiego, ale właśnie mają przejściowe kłopoty. Bywali tacy, którzy mówili poecie, że jego wiersze przyniosły im milionowe straty.

Jerzy Illg ze Znaku: „Wisieli na nim wszyscy, od archidiecezji po różne wydawnictwa. Wydaje mi się, że jemu prawie nikt nie płacił, ale za rękę nikogo nie złapałem. Pewnie się rozgrzeszano, że to boży człowiek i na pieniądzach mu nie zależy. Widać było po tej jego pocerowanej sutannie i ubogim gospodarstwie, że żyje bardzo skromnie.

Denerwowało mnie, że my wydajemy nowy tom księdza, a w innym wydawnictwie natychmiast wychodzi kolejna edycja wierszy zebranych, gdzie są już wiersze z naszego tomu. Ale księdza trudno było traktować jako partnera kontraktów wydawniczych. Bo co zrobić? Próbować go »dyscyplinować«? Mieć pretensje? Nie bardzo to sobie wyobrażałem. Trzeba było uznać, że sprzeda się nam i tamtym.

Ale kiedyś, naprawdę już wkurzony na nieuczciwych wydawców, postanowiłem zaproponować księdzu, że Wydawnictwo Znak będzie reprezentować jego interesy, jako agent. Nasz dział praw mógłby w jego imieniu podpisywać wszystkie umowy i to by oznaczało ściąganie należności. Nikt nie mógłby sobie z nim pogrywać. Ale on się tego bał. Wiedział, że będzie musiał wtedy odmawiać ludziom, powołując się na to pismo, które mu przywiozłem. Bał się, że będą u niego siedzieć, błagać o zgodę na druk, bo inaczej zbankrutują, bo nie będą mieli na leczenie swoich chorych dzieci".

Waldemar Smaszcz pamięta propozycję Znaku. Mówi: „»Gazeta Wyborcza« też miała podobny pomysł. Ale on odmówił, bo nie traktował wierszy jako samej poezji. Dla niego to był rodzaj działalności duszpasterskiej. Mawiał, że wiersze nie przeszkadzają mu w posługiwaniu. Mówił tak: »*Słuchaj, a jakbym tylko w Znaku drukował, to ja tylko do pewnych ludzi dotrę. A tak, to mnie w Rzeszowie drukują i tam czytają*«. I dlatego pieniędzy nie chciał. A nawet jak je dostawał, od razu rozdawał. Powtarzał: »*Zobacz, jak to jest, na moich wierszach tylko ty i ja nie zrobiliśmy majątku*«. On świetnie zdawał sobie z tego sprawę, że go wykorzystują".

Jerzy Illg wspomina: „Księdza zagarniała też Aleksandra Iwanowska. Tak niepostrzeżenie, małymi kroczkami. Najpierw przepisywała jego teksty na komputerze, a potem to już tylko u niej były ostateczne wersje wierszy, tylko ona mogła być redaktorem jego książek, tylko jej fotografie mogły być wykorzystywane w tomikach.

To nie takie trudne być redaktorką księdza Twardowskiego. Przepisać wierszyki i je uporządkować. Współpracowaliśmy przy którymś z jego zbiorów, gdy pani Iwanowska zażądała od nas pięćdziesięciu procent honorarium autorskiego należnego księdzu. To mnie rozjuszyło do czerwoności. Powiedziałem, że u nas redaktorzy mają określone stawki i nie pozwolę, żeby było inaczej, zwłaszcza w wypadku tego autora. Żeby redaktor, który pełni w końcu funkcję usługową, ograbiał go z połowy honorarium – to niedopuszczalne. I na tym się właściwie współpraca naszego wydawnictwa z księdzem Janem zakończyła".

Anin

Dom – duża, szara kostka – stoi przy piaszczystej drodze. Jest ogród, jest las, są inne domy wokół. Spokój. Ptaki śpiewają. Wiosną kwitną forsycje, latem kwiaty. W domu mieszka Aldona Kraus, okulistka, która pisze wiersze, wdowa, matka czterech synów, przyjaciółka księdza Twardowskiego. Poeta spędził tu pięć ostatnich w swoim życiu wakacji.

Aldona Kraus, energiczna, niewysoka, o hiszpańskich rysach, szaleje po parterze domu z nogą w gipsie. Uległa kontuzji na nartach, była operowana. Ale już kuśtyka do kuchni po herbatę, już smaży kotlety, bo pewnie muszę być głodna, już przynosi tomiki księdza z dedykacjami. Jeszcze pogłaszcze w przelocie seterkę irlandzką, staruszkę, z którą poeta był zaprzyjaźniony, i odbierze trzy telefony. Tylko do pokoju na piętrze, który zajmował Jan Twardowski, gdy tu bywał, wysyła mnie samą. I już możemy rozmawiać.

Aldona Kraus mówi: „Wielokrotnie przyjeżdżałam odwiedzać księdza do Lipkowa, kiedy spędzał tam wakacje. »*Tylko zabierz ze sobą psa*« – prosił. Uwielbiał psy. Ale siostry prezentki wyprowadziły się z Lipkowa i któregoś roku ksiądz nie miał dokąd jechać na wakacje. Bywał u nas wcześniej gościem. Przywoziłam go, jak kwitły forsycje i mirabelki lub na kolędowanie. I w roku 2000 zaproponowałam, żeby przyjechał do mnie, do Anina, na miesiąc wakacji. »*No, jeśli mnie zniesiesz*« – powiedział.

Pierwsze cztery dni były ciężkie, bo wstawał o czwartej rano. Mył się głośno, puszczał wodę, golił się. Wszystkich budził. Syn mnie w końcu poprosił: »Mamo, zapytaj księdza, może zegarek ma źle nastawiony«. Zasugerowałam księdzu późniejsze pobudki, powiedział, że nie da rady, bo wczesne wstawanie jest wpisane w jego kapłaństwo. Przyzwyczailiśmy się. Potem cały dzień się modlił, czytał, pisał, drzemał i smażył na słońcu. Uwielbiał to, a myśmy pilnowali, żeby się nie poparzył. Dużo rozmawialiśmy.

Na śniadania jadał najczęściej jajecznicę, na obiad ziemniaczki, kefiry i przemycane przez nas mięsa. Lubił ryby, sardynki z puszki, śledzie w pomidorach, placki ziemniaczane z cukrem. Raz tajemniczy ofiarodawca powiesił na bramie łososia. Ale była uczta!

Kiedy przyjeżdżał, mieliśmy już naszykowane polskie filmy. Uwielbiał *Lalkę* i *Krzyżaków*. Oglądanie *Faraona* było jego hołdem dla Bolesława Prusa i Jerzego Zelnika. Wypożyczyłam czarne płyty z całym *Panem Tadeuszem*, puszczaliśmy je na starym adapterze.

Miał wady, jak każdy mężczyzna. »*Ta koszula jeszcze dobra, może by jej nie zmieniać? Ogolić się? A, dziś się już goliłem*«. Trzeba było nad nim stać i nieraz porządnie tupnąć nogą: »Proszę natychmiast zmienić koszulę! Zaraz będą goście. I proszę dokończyć golenie. Jeden policzek gładki, a na drugim zarost«.

Miał dwie sutanny i obie szły w czasie wakacji do pralni, a ksiądz występował w cywilu. Przepadał za dżinsowymi koszulami. Jeśli odprawiał tutaj mszę, to był w bluzie i dresie, a na to nakładał białą albę, niekiedy tylko stułę. Ale raz był akurat ogromny upał, ksiądz siedział na tarasie w klapkach i bermudach. Cisza wokół, a nagle ksiądz pyta, jaki mamy dzisiaj dzień. Sergiusz, mój syn, powiedział, że sobotę. Czternastą trzydzieści. Ksiądz się zerwał: »*Przecież ja dziś udzielam ślubu! U Wizytek!*«. Krzyknęłam: »A sutanna od wczoraj w pralni!«. Na szczęście drugą miał w domu, jeszcze nie była wyprana. Wsiedliśmy w samochód i pognaliśmy do Warszawy. Podjechaliśmy pod kościół, para młoda i goście już czekali. Szyk, elegancja, przedwojenne samochody, bukiety, kapelusze. Chciałam podjechać od zakrystii, ale brama klasztorna była zamknięta. Ksiądz musiał więc w klapkach i bermudach przeparadować przed zdumionym tłumem. Sutannę, buty i skarpetki z kapelanii przyniosła szybko siostra Nepomucena. Ksiądz udzielił ślubu w bermudach pod sutanną.

Pisał wiersze. Na kartkach, długopisami żelowymi albo cienkopisami. Trochę mu ginęły te karteczki, bo czasami buchaliśmy je, choć były absolutnie nie do odczytania. »*O, zgubiłem jakąś kartkę. Pewnie ją schowaliście*« – mówił. »*Tak, na wieczną pamiątkę*« – śmialiśmy się.

Nazwałam go Kapewu – czyli Ksiądz Piszący Wiersze. Tak mówił o sobie. Ubóstwiał to, nie pozwalał tytułować się poetą. Dzwonił swoim secesyjnym dzwonkiem przywiezionym z Krakowskiego Przedmieścia i wołał z góry: „*Kapewu skończył drzemkę i zaprasza na rozmowę!*«. Mówiliśmy na niego też Buszujący w Książkach, bo przewracał naszą biblioteczkę do góry nogami w poszukiwaniu czegoś do czytania. Też mu się podobało.

Rozmawialiśmy o wszystkim, ale głównie o literaturze. Lubił Antoniego Gołubiewa, nasz ukochany temat to był *Bolesław Chrobry* tego autora. Czytaliśmy na głos fragmenty. Cenił Stefana Żeromskiego, czytał książki Moniki Żeromskiej.

Lubił Władysława Broniewskiego, przepadał za Melchiorem Wańkowiczem. Kiedyś nie chciał się zgodzić na zastrzyk, powiedziałam: »Oj, bo będzie szczypas z zakręcaniem!«. Ucieszył się: »*To z Wańkowicza!*«.

Bardzo żałuję, że nie nagrywałam jego opowieści o *Panu Tadeuszu*. Raz nawet miałam już gotowy pożyczony dyktafon. Ale ile razy zapytałam, czy mogę nagrywać, mówił: »*Jak nagrania, to ja już zmęczony jestem, nawet kolacji nie zjem. Ufam, że w tym domu dyktafonów nie ma*«.

Zawsze miał być *incognito*, ale to się udało tylko raz, jak był u nas remont, bo nikt się nie spodziewał księdza wtedy. A i tak to się szybko wydało.

Miewał tu prawie codziennie gości. Żartowaliśmy, że przychodzą do niego pielgrzymki. Bywał często Waldemar Smaszcz, który w 2004 roku z księdzem przygotowywał antologię poezji polskiej. Byłam świadkiem ich rozmów. Ksiądz dawał komentarze do każdej epoki. Wspaniała książka, szkoda, że wstrzymana.

Lubiliśmy się śmiać z księdzem. Jego *Niecodzienniki* i małą książeczkę ze słynnymi kawałami *Dookoła Wąchocka* czytaliśmy na okrągło. Kiedyś zawołał nas na górę. Był zmartwiony. Powiedział: »*No i doczekałem się. Kanonizacji nie będzie!*«. »Jak to? Czyjej kanonizacji?« – dopytywałam. »*Mojej! Spałem z Prążunią!*«.

Prążunia była naszą kotką".

Niecodziennik

Pod koniec lat osiemdziesiątych postanowił, że spisze zabawne historie, jakie mu się w życiu przydarzyły, zasłyszane dowcipy, anegdoty.

Tomasz Sławiński, architekt i przyjaciel poety, zanotował w swoim dzienniku: „11 kwietnia 1987 rok. Ksiądz pisze dziennik. Same dowcipy".

Pierwsze anegdoty ksiądz oddał do publikacji w 1990 roku krakowskiemu pismu „NaGłos".

W latach osiemdziesiątych „NaGłos" był gazetą mówioną, a dopiero po upadku komunizmu jego twórcy zdecydowali się na wydawanie jej normalnie, na papierze. Od drugiego numeru wydawcą pisma była Maszachaba, wydawnictwo związane z Ruchem Odnowy w Duchu Świętym.

Jerzy Illg wspominał w swojej autobiografii: „Zaczęliśmy w redagowanym przeze mnie z Bronisławem Majem »NaGłosie« drukować anegdoty, dowcipy i historyjki zapisywane przez księdza"[243].

Jan Twardowski w liście do Jerzego Illga, przed publikacją pierwszych anegdot, pisał: „*Warszawa 4 czerwca 1990 rok. Szanowny Panie Redaktorze. Po raz trzeci już piszę do Pana. Nie odpisał mi Pan ani na list ekspresowy, ani na list polecony. To się nie zdarza w stosunku do starego autora, który nie narzucał się Panu z tekstem. Zabrał mi Pan tekst, jak wspomniałem, nie sprawdzony, bez przemyślanej kolejności i w ogóle nie przygotowany do wydania. Miał Pan od razu przysłać odbitkę kserograficzną, czego Pan nie zrobił. To jest sprzeczne z dobrymi obyczajami. Proszę o natychmiastowy zwrot maszynopisu. Dziwiąc się Pana postępowaniu ks. Jan Twardowski. PS Teksty te przygotowuje do druku mgr Aleksandra Iwanowska z Uniwersytetu Gdańskiego*".

---

[243] Jerzy Illg, *Mój znak. O noblistach, kabaretach, przyjaźniach, książkach, kobietach*, Kraków 2009, s. 241, 242.

Po przeprosinach, już udobruchany, dopytywał się po publikacji w „NaGłosie": „*Warszawa 26 listopada 1990 rok. Drogi Panie Redaktorze, niestety nigdzie w Warszawie nie można dostać egzemplarzy drugiego numeru czasopisma »NaGłos«. Mam tylko jeden, od Pana. Proszę mi przysłać za zaliczeniem pocztowym 5 egz. Może to nie wypada, ale chciałbym zapytać, jak ten mój debiut został przyjęty, nigdy dotąd nie publikowałem tego rodzaju tekstów. Proszę łaskawie o parę słów odpowiedzi*".

Jerzy Illg: „Kiedy wobec wiecznego finansowego deficytu pisma postanowiliśmy je wesprzeć Biblioteką »NaGłosu«, otworzył ją tomik księdza Twardowskiego. Do dzisiaj jestem dumny z wymyślonego dla niego tytułu: *Niecodziennik*"[244].

Ksiądz chciał go wydać. Ale bał się opinii przełożonych. Oddawał teksty wydawnictwu, a potem zaraz je wycofywał.

„*Warszawa 25 czerwca 1990 rok. Drogi Panie (...) Nie mogę drukować 3 tekstów. 1. O wiejskim kościółku. 2. O namaszczeniu od tyłu. 3. O wyrzuceniu teściowej na zbity pysk. Teksty te są dla mnie szkodliwe. Jutro wysyłam zastępcze i jeszcze nowe*".

„*[Niedatowany] Szanowny Panie, dostałem tekst mojego* Niecodziennika. *Wydaje mi się, że dzisiaj kiedy powstały nieoczekiwane emocje z racji religii w szkołach i ataki na Kościół – mój tekst nie jest odpowiedni ani dla mnie, ani dla Was. Czy nie można go teraz wycofać? Jeżeli już nie można – to koniecznie proszę o wycofanie jednego fragmentu opatrzonego czerwoną cyfrą 9, jest to mowa o namaszczeniu chorej. Bardzo to teraz brzmi niedobrze. Fragment też jest dobrany nieodpowiednio i jest teraz drażniący, mogę mieć duże przykrości. Myślę, że można go jeszcze wycofać*"[245].

„*Warszawa 15 sierpnia 1991 rok. Bardzo przepraszam, ale muszę wprowadzić pewne zmiany w projektowanej książce. Proszę zrozumieć, że dla mnie w tej chwili jest bardzo niesprzyjający czas, bo moje władze są ogromnie uczulone na to, co się teraz pisze o księżach, o wierzących, o Kościele. Mogę dostać nakaz drukowania w przyszłości tylko za pozwoleniem władzy kościelnej, a tego bym nie chciał. Dlatego proszę o wycofanie trzech anegdot w całości. (...) To są teksty niewinne, ale mogą być źle wykorzystane. Przepraszam, że jestem taki kapryśny, ale jestem księdzem, w tej chwili są sytuacje bardzo dla mnie niedobre*".

Mała, chuda książeczka ukazała się w 1991 roku. Miała przeszło sto tysięcy nakładu. Sprzedało się wszystko. Jan Twardowski z *Niecodziennika* był tym samym bezkompromisowym Jankiem Twardowskim, który pisał zabawne recenzje w „Kuźni Młodych".

Zamieścił w *Niecodzienniku* dowcip: „*Czytałem, że dawno już temu jezuici pokłócili się z bernardynami o to, kto pisze lepsze wiersze.*

---

[244] Tamże.

[245] Wszystkie cytowane listy z korespondencji między księdzem a Jerzym Illgiem znajdują się w archiwum prywatnym Jerzego Illga.

– My piszemy jezuita i kwita – powiedział jeden z bernardynów.
– My piszemy: głupi bernardyn.
– Przecież tu nie ma rymów.
– Nie ma rymów, ale jest sens – tłumaczył jezuita"[246].

Ksiądz Jan pisał do redaktora Illga: „*Warszawa 8 stycznia 1992 rok. Drogi Panie (...) Podoba mi się okładka. Reakcje mam różne. Jedni się śmieją, a inni nawet oburzają. Proszę o dalsze oceny, bo to autora zawsze interesuje. Jak idzie sprzedaż?*".

Tomasz Sławiński pamięta, że Jan Twardowski otrzymał list od bernardyna oburzonego dowcipem w *Niecodzienniku*. Ksiądz przeprosił zakonnika w liście i napisał mu, że pociesza się tylko tym, że podobno papież Jan Paweł II, który dostał tę książeczkę od Jerzego Turowicza, uznał ją za dobrą dla polskiego Kościoła.

Jan Twardowski do Jerzego Illga: „*Warszawa 17 marca 1992 rok. Szanowny i drogi Panie (...) Mają także pretensje do mnie Kuria i Bernardyni. Jak dotychczas miałem dobre recenzje w takich pismach jak – »Wprost«, »Gazeta Wyborcza«, »Przekrój«, »Nowy Świat«. Podpisałem umowę na drugi nakład. Serdecznie pozdrawiam*".

Cztery lata po wydaniu *Niecodziennika*, już w Wydawnictwie Znak ukazał się *Niecodziennik wtóry*, a w roku 2000 *Niecodziennik cały*.

Ksiądz, jak poprzednio, za każdym razem przeżywał obiekcje, prosił o wycofanie oddanych już do druku tekstów. Jerzy Illg wspomina, że dzwonił i jeździł do księdza, namawiając go na pozostawienie zabawnych i niewinnych dowcipów. Ksiądz dopytywał się: „*Nie gorszy to pana?*". Illg zapewniał, że nikogo nie gorszy, że wszyscy się zaśmiewają. Mimo to bywało, że po powrocie z Warszawy do Krakowa zastawał już na biurku list ekspresowy od poety: „*Warszawa 9 marca 2000 rok. Szanowny Panie! Stanowczo proszę usunąć anegdotę podaną do* Niecodziennika. *»Jeżeli jest zakalec – trzeba babom wsadzić palec«. Zabroniono mi tego drukować. Jeżeli podał już Pan do druku – natychmiast proszę to usunąć, gdyż grożą mi wielkie przykrości. Ks. Jan Twardowski*".

[246] Jan Twardowski, *Niecodziennik*, Kraków 1991, s. 28.

„Najsmutniejsze rzeczy świata”

Biletem wstępu do księdza była przyniesiona anegdota albo dowcip.

Bronisław Chodorowski, kolega księdza z gimnazjum, który służył mu do mszy, mówi, że Jan Twardowski był łasy na różne żarty. Wspomina: „Taki mu raz powiedziałem. Zakopianka. Mróz ścisnął. Jedzie autobus. Za Poroninem zarzuciło go i zawisł nad przepaścią. Ludzie wysiadają. Jest też ksiądz. Kierowca: – Proszę księdza! Mało brakowało, a znalazłby się ksiądz w niebie. – Boże uchowaj! – krzyknął ksiądz. Bardzo się Janek śmiał”.

Bogusława Ch., znajoma księdza: „Mój mąż ma niezwykły talent do wymyślania dowcipów. Księdzu się podobały, przekazywał je dalej jako swoje. Nie mówię tu, że ksiądz robił to celowo. Po prostu po jakimś czasie myślał, że to on je wymyślił”.

Waldemar Smaszcz: „Bywały smutniejsze dni u księdza. Wtedy brał z półki jakąś uczoną rozprawę, otwierał ją i co trzy zdania się chichrał. Zawsze na leżąco, turlał się z radości, jakim językiem uczeni piszą”.

Poeta nie lubił ckliwości, wzruszenie przykrywał ironią. Kiedy zmarła mu pierwsza siostra, jeden z przyjaciół współczuł księdzu. Usłyszał: *„E tam, jeszcze dwie mi zostały”*.

Przekręcał słowa. Aktorkę Annę Polony nazywał Anną Polleną, o Zbigniewie Broniarku mówił – Zbigniew Zbrodniarek. Był wyczulony na zabawne wydarzenia, paradoksy, nonsensy życia codziennego. Zapisywał je na karteczkach.

Tomasz Sławiński zapisywał je w dzienniku: „28 listopada 1989 rok. Pękł rurociąg Przyjaźń. 24 lutego 1993 rok. Ksiądz miał wieczór autorski. (...) Towarzyszyli mu Marian Brandys, Hanna Krall, Jerzy Ficowski i ktoś jeszcze. Ksiądz usłyszał przed salą: »Sami Żydzi i ksiądz«. 24 marca 1993. Opowiadał o swoim odczycie w Rotary Club. Zamożni panowie, atmosfera rodzinna, ludzie wpływowi i ważni w swojej dziedzinie. Wśród ogłoszeń – kamizelki kuloodporne dla członków klubu jeszcze do dostania".

Krystyna Gucewicz: „Mówiłam do księdza Robaczku. Bardzo to lubił. Pragnął serdeczności, towarzystwa, rozmów. Był genialny w wymyślanych na poczekaniu powiedzonkach. Witał mnie: »*No gdzie się podziewałaś? Czekam na ciebie jak Telimena na Tadeusza*«. Uwielbiał żarty, miał niesamowite poczucie humoru. Mówię: »Robaczku, nie mogę wytrzymać, taka jestem gruba«. A on: »*Ta, co chudnie, to na Bródnie*«. A na Bródnie jest cmentarz. Rozmawialiśmy o wszystkim, literaturze, języku, szczególnie lubił zagadki etymologiczne. Wtedy wertowaliśmy słowniki i leksykony, ksiądz uwielbiał Kopalińskiego".

Nie znosił nadęcia, sztuczności, niepotrzebnej powagi. Wśród znajomych komentował różne jubileusze: „*Najsmutniejszą rzeczą świata – genitalia jubilata*". Zacytował to w *Niecodzienniku*.

Zaproszony w 1998 roku przez Piotra Najsztuba i Jacka Żakowskiego do telewizyjnego programu *Tok Szok* (ksiądz był w swoim mieszkaniu, łączność ze studiem odbywała się za pomocą telebimu), został zapytany, czy to wypada księdzu pisać takie rzeczy o genitaliach.

„*Ale ja tylko cytuję Gałczyńskiego* – odpowiedział. – *Poza tym, może to nawet i nie wypada, ale to prawda*".

Aldona Kraus wspomina: „Jak tylko ksiądz miał jakiś uroczysty wieczór, coś mu wręczano albo nagradzano, zawsze starałam się tam być z synem Sergiuszem. Raz kupiliśmy w sklepie z pamiątkami postument dla księdza w prezencie. Oczywiście miał być pod jego pomnik, ale podarek wcale nie był od nas, tylko od posągów, które napisały do księdza ostrzegawczo-gratulacyjny list. Wręczyliśmy to na tej wielkiej gali, było dużo śmiechu. Innym razem udekorowano księdza medalem. Dostał od nas poduszkę, wstążkę i wielką szpilkę – też z listem nie od nas, ale od medalu. Kiedy otrzymał na Zamku Królewskim nagrodę od Fundacji Kultury, daliśmy mu wielkie serce z napisem »Jesteś hit a nie kit«. Zdjęcia księdza z tym sercem ukazały się w gazetach".

W rocznicę dwudziestolecia pontyfikatu Jana Pawła II napisał wiersz dla Karola Wojtyły.

Waldemar Smaszcz mówi: „Panowało wtedy w kraju wielkie zadęcie z powodu rocznicy papieża. Ksiądz się z tego podśmiewywał. I któregoś razu mówi: »*Popatrz, co napisałem – Na dwudzieste Urodziny Ojca Świętego Jana Pawła II*«. To był wiersz dowcip, ksiądz nie pisał o pontyfikacie, tylko urodzinach. Ja mam inną wersję, niż pani Iwanowska podaje jako oficjalną. Proszę posłuchać: »*Szczęśliwy Dzień Urodzin / anioł by tylko zgadł / szczęśliwy Dzień Urodzin / jak śnieg święty uśmiechnięty / co w polskich Tatrach spadł. / Przemija wiek jak burza / wciąż w rękach Bożych świat / a On taki młody / skończył dwadzieścia lat*«[247]. I co się dalej dzieje? Papież odpowiada na każdą linijkę wiersza. Poznał się na dowcipie: »Drogi Księże. Serdecznie dziękuję za życzliwą myśl 'na dwudzieste urodziny' (...). Rzeczywiście, jak burza przemija ten wiek, ale nie tylko w tym sensie, że się kończy nagle. Burzliwe były lata, w których przyszło żyć naszemu pokoleniu. Opatrzność Boża pozwoliła nam jednak doświadczyć, że nawet przez najciemniejsze chmury przeziera słońce, a wraz z końcem burzy lepiej widzi się piękno nieba. Może tu właśnie tkwi tajemnica tej młodości, która – choć opiera się na lasce – przybiera kształt lat dwudziestu, albo tego chłopca z buzią otwartą, co wie, że 'choćby się cały Kościół zawalił, Bogu się mówi – tak'. Dziękuję Bogu za łaskę tych lat i tej młodości. Niech ona nas nie opuszcza. Niech Duch Święty przynosi Księdzu wiele natchnień do głoszenia Ewangelii gorącym sercem i poetyckim słowem. Z serca błogosławię Jan Paweł II«"[248].

---

[247] Jan Twardowski, *Wiersze największej nadziei*, Białystok 2003, s. 2.
[248] Tamże, s. 459.

Torba

Była tak ohydna, że trudno znaleźć coś brzydszego. Z czarnego, grubego ortalionu z fioletowymi uszami splecionymi ze sznura. Nosił ją wszędzie. W zakrystii, na wieczorach poetyckich, na uczelni i na spotkaniach ze znajomymi. Trzymał w niej książki, jakieś papiery, listy czy podarowany słoik miodu.

Aldona Kraus bardzo jej nie lubiła. Mówi: „Marzyłam, żeby się czymś zalała i była już nie do użytku. Ale księdzu by to nie przeszkadzało za bardzo. Musiałaby spłonąć albo zostać skradziona, żeby zniknęła z jego życia. On uważał, że to torba doskonała. Bo nawet jak się zaleje, nie będzie nic widać, bo jest czarna. Wiodłam boje o tę torbę z księdzem, bo była bardzo nieelegancka, w dodatku z ogromnymi, fioletowymi uszami. Z Londynu przysłał mi kartkę z pozdrowieniami i dopiskiem: »*Jestem z teczką, nie z torbą*«. Ale po Londynie zaraz do niej wrócił".

We wspomnieniach Aldona Kraus opisała wieczór ku czci poety: „Teatr nabity wielbicielami. Scena, fotel z epoki, a ksiądz na niej i w nim, z tym worem o fioletowych uszach. Recytacje! Laudacje! Dekoracje! Wiwaty! Kwiaty! I soczysta twardowszczyzna w odpowiedzi, a torba przy księdzu stoi i siedzi – rymowało mi się z niesmakiem w głosie.

– *Kto ją tam zauważył?* – poeta próbował bagatelizować sprawę.

– Wszyscy! Na pewno wszyscy!

– *A jednak nikt nie napisał, że chodzę z torbami!*"[249].

Torba wciąż wisi na drzwiach w mieszkaniu poety.

---

[249] Aldona Kraus, dz. cyt., s. 45.

Słynna torba księdza Twardowskiego

Szczelina

Nic o sobie

Jan Twardowski nie zamierzał nikomu się zwierzać. A już na pewno nie dziennikarzom. Miał dla nich gotowe odpowiedzi, zanim jeszcze zadali mu pytania. Zestaw identycznych zdań o sobie. Wypowiadał je kilkadziesiąt lat z rzędu, lekko tylko zmieniając.

Pytany przez reporterów o twórczość tłumaczył, że jest tylko księdzem piszącym wiersze i nie lubi słowa „poezja".

Pytany o przyrodę opowiadał o wakacjach w Druchowie i profesorze Gustawie Wuttkem, który nauczył go nazywać rzeczy po imieniu i kłaniał się drzewom.

Pytany o miłość mówił o Bogu.

Pytany o kobiety wyjaśniał, że ulega ich urokowi, że naturalną rolą kobiety jest rodzina, opieka nad dziećmi, a niezależność przyniosła im samotność – *„przecież lepszy najgorszy mąż niż żaden"*, o feministkach powiadał, że zna je z telewizji i że są to *„okropne baby"*. Proszony o życzenia dla czytelników na święta, mówił: *„Zdrowia i karetki pogotowia, żeby zdążyła na czas"*.

Nie chciał się zgodzić na napisanie swojej biografii, nie zamierzał opowiadać o sobie komuś do książki. Jerzy Illg przez wiele lat bezskutecznie namawiał Twardowskiego na nagranie mówionej autobiografii. W 1998 roku pisał do poety: „Jestem przekonany, że byłaby ona wielkim bestsellerem, że wszyscy księdza wielbiciele pragnęliby taką książkę przeczytać".

Jednak skorupa, w której się poeta schował, powoli pękała.

Waldemar Smaszcz: „Musiał zacząć mówić, bo pod koniec jego życia coraz więcej bzdur wypisywano o nim. Choćby o pierwszym tomiku *Powrót Andersena*, że cały nakład spłonął w powstaniu. Żartował, że najchętniej powiedziałby o sobie, że ma dwie nogi, w tym jedną kulawą, bo obie wariatki poszły na wojnę, a poza tym pod koniec wieku pisał wiersze spokojne".

Czasem, nie wiadomo dlaczego, ksiądz sam mówił nieprawdę o sobie. Przedstawiał dziennikarzom, że chociaż ma już dużo lat, to jako poeta jest nastolatkiem, bo zupełnie od niedawna jest drukowany. W 1997 roku w „Więzi" ukazała się rozmowa Agnieszki Kasprzak z księdzem. Poeta powiedział: „*Zacząłem pisać w czasach stalinowskich, gdy nie było żadnych możliwości drukowania wierszy religijnych. Ten temat był zupełnie zakazany i nie zanosiło się na to, aby coś się mogło zmienić w krótkim czasie. Nie miałem najmniejszej nadziei na drukowanie i wydawanie wierszy. Pisałem dla kilku znajomych (...) dopiero od roku 1980 znalazłem życzliwą atmosferę. Zaczęto mnie drukować, wznawiać*"[250].

Wywiad zdenerwował Józefę Hennelową z „Tygodnika Powszechnego". Napisała list do miesięcznika: „Rozumiem, że nie wszystko jest jednakowo godne zapamiętania. I że sam poeta nie musi przedstawiać szczegółowej biografii swojej twórczości. Ale fakty są takie, iż »Tygodnik Powszechny« drukował wiersze ks. Twardowskiego już w roku 1945. Do zamknięcia »Tygodnika Warszawskiego« i tam się one ukazywały. Przez długie lata raz na rok otrzymywaliśmy od ks. Twardowskiego duży zestaw i taka kolumna ukazywała się u nas, zazwyczaj jesienią. Pierwszy tomik wydało Pallottinum w roku 1959 i miałam wielką radość napisania o nim recenzji. A rozgłos zaczął się z wydaniem w roku 1970 w Wydawnictwie Znak tomiku *Znaki ufności*. (...) Zaczęły się recenzje, wznowienia, wieczory autorskie w całej Polsce. W kilku antologiach wydanych w latach siedemdziesiątych znalazło się miejsce dla kapłana-poety. (...) Wszystkie te dane czerpię nie tylko z własnej pamięci i serdecznych dedykacji poety na pierwszych tomikach, lecz nadto z monografii Andrzeja Sulikowskiego *Świat poetycki ks. Jana Twardowskiego* (...). Szkoda, że Redakcja nie sięgnęła do tej książki przed rozmową z poetą, po to by oddać sprawiedliwość faktom".

W końcu zgodził się na książki o sobie. Miały to być wywiady z nim przeprowadzone i przez niego autoryzowane. Mogli je napisać tylko zaufani ludzie, przyjaciele, znajomi. Żadnego samodzielnego szperania w jego życiu. Nie po to wyrzucał wszystko, co mogłoby później dać o nim świadectwo, żeby teraz wyciągano to na światło dzienne.

Waldemar Smaszcz: „Rwał listy i zdjęcia. Wyrzucał wszystko, niczego nie zbierał. Trochę rzeczy wyrzuconych do kosza wyjmowała dla mnie pani, która się jakiś czas zajmowała księdzem".

---

[250] Jan Twardowski, *Modlę się do Anioła Stróża moich wierszy*, rozmowę przeprowadziła Agnieszka Kasprzak, „Więź" 1997, nr 2.

Jan Twardowski mówił: „*Ksiądz czymś się musi różnić od świeckich, nie powinno mu zależeć na pokazywaniu siebie, uczono nas tak w seminarium, że ksiądz musi być dyskretny i skromny w mówieniu o sobie*"[251].

Na plebanii w Lesznie

Ksiądz Waldemar Wojdecki, dawny uczeń poety, po roku 1990 przeprowadził kilkanaście rozmów z Janem Twardowskim o znajomych pisarzach, poetach, malarzach i księżach. Początkowo drukowane w „Gościu Niedzielnym" zostały zebrane w dwóch książkach. Pierwsza ukazała się w 1996 roku *Na plebanii w Lesznie. Jan Twardowski opowiada, Waldemar Wojdecki notuje*, druga w 1999 roku *Rozmowy pod modrzewiem. Ks. Jan Twardowski opowiada, ks. Waldemar Wojdecki notuje*.

Waldemar Wojdecki zmarł w roku 2000.

„Jestem, bo Jesteś"

Helena Zaworska poznała księdza dość późno, bo w roku 1996, podczas promocji tomiku *Rwane prosto z krzaka*. Miała prowadzić spotkanie autorskie z księdzem. Zaprzyjaźnili się, Zaworska zaczęła bywać u poety w domu.

Jakiś czas później rozpoczęła pracę nad wywiadem rzeką z Janem Twardowskim. Przychodziła przez kilka miesięcy, dwa–trzy razy w tygodniu. Mógł mówić krótko, męczył się szybko. Leżał na łóżku, ona siedziała z drugiej strony, między nimi dyktafon.

W 1999 roku ukazała się książka *„Jestem bo Jesteś". Z księdzem Janem Twardowskim rozmawia Helena Zaworska*. Rok później tej samej autorki *Rozmowa z księdzem Twardowskim*.

„Niecodzienne rozmowy"

Marian Schmidt, fotograf, urodził się w Żyrardowie w 1945 roku, ale gdy miał rok, jego rodzice emigrowali do Wenezueli. W Stanach Zjednoczonych ukończył matematykę stosowaną, studiował fenomenologię muzyki, pierwsze komercyjne zdjęcie zrobił na okładkę płyty Carlosa Santany *Abraxas*.

---

[251] Tenże, *Łaską zdumiony*, dz. cyt., s. 6.

Księdza Jana poznał w 1976 roku, kapłan udzielił mu ślubu z Martą. Zaprzyjaźnili się. Mimo że Schmidtowie wkrótce wyemigrowali do Francji, pozostali z poetą w kontakcie. Za każdym pobytem w Polsce odwiedzali księdza. Fotograf robił Twardowskiemu zdjęcia, w 1989 roku zaczął nagrywać ich rozmowy. Nagrania trwały dziesięć lat.

Znajomy Mariana Schmidta mówi: „Nagle, przed wydaniem książki, ksiądz zaczął ją blokować. Ciągle odsyłał do poprawy, coś kazał zmieniać, dopisywać, wykreślać. To się ciągnęło w nieskończoność. Marian, który traktował księdza jak ojca, poczuł się bardzo zraniony. Nie wiedział, o co chodzi. Jak to? Przecież pracowali nad książką tyle lat. W dodatku dwa lata wcześniej wyszła książka Heleny Zaworskiej. Jan Twardowski dyktował jej niemal to samo co Marianowi. To już była niemal zdrada.

Zaczęły chodzić słuchy, że to Aleksandra Iwanowska nie pozwala księdzu podpisać zgody na wydanie książki. W końcu, gdy była w Sopocie, Jan Twardowski dał pozwolenie na publikację. Ale przyjaźń Schmidta z Twardowskim nigdy już nie wróciła".

Album Mariana Schmidta, ze zdjęciami i wywiadem *Niecodzienne rozmowy z księdzem Janem Twardowskim* ukazał się w 2000 roku.

Autor książki nie zgadza się ze mną rozmawiać o poecie.

Łaską zdumiony

Jadwiga Marlewska spisała i uporządkowała biografię księdza, którą jej podyktował do książki *Łaską zdumiony* w 2002 roku. Była historykiem sztuki, redaktor naczelną pisma „Inspiracje", pracowała w katolickim stowarzyszeniu Civitas Christiana. Znała bardzo dobrze Jerzego Pietrkiewicza, przyjaciela Jana Twardowskiego z „Kuźni Młodych", towarzyszyła mu w podróżach po kraju. Bywali we trójkę w Skępem, gdzie jest czczona figura Matki Bożej, Twardowski drukował w gazecie Marlewskiej krótkie komentarze ewangeliczne.

Na początku czerwca 2005 roku Marlewska gościła u księdza Twardowskiego na dziewięćdziesiątych urodzinach. Trzy tygodnie później wyszła z domu. Już nigdy nie wróciła. Szukała jej cała Polska. Zmarła tragicznie. Jej pogrzeb odbył się w 2009 roku.

Ludzie, których spotkałem

Biografie Jana Twardowskiego są dziwnie podobne do siebie. Ksiądz powtarzał te same zdania, używał podobnych określeń i porównań. Z Gustawem Wuttkem zawsze się kłaniali tym samym drzewom, z Anną Kamieńską szedł zawsze wśród tych samych grobów na Powązkach. Jakby nie chciało mu się powiedzieć nic nowego. Jakby spisał swój życiorys, nauczył się go na pamięć, a potem tylko cytował kolejnym autorom. Słowo w słowo. Ma się wrażenie, że wystarczy przeczytać jedną książkę, żeby wiedzieć, co będzie w następnej. Różnią się w szczegółach.

Dotyczy to także książki wywiadu Waldemara Smaszcza z księdzem *Ludzie, których spotkałem*, wydanej w 2001 roku.

Przyjaciel poety tłumaczy mi w liście: „Wszystko dlatego, że ksiądz Twardowski nie traktował tych rzeczy poważnie. Liczyła się poezja, na swoje biografie nie poświęcał za wiele czasu. Kiedy więc już jakiś tekst powstał – obojętnie, czy sam go napisał czy była to rozmowa – zawsze odtąd, kiedy była potrzeba, bądź sięgał do wydrukowanego tekstu, bądź kazał rozmówcy wziąć odpowiedni fragment. Ja miałem kilka takich zdarzeń. Przeprowadziłem z nim rozmowę o Jerzym Pietrkiewiczu, więc kiedy Jadwiga Marlewska wydawała wybór wierszy Pietrkiewicza z okazji Nagrody Pietrzaka, ksiądz po prostu kazał usunąć moje pytania i wydrukować jako wstęp. Przyzna pani, że zbyt spójne to nie mogło być. Pamiętam, że sam Pietrkiewicz, dyskretnie wprawdzie, ale nie krył swego rozczarowania. W dobrze pojętej miłości własnej oczekiwał kilku miłych słów przyjaciela, a znalazł akapity z rozmowy, którą już wcześniej znał. Podobnie było z książką o księdzu Januszu Pasierbie *Wstępujący na wzgórze*. Znalazł się tam tekst »wspomnieniowy« księdza, a tak naprawdę była to nasza rozmowa, tyle że znów pozbawiona pytań. Ale – powtórzę – tak było jedynie w przypadku tekstów, które niejako z góry wyłączał ksiądz ze swojej właściwej twórczości".

Zgoda na świat

Milena Kindziuk, redaktor prowadząca warszawską edycję tygodnika „Niedziela", była studentką filologii polskiej na warszawskim uniwersytecie, gdy postanowiła napisać pracę magisterską o poezji księdza Twardowskiego.

Wspomina: „To był rok 1995. Czytałam dużo wierszy księdza, poszłam powiedzieć, że piszę pracę. Ucieszył się i jak to on, skromnie: »*O mnie? Ojej*«. A przecież wiedział, że dużo ludzi pisało o nim.

Współpracowałam wtedy z »Tygodnikiem Solidarność«. Wpadłam na pomysł, żeby napisać o księdzu reportaż. Ucieszył się, zaprosił mnie do domu. Wypytywałam o różne rzeczy. Zaskoczył mnie, mówiąc, że spaceruje samotnie w Wigilie po Warszawie. To było takie księżowskie, wpisane w tajemnicę kapłaństwa. Byłam zafascynowana. Potem zaczęłam pracować w dziennikarstwie i zdecydowałam się zrobić wywiad książkowy z księdzem. Najpierw w 1999 roku wyszła w PAX-ie moja książka *Jedynie miłość ocaleje*. A potem, w wersji rozszerzonej, *Zgoda na świat* w krakowskim Wydawnictwie M w 2001 roku.

To nie miała być biografia księdza, tylko rozmowa o tym, jak widzi świat. Każde nasze spotkanie było na określony temat. Nie mówiłam mu wcześniej, o czym będziemy rozmawiać. Był świetnym rozmówcą, łatwo poruszał się po literaturze, od razu chwytał. Czy się otwierał? W tym sensie, że chętnie mówił o problemach, ale rzadko odnosił coś do siebie, mówił ogólnie.

Przy drugiej książce był już słabowity. Zaczynaliśmy rozmawiać i czasem już po dwudziestu minutach czuł się zmęczony, mówił »*ja już więcej nic nie powiem*«. Czasami kilka tygodni musiałam się spotykać dla jednego rozdziału, bo rozmowa trwała pięć minut. A czasem godzinę można było siedzieć, bo był w dobrej formie i poruszaliśmy kilka tematów równocześnie.

Widać było po nim, że już patrzy na drugą stronę. Nic go nie było w stanie zaskoczyć. Akurat była afera w Kościele z biskupem Juliuszem Paetzem. A on mówił: »*Pan Bóg jest nad wszystkim. Przeżyjemy*«.

Chciałam książki autoryzować. Zaczynałam czytać mu każdy rozdział, ale tylko machał ręką, że wszystko dobrze".

Układ

Po wydaniu *Zgody na świat* Wydawnictwo M zaproponowało Milenie Kindziuk udział w wydaniu dzieł zebranych księdza. Ksiądz się ucieszył, wyraził zgodę. Sam wymyślił układ: najpierw powinny się ukazać tomy z literaturą dziecięcą, później poezja, na końcu proza.

Milena Kindziuk wspomina: „Pół roku spędziłam w bibliotekach nad samą literaturą dziecięcą. Potem porządkowałam chronologicznie poezję".

W 2002 roku, gdy trzy pierwsze tomy dla dzieci już się ukazały, do Mileny Kindziuk zadzwonił ksiądz Twardowski. Prosił ją o wstrzymanie publikacji. Jednocześnie do Wydawnictwa M przyszło pismo podpisane przez księdza.

„*Warszawa 10 kwietnia 2002. Pragnę anulować zgodę na wydawanie utworów zebranych dla dzieci i dla dorosłych, ponieważ – jak się dowiedziałem – narusza ona i prawne, i moralne zobowiązania zarówno moje, jak i mojej wieloletniej edytorki dr Aleksandry Iwanowskiej wobec wydawnictw, które jako pierwsze wydały książki i dla dzieci, i dla dorosłych, wkładając w redakcyjne opracowanie wiele trudów i kosztów. (…) Proszę natychmiast odesłać mi umowę. Ubolewam, że jako wydawcy naruszyliście Państwo prawa innych wydawnictw i wykorzystaliście moją nieświadomość i niewiedzę*".

Od tej pory ksiądz w jednym piśmie odwoływał swoją zgodę dla Mileny Kindziuk i w kolejnym przywracał.

„*Warszawa 15 kwietnia 2002 rok. (…). Tym samym anuluję pismo wysłane listem poleconym 10 kwietnia 2002 roku*".

„*Warszawa 11 maja 2002. Do dyrekcji wydawnictwa M. Proszę, żeby p. Milena Kindziuk była redaktorką moich utworów zebranych i autorką tej części, która dotyczy wywiadów ze mną. Proszę również, żeby p. dr Aleksandra Iwanowska, moja wieloletnia edytorka, była autorką opracowania części utworów zebranych zawierających wiersze i prozę*".

12 czerwca 2002 roku ksiądz Jan Twardowski przekazał Milenie Kindziuk małą kartkę z tekstem: „*We wszystkich wydanych moich utworach jestem obecny jako ich autor. Oświadczam, że jestem jedynym autorem wszystkich wierszy i opowiadań wydanych przed wojną i po wojnie*".

Już dwa dni później wysłał do Wydawnictwa M nowe pismo: „*Oświadczam, że 29 maja 2002 p. Milena Kindziuk podsunęła mi do podpisu pismo przeczące temu, co oświadczyłem Wam 11 maja. Nie byłem do końca zorientowany w tym, o co w tym piśmie chodzi. Po przemyśleniu wszystkiego, powołując się na treść oświadczenia z dn. 11 maja, proszę żeby p. Milena Kindziuk była redaktorką moich utworów zebranych i autorką tej części, która dotyczy wywiadów ze mną. Proszę również, żeby p. dr Aleksandra Iwanowska, moja wieloletnia edytorka, z którą wspólnie opracowałem wszystkie najważniejsze wydania krytycznoliterackie moich wierszy, która jako jedyna edytorka przygotowuje moją prozę do druku, była autorką opracowania utworów zebranych do tomu 5, zawierających wiersze i prozę. To oświadczenie jest jedynym i obowiązującym oświadczeniem, bez względu na to, co się pojawi z datą późniejszą. Ze względu na swój wiek nie zawsze kontroluję, co podpisuję*".

Milena Kindziuk: „Po piśmie księdza, że bywa nieświadomy tego, co pisze, poszłam do niego i powiedziałam, że rezygnuję. Nie zareagował. Nie wiem, na ile był świadomy tego, co mówię, a na ile nie chciał mnie słyszeć".

Dzieła zebrane księdza Twardowskiego dla Wydawnictwa M opracowała ostatecznie Aleksandra Iwanowska.

Spotkanie

Spadkobierczyni ma na sobie beżowy sweter w brązowe paski. Krótko ścięte włosy, pozłacane klipsy w uszach (zauważam, że z prawego spełzł okruszek złotej farby). Ciepły, suchy uścisk dłoni na powitanie. Siadamy naprzeciwko siebie w małej sopockiej kawiarni w chłodny jesienny dzień. Aleksandra Iwanowska zdobywa się na cień uśmiechu. Wręcza mi na powitanie świeżo wydany zbiór kazań księdza.

Propozycja spotkania wyszła z mojej strony. Proszę spadkobierczynię Jana Twardowskiego, jedną z najbliższych mu osób, o rozmowę na potrzeby książki. Znów lekki uśmiech. Aleksandra Iwanowska mówi, że nie widzi siebie w tym wszystkim. Jeśli chcę się dowiedzieć o niej czegoś, muszę sięgnąć do miesięcznika „Sukces", gdzie została opisana w 2007 roku.

Pyta, dlaczego myślę, że zdradzi mi historie, które sama mogłaby wykorzystać i opisać w swoich książkach. Schyla się i niezbyt dyskretnie zagląda pod stolik, lustruje moje nogi i torebkę.

– Szuka pani ukrytego dyktafonu? – zgaduję.

Potwierdza. Nagonka, której doznała po śmierci księdza, uodporniła ją na dziennikarzy.

Krępujące milczenie. Próbuję zadawać pytania o poetę, o jego codzienność, ale na każde Aleksandra Iwanowska odpowiada krótko.

– Czy jeździ pani do Wizytek? – pytam.

– A po co? – odpowiada pytaniem.

– Nie wiem, porządkować archiwa.

– To moje sekrety warsztatowe.

To już właściwie koniec naszego spotkania. Żegnamy się. Spadkobierczyni ściska mi dłoń i stwierdza, że nie dam rady napisać tej książki. Przynajmniej ona tak uważa. Mówi, że przecież nic nie mam.

„Starość się Bogu udała"

Rezydent

Powtarzał dziennikarzom, że nie boi się śmierci, tylko cierpienia. Lubił mówić, że starość się Bogu udała. Ale tak naprawdę najbardziej bał się umierania w którymś z domów starców dla księży. Dlatego starał się zawsze być bardziej dziarski, młodszy i szczuplejszy, niż był, żeby tylko tam nie trafić.

Ludzie z jego pokolenia umierali. Starał się wypełniać pustkę wokół siebie.

Wspomina znajoma księdza, którą poznał na początku lat dziewięćdziesiątych: „Po kilku wizytach u niego ksiądz mówi do mnie: »*Proszę pani, ja mam prośbę*«. »Tak?« »*Albo nie, nie powiem*«. »Niech ksiądz nie robi z siebie dzidziusia«. »*Ja chcę panią prosić, żebyśmy sobie mówili po imieniu. Bo ja nie mogę wytrzymać tego, że ci, co mówili do mnie Janku, już nie żyją. Tylko proszę księdza i proszę księdza. Ja tego nie znoszę. Chciałbym, jak boli mnie ząb, żeby ktoś powiedział – Janek! Do jasnej cholery, weź się w garść i idź do lekarza. Żeby ktoś mnie obrugał, nie był milutki, tylko taki, jaki jest. I ja to wszystko, jak głupi, pani mówię*«. Mnie zatkało. »No dobrze, postaram się, proszę księdza«".

W warszawskim seminarium duchownym przestał wykładać pod koniec lat osiemdziesiątych. Kiedy dokładnie? Nie wiadomo. W seminarium nie zachowały się żadne dokumenty na ten temat.

Nigdy nie był dobrze zorganizowanym rektorem kościoła Sióstr Wizytek. Roztargniony, zapominalski, spóźniał się, co irytowało zakonnice. Kiedy na początku lat dziewięćdziesiątych doszła popularność i wyjazdy na spotkania autorskie, w kurii zaczęto szukać pomocnika dla rektora. Na razie za plecami księdza Twardowskiego. Sugerowano kilku księży, w tym Aleksandra Seniuka, historyka, który ukończył warszawskie seminarium. Znali się wcześniej. Ksiądz Seniuk był na początku lat siedemdziesiątych studentem poety, w każde święta bywał w kościele Wizytek na asystach kleryckich.

Wiadomość o poszukiwaniach pomocnika dotarła do księdza Twardowskiego nieoficjalną drogą. Pomysł jednak upadł.

Mówi ksiądz związany z kurią: „Za jakiś czas ksiądz Twardowski, ni stąd, ni zowąd, mówi do znajomego księdza w kurii: »*A dlaczego Seniuk nie przychodzi?*«. Znajomy się zdziwił: »To ty wiesz o tym?«. Zaraz więc biskup pomocniczy Kazimierz Romaniuk podpisał nominację księdza Aleksandra".

Pomocnik rektora wprowadził się na parter kapelanii u Wizytek 1 września 1991 roku.

Ksiądz Jan Twardowski mógł w końcu swobodnie jeździć na spotkania autorskie i miał wsparcie w kościele. Mieli spędzić ze sobą piętnaście lat, ale mimo długiej znajomości ksiądz Aleksander Seniuk nigdy nie trafił do kolekcji przyjaciół poety. Był między nimi pewien dystans. Bywało, że poeta krzywił się, gdy znajomi pytali go o księdza Seniuka. Zaraz potem podrzucał mu karteczki do szafki w zakrystii: „*Podziwiam cię, jestem ci bardzo wdzięczny. Ale daruj, że ja ci uczuć nie okazuję. Jestem taki cham i zimny drań*".

W 2004 roku, 9 czerwca, kardynał Józef Glemp wysłał do rektora Wizytek list: „Przewielebny i Drogi Księże Prałacie, mając na względzie stan zdrowia i wejście w 90 rok życia, postanowiłem uwolnić Wielebnego Księdza Prałata od obowiązków Rektora kościoła św. Józefa Oblubieńca N.M.P. przy ul. Krakowskie Przedmieście 34 w Warszawie. Sprawę dotyczącą zwolnienia rozważałem przez dłuższy czas. Mam bowiem w pamięci pracę duszpasterską i formacyjną, podejmowaną dla dobra Sióstr Wizytek i wiernych, tak licznie przychodzących do tej świątyni. Ksiądz Prałat pozostaje w tym kościele w charakterze rezydenta. Daje to możliwość kontynuowania pracy duszpasterskiej, wedle istniejących sił, bez obciążenia sprawami administracyjnymi. Nowym rektorem kościoła mianowałem Ks. prałata Aleksandra Seniuka, wieloletniego duszpasterza tej Wspólnoty"[252].

Miły list, ale jednak dymisja. Przyszedł w chwili, gdy zdrowie księdza Jana szwankowało. Nowy rektor zdecydował się nigdy nie pokazywać tego pisma księdzu Twardowskiemu.

Upadek mężczyzny z kielichem

Siostra Nepomucena wspomina: „Póki miał siły, póty Pana Jezusa z kaplicy do tabernakulum co ranek nosił. Brałam go pod rękę i prowadziłam do ołtarza, żeby

---

[252] List w Archiwum Archidiecezjalnym Kurii Metropolitalnej Warszawskiej.

kielich z hostią schował. Jeden raz go biorę, a on mi leci. O Boże! Mężczyzna ciężki, tu kielich trzyma, ja mu trzymam ręce, żeby go nie puścił. Kobietom kielicha nie wolno wziąć do ręki, tylko kapłanom po święceniach. A tu jeszcze muszę jego przytrzymać, żeby mi nie upadł. Ja nie wiem, czy nawet tego kielicha nie dotknęłam, byle nie wypadł. Co to by było, jakby się wszystko rozsypało po podłodze? Ale Pan Jezus dał mi siły, jakoś ojca do ołtarza poprowadziłam, potem poszedł do tego małego pokoiku, gdzie spowiadał, siadł na fotel, doszedł do siebie. I więcej już nie nosił".

Wspierał się na lasce. Wejście po stromych schodach kapelanii do mieszkania było dla niego jak wspinaczka wysokogórska. Pomagali sąsiedzi, Tadeusz i Czesław Olszewscy. Jeden z braci pchał księdza, drugi ciągnął w górę. Odprowadzali poetę na wieczorne msze i przyprowadzali do domu, kiedy robiło się ciemno, bo coraz słabiej widział.

Waldemar Smaszcz wspomina: „To było w czerwcu 2002 roku, gdy do Jana Twardowskiego przyjechał z Sieradza ksiądz z młodzieżą. A poeta nie chciał z nimi rozmawiać, po prostu ich zbył. To było coś strasznego. Przyszedł do mnie ten ksiądz, stałem przed kapelanią, i mówi: »Pan jest przy Janie Twardowskim?«. Mówię, że tak. A on: »Taka przykra rzecz mnie spotkała. Co ja teraz tej młodzieży powiem?«. Podszedłem do księdza Jana: »Co się dzieje?«. On: »*Nie wiem, ale zupełnie tracę siły. Słuchaj, niech oni sobie przyjdą, tylko ja muszę wejść na górę, muszę się położyć*«. Tydzień wcześniej był w Częstochowie i zapalenie płuc złapał. Jak szedł na górę, to ten ksiądz z Sieradza zrobił mu zdjęcie. Wspina się z trudem, głowa mu opadła, sam kadłub idzie. I jak wtedy tam wszedł, to już się sam nie ruszył na dół".

Od tej pory głównie leżał w łóżku. Przychodził do niego rehabilitant. Masował poecie nogi, zmuszał do wysiłku. Ksiądz uważał, że to są tortury, ale był im posłuszny.

Poza domem poruszał się na wózku inwalidzkim – zniszczonym, starym i brzydkim fotelu. Mógł chodzić już tylko z czyjąś pomocą. Były plany zainstalowania windy, ale nic z nich nie wyszło, lub przeniesienia go na parter, ale nie zgadzał się absolutnie.

Waldemar Smaszcz wspomina: „Żeby miał rozrywkę, napisałem specjalnie dla niego jasełka. Bez Heroda, bez diabłów, tylko dzieci, Jezusek i radość. Teatr Domu Kultury w Płocku to wystawił. Dwadzieścia jeden osób przyjechało do Warszawy i w pokoju księdza odbyło się przedstawienie".

Krzysztof Śliwiński, były ambasador Polski w Maroku i RPA, mówi: „Odwiedziłem go, gdy już leżał. Miał jakiegoś gościa, więc czekałem w pokoju obok, gdzie było dużo książek. Znalazłem na półce książkę mojego dzieciństwa *Bambi* czy coś w tym stylu. Wyjąłem ją, chcąc od księdza pożyczyć. Jak zaczęliśmy w końcu rozmawiać, stałem z tą książką w ręku. A on, jaki cudowny, zaczął mi dziękować, że mu przyniosłem ją w prezencie, tak chciał mieć tę książkę. Co było robić? Podarowałem księdzu jego własną książkę".

Aldona Kraus: „Przez ostatnie pięć lat życia ksiądz bywał chory i przez to czasami smutny. Dolegliwości jego starości były niemałe, ale starał się, żeby to była godna starość. On, który przewędrował samodzielnie całą Warszawę, znał jej każdy zakątek, teraz nie mógł sprawnie chodzić, niekiedy wcale.

I ja, żeby go pocieszyć i rozweselić, pisałam do niego maleńkie i większe listy. Czasem kalambury. I wysyłałam je od syrenki warszawskiej, wiary, nadziei, okularów, laski, żuli, Koszałka-Opałka, ptaków, a nawet parobka z *Niecodziennika*, któremu pan napisał na nagrobku: *Dobry z ciebie był parobek, więc ci stawiam ten nagrobek*. Cieszył się z nich, a gdy się spóźniały, dzwonił do Anina z zastrzeżeniem, że nie do Aldony, ale do liścików. Raz udawał zagniewanego i składał skargę na opieszalstwo poczty do samego ministra.

Zastanawiałam się, co podarować księdzu na dziewięćdziesiąte urodziny. Wpadłam na pomysł, że wydam w małym nakładzie zbiorek tych liścików. Ksiądz, jak go dostał, ucieszył się i powiedział, że chciałby być z nim pochowany”.

Czasem prosił przyjaciół i znajomych o zabranie go na wycieczkę. Jechali wtedy na Powązki lub do Żbikowa.

Opiekunki

Potrzebował opieki. Aleksandra Iwanowska, która od 2002 roku zarządzała księdza pieniędzmi i utrzymaniem, nie mogła być z nim na co dzień, bo mieszkała w Sopocie. Początkowo zajmowały się nim wizytki i bracia Olszewscy.

Około 1997 roku każdego ranka odwiedzała księdza wolontariuszka Helena Miłosz. Przygotowywała mu śniadanie, wpuszczała gości i o jedenastej trzydzieści, gdy ksiądz szedł na obiad do klasztoru, wychodziła razem z nim.

Krewna, która prosi o zachowanie anonimowości, mówi, że zaczęła do niego przychodzić pod koniec lat dziewięćdziesiątych: „W młodości bywałam u księdza na imieninach, a potem dzieci, praca i za często się nie widywaliśmy. Któregoś razu poszłam do niego, bo potrzebowałam z nim rozmowy. A on był tak uroczy dla mnie. Od tej pory bywałam tam często. Uwielbiał słodycze, placki ziemniaczane. Smakował mu biały ser z miodem, zanosiłam mu. Zawsze zajęty, pełno gości, starałam się nie obciążać go swoimi sprawami”.

Potem jednak Jan Twardowski zaczął wymagać stałej opieki.

Bracia Olszewscy już nie dawali sami rady. Ksiądz spadał z łóżka, był dość ciężki. Trzeba się było z nim mocować, żeby go podnieść. Czasami przechodził z pokoju do pokoju i potykał się na progu. Znów upadał.

Kobieta, która zamieszkała w jednym z pomieszczeń przyklasztornych, nazywała się Barbara Stefańska. Wizytki zatrudniły ją w 2003 roku do opieki nad księdzem Janem.

Krystyna Gucewicz, pisarka, przyjaciółka księdza, wspomina: „Pogodna, silna baba. Doglądała, ubierała, obracała leżącego, oklepywała. Bracia Olszewscy cieszyli się, że spadła im jak z nieba. A ona ciach, tu wózek, ciach, tam wanna. Była kiedyś śpiewaczką operową, w pewnym momencie swojego życia przeżyła iluminację i bardzo intensywnie uwierzyła w Boga. Dewotka radiomaryjna, ale słuchała tej radiostacji tylko u siebie, bo ksiądz nie cierpiał Radia Maryja. Mieszkała na dole, walczyła z rozwalającą się kanapą i gromadziła niezliczone ilości kotów, których ksiądz nie znosił. Mówił do mnie: »*O Jezus, znów te koty*«".

Ksiądz Jan darzył Barbarę Stefańską uczuciem ambiwalentnym. „*Idzie waga ciężka*" – mawiał cicho, gdy wchodziła do pokoju, ale kiedy proponowano mu zmianę opiekunki, bronił jej.

Niedługo obok Stefańskiej przy księdzu pojawiła się Anna Hozakowska. Przejęła rolę sekretarki poety.

Mówi przyjaciel księdza, który prosi, żeby nie wyjawiać jego nazwiska: „W pewnym momencie ogłosiła, że jest przy księdzu od pół wieku, co wywołało zdumienie bliskich księdzu ludzi, bo nie potrafili sobie jej przypomnieć. Hozakowska odbierała korespondencję do księdza i dzieliła ją: to wyrzucamy, to przeczytamy, a to przekażemy Oleńce".

Ostatnia z szeregu opiekunek księdza Jana pojawiła się pół roku przed jego śmiercią. Barbara Wyszkowska zgłosiła się sama. Po chorobie, ze złamaną nogą, pielęgniarka z zawodu, bizneswoman z własną firmą sprzątającą. Przynosiła księdzu poduszki z biedronkami, koc w róże, kupiła mu lampkę w kształcie drzewa. Barbara Stefańska powiedziała potem dziennikarzom, że Wyszkowska była jedyną osobą, której ksiądz pod koniec życia powiedział: „Kocham cię".

Opiekun

Mężczyzną w tym gronie był pan Marian, który prosi, żeby nazywać go bratem, choć nie jest zakonnikiem. Ale mówi, że wszyscy ludzie są braćmi i to stąd. Opiekuje się umierającymi ludźmi. Czuwa przy nich, myje, ubiera, modli się, trzyma za rękę w ostatniej godzinie.

Zaprzyjaźnił się z księdzem Bronisławem Bozowskim w 1969 roku, po kilku miesiącach poznał księdza Jana. Prowadzi własny sztambuch, pokazuje mi wpisy księdza Twardowskiego z lat siedemdziesiątych.

Mieszka w kawalerce, na ostatnim piętrze bloku ponurego osiedla w samym centrum Warszawy. Mało tu miejsca. Od stołu do okna idzie się ścieżką wśród książek. Na ścianach zdjęcia bliskich, wizerunki świętych, na drzwiach fotografia roześmianej, młodej kobiety, zmarłej już podopiecznej brata. Na stole płonie świeczka przed krzyżem z Chrystusem.

Mówi: „Ksiądz Jan był mistrzem dla mnie. Chodziłem na jego kazania w niedziele na mszę dla dzieci i o siedemnastej. Od listopada 2003 roku odwiedzałem ojca, jak na niego mówiłem, już codziennie. Ksiądz zapraszał mnie wcześniej, ale przez kilka lat opiekowałem się umierającą mamą.

Gdy przychodziłem, nie musieliśmy rozmawiać. Już samo przebywanie z nim było darem uszczęśliwiającym i błogosławieństwem. Posługiwałem mu, byłem na zawołanie. Robiłem to, o co prosił i czego sobie życzył. Czasami chodziło o przestawienie zwierzątek, różnych figurek, żeby popatrzyły sobie w inną stronę, czy o ustawienie obrazka, oprawę fotografii. Była to swoista reżyseria księdza Jana.

Mimo że miał dobrą opiekę pani Stefańskiej, mówił, że czeka, aż ja przyjdę, bo go krępował dotyk kobiety. Gdy go goliłem, mawiał: »*Bóg jakoś oszczędził mi pokus w postaci kobiety i pieniędzy*«.

Służyłem ojcu z całego serca. Nieraz przekomarzał się, nie cierpiał nudy, robił kawały, jakby chciał powiedzieć: »*Dam wam teraz szkołę, poskaczecie sobie przy mnie*« – to było takie zapotrzebowanie na ruch, na życie. Zwracał się do mnie niekiedy z przyjacielską, ojcowską czułością: »*Mój ty bracie księżycowy, nie odchodź!*«. A kiedy pytałem: »Ależ ojcze, gdzie ja miałbym iść?«. »*Na księżyc* – odpowiadał. – *Na księżyc*«.

Kiedyś przychodzę, a pani Basia w swoim pokoju zatroskana, ze łzami w oczach, bo ksiądz nie chce wziąć leków. Wchodzę na pięterko i mówię: »Ładnie to tak, proszę ojca? A Pan Jezus do końca był posłuszny Ojcu Niebieskiemu«. Wtedy poprosił o lekarstwo.

Pewnego razu spytał mnie: »*Powiedz mi, powiedz, mój przyjacielu, dlaczego ja tak cierpię? Dlaczego muszę cierpieć?*«. Powiedziałem wówczas: »Proszę ojca, nie potrafię na to odpowiedzieć i chyba nie ma człowieka, który mógłby odpowiedzieć na to pytanie w sposób właściwy, ale powiem to, co wiem z Ewangelii, że Pan Jezus też prosił Ojca o zabranie od Niego kielicha cierpienia, a gdy nie było to możliwe, powiedział: Niech się stanie wola Twoja!«. Pamiętam, jak ksiądz Jan uśmiechnął się: »*Wola Twoja. Wola Pana. Trafiłeś w to, czego potrzebowałem*«.

W ciągu dnia wspólnie modliliśmy się. Był to różaniec, koronka, brewiarz. Ja mówiłem, on powtarzał. Nieraz zatrzymywał się, rozmyślał, prosił o powtórzenie. Były takie ulubione słowa psalmu, do których często powracał: »Jak ciche dziecię jest we mnie dusza moja«. Miał duszę na wskroś dziecięcą, pogodną i czystą i takie niezwykłe niebieskie oczy. Często kazał mi czytać swoje wiersze. *Resztę zostawić łasce* to był jego ulubiony tomik.

Kiedy z początku zacząłem przychodzić codziennie do ojca, był zagubiony, nie odprawiał mszy świętej, prawie nie wstawał. Wielu uważało, że ksiądz nie ma pełnej świadomości, a ja w bliskich kontaktach czułem, że nie wszystko stracone. Życie samo w sobie jest cudem i nie należy się poddawać. Poprosiłem siostry wizytki i franciszkanki z Lasek o modlitwy. Sam zacząłem się modlić żarliwie, prosząc o pomoc niebieską księdza Bronka Bozowskiego. Przypominałem księdzu Janowi, jak codziennie wieczorami ksiądz Bronek odprawiał mszę świętą za zmarłych. Wspominaliśmy księdza Alego Fedorowicza, który w wielkim skupieniu i świętości stawał przy ołtarzu. Dużo wtedy rozmawialiśmy o tajemnicy mszy świętej. Ojciec mówił wzruszony: »*Tylko Bóg na to wpadł, żeby zwykły chleb stawał się Bożym Ciałem*«. W ciągu kilkunastu dni przeczytaliśmy książkę *Proboszcz niezwykłej parafii* o księdzu Bozowskim i gdy przyszedł dzień imienin tego patrona przyjaźni, ksiądz Jan powiedział: »*Przygotuj wszystko, dziś będę odprawiał mszę świętą*«. I odtąd już codziennie o siedemnastej była msza święta. Rozproszyły się przeciwności, ustąpiły lęki księdza i opory ze strony pań, płynące zapewne z troski i obawy o zdrowie poety.

Dziś myślę, że nie było osoby, która by nie opuszczała jego pokoju wewnętrznie ubogacona łaską bożego słowa i błogosławieństwem księdza. Powtarzał: »*Jestem szczęśliwym księdzem, mam takie piękne życie i pięknych ludzi dokoła*«".

Film

Ostatniej jesieni przed śmiercią księdza reżyser Dariusz Gajewski nakręcił film dokumentalny *Tak*. Towarzyszył księdzu z kamerą podczas domowej mszy świętej. Sfilmował ręce brata Mariana, które rozkładają na stole biały obrus, wyjmują z worka modlitewniki i kielich, sięgają po małą puszkę z hostią. Kamera odjeżdża. Brat Marian wkłada białą komżę. Zapala trzy świece. Potem pomaga wstać księdzu z łóżka, sadza go na krześle. Kapłan wyciąga ręce i pochyla głowę, brat Marian wkłada mu komżę z przejrzystej, białej tkaniny. Czesze miękką szczotką resztki siwych włosów Jana Twardowskiego. „Poprawimy ukrwienie" – mówi opiekun. Podopieczny się śmieje.

Msza się zaczyna. Ksiądz czyta tekst modlitw mszalnych wydrukowany na kartkach dużymi literami. Brat Marian klęczy przy nim i jadem – pałeczką z zakończeniem w kształcie dłoni, która ułatwia Żydom czytanie Tory, prezentem z Izraela od przyjaciela – wskazuje odpowiednie słowa.

Ostatnie ujęcie Jana Twardowskiego w komży. Zamyślony, zmęczony mężczyzna z opadającą dolną wargą siedzi nieruchomo przy stole. W tle słychać wiersz, który poeta nagrał kilka lat wcześniej.

Cięcie. Koniec sceny.

Przed odejściem

Lista

W notesie mam już ponad sześćdziesiąt nazwisk. Słucham każdego, kto znał księdza trochę dłużej, niż trwa przelotna rozmowa z poetą w zakrystii u Wizytek. Chcę oddać głos jak największej liczbie ludzi, bo taka ma być ta książka – opowiedziana przez innych.

Ale niektórych, szczególnie bliskich, namawiam miesiącami, a kiedy ma dojść do spotkania, nagle je odwołują bez podania przyczyn. Inni dzwonią dzień po rozmowie i proszą o wykasowanie nagrania, mam zapomnieć o spotkaniu. Czego się boją, dlaczego tak reagują? Nie chcą wytłumaczyć.

Ludzie oddają sprawiedliwość Aleksandrze Iwanowskiej. Uporządkowała twórczość Jana Twardowskiego, ograniczyła wykorzystywanie go przez nieuczciwych wydawców, przepisała do końca taśmy z kazaniami, które przez kilkadziesiąt lat nagrywały siostry wizytki. Ktoś mówi, że nie widział w jej działaniu złej woli, ktoś inny dodaje: „Ksiądz ją wybrał, żeby opiekowała się jego wierszami. Wiele lat odbierałam ją bardzo dobrze. Wiodłyśmy długie rozmowy. Tylko potem mnie zasmuciła". Krewna dodaje: „Ona rzeczywiście rozkręciła jego biznes. Zaczęła wydawać tematycznie, to o żabkach, to o kwiatkach". Ktoś dodaje: „Poświęciła mu swoje życie".

Kiedy jednak pytam o coś więcej, milkną, odwracają głowy, chrząkają. Niewielu zgadza się podać swoje nazwisko. Nie chcą opowiadać o Oleńce.

Ze zdań urwanych w połowie układa się smutny obraz końcówki życia Jana Twardowskiego.

Odwiedzający pamiętają, że kontakty księdza ze światem były powoli ograniczane. Podobno w tamtym czasie powstała lista gości, którzy mogli odwiedzać poetę. Kto nie był na nią wpisany, miał trudności ze wstępem na piętro kapelanii.

Ada Schollenberger: „Próbowałam się raz przebić, ale potraktowano mnie jak intruza. Usłyszałam: »Czy pani nie zdaje sobie sprawy, że ksiądz bardzo źle się czuje i nikogo nie przyjmuje?«. Siedziałam pod modrzewiem i widziałam, że ta sama pani wpuszcza do księdza grupę dzieci z nauczycielem. Wiem, że ksiądz się cieszył z takich spotkań, ale mnie było przykro".

Przyjaciółka księdza przypuszcza: „A może tak było dobrze dla niego? Był już stary, zmęczony, gdyby nie lista, ludzie zadeptaliby go, wykończyli".

Jedna z wizytek wspomina: „Przychodzili znajomi, to nieraz płakali. Raz jeden pan specjalnie przyjechał z zagranicy i też go jedna z opiekunek nie wpuściła. A ja wiedziałam, kiedy pań nie będzie, i wtedy mówiłam: »Nie martwcie się, tylko przyjdźcie o innej godzinie«".

Przyjaciele starali się więc przychodzić, kiedy Aleksandra Iwanowska była w Sopocie, a Anna Hozakowska szła do domu. Wpuszczała ich Barbara Stefańska.

Krystyna Gucewicz: „Zwykle anonsowałam się wcześniej. Dzwoniłam: »Czy lokal jest czynny?«. A kiedy padało chłodne: »Słucham?«, wiedziałam, że to pani Aleksandra. Była samozwańczym cerberem. Pytałam: »Czy zastałam księdza?«. »Śpi«. »To ja jadę«. Otwierała drzwi: »Mówiłam, że ksiądz śpi«. »To się obudzi, bo ja przyszłam«. I pewnym krokiem wchodziłam na pięterko. Różnie bywało. Tłumaczyłam, że coś przyniosłam. Ona, że to weźmie. A ja, że sama zaniosę. Ale starałam się omijać panią Aleksandrę Iwanowską, miała złe fluidy. Była wobec księdza apodyktyczna, mówiła oschłym tonem: »Janku, wychodzę«. Być może, że bywała miła, kiedy zostawali sami, ale ja tego nie widziałam".

Znajoma A.: „Pukam, otwiera pani Hozakowska. Wchodzę i ona: »A kim pani jest? Natychmiast proszę stąd wyjść!«. Uparłam się, zostałam".

Krzysztof Śliwiński: „Przyszła sława i ksiądz, znany wcześniej niewielkiej liczbie ludzi, stał się znany wielu. I tych bardzo wiele osób, które pojawiły się w jego życiu, wypchnęło dawnych znajomych, których uważałbym za jego naturalne środowisko. Ci nowi nim zawładnęli. A ponieważ ci dawni odznaczali się jednak na ogół powściągliwością, kulturą, to nikt nie chciał się bić z nowymi".

Przyjaciel B.: „Tam nie było łatwo się dostać, ale mojej obecności te panie nie mogły mi zabronić, bo ksiądz sobie jej życzył. On wiedział, że są kłopoty z dotarciem do niego, bardzo to przeżywał, ale nie mógł nic zrobić. Kiedy pani Aleksandra Iwanowska przyjeżdżała z Sopotu, to już nikt nie bywał w kapelanii".

Przyjaciel D.: „Próbowałem rozmawiać z księdzem o Aleksandrze Iwanowskiej. Ale z jego strony było tylko smutne milczenie, czasem tylko wzdychał, że jest już za późno i zabrakło mu stanowczości".

Prosił gości, żeby kupowali mu zeszyty i ołówki, pytał, czy mogliby kupić mu w księgarni jego własne książki, bo ich nie miał. Ludzie wspominają, że w ostatnich latach życia wszystkiego mu brakowało. Podobno nie było go stać nawet na opłacenie rehabilitanta. Aleksandra Iwanowska już po śmierci poety wytłumaczyła reporterce „Sukcesu" przyczynę jego wiecznego braku pieniędzy. Dziennikarka napisała: „Często [ksiądz] zapominał o sobie, a potem, gdy potrzebne były rzeczy czy lekarstwa, okazywało się, że nie ma ich za co kupić. [Aleksandra Iwanowska] Wzięła na siebie niewdzięczną rolę tej, co pilnuje jego spraw. To już wtedy zyskała sobie pierwszych wrogów".

Mówi siostra E.: „Ksiądz mnie upoważnił i ja przejmowałam jego emeryturę. Najpierw normalnie mu dawałam, a jak się pojawiły te panie, to przekazywałam, gdy ich nie było. Gdzieś to chował. A potem jedna z opiekunek powiedziała mi: »Proszę tej emerytury nie dawać księdzu, tylko ja będę odbierać, bo on wszystko rozdaje innym«. A jemu w portmonetkę przy łóżku włożyły te żółte grosze, dwa, pięć, dziesięć, żeby myślał, że ma pieniądze przy sobie. Jak widziałam te grosiki w portmonetce księdza, to było mi strasznie przykro.

Raz mi jeden pan przyniósł sto złotych dla księdza. To ja je miałam i jak kiedyś księdzu brakowało do rachunku, dołożyłam. Ale mnie dopytywały, skąd je wzięłam".

Przyjaciółka F.: „Szlag mnie trafiał, bo ksiądz żył tak nędznie, choć tyle książek wydawał".

Anna Hozakowska nie zgodziła się na rozmowę ze mną.

Testament

Planował swój pogrzeb ze szczegółami. Miał być pochowany na Powązkach, w swoim grobie. Odwiedzający mieli kłaść na płycie orzechy dla wiewiórek. W nekrologu miano nie pisać, że zmarł poeta. A zamiast kwiatów polecał przesłać pieniądze na warszawskie seminarium. Prosił o stworzenie w jego mieszkaniu izby pamięci. Arcybiskup Józef Życiński miał wygłosić mowę pożegnalną.

Najbardziej poczytny polski poeta końca XX wieku musiał zostawić komuś prawa autorskie do swojej twórczości. Jego książki pod koniec jego życia osiągnęły w sumie nakład ponad dwóch milionów egzemplarzy.

Rozważał pozostawienie spadku rodzinie, ale przeżył niemal wszystkich najbliższych. Myślał o przyszywanych wnuczkach. Wpisywał je do testamentu i wykreślał, kiedy ich przyjaźń się rozluźniała.

Na wykonawcę testamentu wybrał arcybiskupa Życińskiego.

Arcybiskup wspominał: „To było chyba w połowie lat dziewięćdziesiątych, gdy pokazał mi którąś z wersji testamentu. Tekst sugerował, by przekazać wszystko pani Aleksandrze Iwanowskiej. Powiedziałem mu: »Zawsze jak kapłan umiera, to pamięta o tych, których spotkał na różnych etapach swojego życia. Więc tu bym zrobił wzmiankę o seminarium, gdzie ksiądz studiował, i coś z tej poezji przekazał dla przyszłych kapłanów. Pamiętałbym także o siostrach wizytkach, które przepisywały i nagrywały wiele homilii«. Ksiądz Jan z wielką atencją słuchał mych uwag i powiedział, że zmieni przygotowany testament".

Pod koniec grudnia 2002 roku księdza odwiedziły dwie notariuszki w towarzystwie Oleńki. Akurat na piętrze kapelanii gościły krewne Jana Twardowskiego.

Jedna z nich w 2007 roku opowiedziała o tym zajściu dziennikarce „Rzeczpospolitej": „Zapytałam: »Czy wiesz, co będziesz podpisywał?«. Zaczął zaprzeczać sam sobie. W końcu panie poprosiły, żebyśmy wyszły. Zapytałam, czy mamy wyjść. I ksiądz kiwnął głową”[253].

Testament: „*Ksiądz Prałat Jan Jakub Twardowski oświadczył, że odwołuje wszystkie swoje dotychczasowe testamenty własnoręczne oraz testament sporządzony w dniu 26 listopada 2002 r. z uwagi na dodatkowe i ostateczne swoje przemyślenia (...). Oświadczył, że do całego spadku powołuje dr Aleksandrę Iwanowską (...), majątek spadkowy stanowić będą Jego prawa autorskie*”[254].

Z uzyskanych honorariów polecił spadkobierczyni wpłacać dwadzieścia pięć procent na rzecz seminarium w Warszawie i dwadzieścia pięć procent dla sióstr wizytek.

[253] Agnieszka Rybak, *Schody księdza Twardowskiego*, „Rzeczpospolita”, „PlusMinus”, 14–15 kwietnia 2007.

[254] Cyt. za: Edyta Gietka, *Bliscy i najbliższa*, dz. cyt.

Nowe buty księdza Jana

Trumnę kupiono prostą

18 stycznia 2006 roku o godzinie 19.24 zmarł Jan Twardowski. Kardiolog odłączył aparaturę o 19.45.

Użyto wielu słów. Wylano wiele łez. Wykupiono strony nekrologów.

Szybko wydawano tomiki wierszy księdza. Sprzedawało się wszystko.

Zrobiono odlew prawej ręki poety i jego twarzy – w gipsie i brązie.

Ciało do pogrzebu przygotowywali bracia bonifratrzy. W albach, z modlitwą, w przyszpitalnej kostnicy. Jeden z nich zostanie później pielęgniarzem papieża Benedykta XVI.

Zmumifikowano ciało specjalnym preparatem, który utrzyma je niezmienione przez dwadzieścia pięć lat, a potem spowoduje, że ksiądz Twardowski rozsypie się na proszek.

Trumnę kupiono prostą, dębową.

Ksiądz dostał pośmiertnie nowe buty. Jego stare, bardzo brzydkie i wykoślawione, zostały pod łóżkiem poety zgodnie z wierszem: „*Śpieszmy się kochać ludzi tak szybko odchodzą / zostaną po nich buty i telefon głuchy*".

Świątynia

Pogrzeb zaplanowano na piątek, 3 lutego, w Świątyni Opatrzności w Wilanowie. W betonowym, nieukończonym budynku, który tonął w błocie na obrzeżach Warszawy. Tak zadecydował przełożony księdza Jana kardynał Józef Glemp.

Bliska krewna mówi: „Jak to? Miały być Powązki, zieleń, ptaki, orzechy i wiewiórki!".

Pośmiertne odlewy twarzy i ręki księdza Twardowskiego

Buty księdza Twardowskiego

Wspomina krewny księdza Jana, który prosi o niepodawanie nazwiska: „Zmobilizowaliśmy się w rodzinie, żeby do tego nie dopuścić. Apelowaliśmy o pomoc, do kogo się dało. Łącznie z arcybiskupem Życińskim".

Mówi krewna Jana Twardowskiego, która także chce zachować anonimowość: „Kardynał Glemp nawet nie chciał z nami rozmawiać. Wysłał do nas na korytarz jakiegoś swojego przedstawiciela, biskupa. Tłumaczyliśmy mu, że Jan Twardowski był skromnym człowiekiem, żadnych nagród państwowych nie przyjmował. A na to ten biskup: »Order Uśmiechu przyjął«".

Do kurii przychodziły listy.

„Zwracamy się z prośbą o spełnienie woli zmarłego ukochanego poety ks. Jana Twardowskiego, który pokorny przyjąłby każdą decyzję zwierzchników, ale dla nas jest ważne, aby spoczął w swojej »kawalerce«. Prosimy, aby nie odzierać pamięci o nim, umieszczając grób w miejscu mu obcym. Szczęść Boże Ewa K. z rodziną i przyjaciółmi oraz Piotr Ż."[255].

„Eminencjo! Księże Prymasie! Z żalem przyjęłam wiadomość o planowanym pochowaniu zmarłego niedawno wielkiego poety i kapłana w krypcie budowanej obecnie świątyni. Jest mi z tego powodu bardzo smutno i pragnę wyrazić mój protest w tej sprawie. (...) Trudno przypuszczać, by ten skromny, nade wszystko miłujący Boga w Jego stworzeniu Kapłan wolał spoczynek w krypcie monumentalnego kościoła niż prosty grób na starym cmentarzu. (...) Dlatego bardzo proszę Waszą Eminencję o odstąpienie od zamiaru pochowania ks. Twardowskiego w najgodniejszej choćby krypcie. Wśród drzew, wiewiórek i ptaków czułby się niewątpliwie lepiej. Szczęść Boże! Agnieszka Ł.K.".

„Uszanować testament. Ks. Czesław D. Austria".

„Myślę, że koniecznie trzeba uspokoić emocje dotyczące miejsca pogrzebu ks. Jana Twardowskiego. Proponuję, by kuria oświadczyła, że podtrzymuje decyzję o tym, że ks. Jan Twardowski będzie pochowany w Świątyni Opatrzności w krypcie dla zasłużonych, z tym jednak, że nastąpi to dopiero po zakończeniu budowy tej świątyni, a obecnie czasowo spocznie w kościele ss. Wizytek, ewentualnie na Powązkach w przygotowanym przez niego grobie. Tomasz M.".

Ksiądz Aleksander Seniuk spytał kardynała Glempa o powód pochówku w Świątyni Opatrzności. Usłyszał: „Ksiądz Twardowski na to zasłużył. Kiedyś ludzie to docenią".

Krystyna Gucewicz mówi, że nie mogła tego zrozumieć. Była zła. Uspokoiła się, gdy ksiądz Seniuk jej powiedział: „Zastanów się, ten, kto chce go spotkać na Powązkach, to spotka, bo on tam sobie tupta". Mówi, że to zdjęło z niej całą złość.

---

[255] Listy, które przychodziły do kurii po śmierci księdza Jana, znajdują się w zbiorach Archiwum Archidiecezjalnego Kurii Metropolitalnej Warszawskiej.

Waldemar Smaszcz uważa, że pochowanie księdza w Świątyni Opatrzności było słuszne: „Jan Twardowski był wiernym i posłusznym synem Kościoła. Dla niego było oczywiste, że co biskup chciał, on musiał zrobić. Wiadomo, że został pochowany w Wilanowie dla konkretnych celów. Jeśli miał się przyczynić do budowy kościoła, to nic piękniejszego nie mogło go spotkać. Sądzę, że by na to przystał. Miał monotonne życie u wizytek, żadnej świątyni nie zbudował, to po śmierci mu się uda".

Zajrzał do kościoła

Trumna ze zwłokami Jana Twardowskiego przyjechała z kościoła Świętej Katarzyny na Służewie rankiem, w czwartek 2 lutego 2006 roku.

Ustawiono ją na środku kościoła Wizytek, niedaleko ołtarza. Ksiądz Aleksander Seniuk położył na wieku tomik *Znaków ufności*. Od rana przed kościołem płonęły setki zniczy. Powoli napływali żałobnicy. Tysiące ludzi. Ścisk ogromny. Niektórzy płakali. Każdy chciał dotknąć trumny. Poczty sztandarowe ze szkół imienia Jana Twardowskiego torowały sobie drogę pod ołtarz. Jakiś ksiądz kierował ruchem. Wchodzono głównym wejściem, wychodzono przez zakrystię.

Grób księdza Twardowskiego w Świątyni Opatrzności Bożej

W nocy z czwartku na piątek w świątyni czuwali artyści. Z głośników płynęły głosy ptaków, aktorzy czytali wiersze poety. Organizatorką wieczoru była Krystyna Gucewicz. Przyznaje: „Ostatni wiersz księdza miał być przeczytany dopiero podczas uroczystości żałobnych. Ale ja, nie bez wahania, dałam go do przeczytania Krzysztofowi Kolbergerowi".

W piątek, po mszach porannych, trumna ze zwłokami została przeniesiona do bazyliki Świętego Krzyża. Przy niej położono poduszkę z odznaczeniem państwowym od prezydenta. Obok stanęła mała drewniana sikorka z mieszkania księdza Jana.

Byli przedstawiciele władz państwowych, byli hierarchowie, były uroczyste i długie przemówienia.

Krystyna Gucewicz: „Dzień był taki marny, pochmurny. I raptem, pod kątem wpadł promień słońca do kościoła, prosto na ołtarz, oświetlił krzyż. Jakby się Bóg uśmiechnął. Może to naciągane, ale miałam wrażenie, że ksiądz Twardowski zajrzał do nas".

Arcybiskup Józef Życiński wygłosił kazanie i przeczytał ostatni wiersz poety.

Kondukt żałobny wyruszył do Wilanowa przed godziną piętnastą.

Wspomina jeden z przyjaciół księdza obecnych na pogrzebie: „Brnęliśmy w błocie, cemencie przez plac budowy. Okropne wrażenie".

Trumna z ciałem Jana Twardowskiego została wstawiona na betonową półkę i zamurowana.

Pluszowe serce

Po śmierci księdza Jana Twardowskiego z jego mieszkania zniknęła większość książek, w tym cenne egzemplarze pierwszych wydań z autografami od zaprzyjaźnionych autorów. Nie ma tam też już żadnych dokumentów, listów, świadectw, dyplomów. Zniknął także największy skarb księdza – jego sztambuch.

Teraz w opróżnionych szufladach mieszkania poety można znaleźć najwyżej szpulki nici, ołówki, czekoladowe biedronki, papierowe zajączki, święte obrazki, zapałki i gipsowego baranka. W szafce, na półce, obok pompki do roweru leży pluszowe, czerwone serce.

Spadek

Dobroć, czystość i miłość

Postępowanie spadkowe trwało rok i podzieliło krewnych księdza Jana.

Bohdan Knichowiecki, siostrzeniec z Katowic, nie chce wiele mówić o tamtym czasie: „Próbowaliśmy podważać testament. Były dwie lub trzy rozprawy, ale to było bez sensu".

Na końcu rodzinie zależało już tylko na tym, żeby sztambuch księdza trafił do Muzeum Literatury. Bez szans.

Pismo od prawnika Aleksandry Iwanowskiej dostał w tym czasie arcybiskup Józef Życiński, który wspominał: „Brzmiało ono mniej więcej tak: »Niniejszym stwierdzamy, że ksiądz Twardowski nie miał dzieci«. Chodziło o to, żeby potem ktoś się nie procesował o spadek. Czy można w ten sposób potraktować kogoś, kto wśród księży reprezentował szczególną wrażliwość, i nagle uczynić go przedmiotem rozgrywek o spadek? I rozsyłać do osób, które o to nie proszą i nie są zainteresowane, informacje, że ksiądz nie miał dzieci? Było to dla mnie czymś makabrycznym".

Prawie wszyscy krewni księdza byli przeciwni spadkobierczyni. Po stronie Aleksandry Iwanowskiej stanęły tylko najstarsza siostra księdza Jana Halina i jej córka Aniela, jedna z bliźniaczek, które w czasie powstania ukrywały się z rodziną w podziemiach kościoła Wszystkich Świętych.

Halina Truszkowska już nie żyje. Zmarła wkrótce po bracie.

W lutym 2007 roku media poinformowały, że zakończyło się postępowanie spadkowe. Testament miał pozostać w takiej postaci, jakiej sobie życzył poeta. Aleksandra Iwanowska powiedziała dziennikarzom, że zdaje sobie sprawę z wielkiej odpowiedzialności wynikającej z tego, że została jej powierzona spuścizna księdza Jana. Podkreśliła, że jego słowa są bardzo potrzebne w świecie, który zaczyna tęsknić za czystością, dobrocią, miłością.

„Damy po łapach każdemu"

Trudno dziś powiedzieć, kto był pierwszy.

Prawdopodobnie zespół dziecięcy Ychtis. Od kilku lat dzieci z uboższych rodzin kilku miast Górnego Śląska śpiewały wiersze Jana Twardowskiego. Był dla nich „dziadkiem", one jego „wnuczętami".

Kilka razy zgadzał się na śpiewanie jego tekstów. Ostatnim razem w 2004 roku: „*Wyrażam zgodę i modlę się w intencji*". Faksymile kartki z podpisem poety mógł obejrzeć każdy, kto wszedł na stronę internetową zespołu.

Na pogrzebie księdza do przedstawiciela zespołu Ychtis podeszła spadkobierczyni. Powiedziała, że od tej pory muszą mieć jej pozwolenie na śpiewanie piosenek z tekstami Twardowskiego. Poprosiła też o usunięcie z Internetu kopii zgody księdza.

Jak potem tłumaczyła dziennikarzom, w jej odczuciu działalność zespołu już dawno przestała być taka, jaką widział i aprobował ksiądz. Odkryła na przykład, że zespół występuje komercyjnie na imprezach, wystawia rachunki i pobiera opłaty. Jej przedstawiciel, znawca prawa autorskiego mecenas Andrzej Karpowicz, dokonał zakupu kontrolowanego. Chciał zamówić zespół Ychtis do oprawy imprezy, otrzymał od nich ofertę najniższej stawki za występ – tysiąc złotych brutto.

Barbara Pelka, opiekunka zespołu Ychtis, tłumaczyła, że niewielkie pieniądze, jakie zespół dostaje za swoje występy, przeznaczane są na cele statutowe – koszty przejazdów i obiady dla dzieci. A repertuar wykonywany jest zgłaszany do ZAiKS-u.

Jeszcze w maju 2006 roku pani Pelka wystąpiła do sądu z wnioskiem o nabycie spadku po zmarłym poecie, w zakresie objętym pismem z kwietnia 2004 roku. Pismo zostało napisane na komputerze i wydrukowane, ksiądz złożył pod nim tylko podpis.

Barbara Pelka pokazała je dziennikarzom „Gościa Niedzielnego": „*Wyrażam zgodę na wykorzystanie nieodpłatnie bez ograniczeń przez p. Barbarę Pelka moich utworów, w tym wierszy, na wszelkich polach eksploatacji. W szczególności moich wierszy do wykorzystania w formie piosenek wykonywanych przez zespoły pod kierunkiem Barbary Pelka*"[256].

---

[256] Szymon Babuchowski, *Spieszmy się zarabiać*, „Gość Niedzielny", 19 kwietnia 2007.

Tłumaczyła, że nie zamierzała być jedyną spadkobierczynią księdza, tylko mieć możliwość wykonywania twórczości poety. Aleksandra Iwanowska zauważała, że z treści pisma wynika, że pani Pelka chciałaby nabyć prawa autorskie w znacznie szerszym pojęciu, niż życzyłby sobie tego ksiądz.

Warszawski Sąd Rejonowy przyznał rację spadkobierczyni.

W lutym 2007 roku mecenas Andrzej Karpowicz wysłał opiekunom żądanie udokumentowania dokonanych przez zespół wpłat na rachunek ZAiKS-u oraz wstrzymania publicznych wykonań tekstów księdza do czasu wyjaśnienia sprawy.

Marian Pyrek, opiekun Ychtis, dziś nie chce o tym rozmawiać.

Jednak w 2007 roku mówił dziennikarzowi „Gościa Niedzielnego": „Zwróciliśmy się do pana Karpowicza z prośbą, by przekonał swoją mocodawczynię do zaniechania żądań. W odpowiedzi otrzymaliśmy kolejne pismo, w którym pełnomocnik pani Iwanowskiej grozi zawiadomieniem prokuratury o popełnieniu przestępstwa. »Proszę nas też łaskawie nie pouczać, co jest, a co nie wolą Księdza – możemy stracić cierpliwość« – odpowiedział nam mecenas Karpowicz"[257].

Marian Pyrek i Barbara Pelka zwrócili się po pomoc do arcybiskupa Józefa Życińskiego, który został wyznaczony przez księdza Twardowskiego na arbitra sporów wokół jego testamentu.

W kwietniu 2007 roku arcybiskup Życiński powiedział Katolickiej Agencji Informacyjnej: „Pani Iwanowska miała zasługi w edycji wierszy. Przed laty wiele wydawnictw naciągało księdza Jana, drukując jego teksty i informując, że dopłacili do druku, i pani Iwanowska rzeczywiście uporządkowała wiele z tych spraw. Ale kiedy dowiaduję się, że dziecięce zespoły kultywujące pamięć księdza Jana będą musiały za to płacić, i kiedy czytam bezduszne teksty, nadesłane przez prawnika do tych zespołów, jestem głęboko wzburzony. To naruszenie tych zasad, które głosił ksiądz Jan"[258].

Mecenas Andrzej Karpowicz jeszcze w tym samym miesiącu udzielił wypowiedzi gazecie „Dziennik": „Damy po łapach każdemu, kto będzie sięgał po pieniądze księdza Twardowskiego. Do tej pory wszyscy się tuczyli na dorobku księdza Jana, od zespołu Ychtis począwszy, który od dawna wykorzystuje jego teksty i zarabia na nich duże pieniądze, ale do ZAiKS-u za jego życia nie wpłynęła od nich ani jedna złotówka. Teraz, kiedy się skończyła całkowita swoboda, raptem jest wielkie larum"[259].

---

[257] Tamże.

[258] Cyt. za: Katolicka Agencja Informacyjna, http://ekai.pl/wydarzenia/temat_dnia/x12237/abp-zycinski-nie-wolno-zawlaszczac-poezji-ks-twardowskiego/, dostęp: 23 lipca 2011.

[259] Izabela Marczak, *Awantura o poezję*, „Dziennik", 5 kwietnia 2007.

Zespół Ychtis przestał śpiewać piosenki z tekstami księdza Jana. Przerzucił się na piosenki lwowskie.

Arcybiskup Życiński powiedział mi, że nie zaangażował się wówczas w tę sprawę głębiej, bo nie widział dobrej woli wszystkich stron, które rozumiałyby, że ksiądz Jan nie może być sprywatyzowany.

Bóg nie czyta wierszy

Zaraz po zespole Ychtis przyszła kolej na wydawców.

Jesienią 2004 roku gotowa była antologia poezji polskiej *Bóg czyta wiersze*, którą Waldemar Smaszcz przygotował z księdzem w domu Aldony Kraus.

Smaszcz wspomina: „Kiedy wydawało się, że jeszcze na Boże Narodzenie książka ukaże się w wydawnictwie Unikat, przyszło pismo od księdza. Groził wydawcy prokuratorem, jeżeli natychmiast nie spłaci wcześniejszych zobowiązań. A wydawca był właśnie w opałach, został podkupiony przez kogoś. I sam ksiądz, chcąc mu pomóc, zezwolił wcześniej na wydawanie swoich wierszy w nowym wydawnictwie, a jak stanie na nogi, wtedy niech zapłaci. Wydawca bardzo się zdenerwował tonem listu, chociaż zapewniałem go, że to musi być jakaś intryga. Zrezygnował z wydania antologii. Wtedy ksiądz przysłał list – tym razem rękopiśmienny – z przeprosinami. Nazywał w nim wydawcę swoim dobroczyńcą. Pisał, że jest stary i nie zawsze wie, co podpisuje. Wydawca powrócił po pewnym czasie do antologii, ale niestety, książka ukazała się w dniu śmierci Jana Twardowskiego".

Dopóki trwało postępowanie spadkowe, wydawcy drukowali wiersze Twardowskiego jak dotychczas. Jednak już w lutym 2007 roku Aleksandra Iwanowska, uprawomocniona spadkobierczyni, zabroniła jakichkolwiek wznowień i publikacji bez swojej zgody.

Krystyna Gucewicz jeszcze za życia księdza Jana zaangażowała się w zbieranie pieniędzy na budowę pomnika Anioła Stróża Narodu Polskiego. Inicjatywa wyszła z Duszpasterstwa Środowisk Twórczych w Warszawie, pomnik miał stanąć na placu Teatralnym. Za zgodą księdza Jana Twardowskiego pisarka wybrała z jego twórczości aforyzmy, maksymy i sentencje. Miały być wydrukowane w książce, dochód z niej zamierzano przeznaczyć na pomnik. 3 stycznia 2006 roku ksiądz Jan napisał: *„Błogosławię dzieło budowy pomnika Anioła Stróża Narodu Polskiego – niech ta książeczka, złożona z cytatów z moich tekstów, służy temu szlachetnemu celowi"*[260].

Książka ukazała się już po śmierci poety.

---

[260] Jan Twardowski, *Maksymy, aforyzmy, sentencje*, Warszawa 2008.

Krystyna Gucewicz wspomina: „Natychmiast po śmierci księdza prawnik Aleksandry Iwanowskiej napisał do wydawcy, że domaga się wycofania książki, bo spotka nas kara i tak dalej. To nie był ton pytający, tylko nakazujący. Jakbyśmy byli przestępcami. A myśmy pokazali zgodę księdza. I to uciszyło apetyt spadkobierczyni". Prawa do publikacji twórczości księdza traciły kolejne wydawnictwa, w tym Wydawnictwo Archidiecezji Warszawskiej, które drukowało tomiki poety od lat osiemdziesiątych. Ksiądz Jan Twardowski nigdy nie żądał od nich tantiem. Teraz pracownicy wydawnictwa usłyszeli od spadkobierczyni, że ich popularne tomiki *Spacer biedronki* i *Nie przyszedłem pana nawracać*, które były wznawiane po wielekroć, dawno się wyeksploatowały i nie ma się co powtarzać. Później chyba jednak zmieniła zdanie. Odświeżony tom *Nie przyszedłem pana nawracać* w opracowaniu Aleksandry Iwanowskiej ukazał się w Wydawnictwie Świętego Wojciecha, które jest własnością Archidiecezji Poznańskiej.

Iwanowska ciężko przeżyła szum wokół siebie.

W kwietniu 2007 roku reporterka „Dziennika Bałtyckiego" spytała ją: „W ostatnim czasie (...) pojawiły się inne określenia pani osoby. W wielu artykułach można przeczytać, że jest pani osobą »pazerną«, o »wątpliwej uczciwości«, »braku pokory«, świeci pani »światłem odbitym księdza« i »zawłaszcza jego twórczość«. Zakazuje pani śpiewać dzieciom poezję księdza i nie pozwala pani wznawiać jego książek. Jak się pani czuje wobec tych oskarżeń?". Iwanowska odpowiedziała: „Jak człowiek włączony w tajemnicę Wielkiego Tygodnia – od wjazdu do Jerozolimy i okrzyki »Hosanna«, przez sąd, pierwszą stację drogi krzyżowej, po opluwanie w Wielki Piątek"[261].

Jeszcze w 2006 roku do księgarń trafił pierwszy tom *Autobiografii* Jana Twardowskiego, rok później ukazała się druga część. Ksiądz Jan ich nie napisał. Książki składają się jedynie z cytatów z wywiadów, których poeta udzielił przez całe życie. W całość połączyła je Aleksandra Iwanowska, tu i ówdzie dodając zdania księdza, które od niego usłyszała. Ze wstępu, który poeta podyktował sam: „*Czas ucieka. Jestem coraz starszy i mogę zapomnieć o swoim życiu i o ludziach, których spotkałem. Mogę zapomnieć, kiedy się urodziłem, kiedy skończyłem szkołę, kiedy Oleńkę poznałem*"[262].

Marylka nie miała prawa

„Wnuczka" Maria Kędzierska-Skoczylasowa nigdy nie wyrzuciła listów od księdza i zachowała dziennik, który prowadziła w czasach ich przyjaźni. Jesienią 2007 roku ukazały się w książce *Otulona dobrocią, 99 listów księdza Jana*

---

[261] Dorota Abramowicz, dz. cyt.

[262] Jan Twardowski, *Autobiografia*, dz. cyt., t. 1, s. 5.

Twardowskiego do „wnuczki" Maryli i jej zapiski z dziennika, wydanej przez Wydawnictwa Uniwersytetu Warszawskiego.

Mówi profesor Jadwiga Puzynina z UW, dawna promotorka pracy magisterskiej Marylki: „Uznaliśmy to za niezwykle sympatyczny materiał, warty pokazania, bo dotykający bardzo ludzkiej strony osobowości księdza Jana".

Pani profesor pamięta, że przedstawiła pomysł wydania listów księdza spadkobierczyni Jana Twardowskiego już w maju 2006 roku, podczas uroczystej sesji poświęconej zmarłemu poecie.

Mówi: „Ona rzeczywiście wtedy powiedziała, że nie wolno nam tego zrobić, że tym zarządza. Ale ja to zlekceważyłam".

Doktor Ewa Hoffmann-Piotrowska, historyk literatury z Uniwersytetu Warszawskiego, przygotowywała korespondencję z rękopisów do druku. Mówi: „Na pewno niektóre z tych listów prezentują wartość literacką, ale dla mnie jako historyka literatury mają głównie wartość dokumentalną, są ważnym przyczynkiem do biografii poety".

Miesiąc po publikacji mecenas Andrzej Karpowicz wysłał do wydawnictwa pismo, w którym poinformował, że książkę wydano bez zgody spadkobierczyni, co stanowi naruszenie prawa. Zapytał dyrektora WUW, co zamierza z tym zrobić.

Kolejne pismo od mecenasa zawierało prawomocne orzeczenie sądu o nabyciu praw autorskich przez Aleksandrę Iwanowską oraz żądanie przelania dziesięciu tysięcy złotych na konto spadkobierczyni. Dodatkowo domagano się wycofania pozycji ze sprzedaży.

Rektor Uniwersytetu Warszawskiego otrzymał pismo od adwokata Karpowicza: „Książka ta, niewątpliwie grafomańska i próbująca stwarzać po śmierci księdza, gdy już nie mógł się bronić – niesmaczne iluzje, szkodzi jego pamięci"[263].

Ewa Hoffmann-Piotrowska: „Nawet jeśli te listy są mniej poetyckie od poezji, prywatne, zdawkowe, krótkie, to napisał je ksiądz Jan Twardowski. Trzeba je ocalić i wydać w jak najpoprawniejszej wersji edytorskiej. W swoim czasie, dbając o dobre imię swego ojca, wiele rzeczy poniszczył, zataił, poprawił własną ręką syn wielkiego poety Władysław Mickiewicz. Nie należy brać z niego przykładu, a zadaniem współczesnych jest ocalić od zapomnienia i zniszczenia wszystko, co zostało po księdzu Twardowskim. Próby jakiejś prywatnej ingerencji w biografię, dzieło poety, są nie na miejscu".

Arcybiskup Józef Życiński 20 stycznia 2008 roku w „Tygodniku Powszechnym" opublikował artykuł *Wieszcz sprywatyzowany*, w którym zwrócił uwagę na problemy wydawców i spadkobierców z niejasnym prawem autorskim. „Dziesięć tysięcy jako honorarium od 99 krótkich listów daje przelicznik nieco powyżej 100 zł od listu. Jeśli zważyć, że wiele z nich liczy po kilka słów, okazuje się, że jedną z bardziej intratnych form zarobku może być sprywatyzowanie przejawów miłosierdzia u naszych

[263] Cyt. za: Tomasz Potkaj, *Pani Ola mówi: nie*, „Tygodnik Powszechny", 20 stycznia 2008.

znajomych. (...) Jeśliby ktoś (...) wystąpił z propozycją sprywatyzowania Wisły lub Giewontu, byłoby to rozstrzygnięcie równie uzasadnione jak sugestia, by duszpasterskie zaangażowanie ks. Jana ujmować przede wszystkim w kategoriach literackich i wypłacać honoraria tym, którzy wpadli na pomysł, by określić przelicznik finansowy dla wysłanych przez niego pozdrowień z wakacji". Arcybiskup sugerował wprowadzenie do prawa autorskiego zmian, w których uszanowano by prawa majątkowe spadkobierców, ale nie dopuszczono by do tego, żeby jedna osoba mogła rościć sobie pretensje do wyłącznego decydowania o możliwości korzystania z dorobku literackiego czy naukowego danego twórcy.

Miesiąc później stu polskich naukowców, publicystów, hierarchów Kościoła opublikowało list otwarty z poparciem dla arcybiskupa. Pisali w nim: „Trudno nam sobie wyobrazić, aby pozew wystosowany w imieniu p. Iwanowskiej był zgodny z intencjami księdza Jana. W środowisku wydawców i osób zajmujących się twórczością ks. Twardowskiego nie od dziś wiadomo, że dr Iwanowska blokuje inicjatywy wydawnicze związane z tą twórczością, także podejmowane przez osoby, które ksiądz Jan darzył zaufaniem i wysoko cenił. W stosunku do ludzi kierujących się miłością do jego twórczości był on zawsze po królewsku hojny, wręcz rozrzutny. Rodzą się więc wątpliwości, czy właściwa jest interpretacja będącego w posiadaniu p. Iwanowskiej testamentu, nie tylko w tej jednej zresztą sprawie. W świetle przedstawionych faktów widzimy pilną potrzebę nowych ustaleń i wykładni w polskim prawie autorskim. (...) Byłoby pożądane, aby w wyniku podjętych działań sprawy związane z wydawaniem pism ks. Twardowskiego zostały powierzone godnej zaufania komisji powołanej przez instytucje naukowe, Episkopat oraz Ministerstwo Kultury i Dziedzictwa Narodowego"[264].

Aleksandra Iwanowska poszła na ustępstwo wobec Wydawnictw Uniwersytetu Warszawskiego. Zgodziła się nie wycofywać wydrukowanego już nakładu z księgarń, żądaną stawkę obniżyła do trzech tysięcy złotych.

Do końca 2010 roku zmian w prawie autorskim nie wprowadzono.

Maria Kędzierska-Skoczylasowa odwołała umówione spotkanie ze mną. Powiedziała przez telefon, że nie chce mieć już nic wspólnego z tą sprawą i nie chciałaby się przyczynić do złego spojrzenia na księdza Jana. Marzy tylko o tym, żeby wróciły do niej listy, które pisała do poety. Były długie, może czasem i nudne, ale jej własne.

---

[264] Cyt za: http://czytelnia.onet.pl/0,1691352,0,0,0,polonisci_przeciw_zakazowi_publikowania_dziel_ks._twardowskiego,wiadomosci.html, dostęp: 23 lipca 2011.

„Uniwersytet prostoty”

Gdyby wśród naukowców warszawskiego uniwersytetu panowała zgodna opinia co do twórczości Jana Twardowskiego, ksiądz zdążyłby odebrać doktorat *honoris causa*. Niestety senat uczelni podjął decyzję o uhonorowaniu poety dopiero kilka godzin przed jego śmiercią.

Profesor Jadwiga Puzynina miała być promotorem przewodu doktorskiego księdza. Mówi: „Parokrotnie u nas stawała sprawa nadania mu doktoratu. I zawsze upadała. Humanistyka jest u nas bardziej lewicowa, niechętnie go traktowano. Mówiono, że nie jest to twórczość najwyższej klasy”.

Rektor UW profesor Katarzyna Chałasińska-Macukow w maju 2006 roku na uroczystej sesji poświęconej poecie wręczyła więc rodzinie księdza pamiątkowy dyplom uczelni, który miał symbolicznie zakończyć honorowy przewód doktorski.

Trudno znaleźć negatywną ocenę twórczości Jana Twardowskiego. Zwolennicy jego poezji na wstępie swoich artykułów zaznaczali przeważnie, że są tacy, którzy uważają poezję księdza za dziecinną, nieciekawą, płytką. Nie pisali już jednak, kto tak uważa. Krytycy Jana Twardowskiego przyjęli strategię milczenia.

W książce *Literatura polska 1976–1988* autorstwa krytyków literackich, profesorów Przemysława Czaplińskiego i Piotra Śliwińskiego z Uniwersytetu imienia Adama Mickiewicza w Poznaniu, Jan Twardowski występuje tylko raz, na stronie 315, przy notce o poecie Wojciechu Wenclu: „nastręcza Wencel trudności z przyporządkowaniem, bo on to nie – pamiętając o proporcjach – Twardowski, twórca ubogi w literackość, z pozoru piszący wiersze-modlitwy”.

Sam Piotr Śliwiński w wywiadzie dla „Gazety Wyborczej” udzielonym w 1999 roku był już bardziej łaskawy dla księdza: „Jan Twardowski nie jest dla mnie tym jedynym, ponad wszystko cenionym poetą, ale ponieważ ciągle spotykam ludzi, którzy odnoszą się do niego z autentyczną miłością, więc i ja – co pewien czas – sięgam po jego wiersze. (...) Nie da się ukryć, że »Czas Kultury«, »Fa-art« czy lubelskie »Kresy« z reguły ignorują księdza Twardowskiego. Niewiele jego książek jest w nich recenzowanych. Krytycy mówią, że to poezja konserwatywna, niewnosząca wiele nowego do języków, którymi dziś wypowiada się literatura. Wydaje się, że swoisty ekologizm poezji Twardowskiego mógłby wiązać ją ze współczesnością końca wieku, a jednak tak się nie dzieje. Młoda literatura żyje innymi tematami i wypowiada się innymi językami: jeśli już dotyczy spraw religijnych, to raczej mówi o zwątpieniu albo o najszerzej rozumianej metafizyce, która nie daje się przyłożyć do żadnej konkretnej religijności. Nawet neoklasycy, a więc ci poeci, którzy mówią, że polska kultura wyrasta z tradycji katolickiej, rzadko odnoszą się do Twardowskiego. (...) Nie da się ukryć, że propozycja estetyczna Twardowskiego, porównana z propozycją Różewicza, Szymborskiej czy Miłosza, nie przynosi specjalnych rewelacji. Z drugiej strony tłumy przychodzące na spotkania z poetą świadczą o tym, że jego pragnienie, by *pisać wiersz niczyj dla wszystkich*, zostało spełnione"[265].

Krytyk literacki Marian Stala, profesor na Wydziale Polonistyki Uniwersytetu Jagiellońskiego, mówi mi: „Poezja księdza Twardowskiego nie jest dokonaniem na miarę największych osiągnięć poetyckich ostatnich dziesięcioleci, zestawianie jej z twórczością Herberta czy Szymborskiej, o Miłoszu nie wspominając, nie może wypaść na jej korzyść. Zarazem jednak, biorąc pod uwagę nakłady książek ks. Twardowskiego w ostatnim dwudziestoleciu – możemy powiedzieć, iż jest on najpopularniejszym poetą współczesnym. Ten fenomen popularności trudno wytłumaczyć. Być może u jego podstaw tkwi dar zwyczajnego, pozbawionego patosu mówienia o sprawach wiary i duchowego życia dzisiejszych ludzi. Ten dar warto docenić. Warto też docenić samą popularność księdza Twardowskiego, nawet jeśli znaczna część jego czytelników pamięta ledwie kilka napisanych przez niego wersów. Dla bardzo wielu Polaków słowa księdza Twardowskiego to jedyne autentyczne spotkanie z poezją".

Doktor Jan Tomkowski z Instytutu Badań Literackich PAN w książce *Dwadzieścia lat z literaturą 1977–1996* napisał: „Wobec fenomenu poezji księdza Twardowskiego krytycy i akademiccy badacze literatury są na razie bezradni. Wydaje się zresztą, że łączące harmonijną głębię i prostotę wiersze księdza nie potrzebują komentatorów"[266].

Profesor Jadwiga Puzynina lubi poezję Jana Twardowskiego, ale zaznacza, że nie całą: „Ostatni okres był raczej wstydliwy. Pisał już w większości błahe w tematyce i jakości wierszyki. A tak w ogóle lubię jego poezję bardziej w treści niż

---

[265] Anna Koczorowska, *Trudno mu nie ulec*, „Gazeta Wyborcza" Poznań, 17 września 1999.

[266] Jan Tomkowski, *Dwadzieścia lat z literaturą 1977–1996*, Warszawa 1998.

formie. On w swojej poezji jest bliski czytelnikowi, sympatyczny, nikogo nie oskarżający, chrześcijański w sposób piękny i głęboki. Ale może niedobrze, że tak bardzo się powtarza. Że na przykład tak często posługuje się formą wyliczanek. Jest z nim tak, jak z większością poetów. Na przykład w twórczości Norwida też bywają wiersze słabe".

Helena Zaworska, krytyk literacki, przyjaciółka księdza Jana, pisze do mnie w liście: „Nowocześni badacze literatury, coraz to nowi metodolodzy i supererudyci krzywią się na poezję Twardowskiego, jakby ktoś im kazał czytać poezje dla dzieci. Jest dla nich miłym staruszkiem, zwykłym księżulkiem w zabawnym tupeciku, który pisał sentymentalne wierszyki. Nie rozumieją, czym jest jego poezja. Lekceważą zresztą cały kierunek w historii polskiej literatury, a przecież sentymentalizm to nasz dorobek nie do zlekceważenia także w dzisiejszych czasach, dumnych z nowoczesnej cywilizacji, wielbionej wiedzy, eleganckiego chłodu uczuć. A przecież Adam Mickiewicz powiedział: »Gdyby nie Karpiński, toby mnie nie było«. Nie byłoby jego genialnych wierszy lozańskich, którymi wciąż żyją coraz mniej liczni koneserzy niegdysiejszej wielkiej sztuki. Kto dzisiaj wie, kim był Karpiński, zna jego pamiętniki, biografię i poezję? – wystarczy, że może ktoś wie, że to on napisał słowa do kolędy *Bóg się rodzi.*

Ksiądz Jan Twardowski pisał proste wiersze o najprostszych sprawach i zwykłych ludziach, a my nie widzimy, że szedł za nim cały wielki uniwersytet prostoty. Za nim szła wielka tradycja literacka usiłująca zrozumieć i utrwalić dane kolejnym pokoleniom życie. Tu i Teraz. Z nim jest wielka część literatury współczesnej mówiąca o faktach i uczuciach, o zwierzętach i ptakach, o drobiazgach i pryncypiach, o wierze pewnej i niepewnej, miłości zawsze trudnej, samotności nieuniknionej i nie do wytrzymania, biedzie bezbronnej i szukającej ratunku.

Nikt mi nie powie, że czytanie poezji Jana Twardowskiego jest miłą zabawką dla maluczkich".

Nawet Waldemar Smaszcz, który lubi powtarzać: „skończył się Mickiewicz, zaczął się Twardowski", przyznaje, że pod koniec życia ksiądz pisał już słabiej: „Całe życie trzymał poziom, ale jego ostatni dobry wiersz, arcydzieło moim zdaniem, to *Dobranoc*, który pochodzi z 2002 roku. Potem już tylko drobiazgi były. Poezja Jana Twardowskiego fascynowała ludzi, bo była niedomówieniem. Wszystko to, co dopowiedziane, jest kłamstwem. Dla niego wszystko musiało mieć element tajemnicy. Tam gdzie ona jest, pojawia się zaufanie, czyli wiara i miłość. Nie wiedząc, ufamy, nie wiedząc, wierzymy. Musi pani wydobyć od księdza zdanie: *To, co zrozumiałeś, to już nie jest Bogiem*. To jest właśnie Jan Twardowski".

Drogi księże Janie.

Byłam dziś w Świątyni Opatrzności, przy Twoim grobie. Czy Ty tam aby nie marzniesz? Masz jakiś szalik na wiecznie zmarzniętą szyję? Polar na nerki? Leżysz jak pióro w futerale, w ogromnej szufladzie, ukryty za białym marmurem, wokół Ciebie szary beton. Woda, która przecieka ze ścian, dochodzi już do stóp ukrzyżowanego Chrystusa, którego podwiesili pod sufitem, na środku okrągłej sali. Podeszłam do niego blisko, wyglądał tak solidnie. Dotknęłam go palcem, rozbujał się. Wyobraź sobie, że zrobili go ze styropianu i pomalowali farbą młotkową. Myślę, że uśmiechnąłbyś się, gdybyś to zobaczył. Lubiłeś takie paradoksy.

Obeszłam Twoje mieszkanie dookoła, w końcu jest zbudowane na planie okręgu. Do tablic darczyńców nie udało mi się podejść, woda sięga tam kolan.

Nie będę kryć przed Tobą, że na razie nie wygląda to dobrze, ale co robić, w końcu leżysz na budowie. Nie martw się, jak się to wszystko skończy, przestaną Ci huczeć wiertarki nad głową, światła będą się palić cały dzień, spojrzysz na to inaczej.

Ludzie będą przychodzić tysiącami, widziałam przed świątynią wielki parking na autokary. Wokół kościoła rośnie nowe osiedle. Mówią, że mieszkania najbliżej świątyni są najtańsze i najgorzej się sprzedają. Mieszkańcy boją się hałasu i korków.

Widziałam na zdjęciach, że Twoi goście czasem przynoszą Ci biedronki i stawiają na płycie. Potem ktoś to zabiera. Może wydaje mu się, że to nie licuje z powagą Wielkiego Poety? Ten ktoś nie wie pewnie, że w głębi duszy na zawsze zostałeś Jankiem Twardowskim z gęstą czupryną, który potrafił pisać recenzje: „Utwory kol. W.M. są tak słabe, że temu, który je czytał z niesłabnącą uwagą, zrobiło się strasznie słabo".

Byłam też na Krakowskim Przedmieściu. Wiedziałeś, że w kościele Sióstr Wizytek, skromnie, przy samym wejściu, stoi kamienny klęcznik z Morawicy, z wyrytym Twoim ostatnim wierszem? Ktoś dokleił do niego małą drewnianą biedronkę.

Prosiłeś w testamencie, że jeśli będzie taka łaska żyjących, niech powstanie w Twoim mieszkaniu izba pamięci. Nie wiem, jak Ci to powiedzieć, bo to przykra sprawa, ale izby nie ma. Może trzeba było wskazać konkretnego wykonawcę tej prośby?

Na pocieszenie powiem, że w ogródku pod Twoimi oknami wszystko w porządku. Modrzew nadal rośnie. Pod nim, tam gdzie siadałeś, jest skalniak dla Twojej pamięci. Ludzie tam przychodzą i co rusz zapalają światełko.

Tymczasem miło Cię było poznać. Na pewno Cię jeszcze kiedyś odwiedzę. Śpij spokojnie. Magda.

Dziękuję Małgorzacie Szejnert, Dominice Kozłowskiej, Elżbiecie Kot i Waldemarowi Smaszczowi, bez których ta książka by nie powstała.

Wykaz dzieł cytowanych

Książki Jana Twardowskiego

Autobiografia. Myśli nie tylko o sobie, t. 1: *Smak dzieciństwa 1915–1959*, oprac. Aleksandra Iwanowska, Kraków 2006; t. 2: *Czas coraz prędszy 1959–2006*, oprac. Aleksandra Iwanowska, Kraków 2007

Być znakiem nadziei. Rozważania o kapłaństwie, Pelplin 2009

Ludzie, których spotkałem. Waldemara Smaszcza rozmowy z ks. Janem Twardowskim, wyd. 1, Białystok 2001

Ludzie, których spotkałem. Waldemara Smaszcza rozmowy z ks. Janem Twardowskim, wyd. 2, Białystok 2001

Łaską zdumiony. Moje szczęśliwe wspomnienia, red. Jadwiga Marlewska, Warszawa 2006

Maksymy, aforyzmy, sentencje, Warszawa 2008

Nadzieja, miłość, spisane pacierze. Wiersze wybrane, Białystok 2005

Nadzieja powołania. Myśli o kapłaństwie, red. Aleksandra Iwanowska, Pelplin 2008

Najnowszy zeszyt w kratkę, Kraków 1997

„... Niech Cię wielbią, kochają i słyszą". Kazania i homilie. Wybór z lat 1975–1985, wybór i red. Maria Piwocka, Warszawa 1999

Niecodziennik, Kraków 1991

Niecodziennik cały, Kraków 2000

Nowe patyki i patyczki, zebr. i oprac. Aleksandra Iwanowska, Poznań 2009

Otulona dobrocią. 99 listów księdza Jana Twardowskiego do „wnuczki" Maryli i jej zapiski z dziennika, red. Ewa Hoffmann-Piotrowska, Warszawa 2007

Rozmowy pod modrzewiem. Ks. Jan Twardowski opowiada, ks. Waldemar Wojdecki notuje, Warszawa 1999

Wiersze największej nadziei, Białystok 2003

Zaufałem drodze. Wiersze zebrane 1932–2004, zebr., oprac. i posł. opatrzyła Aleksandra Iwanowska, Warszawa 2004
Zaufałem drodze. Wiersze zebrane 1932–2006, zebr. i oprac. Aleksandra Iwanowska, posł. opatrzyła Janina Puzynina, Warszawa 2007
Zawsze na zawsze, zebrała Aleksandra Iwanowska, Warszawa 2004

Listy Jana Twardowskiego

Listy do Jerzego Turowicza, Archiwum Jerzego Turowicza
Listy do Anny Kamieńskiej, archiwum Pawła Śpiewaka
Listy do Kurii Metropolitalnej Warszawskiej, Archiwum Archidiecezjalne Kurii Metropolitalnej Warszawskiej
Listy do Jerzego Illga, archiwum Jerzego Illga

Inne publikacje książkowe

Adama Czerniakowa dziennik getta warszawskiego, red. Marian Fuks, Warszawa 1983
Antologia poezji szkolnej, red. Wacław Mrozowski, nakł. „Kuźni Młodych", Warszawa 1935
Przemysław Czapliński, Piotr Śliwiński, *Literatura polska 1976–1988. Przewodnik po prozie i poezji*, Kraków 1999
Józef Czechowicz, *Wyobraźnia stwarzająca*, red. Tadeusz Kłak, Lublin 1972
Krzysztof Dunin-Wąsowicz, *Warszawa 1914–1918*, Warszawa 1989
Ludwik Fryde, Antoni Andrzejewski, *Antologia współczesnej poezji polskiej, 1918–1939*, Warszawa 1939
Zbigniew Herbert, *Pica pica L.*, w: tenże, *Epilog burzy*, Wrocław 1998
Jerzy Illg, *Mój znak. O noblistach, kabaretach, przyjaźniach, książkach, kobietach*, Kraków 2009
Anna Kamieńska, *Mały notatnik*, wybór i oprac. Henryka Andrzejczak, Bytom 2002
Aron Chaim Kaplan, *Scroll of Agony. The Warsaw Diary of Chaim A. Kaplan*, London 1999, w: Barbara Engelking, Jacek Leociak, *Getto warszawskie. Przewodnik po nieistniejącym mieście*, Warszawa 2001
Wacław Konderski, *Z działalności banków polskich w latach 1928–1935*, Warszawa 1962
Kazimierz Koźniewski, *Historia co tydzień*, Warszawa 1976
Aldona Kraus, *O wszystkim i o niczym. Rozmowy z księdzem Janem Twardowskim*, Warszawa 2009
Andrzej Lam, *Poezja i doświadczenie: ucznia, powstańca i księdza*, w: *A to co na krótko może być na zawsze… Pokłosie spotkania poświęconego pamięci księdza Jana Twardowskiego*, red. Ewa Hoffmann-Piotrowska, Jadwiga Puzynina, Warszawa 2007

Jan Lechoń, *Mickiewicz zmęczony*, w: tenże, *Poezje*, Wrocław – Warszawa – Kraków – Gdańsk – Łódź 1990
Ryszard Matuszewski, *Alfabet. Wybór z pamięci 90-latka*, Warszawa 2004
Ryszard Matuszewski, *Żółte dzioby, zielone lata*, Warszawa 1990
Mieczysław Orłowicz, *Krótki ilustrowany przewodnik po Warszawie*, Warszawa 1922
Jan Bolesław Ożóg, *Jak świętych obcowanie*, Warszawa 1978
Pismo Święte. Stary i Nowy Testament, red. ks. Michał Peter, ks. Marian Wolniewicz, Poznań 2007
Marian Schmidt, *Niecodzienne rozmowy z księdzem Janem Twardowskim*, Warszawa 2000
Anna Świderkówna, *Chodzić po wodzie. Z Anną Świderkówną rozmawia Elżbieta Przybył*, Kraków 2003
Tadeusz Tomaszewski, *Byłem szefem Sztabu Obrony Warszawy w 1939 roku*, Warszawa 1984
Jan Tomkowski, *Dwadzieścia lat z literaturą 1977–1996*, Warszawa 1998
Halina Truszkowska, „Dom na Elektoralnej, sąsiedzi, sklepy", rękopis w archiwum Aleksandry Iwanowskiej, cyt. za: Jan Twardowski, *Autobiografia*, t. 1, Kraków 2006
Halina Truszkowska, „Wspomnienia" (spisane w styczniu 2005), rękopis w archiwum Aleksandry Iwanowskiej, cyt. za: Jan Twardowski, *Autobiografia*, t. 1, Kraków 2006
Jan Turnau, *Teologia Jana Twardowskiego*, w: tenże, *Zdaniem laika*, Kraków 1979
Stefan Twardowski, „Najstarsze wspomnienia", maszynopis, kopia sporządzona przez Małgorzatę Truszkowską, cyt. za: Jan Twardowski, *Autobiografi*a, t. 1, Kraków 2006
Melchior Wańkowicz, *Ziele na kraterze*, Warszawa 1976
Jerzy Zawieyski, *Kartki z dziennika 1955–1969*, Warszawa 1983
Helena Zaworska, *Rozmowa z księdzem Twardowskim*, Kraków 1999
Ks. Jan Zieja, *Życie Ewangelią. Spisane przez Jacka Moskwę*, Kraków 2010
Tadeusz Żychiewicz, *Otworzyć ludziom świat*, w: *Ludzie Lasek*, red. Tadeusz Mazowiecki, Warszawa 1987

Artykuły, wywiady w czasopismach

Dorota Abramowicz, *Niebiańska poezja i polskie piekiełko*, „Dziennik Bałtycki", 13 lipca 2007
Anioł czy zwierzę. Rozmawiała Monika Redłowska, „Nowe Państwo" 2000, nr 10
Barbara Arsoba, *Ksiądz Jan Twardowski w wydawnictwie „Barbara". Korespondencja z „wnuczką" z lat 1985–2001*, „Bibliotekarz Zachodniopomorski" 2001, nr 4
Szymon Babuchowski, *Spieszmy się zarabiać*, „Gość Niedzielny", 19 kwietnia 2007
Jadwiga Bandrowska-Wróblewska, *Liryka dla wszystkich*, „Słowo Powszechne", 5–7 kwietnia 1980
Edyta Gietka, *Bliscy i najbliższa*, „Polityka", 20 listopada 2007

Hamilton [Jan Zbigniew Słojewski], *Niebo w płomyku zapałki*, „Kultura" 1977, nr 21
Stefan Kisielewski, *Promień Szkolny*, 9.05.1959. Przedruk w: *Gazeta o Czackim*, dodatek do „Gazety Stołecznej", 26 października 2001
Anna Koczorowska, *Trudno mu nie ulec*, „Gazeta Wyborcza", Poznań, 17 września 1999
Kto winien, „Zwierciadło", 13 listopada 1975
Bronisław Maj, *Świat tak dobry, że niedoskonały*, „Tygodnik Powszechny", 13 lipca 1980
Izabela Marczak, *Awantura o poezję*, „Dziennik", 5 kwietnia 2007
Katarzyna Martowska, *Dziadek Twardowski*, „Gazeta Uniwersytecka", czerwiec 2006, http://gu.us.edu.pl/node/243281, dostęp:16 października 2010
Ryszard Matuszewski, *Radość, że się kocha to, co niemożliwe*, „Kultura", 1 czerwca 1980
Miłość jest sztuką pielęgnowania miłości. Z księdzem Janem Twardowskim rozmawia Anna Bernat, „Przegląd Polski", tygodniowy dodatek literacko-społeczny „Nowego Dziennika", 4 lipca 2003, www.dziennik.com/www/dziennik/kult/archiwum/07-12-03/, dostęp: 27 lipca 2010
Pani Herbert. Z Katarzyną Herbert rozmawia Jacek Żakowski, „Gazeta Wyborcza", 30 grudnia 2000
Pisać wiersz niczyj dla wszystkich. Bardzo lubię ludzi. Z księdzem Janem Twardowskim rozmawia Robert Azembski, „Tygodnik Solidarność" 1991, nr 42
Tomasz Potkaj, *Pani Ola mówi: nie*, „Tygodnik Powszechny", 20 stycznia 2008
Edmund Rosner, *Dobry pan ze Szwajcarii*, „Twórczość" 1992, nr 1
Magdalena Rozmarynowska, *Oleńka spadła mu z nieba...*, „Sukces", wrzesień 2007
Rozmowa o polskich Żydach. Z Janem Kottem rozmawia Anna Krajewska-Wieczorek, „Przegląd Polski", tygodniowy dodatek literacko-społeczny „Nowego Dziennika", 4 lipca 2003, http://www.dziennik.com/www/dziennik/kult/archiwum/01-06-05/pp-02-11-04.html, dostęp: 11 sierpnia 2010
Agnieszka Rybak, *Schody księdza Twardowskiego*, „Rzeczpospolita", „PlusMinus", 14–15 kwietnia 2007
Spodek [Marek Skwarnicki], *Sztuka przemilczania*, „Tygodnik Powszechny", 16 listopada 1969
Czesław Mirosław Szczepaniak, *I zapomnij, że jesteś, gdy mówisz, że kochasz*, „Słowo Dziennik Katolicki" 1994, nr 22
Czesław Mirosław Szczepaniak, *Zadziwienie. Rozmowa z księdzem Janem Twardowskim (fragmenty)*, odra.net.pl, www.//odra.okis.pl/article.php/458, dostęp: 11 sierpnia 2010
Świat jest naprawdę cudowny... Z księdzem Janem Twardowskim rozmawia Krystyna Nastulanka, „Polityka", 26 sierpnia 1978
Jan Twardowski, *Modlę się do Anioła Stróża moich wierszy*, rozmowę przeprowadziła Agnieszka Kasprzak, „Więź" 1997, nr 2
Jan Twardowski, *Przeciwległy brzeg*, „Kuźnia Młodych", 15 września 1934
Jan Twardowski, *Skarga*, „Kuźnia Młodych", 15 czerwca 1932

Zauroczenie kobylim zadem. Rozmawiał Stefan Jurkowski, „Przegląd Tygodniowy" 1996, nr 28, cyt. za: *Wojciech Żukrowski we wspomnieniach Córki i Przyjaciół*, red. Maciej Andrzej Zarębski, Warszawa 2009

Marek Zieliński, *Poeta i paradoksy. Rozmowa z Janem Twardowskim*, „Nowe Książki", styczeń 1981

Zobaczyć od nowa. Rozmowa z ks. Janem Twardowskim. Rozmawiała Barbara Gruszka-Zych, „Gość Niedzielny" 1990, nr 15

Wojciech Żukrowski, *Ksiądz poeta*, „Nowe Książki" 1971, nr 9

Józef Życiński, *Wieszcz sprywatyzowany*, „Tygodnik Powszechny", 20 stycznia 2008

[Ogłoszenie Jana Twardowskiego w sprawie nagrody Funduszu Literatury], „Tygodnik Powszechny", 1 lipca 1984

[Ogłoszenie Jana Twardowskiego w sprawie nagrody Prezesa Rady Ministrów], „Gazeta Wyborcza", 7 czerwca 1989

[Oświadczenie Jana Twardowskiego w sprawie publikacji *99 wierszy*], „Polityka" 1994, nr 14

[Pierwsza recenzja wierszy Jana Twardowskiego], „Kuźnia Młodych", 16 marca 1932

[Rozmowa Jana Twardowskiego z Jerzym Pietrkiewiczem], „Kuźnia Młodych", 16 czerwca 1935

[Wyjaśnienie Jana Twardowskiego w sprawie audycji radiowej], „Tygodnik Powszechny" 1982, nr 24

[Wyznanie Jana Twardowskiego, że ojciec kpił z jego poetyckich prób], „Kuźnia Młodych", 1 października 1934

Strony internetowe, filmy, programy telewizyjne

Film dokumentalny *Ksiądz, który pisał wiersze* w reżyserii Hanny Terleckiej (2006)

Film dokumentalny *Tak* w reżyserii Dariusza Gajewskiego (2006)

Film dokumentalny *Wiaro malutka* w reżyserii Grażyny Banaszkiewicz (1990)

Fragment dziennika Ericha von dem Bach-Zelewskiego: www.wikipedia.pl, hasło: Rzeź Woli, dostęp: 3 września 2010

Fragment przemówienia Jana Twardowskiego z okazji otrzymania doktoratu *honoris causa* KUL 22 kwietnia 1999 roku, http://www.pan-ol.lublin.pl/biul_3/Tw.htm, dostęp: 13 października 2010

Historia majątku w Nowej Wsi: www.dpsnowawies.nstrefa.pl/nowa/index.php?id=historia, dostęp: 30 czerwca 2011

Korespondencja w sprawie nadania imienia księdza Twardowskiego Szkole Podstawowej nr 2 w Białymstoku, www://sp2bialystok.edupage.org/text/?text=text/text5&subpage=1&, dostęp: 21 października 2010

List otwarty stu polskich naukowców, publicystów, duchownych z poparciem dla arcybiskupa Józefa Życińskiego: http://czytelnia.onet.pl/0,1691352,0,0,0,polonisci_przeciw_zakazowi_publikowania_dziel_ks._twardowskiego,wiadomosci.html, dostęp: 23 lipca 2011

Program telewizyjny Piotra Najsztuba i Jacka Żakowskiego *Tok Szok*, emisja w 1998 roku

Wspomnienie o ks. Pawle Heintschu, www.okolica.wgr.pl, dostęp: 26 września 2010

Wypowiedź arcybiskupa Józefa Życińskiego jako arbitra sporów wokół testamentu księdza Jana Twardowskiego: http://ekai.pl/wydarzenia/temat_dnia/x12237/abp-zycinski-nie-wolno-zawlaszczac-poezji-ks-twardowskiego/, dostęp: 23 lipca 2011

Zapiski Mieczysława Łętowskiego w zbiorach Fundacji Warszawa.1939.pl, www.biblioteka.warszawa1939.pl, dostęp: 7 maja 2010

Zdjęcie egzemplarza *Powrotu Andersena* z 1937 roku: www.pbw.waw.pl w dziale Zbiory Biblioteki, dostęp: 11 sierpnia 2010

Niepublikowane

Księga chrztów parafii kościoła Świętego Aleksandra w Warszawie, ul. Książęca 21, rok 1915, wpis 396

List kardynała Józefa Glempa do ks. Jana Ziei, Archiwum Archidiecezjalne Kurii Metropolitalnej Warszawskiej

List od ks. Jerzego Dziekońskiego, archiwum autorki

List od Barbary Engelking, archiwum autorki

List od Stefana Krusia z 4 maja 2010, archiwum autorki

List od Jerzego Petersburskiego z 21 marca 2010, archiwum autorki

List od Jarosława Piaseckiego, archiwum autorki

List od Heleny Zaworskiej, archiwum autorki

Maszynopis przemówienia ks. Twardowskiego na pogrzebie Bolesława Piaseckiego, archiwum Jarosława Piaseckiego

Podanie ks. Twardowskiego do Zarządu Cmentarza Powązkowskiego w Warszawie, Archiwum Archidiecezjalne Kurii Metropolitalnej Warszawskiej

Teczka księdza Jana Twardowskiego z Instytutu Pamięci Narodowej, sygn. IPN BU00399/117

Jerzy Zawieyski, „Dziennik 1955–1969", maszynopis w zbiorach Zakładu Narodowego im. Ossolińskich, sygnatura 18237/II

Indeks osób

(nie obejmuje *Wykazu dzieł cytowanych*)

Źródła ilustracji zamieszczonych w książce

s. 12–13 – archiwum Janiny Januszewskiej-Skreiberg, oryginał w posiadaniu brata Mariana
s. 19, 34, 105, 168, 171, 177, 183, 184, 233, 234, 297, 304, 320, 343 oraz ilustracje na wkładce – fot. Iwona Podgórska
s. 23, 26 – archiwum Stefana Krusia
s. 29 – zdjęcie z albumu Dobrosława Kobielskiego *Warszawa międzywojenna*, Warszawa 1969
s. 41, 52, 131, 157, 193, 201, 202, 204, 254, 255 – archiwum Pawła Śpiewaka, fot. Robert Sadowski
s. 77, 78, 90, 113, 117, 118, 119 – Archiwum Uniwersytetu Warszawskiego
s. 146 – Laski – ©MARIANNA OSKO/EAST NEWS
s. 209 – archiwum arcybiskupa Józefa Życińskiego
s. 210 – archiwum Jarosława Piaseckiego
s. 268–275 – IPN, sygn. IPN BU00399/117
s. 345 – ©GARDZINSKI ROBERT /FotoRzepa

Spis treści